LE COMMERCE DU GLOBE

COMPTES DE REVIENT

DE

MARCHANDISES ÉCHANGÉES ENTRE TOUTES LES PRINCIPALES PLACES DE COMMERCE DU MONDE

PAR

H.-L. MULLER, Négociant au Havre

LE HAVRE

Alphonse LEMALE, Imprimeur

1865

LE COMMERCE DU GLOBE

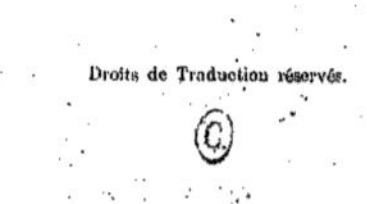

LE COMMERCE DU GLOBE

COMPTES DE REVIENT

DE

MARCHANDISES ÉCHANGÉES ENTRE LES PRINCIPALES PLACES DE COMMERCE DU MONDE

PAR

H.-L. MULLER, Négociant au Havre

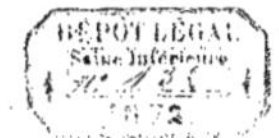

ZONE DE L'AMÉRIQUE DU NORD ET DU GOLFE DU MEXIQUE

NEW-YORK, CHARLESTON, NEW-ORLÉANS, TAMPICO, VERA-CRUZ.

HAVRE

A. LEMALE aîné, Imprimeur

—

1871

PRÉFACE

Depuis 1839, époque à laquelle nous fîmes paraître la première Edition du Commerce du Globe, il est survenu de si nombreux changements que les Comptes dont ce volume est composé, sont aujourd'hui, pour la plupart, hors de service.

Le Commerce avait besoin d'un ouvrage nouveau, en rapport avec les transactions actuelles; des demandes incessantes nous ayant été adressées dans ce sens depuis plusieurs années, nous nous sommes enfin décidés à refaire cet ouvrage sur un plan nouveau et sur une échelle beaucoup plus vaste.

En me bornant à refaire ce qui existe depuis vingt-cinq ans, en y introduisant les modifications survenues, je n'eusse satisfait que très imparfaitement aux besoins nouveaux. Pour élargir le cadre du premier ouvrage et embrasser dans celui-ci toutes les parties du monde, le concours des agents consulaires de France dans les pays d'Outre-Mer m'était indispensable. Il est de mon devoir de reconnaître que S. E. Monsieur le Ministre du Commerce, ainsi que S. E. Monsieur le Ministre des Affaires Etrangères, sur la recommandation particulière de notre Chambre de Commerce, ont bien voulu, dans un but d'utilité publique, accueillir ma demande avec une très grande bienveillance, et me donner toute l'assistance désirable.

Tous les négociants peuvent, sans doute, établir eux-mêmes leurs *Comptes de Revient*; mais tous savent, par expérience, qu'on manque souvent des renseignements indispensables. Mille fois pendant ma longue carrière commerciale, j'aurais trouvé fort intéressant, et fort utile, d'avoir sous la main un livre qu'il m'eût suffi d'ouvrir pour y rencontrer les renseignements qui me manquaient, comme aussi pour contrôler mes calculs, en les comparant à des échelles présentant toutes les variations dans le coût de la marchandise et dans les changes, et faisant ressortir en regard le *Prix de Revient* au lieu de destination. — Si mes calculs eussent été faits à l'avance, c'eût été une immense satisfaction et une très grande tranquillité d'esprit pour moi d'être d'accord avec le livre en question, et si je n'avais pas eu les renseignements nécessaires, j'aurais été doublement heureux de les y trouver avec les calculs tout faits.

Voici quel est le plan de cet Ouvrage :

Une Edition Française renfermera des Notices sur ce qui concerne le Commerce et la Marine des principales Places de Commerce, ainsi que des Comptes de Revient de denrées échangées entre tous les pays d'Outre-Mer et les ports français.

Chaque Compte sera accompagné d'un tableau de parité qui indiquera selon le change, s'il est avantageux de se rembourser sur telle Place plutôt que sur telle autre, et, en outre, d'une échelle comparative qui permettra de calculer d'un coup d'œil les variations dans les prix de revient, produites par l'augmentation ou la réduction soit du prix d'achat, soit du fret, soit du change.

Une Edition Anglaise renfermera à peu près les mêmes matières que l'Edition française, mais avec cette différence *capitale* qu'elle sera faite en vue du commerce Britannique, et que tous les Comptes de Revient seront établis pour les importations en Angleterre.

Ces deux ouvrages auront certainement leur importance pour tous les négociants Européens et pour ceux qui habitent les pays d'Outre-Mer; car, il est intéressant de savoir exactement quel est le port d'Europe qui laisserait la plus belle marge pour telles ou telles marchandises expédiées de n'importe quel port d'Outre-Mer; — avec ces deux ouvrages sous les yeux et les prix courants nécessaires, on pourra établir ces comparaisons sans faire aucun calcul.

Pour faciliter l'acquisition de ces deux ouvrages réunis, dont le coût sera au-dessus de la valeur ordinaire des autres livres, — les dépenses pour obtenir les nombreux renseignements indispensables étant considérables, et les difficultés typographiques occasionnées par les tableaux rendant l'impression fort coûteuse, — nous ferons paraître des **livraisons par zônes** qui comprendront les comptes français et anglais, extraits des deux éditions principales, et qui pourront s'obtenir séparément. Ainsi, par exemple, le négociant d'Europe qui travaillera spécialement avec les ports des Indes Occidentales, et toutes les Maisons de commerce de pays, pourraient hésiter à prendre les deux éditions principales qui renfermeront un certain nombre de Comptes peut-être sans intérêt pour eux : tandis que ces négociants pourront acheter à un prix modéré l'Edition spéciale qui renfermera les *Comptes de Revient* pour la France de toutes les marchandises qui s'exportent des divers ports.

Il en sera de même pour les *Zônes* ci-après : chacune d'elles comprendra les Comptes de tous les ports placés dans son rayon.

En voici le détail :

La Plata ; — Golfe du Bengale Mer d'Oman, Afrique, — Brésil ; — Iles de la Sonde et de l'Océanie ; — Indes Occidentales ; — Méditerranée, Egypte, Mer Noire.

Pour un travail de cette importance, il s'agissait de trouver une combinaison qui le mît à l'abri des changements qui peuvent survenir dans les droits de sortie des pays producteurs, comme dans les droits d'entrée des pays de consommation. C'est là l'élément principal qui peut modifier le *Compte de Revient*. — Afin d'éviter cet inconvénient, j'établis tous les Comptes sans ces droits ; ces comptes ne seront donc susceptibles, sous ce rapport, d'aucune altération et pourront servir longtemps.

Pour les droits de sortie des pays de production, j'établis sur chaque Compte un calcul séparé qui fait ressortir ce qu'ils produisent en France par 100 kilog. ; il suffira d'ajouter la somme indiquée aux Prix de Revient des tableaux. — On trouvera en outre sur chaque compte, pour le calcul de ces mêmes droits de sortie, des logarithmes à tous les changes qui serviront, au moyen d'une simple multiplication, à calculer, en cas de changement des droits, ce que ces droits produiront par 100 kil. — Les explications se trouveront dans la notice placée en tête de chaque Port.

Quant aux droits d'entrée en France, ils seront mentionnés sur chaque Compte, dans la colonne des observations. — Ces droits seront à ajouter aux Prix de revient des tableaux, quand la marchandise devra être vendue à l'acquitté.

S'il survenait des changements susceptibles de modifier les calculs de quelques Comptes, je recevrais avec reconnaissance des indications détaillées et je m'empresserais d'établir de nouveaux Comptes.

Dans la première colonne verticale de chaque tableau figurent les Prix d'achat fractionnés par huitièmes ou de 1 à 10 avec la mention : ***Subdivisions — Coût et frais variables***. — Les ***frais invariables*** ne sont pas contenus dans les sommes placées en regard de ces chiffres ; ils figurent seulement dans les Prix de revient compris sous la mention ***Coût et frais variables et invariables;*** en additionnant les premiers avec les derniers, quand cela sera nécessaire, il n'y aura pas double emploi.

Tous mes comptes sont établis pour la France, en vue d'un mois de séjour en magasin.

J'ai admis uniformément une commission de vente de 2 °/ₒ qui varie jus-qu'à 3 °/ₒ en y comprenant le ducroire.

Le rendement du poids net au port de débarquement étant une chos[e] importante, quand il s'agit d'établir un *Compte de Revient*, je me suis scrupule[u]sement attaché à m'entourer de renseignements exacts pour arriver à connaît[re] le rendement moyen de chaque article.

Quand le Commerce aura reconnu l'exactitude des Comptes renfermés dan[s] cet ouvrage, il pourra simplifier ses ordres d'achat avec les pays d'Outre-Mer, ordre[s] qui se trouvent parfois compliqués à cause des diversités de monnaies, de changes[,] frets, etc., en transmettant des limites « *franco au Port de débarquement, d'après* [le] COMMERCE DU GLOBE. » — Ce mode préservera le négociant de tout mécompte[,] attendu que ces limites comprendront tous les frais que la marchandise aura [à] supporter jusqu'après la vente, ainsi qu'une commission de 2 °/ₒ.

Les armateurs, subrécargues et capitaines de navires, trouveront dans ce[t] Ouvrage bien des choses utiles à consulter pour la direction des grands intérê[ts] dont ils sont chargés. Un seul renseignement qui manquerait, et qu'on trouvera dans ce recueil, peut provoquer une bonne résolution ; soit en commandan[t] l'abstention sur tels articles, soit en décidant à reporter l'opération sur d'autres.

Souvent il arrive que les capitaines en cours de voyages, ne trouvant pa[s] un fret de retour satisfaisant, et espérant faire mieux, achètent pour le compte [de] l'armement un chargement de bois ou d'autres marchandises. — S'ils avaient e[u] sous les yeux le COMMERCE DU GLOBE qui, pour ces marchandises, renfermera de[s] comptes spéciaux, indiquant pour chacune d'elles que, à tel prix coûtant à la source et à tel prix de vente en Europe, ***il resterait net par 1000 kil. tel fret pour l'armement***, ces capitaines auraient peut-être évité des pertes sérieuses à leurs armateur[s].

Les Maisons établies dans les pays d'Outre-Mer, qui s'occupent d'importa-tions de produits manufacturés, sont parfois fort embarrassées pour effectuer leu[rs] retours, à cause des changes onéreux ou du manque de confiance. — Elle[s] aussi, trouveront un intérêt particulier à consulter le COMMERCE DU GLOBE qui leu[r] indiquera, sans qu'elles aient besoin de faire aucun calcul, ce qui convient [le] mieux à leurs intérêts pour faire des remises en Europe, soit d'acheter des produi[ts] de leur pays aux cours établis, soit d'acheter des traites.

En offrant cet Ouvrage au Commerce, nos peines seront bien récompensée[s] si nous obtenons l'assurance qu'il lui a réellement rendu quelques services.

H.-L. MULLER.

P.-S. — Les USAGES COMMERCIAUX étant rendus uniformes pour tous les por[ts] Français, nos Comptes de Revient, établis pour le Havre, pourront servir également po[ur] les importations dans tous les autres ports de France.

NEW-YORK

New-York, ville principale de l'Etat des Etats-Unis de l'Amérique du Nord du même nom, est située par 40° 42' de latitude Nord et 76° 28' de longitude Ouest, 9,360 kilomètres Est de San-Francisco, 5,631 kilomètres Sud-Ouest de Paris, 2,297 kilomètres Nord-Est de la Nouvelle-Orléans, à 28 kilomètres de l'Océan Atlantique. Cette grande cité repose sur l'extrémité méridionale de l'île triangulaire de Manhattan qui a 21 kilomètres de longueur sur 2 de largeur ayant sa base sur la baie, et ses deux cotés baignés d'une part par l'Hudson, rivière du Nord, de l'autre par le Harlem, rivière de l'Est. New-York est difficilement séparable de 4 centres de population, formant pour ainsi dire ses faubourgs et à laquelle la relient de nombreux bateaux à vapeur, partant la plupart toutes les dix minutes, ce sont Brooklyn, Williamsburg, Jersey et Hoboken.

Population.— L'état de New-York comptait en 1865 3,827,818 habitants, soit 726,386 pour la seule ville de New-York, non compris Brooklyn, etc. La part afférente aux Noirs n'atteint pas 44,000 individus.

Superficie.— L'état de New-York contient 14,827,437 acres (l'acre = 0 hect. 40) de terre cultivée et 10,411,863 acres non cultivés.

Port.— Le port de New-York est certes un des plus beaux et un des plus spacieux qu'il y ait sur le globe. Vaste bassin, au milieu des terres, entre le continent, puis Steten-Island à l'Ouest et Long-Island à l'Est, cette baie, de plus de 40 myriamètres de pourtour, prend naissance aux embouchures de l'Hudson-river, et débouche elle-même par les Narrows, passe de 600 mètres environ, dans un immense golfe où plusieurs baies trouvent place et qui, par cinq chenaux East, Swash, Main-Shy's, South et Gedney's, que forment de nombreux bancs, communique entre la presqu'île de Sandy-Hook, appendice du New-Jersey, et l'île Schvyers ou Coucy, vers le milieu desquelles se trouve la Barre. 530 millions de dollars ont été dépensés ces dernières années pour l'entretien du port et 3 millions de yards cubiques d'ensablement ont été enlevés : travaux gigantesques, tous, comme en Angleterre, accomplis, en général, sans intervention de l'Etat. Une des routes à suivre pour entrer dans le port de New-York consiste à prendre presque entièrement l'Ouest du point central de la grande bouée blanche qui est sur la barre, jusqu'à ce que l'on ait dépassé la bouée placée à l'extrémité Sud-Ouest du banc dit de l'Est et de là à mettre le cap presque complètement au Nord ; c'est la voie du chenal Est. Le *Coast Survey's preliminary chart of New-York Bay and Harbour* donne au sujet des différentes routes à suivre selon le tirant d'eau des navires, les renseignements les plus complets et les plus précieux. Les sondages y sont indiqués, en pieds et en brasses, pour tous les fonds et pour toutes les routes, depuis le Phare flottant, placé en 1856, en dehors de la barre, jusque près du 41e parallèle Nord, en amont du confluent ou plutôt de la jonction de l'East ou Harlem river avec l'Hudson par le Spuyten Duyvel Creek.

Le principal phare, nommé Sandy-Hook, est situé par 40° 28 Nord et 74° 8 Ouest, feu fixe de grande puissance qui par un temps clair peut facilement être aperçu d'une distance de 10 lieues marines par les navires venant de l'Ouest.

Commerce.— Le rôle que joue cette métropole commerciale dans l'ensemble du Commerce de l'Union Nord-Américaine est immense ; recevant de l'étranger le double en valeur de ce qu'elle lui expédie et notamment la majeure partie des articles provenant d'Europe, c'est elle qui les réexpédie ensuite sur les autres ports ou villes de la fédération. Elle est donc pour l'importation le grand entrepôt de l'Union. A l'exportation son rôle est moindre, les ports ou villes du littoral méridional revendiquent leur part dans l'exportation pour les plus importants produits du Sud et de l'Ouest à exporter : coton tabac, farine, etc.

Le mouvement annuel du Commerce de New-York représente environ en moyenne, la moitié du commerce général de toute l'Union américaine et équivaut presque à la moitié aussi du commerce spécial de la France. A partir de 1861, le commerce extérieur de New-York peut présenter les résultats ci-après :

	Importations	Exportations	Totaux	Valeur en
	MILLIONS DE DOLLARS			MILLIONS DE FRANCS
1861	163	143	306	1,637
1862	175	216	401	2,145
1863	188	220	408	2,183
1864	218	272½	490½	2,624
1865	225	208½	433½	2,319
1866	306½	255	561½	3,004

Ainsi durant les dernières années, malgré un soulèvement social qui a changé toutes les conditions du travail et bouleversé, on peut le dire, les assises de la propriété foncière dans les états du Sud, le commerce extérieur de la grande métropole de la fédération paraîtrait avoir augmenté d'un tiers en valeur et la marche de ce progrès n'aurait presque pas été interrompue. Il importe toutefois de remarquer que le renchérissement des produits échangés et l'évaluation d'une grande partie de l'exportation en papier-monnaie ont puissamment contribué à cette augmentation de valeur, qui n'a pas empêché les apports de l'étranger aux Etats-Unis de se restreindre considérablement pendant cinq ans de 1861 à 1865.

On vient de voir qu'en 1866 les envois de marchandises et de numéraire de toutes les parties du monde à New-York ont dépassé 306 millions ½ de dollars. Si l'on ajoutait à cette somme le fret et les droits d'entrée et qu'on traduisit les espèces métalliques en papier monnaie de l'Union, on obtiendrait un total d'environ 600 millions de dollars en « greenbacks. » Les importations n'avaient jamais été aussi fortes.

IMPORTATIONS A NEW-YORK EN DOLLARS EFFECTIFS

	MARCHANDISES			
	Sujettes aux droits d'entrée	Exemptes de droits	Espèces métalliques	TOTAL
1864	204,128,236	11,731,902	2,265,622	218,125,760
1865	212,208,201	10,410,837	2,128,281	224,742,419
1866	284,083,567	13,001,188	9,578,029	306,613,184
1867			3,306,339	252,648,475
1868			7,085,389	251,193,534

Voici comment se divisait le total des marchandises importées à New-York :

	1866	1867	1868
Marchandises sèches (principalement tissus)	$ 126,222,855	$ 86,263,643	$ 80,906,834
Autres marchandises	» 170,813,400	» 163,078,493	» 163,202,011
Espèces métalliques	» 9,577,029	» 3,306,339	» 7,085,389
	$ 306,613,184	$ 252,648,475	$ 251,193,834

Les marchandises sèches qui jouent un si grand rôle dans le commerce de New-York (dry goods) se composent ainsi :

		1864	1865	1866
Tissus et autres objets fabriqués	de laine	$ 31,441,965	$ 36,074,585	$ 50,405,170
	de coton	» 8,405,246	» 15,350,064	» 21,287,490
	de soie	» 16,194,050	» 20,550,261	» 24,837,734
	de chanvre et lin	» 11,621,831	» 15,402,602	» 20,456,870
	autres	» 3,950,630	» 4,581,626	» 9,235,582
		$ 71,589,752	$ 91,965,138	$ 126,222,855

Les exportations générales de New-York, dont on a donné plus haut la valeur en nombres ronds, ont atteint exactement, et en tenant compte des différents éléments, les chiffres suivants :

	PRODUITS	PRODUITS ÉTRANGERS		ESPÈCES	TOTAL
	indigènes	Sujets aux droits	Francs de droits	métalliques	
1864	201,855,980	17,824,095	2,142,468	50,825,621	272,648,163
1865	174,247,454	3,440,410	938,735	30,003,683	206,630,282
1866	185,655,969	4,967,102	700,483	62,553,700	254,866,254
1867	178,210,409	8,142,961	436,055	51,801,948	238,591,373
1868	156,075,578	7,389,800	600,924	70,841,599	234,907,701

Il est indispensable de faire observer que, contrairement à ce qui a eu lieu en Douane pour les importations qui sont évaluées en monnaie d'or, les exportations (sauf le numéraire et les lingots) sont estimées en monnaie-papier (greenbacks) ce qui réduit dans une forte proportion l'importance des chiffres ci-dessus puisqu'en Juillet 1864, par exemple, le dollar papier ne représentait que deux francs au lieu de cinq francs et plus, parité du dollar en or. Il suit de là que l'accroissement des exportations tel qu'il ressort du relevé ci-dessus est purement fictif.

Les principaux objets de provenance américaine exportés ont été, savoir :

MARCHANDISES EXPORTÉES	UNITÉS	1865	1866	1867	1868
Potasse	barils	6,185	3,518	3,126	3,073
Cire	livres	285,960	302,423	290,942	506,920
Farine de blé	barils	1,402,144	960,084	949,318	1,190,819
d° seigle	id.	2,673	7,552	—	—
d° maïs	id.	127,600	149,773	126,365	170,486
Blé	boisseaux	2,527,620	552,609	4,654,294	5,949,878
Seigle	id.	198,348	268,646	400,900	181,548
Avoine	id.	94,567	1,190,583	159,884	65,778
Orge	id.	—	1,329,842	—	—
Pois	id.	88,879	289,992	—	—
Maïs	id.	4,549,610	11,079,436	8,454,920	6,682,237

On va passer maintenant à l'énumération des principaux produits de provenance étrangère, réexportes de New-York.

	UNITÉS	1865	1866	1867	1868
Houille	tonnes	72,538	67,392	—	—
Coton	balles	221,009	331,092	494,411	876,475
Foin	id.	86,070	38,502	—	—
Houblon	id.	13,074	8,111	3,552	20,003
Esprit de térébenthine	barils	983	21,069	31,127	17,033
Résine	id	51,742	227,496	312,441	387,421
Huile de baleine	gallons	15,808	51,643	357,142	223,372
id. saindoux	id.	27,406	218,489	—	—
Porc	barils	118,865	92,852	53,494	89,898
Bœuf	barils	41,010	28,149	16,382	22,131
	tierçons	51,823	26,749	56,976	67,414
Saindoux	livres	22,793,384	25,283,303	57,072,900	40,394,200
Riz	tierçons	19,196	9,379	12,939	19,134
Suif	livres	16,850,452	15,811,290	20,450,200	14.882,800
Fanons	id.	284,160	556,118	692,300	733,000
Pétrole	gallons	14,508,586	33,092,394	38,834,138	52,803,209

Mouvement des Métaux précieux. — De 1859, à 1865 il a été importé à New-York, suivant le *United-States Economist*,

1° De Californie	$ 180,385,636	(1 $ or ou argent = F. 5,35).
2° Des pays étrangers	» 56,078,268	
3° Des mines de l'Union et des caisses publ.	» 214,998,613	
	$ 451,462,501	soit 2 milliards 415 millions de francs.

Les envois de la Californie se sont ainsi répartis :

En 1859	$ 39,592,720	En 1864	$ 12,907,802
1860	» 34,580,271	1865	» 24,531,586
1861	» 34,485,749	1866	»
1862	» 25,079,787	1867	»
1863	» 12,207,390	1868	»

D'un autre côté il a été exporté de New-York pour l'étranger dans le même intervalle pour 306,141,160 dollars (1 milliard 638 millions de francs) et l'on croit pouvoir évaluer à plus de 100 millions de dollars les sommes retirées de la circulation et gardées à l'intérieur du pays, ce qui n'empêchait pas l'encaisse des banques et de la sous-trésorie de New-York d'être au 31 Décembre 1865 de 58,680,975 dollars (314 millions de francs).

Recettes de Douane.

1860	$ 36,527,461	1865	$ 101,772,900
1861	» 21,714,081	1866	» 128,079,762
1862	» 52,254,119	1867	» 114,088,990
1863	» 56,880,054	1868	» 113,296,713
1864	» 66,937,128		

Navigation. — Les relevés ci-après comparent le mouvement d'entrée et de sortie des navires dans le port de New-York.

ENTRÉE	Nombre de navires	TONNAGE	MARINS
1863	4,983	2,369,347	82,136
1864	4,775	2,261,306	81,750
1865	4,040	2,248,273	78,939
1866	4,827	2,766,434	95,305
Améric.	1,640	990,116	30,567
Étrang.	3,187	1,776,318	64,738
1866	4,827	2,766,434	95,305

SORTIE	Nombre de navires	TONNAGE	MARINS
1863	4.666	2.891,605	76,669
1864	4,460	2,259,443	74,394
1865	4,192	2,159,322	74,717
1866	4,406	2,612,210	90,731
Améric.	1,201	1,822,128	65,502
Étrang.	3,205	790,082	25,229
1866	4,406	2,612,210	90,731

Le mouvement du cabotage ne peut être donné que très approximativement.

	ENTRÉE Navires	ENTRÉE Tonneaux		SORTIE Navires	SORTIE Tonneaux
1863	1,602	625,013	1863	2,897	860,970
1864	1,318	568,111	1864	2,979	895,952
1865	2,260	1,041,138	1865	4,075	1,596,685
1866	2,708	1,451,638	1866	4,364	2,040,147

Les chiffres suivants font connaître la valeur des parts respectives du pavillon américain et des pavillons étrangers dans le transport des marchandises tant à l'importation qu'à l'exportation.

MARCHANDISES TRANSPORTÉES

	sur navires américains		sur navires étrangers	
1859	Dollars	213,977,985	Dollars	167,825,648
1860	»	228,893,593	»	149,828,149
1861	»	165,904,513	»	138,983,675
1862	»	150,177,598	»	238,614,925
1863	»	82,801,244	»	320,771,309
1864	»	74,016,506	»	406,227,806
1865	»	83,349,607	»	345,750,622
1866	»	124,051,506	»	438,488,014

Ces chiffres montrent que les 2/3 du tonnage affecté dans le port de New-York au commerce extérieur appartiennent maintenant à des marines étrangères. Ils font voir aussi que près des 4/5 des marchandises importées et exportées le sont sous des pavillons autres que celui des Etats-Unis. Il y a dix ans, plus de la moitié du mouvement commercial s'effectuait, au contraire, sur des bâtiments nationaux et les 3/4 des navires venant à New-York des ports étrangers se présentaient sous le pavillon fédéral.

Ce n'est pas à la guerre civile que cet état de choses doit être attribué. Il faut surtout en chercher les causes, au dire des personnes les plus compétentes, dans les taxes énormes qui pèsent sur la production indigène et dans les aggravations successives qu'ont subies depuis 1862 les tarifs des douanes. L'industrie des constructions maritimes qui était autrefois très florissante aux Etats-Unis s'y trouve maintenant dans une situation précaire. Elle souffre de l'élévation des salaires autant que du prix énorme de toutes les matières premières, et elle ne peut plus affronter la concurrence étrangère qui n'osait pas s'attaquer à elle quand les Etats-Unis jouissaient d'un régime plus libéral.

Droits de Pilotage.— Les pilotes sont placés, sous les ordres absolus du maître du port. Leurs bateaux portent en tête du mât un petit pavillon carré blanc avec large bordure bleue, au milieu duquel est leur numéro d'immatriculation.

Les droits de pilotage sont différents selon qu'il est fait appel à leurs services du 1er Avril au 1er Novembre, ou du 1er Novembre au 1er Avril : pour cette seconde période les droits sont plus élevés.

1re *Période.*— Pour tout pilote qui, ayant pris charge d'un navire à l'Est ou au Sud de la bouée blanche placée au bord oriental de la barre, le conduit et l'amarre sûrement à un quai, ou qui conduit un navire de la ville jusqu'au Sud ou à l'Est de la susdite bouée, ou bien encore qui le conduit jusqu'à une place quelconque en dedans de Sandy-Hook-point, le capitaine ou l'armateur ne voulant pas le faire mettre à quai, quand il s'agit d'un bâtiment soit des Etats-Unis, soit assimilé comme traitement aux bâtiments de l'Union, et pour un tirant d'eau inférieur à 14 pieds, on donne par pied 1 d. 50 cent. ; pour un tirant d'eau entre 14 et 18 pieds, par pied, 1 d. 75 cent. ; et pour un tirant d'eau de 18 pieds et au-dessus, par pied 2 d. 25 cent. ; pour tout pilote n'ayant pris charge qu'à l'Ouest de la bouée blanche d'un bâtiment au-dessus de 70 tonneaux ou d'un bâtiment au-dessous de ce tonnage, mais qui a fait le signal d'usage pour appeler le pilote, la moitié de l'échelle des droits désignés plus haut.

Dans tout autre cas que ceux qui viennent d'être spécifiés, le pilote n'a droit à aucune rénumération.

2e *Période.*— Droits supplémentaires : Pour tout bâtiment de 10 pieds de tirant d'eau et au-dessus, en plus 4 d. Pour tout bâtiment au-dessous de 10 pieds de tirant d'eau, en plus 2 d.

Droits spéciaux et fixes.— Pour tout pilote prenant charge d'un navire à un endroit hors de la vue du phare, sur l'échelle des droits désignés plus haut un quart en sus ; pour chaque journée d'un pilote gardé à bord d'un bâtiment, 3 d. ; pour tout navire appartenant à une nation que les traités n'assimilent pas au traitement des bâtiments de l'Union, un droit fixe en plus de 5 d., et un droit proportionnel sur l'échelle des droits désignés plus haut, selon le tirant d'eau et les périodes et un quart en sus.

Droits de Port et Tonnage.— Depuis 1868 les navires français sont assujettis à l'entrée dans les ports des Etats-Unis, au payement des mêmes droits de tonnage que ceux auxquels sont soumis les navires des Etats-Unis dans les mêmes ports. Voici le compte de frais d'un navire de 286 tonneaux de jauge dans le port de New-York.

Frais de Douane suivant compte	$	107.85
Fumigation	»	12.—
Pour porter les amarres	»	5.—
Permis général	»	0.20
Inspecteur, Interprète et Rapport	»	5.—
Entrée du Navire	»	15.—
Notaire pour Protêt	»	1.—
Commis au déchargement	»	28.—
Expertises de la Cargaison	»	21.25
Maître de port, gratification	»	15.—
Bateaux et Port de lettres	»	10.—
Permis, etc.	»	5.—
Annonces dans les journaux	»	10.—
Pilotage d'entrée, 14 pieds	»	67.—
d° de sortie, 13 »	»	39.10
A Reporter	$	348.90

Report	$	348.90
Expédition en Douane	$	10.90
Frais de Timbres	»	12.75
Consul pour visa des papiers	»	18.51
Post Entry	»	2.—
Droits de quai $ 1.10 — $ 56.10 — $ 26.37	»	83.57
Jaugeage	»	16.—
Grenier, achat de bois ($ 157)	»	—.—
Remorquages $ 80 — $ 15 — $ 15	»	110.—
Courtage de sortie sur 1,960 barils Pétrole à 03 c.	»	58.80
Commiss. sur fret d'entrée 2½ % (pour mémoire)		
d° » » de sortie £ 591.16.10		
à 5% £ 29.11.10 à $ 6.25	»	184.24
Papier Monnaie	$	845.37

$ 130 Papier = $ 100 Argent à F. 5.25.

Usages de la place.— *Droits de commission, de magasinage, frais de voiturage, quantités à la tonne.* — La chambre de Commerce de New-York arrête chaque année la liste de ces droits divers, en les remaniant souvent. Nous ne donnerons donc pas les tableaux formés périodiquement à ce sujet par cette chambre pour chacun de ces tarifs successivement modifiés ainsi, et que tout expéditeur, commissionnaire, armateur, etc., devra se procurer à la source même ; nous nous contenterons d'en indiquer les principales catégories et divisions en faisant remarquer qu'ils ont force de loi, quand il n'y a pas de conventions contraires entre les parties.

Droits de Commission.— Ils sont de trois espèces : ceux qui concernent les affaires en général, vente, achat, embarquement, débarquement de marchandises, consignations, assurances : ceux qui sont relatifs aux opérations de banque, vente ou achat de fonds publics, de numéraire, lettres de change, tirées, ou endossés, ou acceptées, toutes espèces de débours : enfin ceux qui ont trait aux bâtiments et à la navigation, vente et achat de navires, fret et passagers, procurés pour les navires en charge à destination de l'étranger, centralisation des marchandises frétées, etc.

Droits de magasinage.— Le tarif indique, pour chacune des 65 marchandises qui y sont énumérées, la quotité du droit à acquitter. Il est à noter que pour les articles évalués au poids, on entend le poids brut, et que pour les liqueurs et matières liquides, c'est la capacité entière des fûts pleins ou non qui est taxée. Les frais qu'occasionnent l'entrée, l'arrimage et la sortie des marchandises sont à la charge du ou des propriétaires. On ne paye jamais moins d'un mois, mais après le premier mois, on ne paye pour les suivants, que la quinzaine, quand elle n'est pas révolue au moment du retrait des marchandises.

Frais de Transport, dits de Voiturage.— Des distinctions sont établies à ce sujet pour tous les modes de transport, par charrettes, par voitures à bras, sur brouettes et à dos d'homme. Le tarif est basé comme à Londres sur les distances à parcourir.

Quantités à la Tonne.— La chambre de Commerce de New-York a de même déterminé la quantité de marchandises nécessaires pour composer, au point de vue de ses perceptions, le poids d'une tonne. — Ainsi : pour la farine, 8 barils de 196 livres : pour le sel d'Europe, 36 boisseaux, etc.

Toutes les marchandises d'exportation se vendent au comptant et sans escompte et les frais que nécessitent les diverses marchandises sont énumérés dans les factures ci-après : La commission légale pour les tirages est de 1%, mais en général les commissionnaires se contentent de porter les 2½ % commission d'achat et ½ % de courtage de change.

Monnaies.— Le système monétaire aux Etats-Unis est basé sur la division décimale, sauf deux exceptions, la pièce en or de 3 dollars et la pièce de 3 cents; l'unité monétaire est le dollar valant, en francs, selon le change de F. 5 à F. 5,50, et dont le signe réprésentatif est $\$$. Voici le tableau des Monnaies réelles des Etats-Unis et des multiples et sous multiples de l'unité monétaire.

DÉNOMINATIONS	VALEUR en Dollars et Cents.	VALEUR en FRANCS	POIDS en ONCES TROY	POIDS en GRAINS TROY
Or :				
Double Aigle (Double Eagle)	$\$$ 20.—	F. 106.60	1,075	516
Aigle (Eagle)	» 10.—	» 53.30	0,537,5	258
Demi-Aigle (Half-Eagle)	» 5.—	» 26.65	0,268,75	129
1/4 d'Aigle (Quarter-Eagle)	» 2.50	» 13.32,5	0,134,375	64,5
Pièce de 3 Dollars (Three Dollars)	» 3.—	» 15.99	0,161,25	77,4
Dollar (Dollar)	» 1.—	» 5.33	0,053,75	25,8
Argent :				
Dollar (Dollar)	» 1.—	» 5.33	0,859,375	412,5
Demi-Dollar (Half Dollar)	» 0.50	» 2.66,5	0,40	192
1/4 Dollar (Quarter Dollar)	» 0.25	» 1.33,3	0,20	96
1/10 de Dollar (Dime)	» 0.10	» 0.53,3	0,08	38,4
Demi-Dime (Half Dime)	» 0.05	» 0.26,6	0,04	19,2
Trois Cents (Three Cents)	» 0.03	» 0.15,9	0'024	11,52
Alliage :				
Cent (Cent)	» 0.01	» 0.05,3	0,15	72

NOTA : Le titre de l'Or et de l'Argent est de 0,900, et celui de l'alliage de 88 % de cuivre et de 12 % de nickel.

Les monnaies frappées aux États-Unis y ont seules cours forcé, cependant l'usage autorise l'emploi journalier de certaines monnaies espagnoles, anglaises ou françaises ; par exemple, la piastre Espagnole passe pour un Dollar, le souverain Anglais pour $\$$ 4,85, le Napoléon pour $\$$ 3,83 et la pièce de 5 francs pour $\$$ 0.93.

Depuis la guerre entre les Etats du Nord et du Sud (1861), les Etats-Unis ont fait le papier-monnaie (Greenbacks) d'une valeur nominale de 0,25, 0,50, 1, 2, 5, 10, 20, 25, 50, 100 Dollars, etc., dont la valeur réelle change journellement avec la prime sur l'or ou l'argent ; c'est avec cette monnaie qu'on paye aujourd'hui presque toutes les marchandises et que se font les transactions du petit commerce.

Il y a telle marchandise qui se vend tantôt en monnaie or, tantôt en monnaie-papier et nous renvoyons au Tableau n°2, page 13 pour avoir immédiatement la parité de l'un à l'autre et réciproquement avec la prime sur l'or qui est cotée tous les jours.

Changes et Remboursements. — Les maisons de Commerce peuvent facilement émettre des traites sur chaque Centre de Commerce en Europe ; les traites dites de Banque se tirent à vue, à 3 ou à 60 jours de vue, et les traites de Commerce contre marchandises à 60 jours de vue ou à 75 jours de date ; les traites sur le Havre se tirent généralement sur le Havre, payable dans Paris.

Voici les cours de change, à 60 jours de vue, dans des conditions ordinaires :

	INCERTAIN		CERTAIN
Sur le Havre, Paris	F. 5.25	pour	1 Dollar.
Londres	$\$$ 1.10	»	0, Livre Stg. 4/. 6d.
Amsterdam	» 0.41	»	1 florin de Hollande.
Hambourg	» 0.37	»	1 Marc banco.
Brême	» 0.79	»	1 Thaler d'Or.
Berlin	» 0.72	»	1 Thaler de Prusse.
Francfort-sur-Mein	» 0.41	»	1 Florin du Sud.

NOTA. — Les factures des marchandises à l'exportation achetées en papier-monnaie, (Greenbacks) sont tantôt réduites en valeur Or selon la prime de l'or du jour, tantôt les traites en remboursement se vendent contre papier-monnaie et nous renvoyons au Tableau n° 1 ci-après Page 9 pour voir la parité des deux modes de remboursement en égard de la prime sur l'or.

Poids et Mesures. — Ils sont les mêmes que ceux de l'Angleterre.

MESURES DE PESANTEUR

Le tonneau de 20 quintaux	= kilogr.	1015,940
Le quintal de 112 livres ou 4 quarters	»	50,797
Le quarter de 28 livres	»	12,699
La livre avoir du poids de 16 Onces	»	0,453544
L'once de 16 drams	»	0,028236
La livre troy (pour peser les métaux précieux)	»	0,373253

MESURES DE LONGUEUR

Le mille terrestre	= mètres	1609
Le mille maritime	»	1852
La brasse de 6 pieds	»	1,8288
La yard	»	0,9144
Le pied de 12 pouces (Inch)	»	0,3048

MESURES DE SUPERFICIE

Le mille carré	= kilom. carrés	2590
La yard carrée	mèt. carrés	0,8361
Le pied carré	»	0,0929
L'acre	»	4046,8648

MESURES CUBIQUES

Load, tonneau de mer	= mèt. cubes	1,189
Le pied cube	»	0,0283

MESURES DE CAPACITÉ POUR LIQUIDES

La pipe de 120 gallons	= litres	454
Le quarter (cask) de 32 gallons	»	121
Le gallon américain	»	3,785

MESURES DE CAPACITÉ POUR MARCHANDISES SÈCHES

Le chaldron de 36 bushels ou 288 gallons	= hectol.	13,084992
Le quarter de 8 » ou 64 »	»	2,907776
Le bushel, mesure rase de 8 gallons	litres	36,3472
Le gallon anglais (Imperial Standard gallon)	»	4,5434

(Extrait du *Dictionnaire du Commerce et de la Navigation*, par MM. GUILLAUMIN et Cie, ainsi que de nos renseignements particuliers).

CHANGE DE NEW-YORK SUR FRANCE

TABLEAU DE RÉDUCTION DU CHANGE SUR LA FRANCE DU DOLLAR OR, OU DU DOLLAR PAPIER OU CURRENCY, SELON LA PRIME SUR L'OR

PRIME SUR OR	F. 5.—	F. 5.02 ½	F. 5.05	F. 5.07 ½	F. 5.10	F. 5.12 ½	F. 5.15	F. 5.17 ½	F. 5.20	F. 5.22 ½	F. 5.25	F. 5.27 ½	F. 5.30	F. 5.32 ½	F. 5.35	F. 5.37 ½	F. 5.40
Or Papier																	
100 = 200	2.500	2.512	2.525	2.537	2.550	2.562	2.575	2.587	2.600	2.612	2.625	2.637	2.650	2.662	2.675	2.687	2.700
199	2.513	2.525	2.538	2.550	2.563	2.575	2.588	2.600	2.613	2.625	2.638	2.651	2.663	2.676	2.689	2.701	2.714
198	2.225	2.538	2.551	2.563	2.576	2.588	2.601	2.614	2.627	2.639	2.652	2.665	2.677	2.690	2.703	2.715	2.728
197	2.538	2.551	2.564	2.576	2.589	2.601	2.614	2.627	2.640	2.652	2.665	2.679	2.691	2.704	2.717	2.729	2.742
196	2.551	2.564	2.577	2.589	2.602	2.614	2.627	2.641	2.654	2.666	2.679	2.693	2.704	2.718	2.731	2.743	2.756
195	2.564	2.577	2.590	2.603	2.615	2.628	2.641	2.654	2.667	2.680	2.693	2.706	2.718	2.731	2.744	2.757	2.769
194	2.577	2.590	2.604	2.617	2.629	2.642	2.655	2.668	2.681	2.694	2.707	2.720	2.732	2.745	2.758	2.771	2.785
193	2.591	2.603	2.617	2.630	2.643	2.656	2.669	2.682	2.695	2.708	2.721	2.734	2.746	2.759	2.772	2.785	2.800
192	2.604	2.617	2.631	2.644	2.657	2.670	2.683	2.696	2.709	2.722	2.735	2.748	2.760	2.773	2.786	2.799	2.815
191	2.618	3.631	2.644	2.657	2.671	2.684	2.697	2.710	2.723	2.736	2.749	2.762	2.774	2.787	2.800	2.813	2.829
190	2.633	2.645	2.658	2.671	2.684	2.697	2.710	2.723	2.737	2.750	2.763	2.776	2.789	2.802	2.815	2.828	2.842
189	2.646	2.659	2.672	2.685	2.699	2.712	2.725	2.738	2.752	2.765	2.778	2.791	2.804	2.817	2.830	2.843	2.857
188	2.660	2.673	2.687	2.700	2.713	2.726	2.740	2.753	2.767	2.780	2.793	2.806	2.819	2.832	2.846	2.859	2.873
187	2.674	2.687	2.701	2.714	2.728	2.741	2.755	2.768	2.782	2.795	2.808	2.821	2.834	2.847	2.861	2.874	2.888
186	2.688	2.702	2.716	2.729	2.742	2.756	2.770	2.783	2.797	2.810	2.823	2.836	2.849	2.862	2.877	2.890	2.904
185	2.703	2.716	2.730	2.743	2.757	2.770	2.784	2.797	2.811	2.824	2.838	2.851	2.865	2.878	2.892	2.905	2.919
184	2.717	2.731	2.745	2.758	2.772	2.785	2.799	2.813	2.826	2.840	2.854	2.867	2.881	2.894	2.908	2.921	2.935
183	2.732	2.746	2.760	2.773	2.787	2.801	2.815	2.828	2.842	2.856	2.870	2.883	2.897	2.910	2.924	2.937	2.951
182	2.747	2.761	2.775	2.788	2.802	2.816	2.830	2.844	2.857	2.872	2.886	2.899	2.913	2.926	2.940	2.953	2.967
181	2.762	2.776	2.790	2.803	2.817	2.832	2.846	2.859	2.873	2.888	2.902	2.915	2.926	2.942	2.956	2.979	2.983
180	2.778	2.792	2.806	2.819	2.833	2.847	2.861	2.875	2.889	2.903	2.917	2.931	2.944	2.958	2.972	2.986	3.000
179	2.793	2.808	2.822	2.835	2.849	2.863	2.877	2.891	2.905	2.920	2.934	2.948	2.961	2.975	2.989	3.003	3.017
178	2.809	2.824	2.838	2.851	2.865	2.879	2.893	2.907	2.922	2.936	2.950	2.964	2.977	2.992	3.006	3.020	3.034
177	2.825	2.839	2.854	2.867	2.881	2.895	2.909	2.923	2.938	2.953	2.967	2.981	2.994	3.009	3.023	3.037	3.051
176	2.841	2.855	2.870	2.883	2.897	2.911	2.925	2.939	2.955	2.969	2.983	2.997	3.011	3.026	3.040	3.054	3.068

CHANGE DE NEW-YORK SUR FRANCE

TABLEAU DE RÉDUCTION DU CHANGE SUR LA FRANCE DU DOLLAR OR, OU DOLLAR PAPIER OU CURRENCY, SELON LA PRIME SUR L'OR

PRIME SUR OR	F. 5.—	F. 5.02 ½	F. 5.05	F. 5.07 ½	F. 5.10	F. 5.12 ½	F. 5.15	F. 5.17 ½	F. 5.20	F. 5.22 ½	F. 5.25	F. 5.27 ½	F. 5.30	F. 5.32 ½	F. 5.35	F. 5.37 ½	F. 5.40
Or Papier																	
188 = 175	2.857	2.871	2.886	2.900	2.914	2.928	2.942	2.956	2.971	2.985	2.999	3.013	3.028	3.042	3.056	3.070	3.086
174	2.873	2.888	2.903	2.917	2.931	2.945	2.959	2.974	2.988	3.003	3.017	3.031	3.046	3.060	3.074	3.088	3.104
173	2.890	2.905	2.920	2.934	2.948	2.963	2.977	2.992	3.006	3.021	3.035	3.049	3.064	3.078	3.093	3.107	3.122
172	2.907	2.922	2.937	2.951	2.965	2.980	2.994	3.010	3.023	3.039	3.053	3.067	3.082	3.096	3.111	3.125	3.140
171	2.924	2.939	2.954	2.968	2.982	2.998	3.012	3.028	3.041	3.057	3.071	3.085	3.100	3.114	3.130	3.144	3.158
170	2.941	2.956	2.971	2.985	3.000	3.015	3.030	3.045	3.059	3.074	3.089	3.104	3.118	3.133	3.148	3.163	3.177
169	2.958	2.973	2.989	3.003	3.018	3.033	3.048	3.063	3.077	3.092	3.107	3.122	3.137	3.152	3.167	3.182	3.196
168	2.976	2.991	3.007	3.021	3.036	3.051	3.066	3.081	3.096	3.111	3.126	3.141	3.156	3.171	3.186	3.201	3.215
167	2.994	3.009	3.025	3.039	3.054	3.069	3.084	3.099	3.114	3.129	3.144	3.159	3.175	3.190	3.205	3.220	3.234
166	3.012	3.027	3.045	3.057	3.072	3.087	3.102	3.117	3.133	3.148	3.163	3.178	3.194	3.209	3.224	3.249	3.253
165	3.030	3.045	3.061	3.076	3.091	3.106	3.121	3.136	3.152	3.167	3.182	3.197	3.212	3.227	3.242	3.257	3.273
164	3.048	3.063	3.080	3.095	3.110	3.125	3.140	3.155	3.171	3.186	3.202	3.217	3.232	3.247	3.262	3.277	3.293
163	3.067	3.082	3.099	3.114	3.129	3.145	3.160	3.175	3.191	3.206	3.222	3.237	3.252	3.267	3.282	3.297	3.314
162	3.086	3.102	3.118	3.133	3.148	3.164	3.179	3.194	3.210	3.225	3.242	3.257	3.272	3.287	3.302	3.318	3.334
161	3.107	3.121	3.137	3.152	3.167	3.184	3.199	3.214	3.230	3.245	3.262	3.277	3.202	3.307	3.322	3.338	3.355
160	3.125	3.140	3.156	3.172	3.187	3.203	3.218	3.234	3.250	3.265	3.281	3.296	3.319	3.328	3.343	3.359	3.375
159	3.145	3.160	3.176	3.192	3.207	3.223	3.238	3.254	3.271	3.286	3.302	3.317	3.333	3.349	3.364	3.380	3.397
158	3.165	3.180	3.196	3.212	3.227	3.243	3.259	3.275	3.292	3.307	3.323	3.338	3.354	3.370	3.386	3.402	3.419
157	3.185	3.200	3.216	3.232	3.247	3.264	3.280	3.296	3.313	3.328	3.344	3.360	3.376	3.392	3.408	3.424	3.441
156	3.205	3.221	3.237	3.253	3.268	3.285	3.301	3.317	3.334	3.349	3.365	3.382	3.398	3.414	3.430	3.446	3.463
155	3.226	3.242	3.258	3.274	3.290	3.306	3.322	3.338	3.355	3.371	3.387	3.403	3.419	3.435	3.451	3.467	3.484
154	3.247	3.263	3.279	3.296	3.312	3.328	3.344	3.360	3.378	3.393	3.409	3.425	3.442	3.458	3.474	3.490	3.507
153	3.268	3.284	3.301	3.318	3.334	3.350	3.366	3.383	3.400	3.416	3.432	3.448	3.465	3.481	3.497	3.513	3.530
152	3.290	3.306	3.322	3.340	3.356	3.372	3.388	3.405	3.422	3.438	3.454	3.470	3.488	3.504	3.520	3.536	3.553
151	3.312	3.328	3.344	3.362	3.378	3.396	3.410	3.428	3.444	3.461	3.477	3.493	3.511	3.527	3.543	3.559	3.576

CHANGE DE NEW-YORK SUR FRANCE

TABLEAU DE RÉDUCTION DU CHANGE SUR LA FRANCE DU DOLLAR OR, OU DOLLAR PAPIER OU CURRENCY, SELON LA PRIME SUR L'OR

PRIME SUR OR	F. 5.—	F. 5.02 ½	F. 5.05	F. 5.07 ½	F. 5.10	F. 5.12 ½	F. 5.15	F. 5.17 ½	F. 5.20	F. 5.22 ½	F. 5.25	F. 5.27 ½	F. 5.30	F. 5.32 ½	F. 5.35	F. 5.37 ½	F. 5.40
Or Papier																	
100 = 150	3.333	3.350	3.366	3.383	3.400	3.417	3.433	3.450	3.467	3.483	3.500	3.516	3.533	3.550	3.566	3.583	3.600
149	3.356	3.373	3.389	3.406	3.423	3.440	3.457	3.474	3.491	3.507	3.524	3.540	3.557	3.574	3.591	3.608	3.625
148	3.379	3.396	3.412	3.430	3.447	3.464	3.481	3.498	3.515	3.531	3.548	3.565	3.582	3.599	3.616	3.633	3.650
147	3.402	3.419	3.436	3.453	3.470	3.487	3.505	3.522	3.539	3.555	3.572	3.589	3.606	3.623	3.641	3.658	3.675
146	3.425	3.442	3.459	3.477	3.494	3.511	3.529	3.546	3.563	3.579	3.596	3.614	3.631	3.648	3.666	3.683	3.700
145	3.448	3.465	3.483	3.500	3.517	3.534	3.552	3.569	3.586	3.603	3.621	3.638	3.655	3.672	3.690	3.707	3.724
144	3.472	3.490	3.508	3.525	3.542	3.559	3.577	3.594	3.611	3.628	3.646	3.663	3.681	3.698	3.716	3.733	3.751
143	3.496	3.515	3.533	3.550	3.567	3.584	3.602	3.620	3.637	3.654	3.672	3.689	3.707	3.724	3.742	3.760	3.777
142	3.521	3.540	3.558	3.575	3.592	3.609	3.627	3.645	3.662	3.679	3.697	3.714	3.733	3.750	3.768	3.786	3.804
141	3.546	3.565	3.583	3.600	3.617	3.634	3.652	3.671	3.688	3.705	3.723	3.740	3.759	3.776	3.794	3.813	3.830
140	3.571	3.589	3.607	3.625	3.643	3.660	3.678	3.696	3.714	3.730	3.748	3.766	3.785	3.803	3.821	3.839	3.857
139	3.597	3.615	3.633	3.651	3.670	3.687	3.705	3.723	3.741	3.768	3.776	3.794	3.813	3.831	3.849	3.868	3.886
138	3.623	3.641	3.660	3.678	3.697	3.714	3.732	3.751	3.769	3.786	3.804	3.822	3.841	3.860	3.878	3.896	3.914
137	3.650	3.667	3.686	3.704	3.724	3.741	3.759	3.778	3.796	3.824	3.832	3.850	3.869	3.888	3.906	3.925	3.943
136	3.677	3.694	3.713	3.731	3.751	3.768	3.786	3.806	3.824	3.842	3.860	3.878	3.897	3.917	3.935	3.953	3.971
135	3.703	3.721	3.740	3.758	3.777	3.795	3.814	3.833	3.852	3.870	3.889	3.907	3.926	3.945	3.963	3.982	4.000
134	3.731	3.750	3.768	3.787	3.806	3.824	3.843	3.862	3.881	3.900	3.919	3.937	3.956	3.975	3.993	4.012	4.031
133	3.759	3.779	3.797	3.816	3.835	3.854	3.873	3.892	3.911	3.930	3.949	3.967	3.986	4.005	4.024	4.043	4.062
132	3.788	3.808	3.825	3.845	3.864	3.883	3.902	3.921	3.940	3.960	3.979	3.997	4.016	4.035	4.054	4.073	4.093
131	3.817	3.837	3.854	3.874	3.893	3.913	3.932	3.951	3.970	3.990	4.009	4.027	4.046	4.065	4.085	4.104	4.124
130	3.846	3.865	3.884	3.903	3.923	3.942	3.961	3.980	4.000	4.019	4.038	4.057	4.077	4.096	4.115	4.134	4.154
129	3.877	3.896	3.915	3.934	3.954	3.973	3.993	4.012	4.032	4.051	4.070	4.090	4.109	4.129	4.148	4.167	4.187
128	3.908	3.927	3.946	3.965	3.986	4.005	4.025	4.044	4.064	4.083	4.103	4.122	4.142	4.161	4.181	4.200	4.220
127	3.939	3.958	3.977	3.998	4.017	4.036	4.057	4.076	4.096	4.115	4.135	4.155	4.174	4.194	4.214	4.233	4.253
126	3.970	3.988	4.008	4.029	4.049	4.068	4.089	4.108	4.128	4.147	4.168	4.187	4.207	4.226	4.247	4.266	4.286

CHANGE DE NEW-YORK SUR FRANCE

TABLEAU DE RÉDUCTION DU CHANGE SUR LA FRANCE DU DOLLAR OR, OU DOLLAR PAPIER OU CURRENCY, SELON LA PRIME SUR L'OR

PRIME SUR OR Or Papier	F. 5.—	F. 5.02 ½	F. 5.05	F. 5.07 ½	F. 5.10	F. 5.12 ½	F. 5.15	F. 5.17 ½	F. 5.20	F. 5.22 ½	F. 5.25	F. 5.27 ½	F. 5.30	F. 5.32 ½	F. 5.35	F. 5.37 ½	F. 5.40
100 = 125	4.000	4.020	4.040	4.060	4.080	4.100	4.120	4.140	4.160	4.180	4.200	4.220	4.240	4.260	4.280	4.300	4.320
124	4.033	4.053	4.073	4.094	4.114	4.134	4.154	4.174	4.194	4.215	4.235	4.255	4.275	4.296	4.316	4.336	4.356
123	4.066	4.086	4.107	4.128	4.148	4.168	4.189	4.209	4.229	4.250	4.270	4.290	4.311	4.331	4.351	4.372	4.392
122	4.099	4.120	4.140	4.162	4.182	4.202	4.223	4.243	4.263	4.285	4.305	4.325	4.346	4.367	4.387	4.408	4.428
121	4.132	4.153	4.174	4.196	4.216	4.236	4.258	4.278	4.298	4.320	4.340	4.360	4.382	4.403	4.422	4.444	4.464
120	4.166	4.187	4.208	4.229	4.250	4.271	4.292	4.313	4.333	4.354	4.375	4.396	4.417	4.438	4.459	4.480	4.500
119	4.202	4.223	4.244	4.266	4.287	4.307	4.329	4.350	4.371	4.392	4.413	4.434	4.455	4.477	4.498	4.495	4.539
118	4.238	4.259	4.281	4.303	4.324	4.343	4.366	4.388	4.409	4.430	4.451	4.472	4.494	4.515	4.536	4.540	4.578
117	4.275	4.296	4.317	4.340	4.361	4.379	4.403	4.425	4.447	4.468	4.489	4.510	4.532	4.554	4.575	4.585	4.617
116	4.312	4.333	4.354	4.377	4.398	4.415	4.440	4.463	4.485	4.506	4.527	4.548	4.571	4.592	4.613	4.630	4.656
115	4.348	4.370	4.391	4.413	4.435	4.457	4.478	4.500	4.522	4.544	4.565	4.587	4.609	4.631	4.652	4.674	4.696
114	4.387	4.409	4.431	4.453	4.475	4.497	4.519	4.541	4.563	4.585	4.606	4.629	4.651	4.673	4.694	4.717	4.793
113	4.426	4.448	4.471	4.493	4.515	4.538	4.560	4.582	4.604	4.626	4.648	4.671	4.693	4.715	4.737	4.759	4.781
112	4.466	4.488	4.511	4.533	4.555	4.578	4.601	4.623	4.645	4.667	4.689	4.713	4.735	4.757	4.779	4.802	4.824
111	4.506	4.528	4.551	4.578	4.595	4.619	4.642	4.664	4.686	4.708	4.731	4.755	4.777	4.799	4.822	4.844	4.866
110	4.545	4.568	4.591	4.614	4.636	4.659	4.682	4.705	4.727	4.750	4.773	4.796	4.818	4.841	4.864	4.887	4.909
109	4.588	4.611	4.635	4.658	4.680	4.703	4.726	4.750	4.772	4.795	4.818	4.842	4.864	4.887	4.910	4.934	4.956
108	4.631	4.654	4.679	4.702	4.724	4.748	4.771	4.795	4.817	4.840	4.864	4.887	4.910	4.933	4.957	4.980	5.003
107	4.674	4.697	4.723	4.746	4.768	4.792	4.815	4.840	4.862	4.885	4.909	4.933	4.956	4.979	5.003	5.027	5.050
106	4.718	4.741	4.767	4.790	4.812	4.837	4.860	4.885	4.907	4.930	4.955	4.978	5.002	5.025	5.050	5.073	5.097
105	4.762	4.786	4.810	4.834	4.857	4.881	4.905	4.929	4.952	4.976	5.000	5.024	5.048	5.072	5.096	5.120	5.143
104	4.810	4.834	4.858	4.882	4.906	4.930	4.954	4.978	5.002	5.026	5.050	5.074	5.098	5.123	5.147	5.171	5.195
103	4.857	4.882	4.906	4.930	4.954	4.979	5.003	5.027	5.051	5.076	5.100	5.124	5.149	5.173	5.198	5.222	5.246
102	4.905	4.930	4.954	4.978	5.003	5.028	5.052	5.076	5.101	5.126	5.150	5.174	5.197	5.224	5.249	5.273	5.298
101	4.952	4.978	5.002	5.026	5.051	5.077	5.101	5.125	5.150	5.176	5.200	5.224	5.250	5.274	5.300	5.324	5.349
au Pair 100	5.000	5.025	5.050	5.075	5.100	5.125	5.150	5.175	5.200	5.225	5.250	5.275	5.300	5.325	5.350	5.375	5.400

TABLEAU DE CONVERSION

DE L'OR EN PAPIER MONNAIE OU CURRENCY SUIVANT LES DIVERSES PRIMES SUR L'OR

CENTS OR	130	131	132	133	134	135	136	137	138	139	140	141	142	143	144	145	146	147	148	149	150
1	1.300	1.310	1.320	1.330	1.340	1.350	1.360	1.370	1.380	1.390	1.400	1.410	1.420	1.430	1.440	1.450	1.460	1.470	1.480	1.490	1.500
2	2.600	2.620	2.640	2.660	2.680	2.700	2.720	2.740	2.760	2.780	2.800	2.820	2.840	2.860	2.880	2.900	2.920	2.940	2.960	2.980	3.000
3	3.900	3.930	3.960	3.990	4.020	4.050	4.080	4.110	4.140	4.170	4.200	4.230	4.260	4.290	4.320	4.350	4.380	4.410	4.440	4.470	4.500
4	5.200	5.240	5.280	5.320	5.360	5.400	5.440	5.480	5.520	5.560	5.600	5.640	5.680	5.720	5.760	5.800	5.840	5.880	5.920	5.960	6.000
5	6.500	6.550	6.600	6.650	6.700	6.750	6.800	6.850	6.900	6.950	7.000	7.050	7.100	7.150	7.200	7.250	7.300	7.350	7.400	7.450	7.500
6	7.800	7.860	7.920	7.980	8.040	8.100	8.160	8.220	8.280	8.340	8.400	8.460	8.520	8.580	8.640	8.700	8.760	8.820	8.880	8.940	9.000
7	9.100	9.170	9.240	9.310	9.380	9.450	9.520	9.590	9.660	9.730	9.800	9.870	9.940	10.010	10.080	10.150	10.220	10.290	10.360	10.430	10.500
8	10.400	10.480	10.560	10.640	10.720	10.800	10.880	10.960	11.040	11.120	11.200	11.280	11.360	11.440	11.520	11.600	11.680	11.760	11.840	11.920	12.000
9	11.700	11.790	11.880	11.970	12.060	12.150	12.240	12.330	12.420	12.510	12.600	12.690	12.780	12.870	12.960	13.050	13.140	13.230	13.320	13.410	13.500
10	13.000	13.100	13.200	13.300	13.400	13.500	13.600	13.700	13.800	13.900	14.000	14.100	14.200	14.300	14.400	14.500	14.600	14.700	14.800	14.900	15.000
11	14.300	14.410	14.520	14.630	14.740	14.850	14.960	15.070	15.180	15.290	15.400	15.510	15.620	15.730	15.840	15.950	16.060	16.170	16.280	16.390	16.500
12	15.600	15.720	15.840	15.960	16.080	16.200	16.320	16.440	16.560	16.680	16.800	16.920	17.040	17.160	17.280	17.400	17.520	17.640	17.760	17.880	18.000
13	16.900	17.030	17.160	17.290	17.420	17.550	17.680	17.810	17.940	18.070	18.200	18.330	18.460	18.590	18.720	18.850	18.980	19.110	19.240	19.370	19.500
14	18.200	18.340	18.480	18.620	18.760	18.900	19.040	19.180	19.320	19.460	19.600	19.740	19.880	20.020	20.160	20.300	20.440	20.580	20.720	20.860	21.000
15	19.500	19.650	19.800	19.950	20.100	20.250	20.400	20.550	20.700	20.850	21.000	21.150	21.300	21.450	21.600	21.750	21.900	22.050	22.200	22.350	22.500
16	20.800	20.960	21.120	21.280	21.440	21.600	21.760	21.920	22.080	22.240	22.400	22.560	22.720	22.880	23.040	23.200	23.360	23.520	23.680	23.840	24.000
17	22.100	22.270	22.440	22.610	22.780	22.950	23.120	23.290	23.460	23.630	23.800	23.970	24.140	24.310	24.480	24.650	24.820	24.990	25.160	25.330	25.500
18	23.400	23.580	23.760	23.940	24.120	24.300	24.480	24.660	24.840	25.020	25.200	25.380	25.560	25.740	25.920	26.100	26.280	26.460	26.640	26.820	27.000
19	24.700	24.890	25.080	25.270	25.460	25.650	25.840	26.030	26.220	26.410	26.600	26.790	26.980	27.170	27.360	27.550	27.740	27.930	28.120	28.310	28.500
20	26.000	26.200	26.400	26.600	26.800	27.000	27.200	27.400	27.600	27.800	28.000	28.200	28.400	28.600	28.800	29.000	29.200	29.400	29.600	29.800	30.000
21	27.300	27.510	27.720	27.930	28.140	28.350	28.560	28.770	28.980	29.190	29.400	29.610	29.820	30.030	30.240	30.450	30.660	30.870	31.080	31.290	31.500
22	28.600	28.820	29.040	29.260	29.480	29.700	29.920	30.140	30.360	30.580	30.800	31.020	31.240	31.460	31.680	31.900	32.120	32.340	32.560	32.780	33.000
23	29.900	30.130	30.360	30.590	30.820	31.050	31.280	31.510	31.740	31.970	32.200	32.430	32.660	32.890	33.120	33.350	33.580	33.810	34.040	34.270	34.500
24	31.200	31.440	31.680	31.920	32.160	32.400	32.640	32.880	33.120	33.360	33.600	33.840	34.080	34.320	34.560	34.800	35.040	35.280	35.520	35.760	36.000
25	32.500	32.750	33.000	33.250	33.500	33.750	34.000	34.250	34.500	34.750	35.000	35.250	35.500	35.750	36.000	36.250	36.500	36.750	37.000	37.250	37.500

TABLEAU DE CONVERSION

DE L'OR EN PAPIER MONNAIE OU CURRENCY SUIVANT LES DIVERSES PRIMES SUR L'OR

CENTS OR	130	131	132	133	134	135	136	137	138	139	140	141	142	143	144	145	146	147	148	149	150
26	33.800	34.060	34.320	34.580	34.840	35.100	35.360	35.620	35.880	36.140	36.400	36.660	36.920	37.180	37.440	37.700	37.960	38.220	38.480	38.740	39.000
27	35.100	35.370	35.640	35.910	36.180	36.450	36.720	36.990	37.260	37.530	37.800	38.070	38.340	38.610	38.880	39.150	39.420	39.690	39.960	40.230	40.500
28	36.400	36.680	36.960	37.240	37.520	37.800	38.080	38.360	38.640	38.920	39.200	39.480	39.760	40.040	40.320	40.600	40.880	41.160	41.440	41.720	42.000
29	37.700	37.990	38.280	38.570	38.860	39.150	39.440	39.730	40.020	40.310	40.600	40.890	41.180	41.470	41.760	42.050	42.340	42.630	42.920	43.210	43.500
30	39.000	39.300	39.600	39.900	40.200	40.500	40.800	41.100	41.400	41.700	42.000	42.300	42.600	42.900	43.200	43.500	43.800	44.100	44.400	44.700	45.000
31	40.300	40.610	40.920	41.230	41.540	41.850	42.160	42.470	42.780	43.090	43.400	43.710	44.020	44.330	44.640	44.950	45.260	45.570	45.880	46.190	46.500
32	41.600	41.920	42.240	42.560	42.880	43.200	43.520	43.840	44.160	44.480	44.800	45.120	45.440	45.760	46.080	46.400	46.720	47.040	47.360	47.680	48.000
33	42.900	43.230	43.560	43.890	44.220	44.550	44.880	45.210	45.540	45.870	46.200	46.530	46.860	47.190	47.520	47.850	48.180	48.510	48.840	49.170	49.500
34	44.200	44.540	44.880	45.220	45.560	45.900	46.240	46.580	46.920	47.260	47.600	47.940	48.280	48.620	48.960	49.300	49.640	49.980	50.320	50.660	51.000
35	45.500	45.850	46.200	46.550	46.900	47.250	47.600	47.950	48.300	48.650	49.000	49.350	49.700	50.050	50.400	50.750	51.100	51.450	51.800	52.150	52.500
36	46.800	47.160	47.520	47.880	48.240	48.600	48.960	49.320	49.680	50.040	50.400	50.760	51.120	51.480	51.840	52.200	52.560	52.920	53.280	53.640	54.000
37	48.100	48.470	48.840	49.210	49.580	49.950	50.320	50.690	51.060	51.430	51.800	52.170	52.540	52.910	53.280	53.650	54.020	54.390	54.760	55.130	55.500
38	49.400	49.780	50.160	50.540	50.920	51.300	51.680	52.060	52.440	52.820	53.200	53.580	53.960	54.340	54.720	55.100	55.480	55.860	56.240	56.620	57.000
39	50.700	51.090	51.480	51.870	52.260	52.650	53.040	53.430	53.820	54.210	54.600	54.990	55.380	55.770	56.160	56.550	56.940	57.330	57.720	58.110	58.500
40	52.000	52.400	52.800	53.200	53.600	54.000	54.400	54.800	55.200	55.600	56.000	56.400	56.800	57.200	57.600	58.000	58.400	58.800	59.200	59.600	60.000
41	53.300	53.710	54.120	54.530	54.940	55.350	55.760	56.170	56.580	56.990	57.400	57.810	58.220	58.630	59.040	59.450	59.860	60.270	60.680	61.090	61.500
42	54.600	55.020	55.440	55.860	56.280	56.700	57.120	57.540	57.960	58.380	58.800	59.220	59.640	60.060	60.480	60.900	61.320	61.740	62.160	62.580	63.000
43	55.900	56.330	56.760	57.190	57.620	58.050	58.480	58.910	59.340	59.770	60.200	60.630	61.060	61.490	61.920	62.350	62.780	63.210	63.640	64.070	64.500
44	57.200	57.640	58.080	58.520	58.960	59.400	59.840	60.280	60.720	61.160	61.600	62.040	62.480	62.920	63.360	63.800	64.240	64.680	65.120	65.560	66.000
45	58.500	58.950	59.400	59.850	60.300	60.750	61.200	61.650	62.100	62.550	63.000	63.450	63.900	64.350	64.800	65.250	65.700	66.150	66.600	67.050	67.500
46	59.800	60.260	60.720	61.180	61.640	62.100	62.560	63.020	63.480	63.940	64.400	64.860	65.320	65.780	66.240	66.700	67.160	67.620	68.080	68.540	69.000
47	61.100	61.570	62.040	62.510	62.980	63.450	63.920	64.390	64.860	65.330	65.800	66.270	66.740	67.210	67.680	68.150	68.620	69.090	69.560	70.030	70.500
48	62.400	62.880	63.360	63.840	64.320	64.800	65.280	65.760	66.240	66.720	67.200	67.680	68.160	68.640	69.120	69.600	70.080	70.560	71.040	71.520	72.000
49	63.700	64.190	64.680	65.170	65.660	66.150	66.640	67.130	67.620	68.110	68.600	69.090	69.580	70.070	70.560	71.050	71.540	72.030	72.520	73.010	73.500
50	65.000	65.500	66.000	66.500	67.000	67.500	68.000	68.500	69.000	69.500	70.000	70.500	71.000	71.500	72.000	72.500	73.000	73.500	74.000	74.500	75.000

TABLEAU DE CONVERSION

DE CURRENCY OU PAPIER MONNAIE EN OR SUIVANT LES DIVERSES PRIMES SUR L'OR

CURRENCY	150	149	148	147	146	145	144	143	142	141	140	139	138	137	136	135	134	133	132	131	130
1	0.666	0.671	0.676	0.680	0.684	0.689	0.694	0.699	0.704	0.709	0.714	0.719	0.724	0.729	0.735	0.740	0.746	0.751	0.757	0.763	0.769
2	1.333	1.342	1.351	1.360	1.368	1.379	1.388	1.398	1.408	1.418	1.428	1.438	1.450	1.458	1.470	1.481	1.492	1.503	1.514	1.526	1.538
3	2.000	2.013	2.027	2.040	2.053	2.069	2.073	2.097	2.112	2.127	2.142	2.158	2.175	2.188	2.206	2.222	2.239	2.255	2.272	2.290	2.307
4	2.666	2.684	2.702	2.720	2.738	2.759	2.767	2.796	2.816	2.836	2.856	2.878	2.900	2.917	2.941	2.963	2.985	3.007	3.039	3.053	3.076
5	3.333	3.355	3.378	3.400	3.423	3.449	3.472	3.495	3.520	3.545	3.571	3.597	3.623	3.647	3.696	3.704	3.731	3.759	3.787	3.817	3.845
6	4.000	4.027	4.054	4.081	4.109	4.133	4.166	4.195	4.225	4.255	4.285	4.316	4.348	4.379	4.411	4.445	4.477	4.511	4.545	4.580	4.615
7	4.666	4.698	4.730	4.761	4.791	4.828	4.860	4.894	4.929	4.964	5.000	5.037	5.073	5.109	5.746	5.185	5.228	5.263	5.302	5.343	5.384
8	5.333	5.369	5.405	5.442	5.479	5.518	5.555	5.593	5.633	5.678	5.714	5.755	5.798	5.838	5.882	5.925	5.970	6.015	6.060	6.106	6.154
9	6.000	6.040	6.081	6.122	6.164	6.208	6.249	6.292	6.337	6.382	6.428	6.475	6.523	6.568	6.617	6.666	6.717	6.766	6.817	6.870	6.923
10	6.666	6.711	6.756	6.803	6.849	6.798	6.944	6.991	7.041	7.091	7.143	7.197	7.248	7.298	7.353	7.407	7.463	7.518	7.575	7.634	7.692
11	7.333	7.382	7.432	7.483	7.534	7.586	7.638	7.691	7.744	7.801	7.857	7.913	7.971	8.029	8.088	8.148	8.209	8.270	8.333	8.396	8.461
12	8.000	8.053	8.108	8.163	8.219	8.275	8.332	8.390	8.448	8.510	8.571	8.633	8.696	8.759	8.823	8.888	8.955	9.022	9.090	9.150	9.230
13	8.666	8.724	8.784	8.843	8.904	8.965	9.027	9.090	9.153	9.219	9.285	9.640	9.421	7.488	9.559	9.629	9.701	9.774	9.848	9.923	10.000
14	9.333	9.395	9.460	9.523	9.589	9.654	9.721	9.790	9.857	9.928	10.000	10.072	10.146	10.218	10.294	10.369	10.448	10.526	10.606	10.686	10.769
15	10.000	10.067	10.136	10.208	10.274	10.344	10.416	10.487	10.562	10.637	10.714	10.791	10.871	10.947	11.029	11.110	11.194	11.278	11.364	10.450	11.537
16	10.666	10.738	10.811	10.884	10.958	11.034	11.111	11.188	11.267	11.347	11.428	11.510	11.596	11.678	11.764	11.851	11.940	12.030	12.121	12.213	12.307
17	11.333	11.409	11.487	11.564	11.643	11.723	11.805	11.887	11.971	12.056	12.142	12.230	12.321	12.408	12.499	12.582	12.686	12.782	12.879	12.976	13.077
18	12.000	12.080	12.162	12.244	12.328	12.413	12.500	12.587	12.675	12.705	12.857	12.949	13.046	13.137	13.235	13.333	13.432	13.534	13.637	13.740	13.846
19	12.666	12.751	12.838	12.924	13.013	13.002	13.194	13.286	13.379	13.474	13.571	13.669	13.769	13.867	13.970	14.074	14.178	14.286	14.395	14.504	14.616
20	13.333	13.423	13.513	13.605	13.698	13.790	13.889	13.986	14.083	14.183	14.286	14.391	14.495	14.597	14.706	14.815	14.925	15.038	15.152	15.207	15.385
21	14.000	14.094	14.189	14.285	14 382	14.482	14.583	14.685	14.787	14.893	15.000	15.108	15.217	15.328	15.441	15.556	15.671	15.789	15.909	16.031	16.154
22	14.666	14.765	14.864	14.965	15.067	15.172	15.277	15.384	15.491	15.602	15.714	15.827	15.942	16.058	16.176	16.296	16.418	16.541	16.667	16.794	16.923
23	15.333	15.436	15.540	15.646	15.752	15.862	15.972	16.083	16.196	16.311	16.429	16.331	16.667	16.787	36.912	17.037	17.164	17.293	17.424	17.557	17.692
24	16.000	16.107	16.215	16.326	16.437	16.552	16.666	16.782	16.900	17.020	17,143	17.266	17.392	17.517	17.647	17.778	17.910	18.045	18.182	18.321	18.461
25	16.666	16.778	16.891	17.007	17.122	17.242	17.361	17.481	17.605	17.720	17.857	11.984	18.117	18.246	18.382	18.518	13.657	18.797	18.939	19.084	19.231

TABLEAU DE CONVERSION

DE CURRENCY OU PAPIER MONNAIE EN OR SUIVANT LES DIVERSES PRIMES SUR L'OR

CURRENCY	150	149	148	147	146	145	144	143	142	141	140	139	138	137	136	135	134	133	132	131	130
26	17.333	17.449	17.566	17.687	17.808	17.931	18.055	18.181	18.300	18.439	18.571	18.705	18.841	18.978	19.117	19.259	19.403	19.549	19.697	19.847	20.000
27	18.000	18.120	18.242	18.367	18.493	18.620	18.749	18.880	19.013	19.148	19.286	19.424	19.566	19.708	19.852	20.000	20.149	20.301	20.455	20.611	20.769
28	18.666	18.791	18.918	19.047	19.178	19.310	19.444	19.580	19.717	19.857	20.000	20.144	20.291	20.437	20.587	20.741	20.895	21.053	21.212	21.374	21.538
29	19.333	19.462	19.594	19.727	19.863	19.999	20.138	20.279	20.421	20.566	20.714	20.863	21.016	21.167	21.323	21.481	21.642	21.805	21.969	22.137	22.307
30	20.000	20.134	20.270	20.407	26.548	20.680	20.833	20.079	21.125	21.275	21.429	21.583	21.741	21.897	22.058	22.222	22.388	22.556	22.727	22.901	23.077
31	20.666	20.805	20.945	21.088	21.233	21.378	21.527	21.678	21.830	21.985	22.143	22.302	22.464	22.627	22.794	22.963	23.134	23.308	23.484	23.664	23.846
32	21.333	21.476	21.621	21.768	21.918	22.066	22.221	22.377	22.534	22.694	22.857	23.022	23.189	23.357	23.529	23.704	23.880	24.060	24.242	24.428	24.615
33	22.000	22.147	22.297	22.448	22.603	22.754	22.916	23.076	23.239	23.403	23.571	23.741	23.914	24.086	24.265	24.445	24.627	24.812	25.000	25.192	25.384
34	22.666	22.818	22.973	23.128	23.288	23.442	23.610	23.775	23.943	24.112	24.285	24.460	24.639	24.816	25.000	25.186	25.373	25.563	25.758	25.956	26.153
35	23.333	23.499	23.649	23.809	23.972	24.131	24.305	24.475	24.648	24.822	25.000	25.179	25.364	25.546	25.735	25.927	26.120	26.315	26.515	26.718	26.923
36	24.000	24.161	24.324	24.489	24.657	24.827	25.000	25.174	25 352	25.531	25.714	25.899	26.086	26.277	26.470	26.667	26.865	27.067	27.272	27.480	27.692
37	24.666	24.832	25.000	25.169	25.342	25.517	25.694	25.873	26.056	26.240	26.428	26.618	26.811	27.007	27.205	27.407	27.611	27.819	28.030	28.244	28.461
38	25.333	25.503	25.676	25.850	26.027	26.207	26.389	26.573	26 761	26.950	27.143	27.338	27.536	27.737	27.940	28.148	28.357	28.571	28.788	29.008	29.230
39	26.000	26.174	26.352	26.530	26.712	26.897	27.083	27.272	27.465	27.659	27.857	28.057	28.261	28.467	28.675	28.888	29 103	29.328	29.545	29.771	30.000
40	26.666	26.845	27.027	27.210	27.397	27.586	27.777	27.972	28.169	28.368	28.571	58.777	28.985	29.197	29.411	29.629	29.850	30.075	30.303	30.534	30.769
41	27.333	27.516	27.703	27.890	28.081	28.276	28.471	28.671	28.873	29.077	29.285	29.496	29.709	29.927	30.146	30.370	30.596	30.827	31.060	31.207	31.538
42	28.000	28.187	28.379	28.571	28.766	28.966	29.165	29.371	29.578	29.787	30.000	30.216	30.434	30.657	30.882	31.111	31.343	31.579	31.818	32.061	32.307
43	28.666	28.858	29.055	29.251	29.451	29.655	29.860	30.000	30.282	30.496	30.714	30.935	31.158	31.387	31.617	31.852	32.089	32.331	32.576	32.824	33.077
44	29.333	29.530	29.730	29.932	30.136	30.345	30.555	30.769	39.986	31.206	31.429	31.655	31.883	32.117	32.352	32.593	32.835	33.083	33.334	33.587	33.846
45	30.000	30.201	30.406	30.612	30.821	31.034	31.250	31.468	31.600	31.915	32.143	32.374	32.608	32.846	33.088	33.333	33.582	33.834	34.091	34.351	34.615
46	30.666	30.872	31.081	31.292	31.506	31.723	31.945	32.167	32.394	32.624	32.657	33.093	33.333	33.577	33.823	34.074	34.329	34.586	34.849	35.114	35.385
47	31.333	31.543	31.757	31.973	32.191	32.413	32.639	32.867	33.098	33.334	33.572	33.813	34.057	34.307	34.559	34.815	35.075	35.338	35.606	35.878	36.154
48	32.000	32.214	32.432	32.653	32.876	33.102	33.334	33.566	33.802	34.043	34.286	34.532	34.782	35.037	35.294	35.556	35.821	36.090	36.364	36.641	36.923
49	32.666	32.885	33.107	33.333	33.561	33.792	34.023	34.266	34.508	34.752	35.000	35.252	35.507	35.767	36.029	36.297	36.567	36.842	37.121	37.404	37.692
50	33.333	33.557	33.783	34.013	34.246	34.482	34.722	34.965	35.211	35.461	35.714	35.971	36.232	36.496	36 764	37.037	37.313	37.594	37.878	38.107	38.461

COMPTE D'ACHAT ET DE REVIENT

A 100 BALLES COTON ALABAMA

100 Balles Coton Alabama, 46974 ℔ à 20 c. la ℔ .... $ 9394.80

FRAIS A NEW-YORK

Frais de réception et livraison à bord	$	75.—		
Courtage d'achat à 25 c.	»	25.—		
Taxe à 1 ‰	»	9.39	»	109.39
			$	9504.19
Commission d'achat 2 ½ %	$	237.60		
Courtage de change ¼ %	»	24.41	»	262.01
			$	9766.20
Remboursement à F. 4 pour 1 $			F.	39064.80

FRAIS AU HAVRE

Fret ¼ c. et 5 % sur 46974 ℔ = $ 869.93 à F. 5.25	F.	1942.18		
Permis, frais au débarquement, échantillonner, mise en Magasin, magasinage d'un mois et livraison	»	210.—		
Assurance maritime sur F. 42971.28 à 1 %	»	429.71		
Assurance contre le feu sur F. 42971.28 à 1 ‰	»	42.97		
Commission de banque sur F. 39064.80 à ¼ %	»	97.66		
Escompte à la vente .... 2¼ %				
Courtage de vente .... ¼ %				
Commission de vente .... 2 %				
Ensemble .... 4½ % sur F. 43756.30 à 4 ½ %	»	1969.08	»	4691.50
			F.	43756.30

Rendement : 100 ℔ = net 42 kil. ½ :

19964 kil. nets à F. 219.18 les 100 kil. entrepôt .... F. 43757.10

PRIX DE REVIENT AU HAVRE DES 100 KIL. ENTREPOT

AUX CHANGES SUIVANTS SUR PARIS

PRIX à NEW-YORK par ℔	F. 3.—	F. 3.50	F. 3.60	F. 3.70	F. 3.80	F. 3.90	F. 4.—	F. 4.50	F. 5.—	10 c. de différence par 1 $ sur le change font au Havre par 100 kil.
Cy 0.⅛	F. 0.97	F. 1.13	F. 1.16	F. 1.19	F. 1.22	F. 1.25	F. 1.29	F. 1.45	F. 1.61	F. 0.16
0.¼	1.93	2.25	2.32	2.38	2.44	2.50	2.57	2.89	3.22	0.32
0.⅜	2.90	3.38	3.48	3.57	3.66	3.75	3.86	4.34	4.83	0.48
0.½	3.86	4.50	4.63	4.76	4.89	5.02	5.14	5.79	6.43	0.64
0.⅝	4.82	5.63	5.79	5.95	6.10	6.26	6.43	7.23	8.04	0.80
0.¾	5.79	6.75	6.95	7.14	7.32	7.52	7.71	8.68	9.65	0.96
0.⅞	6.75	7.88	8.11	8.33	8.54	8.77	9.—	10.12	11.26	1.12
1.—	7.72	9.—	9.26	9.51	9.77	10.03	10.29	11.57	12.86	1.29
2.—	15.42	18.—	18.52	19.02	19.54	20.06	20.57	23.14	25.72	2.58
3.—	23.12	27.—	27.78	28.53	29.30	30.10	30.85	34.70	38.58	3.86
15.—	128.65	148.20	152.11	156.02	159.93	163.84	167.75	187.31	206.86	19.55
20.—	167.22	193.20	198.40	203.60	208.80	214.—	219.18	245.16	271.14	25.98
21.—	174.93	202.20	207.66	213.11	218.57	224.03	229.47	256.73	284.—	27.26
22.—	182.64	211.20	216.92	222.62	228.34	234.06	239.75	268.30	295.86	28.55
23.—	190.35	220.20	226.18	232.13	238.11	244.09	250.04	279.87	309.72	29.84
24.—	198.06	229.20	235.44	241.64	247.88	254.11	260.32	291.44	322.58	31.12
25.—	205.79	238.20	244.68	251.16	257.64	264.12	270.60	303.01	335.42	32.41
26.—	213.50	247.20	253.94	260.67	267.41	274.15	280.89	314.58	348.28	33.70
27.—	221.21	256.20	263.20	270.18	277.18	284.18	291.17	326.15	361.14	34.99
28.—	228.92	265.20	272.46	279.69	286.95	294.21	301.46	337.72	374.—	36.28
29.—	236.63	274.20	281.72	289.20	296.72	304.24	311.74	349.29	386.86	37.56
30.—	244.36	283.19	290.96	298.73	306.50	314.27	322.03	360.86	399.70	38.84
35.—	282.93	328.19	337.24	346.29	355.34	364.39	373.46	418.72	463.98	45.26
Logarithmes des changes	7714	9000	9257	9514	9771	10028	10285	11570	12856	1286
Frais invariables par 100 kil.	12.94	13,21	13.57	13,32	13.38	13,43	13,48	13,75	14.02	0.27

OBSERVATIONS

⅛ c. et 5 % par ℔ sur le fret font au Havre une différence de F. 1.70 par 100 kil. sur les prix.

Logarithmes sans change 2.571

On veut savoir le revient de Coton ayant coûté à New-York 17 ⅛ la livre au change de F. 3.90 et au fret de ¼ c. et 5 % par ℔.

On trouvera dans la 1re et la 7e colonne de ce tableau que :

C. 15.— font les 100 kil. entrepôt	F.	163.84
» 2.— d° d°	»	20.06
» 0.⅛ d° d°	»	2.50
C. 17.⅛ feront les 100 kil. entrepôt	F.	186.40

Ainsi le logarithme multiplié par le change 3.90 = le logarithme correspondant à ce change 10028

17 ⅛ × 10028 =	F.	172.97
à ajouter les frais invariables	»	13.43
Revient égal	F.	186.40

Exempt de Droits d'entrée

DEPUIS JUIN 1869

COMPTE D'ACHAT ET DE REVIENT

50 BOUCAUTS SUIF CITY I^{a}

50 Boucauts City 1^{a} brut .... ₰ 63962
Tare nette .... » 8006 à 12 ½ %
Net .... ₰ 55956 à 11 c. la ₰ .... Cy $ 6155.16

FRAIS A NEW-YORK

Frais de réception et mise à bord	$	38.26		
Courtage ½ %	»	30.78		
Taxe 1 ‰	»	6.16	»	75.20
			$	6230.36
Commission 2 ½ %			»	155.76
Frais de change ¼ %			»	16.01
			$	6402.13
Remboursement sur Paris à 60 jours de vue au change F. 3.75 pour 1 $ Cy			F.	24007.99

FRAIS AU HAVRE

Fret à 63962 ₰ à ½ c. et 5 % $ 335.80 à F. 5 ¼	F.	1762.95		
Permis, frais au débarquement, tonneliers pour échantillonner et conditionner, port en magasin, arrimage, magasinage d'un mois, livraison, dépêches et menus frais	»	274.50		
Assurance maritime à 1 % sur F. 26408.79	»	264.09		
Commission de banque à ¼ % sur F. 24007.99	»	60.02		
Assurance contre le feu à 1 ‰ sur 26369.55	»	26.37		
Escompte à la vente .... 2 ¼ %				
Courtage de vente .... ½ %				
Commission de vente .... 2 %				
Ensemble .... 4 ¾ % sur F. 27639.70	»	1243.78	»	3631.71
			F.	27639.70

RENDEMENT : 100 ₰ brutes = brut 45 kil. ½ :

Brut .... kil. 28996 tare nette kil. 3620, plus kil. 73 ou 2 % de porte, soit
» 3702
Net .... kil. 25294 à F. 109.27 par 100 kil. entrepôt .... F. 27638.75

PRIX DE REVIENT AU HAVRE DES 100 KIL. ENTREPOT

AUX CHANGES SUIVANTS SUR PARIS

	PRIX à NEW-YORK par ₰	Change à F. 3 par 1 $ currency	F. 3.50	F. 3.60	F. 3.70	F. 3.80	F. 3.90	F. 4.—	F. 4.50	F. 5.—	30 c. de différence sur le change font au Havre par 100 kil.
DIFFÉRENCES — Coût et frais variables	Cy 0.⅛	F. 0.91	F. 1.06	F. 1.09	F. 1.12	F. 1.15	F. 1.18	F. 1.21	F. 1.37	F. 1.52	F. 0.15
	0.¼	1.82	1.12	2.18	2.25	2.31	2.37	2.43	2.73	3.03	0.30
	0.⅜	2.73	3.18	3.27	3.36	3.45	3.54	3.63	4.10	4.55	0.45
	0.½	3.64	4.25	4.37	4.49	4.61	4.73	4.85	5.46	6.07	0.60
	0.⅝	4.55	5.30	5.45	5.61	5.76	5.91	6.06	6.82	7.58	0.75
	0.¾	5.46	6.37	6.54	6.74	6.91	7.09	7.28	8.19	9.10	0.90
	0.⅞	6.37	7.43	7.63	7.85	8.06	8.27	8.29	9.55	10.62	1.05
	1.—	7.28	8.49	8.73	8.98	9.22	9.46	9.70	10.91	12.13	1.21
Coût et frais variables et invariables	10.—	81.83	94.06	96.51	98.95	101.40	103.84	106.29	118.52	130.75	12.23
	11.—	89.11	102.55	105.24	107.93	110.62	113.30	115.99	129.43	142.88	13.44
	12.—	96.39	111.04	113.97	116.91	119.84	122.76	125.69	140.34	155.01	14.66
	13.—	103.67	119.53	122.70	125.89	129.06	132.22	135.39	151.25	167.13	15.87
	14.—	110.95	128.02	131.43	134.87	138.28	141.68	145.09	162.16	179.26	17.08
	15.—	118.22	136.52	140.17	143.83	147.49	151.15	154.81	173.11	191.40	18.30
	16.—	125.50	145.01	148.90	152.81	156.71	160.61	164.51	184.02	203.53	19.51
	17.—	132.78	153.50	157.63	161.79	165.93	170.07	174.21	194.93	215.66	20.72
	18.—	140.06	161.99	166.36	170.77	175.15	179.53	183.91	205.84	227.79	20.93
	19.—	147.34	170.48	175.09	179.75	184.37	188.99	193.61	216.75	239.92	22.15
	20.—	154.61	178.97	183.84	188.71	193.58	198.45	203.33	227.69	252.05	24.36
	Logarithmes des changes	7278	8491	8734	8976	9219	9461	9704	10917	12130	1213
	Frais invariables par 100 kil.	9.05	9.15	9.17	9.19	9.21	9.23	9.25	9.35	9.45	0.10

OBSERVATIONS

½ c. et 5 % par ₰ sur le fret font au Havre une différence de F. 1.83 par 100 kil. sur les prix.

Logarithme sans change 2.426

On veut savoir le revient au Havre du Suif coûtant à New-York 12 ¾ c. au change de F. 3.60 et au fret de ½ c. et 5 %.

On trouvera dans la 1re et la 4e colonne de ce tableau que :

C. 0.¾ font par 100 kil. .... F. 6.54
» 12.— id. id. .... » 113.97

C. 12.¾ feront donc par 100 kil. .... F. 120.51
ou par le calcul du logarithme 2426 × 3.60 = 8734

8734 × 12 ¾ = ... F. 111.35
à ajouter les frais invariables .... » 9.17
F. 120.52

Exempt de Droits d'entrée

DEPUIS JUIN 1869

COMPTE D'ACHAT ET DE REVIENT

A 100 TIERÇONS SAINDOUX A BOUCHE

100 Tierçons Saindoux à bouche brut ℔ 36632			
Tare netto » 6304 environ 17 %			
Net ℔ 30328 à 12 c.		Cy $	3639.36

FRAIS A NEW-YORK

Frais de réception et mise à bord	$ 34.25		
Courtage d'achat 18 ¾ c. par tierçon	» 18.75		
Taxe 1 ‰	» 3.64	»	56.64
		$	3696.—
Commission d'achat 2 ½ %		»	92.40
Courtage de change ¼ %		»	9.49
		$	3797.89
Remboursement sur Paris à 60 jours de vue au change de F. 3.80 pour 1 $ Cy		F.	14431.98

FRAIS AU HAVRE

Fret par steamer sur 36632 ℔ à ½ c. et 5 % = $ 192.31 à F. 5 ¼	F. 1009.65		
Permis, frais au débarquement, tonneliers pour échantillonner et conditionner, port en magasin, arrimage, magasinage d'un mois, livraison, et menus frais	» 225.—		
Assurance maritime par steamer à ¾ % sur F. 15875.17	» 119.07		
Assurance contre le feu à 1 ‰ sur F. 15821.78	» 15.82		
Commission de banque à Paris à ¼ % sur F. 14431.98	» 36.08		
Escompte à la vente 2¼ %			
Courtage de vente ¼ %			
Commission de vente 2 %			
Ensemble 4½ % sur F. 16583.90	» 746.30	»	2151.92
		F.	16583.90

RENDEMENT : 100 ℔ brutes = brut 45 kil. ⅓ :

Brut kil. 16606 tare réduite kil. 2858, plus kil. 57 ou 2 % de perte, soit
» 2915
Net kil. 13691 à F. 121.13 les 100 kil. entrepôt F. 16583.91

PRIX DE REVIENT AU HAVRE DES 100 KIL. ENTREPOT

AUX CHANGES SUIVANTS SUR PARIS

PRIX à NEW-YORK par ℔	Change F. 3 par 1 $ Cy	F. 3.50	F. 3.60	F. 3.70	F. 3.80	F. 3.90	F. 4.—	F. 4.50	F. 5.—	10 c. de différence par 1 $ sur le change font au Havre par 100 kil.
SUBDIVISIONS — Droits et frais variables — Cy 0.⅛	F. 0.91	F. 1.06	F. 1.09	F. 1.12	F. 1.15	F. 1.18	F. 1.21	F. 1.36	F. 1.51	F. 0.15
0.¼	1.81	2.11	2.17	2.23	2.29	2.35	2.41	2.72	3.03	0.31
0.⅜	2.72	3.17	3.26	3.35	3.44	3.53	3.62	4.07	4.53	0.45
0.½	3.62	4.23	4.35	4.47	4.58	4.71	4.83	5.43	6.04	0.61
0.⅝	4.53	5.30	5.43	5.58	5.73	5.89	6.04	6.79	7.54	0.76
0.¾	5.43	6.33	6.51	6.69	6.87	7.06	7.24	8.14	9.06	0.91
0.⅞	6.34	7.38	7.60	7.81	8.02	8.24	8.45	9.50	10.57	1.06
1.—	7.24	8.45	8.69	8.93	9.17	9.42	9.66	10.86	12.07	1.21
Coûts et frais variables et invariables — 10.—	83.14	95.42	97.87	100.33	102.78	105.24	107.70	119.98	132.26	12.28
11.—	90.38	103.87	106.56	109.26	111.95	114.66	117.36	130.84	144.33	13.49
12.—	97.62	112.32	115.25	118.19	121.13	124.08	127.01	141.70	156.40	14.69
13.—	104.86	120.77	123.94	127.12	130.29	133.50	136.67	152.56	168.47	15.90
14.—	112.10	129.22	132.63	136.05	139.46	142.92	146.32	163.42	180.54	17.11
15.—	119.35	137.67	141.33	144.98	148.65	152.31	155.98	174.30	192.61	18.32
16.—	126.59	146.12	150.02	153.91	157.82	161.73	165.64	185.16	204.68	19.52
17.—	133.83	154.57	158.71	162.84	166.99	171.15	175.29	196.02	216.75	20.72
18.—	141.07	163.02	167.40	171.77	176.16	180.57	184.95	206.88	228.82	21.93
19.—	148.31	171.47	176.09	180.70	185.33	189.99	194.60	217.74	240.89	23.14
20.—	155.56	179.91	184.78	189.65	194.52	199.39	204.26	228.61	252.96	24.35
Logarithmes des changes	7242	8449	8690	8932	9173	9415	9656	10863	12070	1207
Frais invariables par 100 kil.	10.72	10.93	10.97	11.01	11.05	11.09	11.14	11.35	11.56	0.21

OBSERVATIONS

⅛ c. et 5 % par ℔ sur le fret font au Havre une différence de F. 1.93 par 100 kil. sur les prix.

Logarithme sans Change 2.414.

On veut savoir le Revient au Havre de Saindoux coûtant à New-York 17 ⅝ c. Cy au change de F. 3.60 et au fret de ½ c. et 5 %.

On trouvera dans la 1re et 3e colonne de ce tableau que :

C. 0.⅝ font par 100 kil.		F. 5.43
» 17.— id.	id.	» 158 71
C. 17.⅝ feront donc par 100 kil.		F. 164.14

ou par le logarithme 2414 × 3.60 × 17.⅝ = F. 153.17
à ajouter les frais invariables » 10.97
F. 164.14

Exempt de Droits d'entrée
DEPUIS JUIN 1869

COMPTE D'ACHAT ET DE REVIENT

A 337 FREQUINS SAINDOUX A BOUCHE

337 Frequins Saindoux à bouche brut ℔ 18565
Tare nette » 4510 environ 24 ¼ %
Net ℔ 14055 à 18 c. Cy la ℔ $ 2529.90

FRAIS A NEW-YORK

Frais de réception et mise à bord	$	21.06		
Courtage 3 c. par frequin	»	10.11		
Taxe 1 ‰	»	2.53	»	33.70
			$	2563.60
Commission d'achat 2 ½ % sur $ 2563.60			»	64.09
Commission de banque ¼ % » 2634.28			$	6.59
			$	2634.28
Remboursement sur Paris à 60 jours de vue au change de F. 3.80 pour 1 $ Cy			F.	10010.26

FRAIS AU HAVRE

Fret à 18565 ℔ à ½ c. et 5 % = $ 97.47 à F. 5 ¼	F.	511.72		
Permis, frais au débarquement, tonneliers pour échantillonner et conditionner, port en magasin, arrimage, magasinage d'un mois, livraison et menus frais	»	117.95		
Assurance maritime à 1 ¼ % sur F. 11011.28	»	137.64		
Assurance contre le feu à 1 ‰ sur F. 11011.28	»	11.01		
Commission de banque à ¼ % sur F. 10010.26	»	25.03		
Escompte à la vente 2¼ %				
Courtage de vente ¼ %				
Commission de vente 2 %				
Ensemble 4½ % sur F. 11323.14	»	509.53	»	1312.88
			F.	11323.14

RENDEMENT : 100 ℔ brutes = brut 45 kil. ⅓ :

Brut kil. 8416
Tare nette » 2326 = environ 27 ⅝ % ou kil. 6.90 par frequin
Net kil. 6090 à F. 185.92 les 100 kil. entrepôt F. 11322.53

PRIX DE REVIENT AU HAVRE DES 100 KIL. ENTREPOT

AUX CHANGES SUIVANTS SUR PARIS

	PRIX à NEW-YORK par ℔	Change F. 5 par 1 $ Cy	F. 3.50	F. 3.60	F. 3.70	F. 3.80	F. 3.90	F. 4.—	F. 4.50	F. 5.—	10 c. de différence par 1 $ sur le change font au Havre par 100 kil.
SUBDIVISIONS — Coût et frais variables	Cy 0.⅛	F. 0.95	F. 1.11	F. 1.14	F. 1.17	F. 1.20	F. 1.23	F. 1.27	F. 1.42	F. 1.58	F. 0.16
	0.¼	1.90	2.21	2.28	2.34	2.40	2 46	2.53	2.84	3.16	0.32
	0.⅜	2.85	3.32	3.42	3.51	3.60	3 69	3.80	4.26	4.74	0.48
	0.½	3.79	4.43	4.55	4.68	4.80	4.94	5.06	5.69	6.32	0.64
	0.⅝	4.74	5.53	5.69	5 85	6.—	6.16	6.33	7.11	7.90	0.79
	0.¾	5.69	6.64	6.83	7.02	7.20	7.40	7.59	8.53	9.48	0.95
	0.⅞	6.64	7.74	7.97	8.19	8.40	8.62	8.86	9.95	11.06	1.11
	1.—	7.58	8.85	9.10	9.36	9.61	9.87	10.12	11.38	12.64	1.27
Coût et frais variables et invariables	10.—	88.38	101.80	103.89	106.47	109.06	111.64	114.23	127.14	140.08	12.93
	11.—	95.96	110.15	112.99	115.83	118.67	121.51	124.35	138.52	152.72	18.19
	12.—	103.54	119.—	122.09	125.19	128.28	131.38	134.47	149.90	165.36	15.46
	13.—	111.12	127.85	131.19	134.55	137.89	141.25	144.59	161.28	178.—	16.72
	14.—	118.70	136.70	140.29	143.91	147.50	151.12	154.71	172.66	190.64	17.99
	15.—	126.31	145.56	149.41	153.26	157.11	160.96	164.81	184.04	203.31	19.25
	16.—	133.89	154.41	158.51	162.62	166.72	170 83	174.93	195.42	215.95	20.52
	17.—	141.47	163.29	167.61	171.98	176.33	180.70	185.05	206.80	228.59	21.78
	18.—	149.05	172.14	176.71	181.34	185.94	190.57	195.17	218.18	241.23	23.05
	19.—	156.63	180 99	185.81	190.70	195.55	200.44	205.29	229.56	253.87	24.31
	20.—	164.24	189.82	194.93	200.05	205.16	210.28	215.39	240.94	266.54	25.58
Logarithme des Changes		7587	8852	9104	9357	9610	9863	10116	11381	12645	12645
Frais invariables par 100 kil.		12.51	12.79	12.84	12.90	12.96	13.01	13.07	13.34	13.68	0.28

OBSERVATIONS

¼ c. et 5 % par ℔ sur le fret font au Havre une différence de F. 0.22 par 100 kil. sur les prix.

Logarithme sans Change 2,529

On veut savoir le revient au Havre de Saindoux coûtant à New-York 17 ⅝ c. au change de F. 3.80 et au fret de ½ c. et 5 %.

On trouvera dans la 1re et 6e colonne de ce tableau que :

C. 0.⅝ font par 100 kil. F. 7.20
» 17.— » » » 176.33
C. 17.⅝ feront donc par 100 kil. F. 183.53

ou par le logarithme 2529 × F. 3.80 = 9610
9610 × 17 ⅝ = F. 170.58
à ajouter les frais invariables » 12.95
F. 183.53

Exempt de Droits d'entrée

DEPUIS JUIN 1869

COMPTE D'ACHAT ET DE REVIENT

A 49 BOUCAUTS QUERCITRON PHILADELPHIE 1re SORTE

49 Boucauts Quercitron Philadelphie 1re sorte brut	℞ 69806			
Tare réelle	» 9805 environ 14 %			
Net	℞ 60001 à ∦ Cy 35 par 2240 ℞. Cy		∦	937.50

FRAIS A NEW-YORK

Frais d'inspection et estampille ∦ 1.— par 2240 ℞	∦	26.79		
Frais de réception et mise à bord	»	38.—		
Courtage d'achat ½ %	»	4 69		
Taxe 1 ‰	»	0.94	»	70.42
			∦	1007.92
Commission d'achat 2 ½ %			»	25.20
Courtage de change ¼ %			»	2.59
			Cy ∦	1035.71
Remboursement sur Paris à 60 jours de vue au change de F. 3.80 pour 1 ∦ Cy			F.	3935.70

FRAIS AU HAVRE

Fret à 69806 ℞ à ∦ 10 et 5 % par 2240 ℞, soit ∦ 327.21 à F. 5.25	F.	1717.90		
Permis, frais au débarquement, tonneliers pour échantillonner et conditionner, port en magasin, arrimage, magasinage d'un mois, livraison et menus frais	»	249.90		
Assurance maritime à 1 ½ % sur F. 4829.27	»	54.11		
Assurance contre le feu à 1 ‰ sur F. 4829.27	»	4.83		
Commission de Banque à ¼ % sur F. 3935.70	»	9.84		
Escompte à la vente 2¼ %				
Courtage de vente ¼ %				
Commission de vente 2 %				
Ensemble 4½ % sur F. 6253.17	»	281.39	»	2317.47
			F.	6253.17

RENDEMENT : 100 ℞ brutes = brut 45 kil. ½ :

Brut kil. 31645 tare 3797 kil. ou 12 % plus 49 kil. de réparation, soit » 3846	
Net .. kil. 27799 à F. 22.49 les 100 kil.	F. 6252.—

PRIX DE REVIENT AU HAVRE DES 100 KIL. ENTREPOT

AUX CHANGES SUIVANTS SUR PARIS POUR 1 ∦ CURRENCY

	PRIX à NEW-YORK par 2240 ℞	F. 3.—	F. 3.50	F. 3.60	F. 3.70	F. 3.80	F. 3.90	F. 4.—	F. 4.50	F. 5.—	10 c. de différence par 1 ∦ sur le change font au Havre par 100 kil.
Coût et frais variables	1.—	F. 0.82	F. 0.37	F. 0.38	F. 0.39	F. 0.40	F. 0.41	F. 0.42	F. 0.48	F. 0.53	F. 0.05
	2.—	0.64	0.74	0.76	0.78	0.80	0.82	0.84	0.96	1.06	0.10
	3.—	0.96	1.11	1.14	1.17	1.20	1.23	1.26	1.44	1 59	0.15
	4.—	1.28	1.48	1.52	1.56	1.60	1.64	1.68	1.92	2.12	0.20
	5.—	1.59	1.86	1.91	1.96	2.01	2.06	2.12	2.39	2.65	0.27
Coût et frais variables et invariables	30.—	17.72	19.44	19.78	20.12	20.46	20.80	21.16	22.87	24.59	1.72
	31.—	18.04	19.81	20.16	20.51	20.86	21.21	21.57	23.35	25.12	1.77
	32.—	18.36	20.18	20.54	20.90	21.26	21.62	21.99	23.83	25.65	1.82
	33.—	18.68	20.55	20.92	21.29	21.66	22.03	22.41	24.31	26.18	1.87
	34.—	19.—	20.92	21.30	21.68	22.06	22.44	22.83	24.79	26.71	1.93
	35.—	19.31	21.30	21.69	22.09	22.48	22.88	23.27	25.26	27.24	1.98
	36.—	19.63	21.66	22.07	22.48	22.88	23.29	23.69	25.73	27.77	2.04
	37.—	19.95	22.03	22.45	22.87	23.28	23.70	24.11	26.21	28.30	2.09
	38.—	20.27	22.40	22.83	23.26	23.68	24.11	24.53	26.69	28.83	2.14
	39.—	20.59	22.47	23.21	23.65	24.08	24.52	24.95	27.17	29.36	2.19
	40.—	20.90	23.15	23.60	24.04	24.50	24.95	25.39	27.64	29.89	2.25
	41.—	21.22	23.52	23.98	24.44	24.90	25.36	25.81	28.12	30.42	2.30
	42.—	21.54	23.89	24.36	24.83	25.30	25.77	26.23	28.60	30.95	2.35
	43.—	21.86	24.26	24.74	25.22	25.70	26.18	26.65	29.08	31.48	2.40
	44.—	22.18	24.63	25.12	25.61	26.10	26.59	27.07	29.56	32.01	2.45
	45.—	22.49	25.01	25.51	26.01	26.51	27.01	27.51	30.03	32.54	2.51
Logarithmes des changes		3180	3710	3816	3922	4028	4134	4240	4770	5300	530
Frais invariables par 100 kil.		8.18	8.31	8.34	8.36	8.38	8.40	8.43	8.56	8.69	0.13

OBSERVATIONS

∦ 1 et 5 % par 2240 ℞ sur le fret font au Havre une différence de F. 0.65 par 100 kil. sur les prix.

Logarithme sans change 1,060

On veut savoir le revient de Quercitron en boucauts coûtant à New-York ∦ 29 au change de F. 3.60 et au fret de ∦ 10 et 5 %.

On trouvera dans la 1re et la 4e colonne de ce tableau que :

∦ 30.— font par 100 kil.	F. 19.78
» 1.— id. id.	» 0.38
∦ 29.— feront donc par 100 kil.	F. 19.40

ou par le logarithme 1060 × 3.60 = 3816

3816 × 29 =	F. 11.06
à ajouter les frais invariables	» 8.34
	F. 19.40

Exempt de Droits d'entrée

DEPUIS JUIN 1869

4 g

COMPTE D'ACHAT ET DE REVIENT

A 677 SACS QUERCITRON BALTIMORE

677 Sacs Quercitron Baltimore pesant brut 76088 ℔ à $ 38 par 2240 ℔			Cy $	1290.77
FRAIS A NEW-YORK				
Frais de réception et mise à bord	$	18.40		
Courtage d'achat ½ %	»	6.45		
Taxe 1 ‰	»	1.29	»	26.14
			Cy $	1316.91
Commission d'achat 2 ½ %			»	32.92
Courtage de change ¼ %			»	3.39
			Cy »	1353.22
Remboursement sur Paris à 60 jours de vue au change de F. 3.70 pour 1 $ Cy			F.	5006.91
FRAIS AU HAVRE				
Fret à 76088 ℔ à 30/. et 5 % par 2240 ℔ soit £ 53. 9.11 à F. 25.30	F.	1353.45		
Permis, frais au débarquement, voiliers pour échantillonner et conditionner, port en magasin, arrimage, magasinage d'un mois, livraison, et menus frais	»	304.65		
Assurance maritime à 1 ¼ % sur F. 5507.60	»	68.85		
Assurance contre le feu à 1 ‰ sur F. 5507.60	»	5.51		
Commission de banque à Paris à ¼ % sur F. 5006.91	»	12.52		
Escompte à la vente 2 ¼ %				
Courtage de vente ¼ %				
Commission de vente 2 %				
Ensemble 4 ½ % sur F. 7070.05	»	318.16	»	2063.14
			F.	7070.05

Rendement : 100 ℔ brutes = brut 45 kil.

Brut ... kil. 34240 Tare 685 kil. ou 2 %, plus réfaction 89 kil., soit » 774

Net ... kil. 33466 à F. 21.12 les 100 kil. entrepôt ... F. 7068.—

PRIX DE REVIENT AU HAVRE DES 100 KIL. ENTREPOT

AUX CHANGES SUIVANTS SUR PARIS POUR 1 $ CURRENCY

	PRIX à NEW-YORK par 2240 ℔	F. 3.—	F. 3.50	F. 3.60	F. 3.70	F. 3.80	F. 3.90	F. 4.—	F. 4.50	F. 5.—	10 c. de différence par 1 $ sur le change font au Havre par 100 kil.
Subdiv. — Coût et frais variables	$ 1.—	F. 0.34	F. 0.39	F. 0.40	F. 0.41	F. 0.42	F. 0.44	F. 0.45	F. 0.50	F. 0.56	F. 0.06
	2.—	0.67	0.78	0.80	0.82	0.84	0.87	0.89	1.—	1.12	0.11
	3.—	1.01	1.17	1.20	1.23	1.26	1.31	1.34	1.50	1.68	0.17
	4.—	1.35	1.56	1.60	1.64	1.68	1.74	1.78	2.—	2 24	0.22
	5.—	1.68	1.96	2.01	2.07	2.12	2.18	2.23	2.51	2.79	0.28
Coût et frais variables et invariables	25.—	13.75	15.17	15.47	15.75	16.04	16.32	16.61	18.03	19.45	1.42
	26.—	14.08	15.57	15.87	16.16	16.46	16.75	17.05	18.54	20.01	1.49
	27.—	14.41	15.95	16.27	16.57	16.88	17.19	17.50	19.04	20.57	1.54
	28.—	14.75	16.34	16.67	16.96	17.30	17.62	17.94	19.54	21.13	1.59
	29.—	15.08	16.74	17.07	17.39	17.72	18.06	18.39	20.04	21.69	1.65
	30.—	15.42	17.13	17.47	17.80	18.14	18.49	18.84	20.54	22.25	1.71
	31.—	15.75	17 52	17.87	18.21	18.56	18.93	19.28	21.04	22.81	1.76
	32.—	16.09	17.91	18.27	18.64	19.—	19.37	19.73	21.55	23.36	1.82
	33.—	16.42	18.30	18.67	19.05	19.42	19.81	20.18	22.05	23.92	1.87
	34.—	16.76	18.69	19.07	19.46	19.84	20.24	20.62	22.55	24.48	1.93
	35.—	17.09	19.08	19.47	19.87	20.26	20.68	21.07	23.05	25.04	1.99
	36.—	17.43	19.47	19.87	20.28	20.68	21.11	21.51	23.55	25.60	2.04
	37.—	17.76	19.86	20.27	20.69	21.10	21.55	21.96	24.05	26.16	2.10
	38.—	18.10	20.26	20.69	21.12	21.55	21.98	22.41	24.57	26.71	2.16
	39.—	18.43	20.65	21.09	21.53	21.97	22.42	22.86	25.06	27.27	2.21
	40.—	18.77	21.04	21.49	21.94	22.39	22.85	23.30	25.57	27.83	2.27
	44.—	20.11	22.60	23.10	23.60	24.10	24.60	25.09	27.58	30.06	2.49
	Logarithmes des changes	33510	39095	40212	41329	42446	43563	44680	50265	55850	5585
	Frais invariables par 100 kil.	5.37	5.40	5.41	5.41	5.42	5.42	5.43	5.46	5.49	0.03

OBSERVATIONS

5 sh. et 5 % par 2240 ℔ sur le fret font au Havre une différence de F. 0.71 par 100 kil. sur les prix.

Logarithme sans change 1,117

On veut savoir le revient de Quercitron en sacs ayant coûté à New-York $ 33 les 2240 ℔ au change de F. 3.85 et au fret de 30/. et 5 %.

On trouvera dans la 1re, 4e et la 11e colonne de ce tableau que:

$ 33. — au change de F. 3.80 font les 100 kil. F. 19.42
à ajouter 5 c. de différence de change. » 0.19

$ 33. — au change de F. 3.85 feront les 100 kil. F. 19.61

ainsi le logarithme 1117 × le change 3.85 = le logarithme correspondant à ce change 43005; 33 × 43005 = F. 14.19
à ajouter les frais invariables ... » 5.42

Revient égal ... F. 19.61

Exempt de Droits d'entrée

DEPUIS JUIN 1869

COMPTE D'ACHAT ET DE REVIENT

A 2250 SACS CONTENANT 6069 BUSHELS DE FROMENT

2250 sacs contenant 6069 Bushels à 60 ℔ = 364140 ℔ à $ 1.80 par Bushel de 60 ℔ ...			$	10924.20

FRAIS A NEW-YORK

Mesurage, criblage, courtage et pesage à 1 ¾ c. par bushel	$	106.21		
2250 sacs à 27 c.	»	607.50		
Frais divers	»	30.—		
Taxe 1 ‰	»	10.92	»	754.63
			$	11678.83
Commission d'achat 2 ½ %	$	291.97		
Courtage de change ¼ %	»	30.—	»	321.97
			$	12000.80
Remboursement sur Paris à 60 jours de vue au change de F. 4 pour 1 $			F.	48003.20

FRAIS AU HAVRE

Fret à 6069 bushels à 20 c. et 5 % par bushel, soit $ 1274.49 à F. 5.25.	F.	6691.07		
Permis, frais au débarquement, échantillonner, conditionner, port en magasin, arrimage, magasinage d'un mois, livraison et menus frais.	»	1575.—		
Assurance maritime, franc d'avaries à 2 % sur F. 52803.52	»	1056.07		
Assurance contre le feu à 1 ‰ sur F. 52803.52	»	52.80		
Commission de Banque à ¼ % sur 48003.20	»	120.01		
Escompte à la vente 2 ¼ %				
Courtage de vente ¼ %				
Commission de vente 2 %				
Ensemble 4 ½ % sur F. 59583.46	»	2085.42	»	11580.37
			F.	59583.57

RENDEMENT : 100 ℔ brutes = 45 kil. ⅓ :

1 Bushel de 60 ℔ = 27 $^{20}/_{100}$ kil. bruts

Brut 165077 kil. à F. 72.19 par 200 kil. .... F. 59584.54

PRIX DE REVIENT AU HAVRE DES 200 KIL. ENTREPOT

AUX CHANGES SUIVANTS SUR PARIS POUR 1 $ CURRENCY

	PRIX à NEW-YORK par bushel	F. 3.—	F. 3.50	F. 3.60	F. 3.70	F. 3.80	F. 3.90	F. 4.—	F. 4.50	F. 5.—	10 c. de différence par 1 $ sur le change font au Havre par 100 kil.
[illegible]. — Coût et frais variables	$ 0.01	F. 0.24	F. 0.28	F. 0.29	F. 0.30	F. 0.31	F. 0.31	F. 0.32	F. 0.36	F. 0.40	F. 0.04
	0.02	0.48	0.56	0.58	0.60	0.62	0.62	0.64	0.72	0.80	0.08
	0.03	0.72	0.84	0.87	0.90	0.93	0.93	0.96	1.08	1.20	0.12
	0.04	0.96	1.12	1.16	1.20	1.23	1.25	1.28	1.44	1.60	0.16
	0.05	1.21	1.41	1.45	1.49	1.53	1.57	1.61	1.81	2.01	0.20
Coût et frais variables et invariables	1.20	42.27	47.58	48.65	49.71	50.77	51.83	52.90	58.21	63.53	5.32
	1.25	43.47	48.98	50.09	51.19	52.29	53.40	54.50	60.02	65.54	5.51
	1.30	44.68	50.39	51.53	52.68	53.82	54.96	56.11	61.83	67.55	5.71
	1.35	45.88	51.79	52.97	54.16	55.34	56.53	57.71	63.64	69.56	5.91
	1.40	47.09	53.20	54.41	55.65	56.87	58.09	59.32	65.45	71.57	6.12
	1.45	48.29	54.60	55.85	57.73	58.39	59.66	60.92	67.26	73.58	6.32
	1.50	49.50	56.02	57.30	58.61	59.91	61.22	62.54	69.06	75.58	6.52
	1.55	50.70	57.42	58.75	60.09	61.43	62.79	64.14	70.87	77.59	6.72
	1.60	51.91	58.83	60.20	61.58	62.96	64.35	65.75	72.68	79.60	6.92
	1.65	53.11	60.23	61.65	63.06	64.48	65.92	67.35	74.49	81.61	7.12
	1.70	54.32	61.64	63.10	64.55	66.01	67.48	68.96	76.30	83.62	7.32
	1.75	55.52	63.04	64.55	66.03	67.53	69.05	70.56	78.11	85.63	7.52
	1.80	56.73	64.45	65.99	67.54	69.08	70.63	72.18	79.90	87.64	7.73
	1.90	59.14	67.26	68.89	70.51	72.13	73.76	75.39	83.52	91.66	8.12
	2.—	61.55	70.07	71.78	73.48	75.18	76.89	78.60	87.14	95.68	8.52
	2.10	63.97	72.90	74.68	76.47	78.25	80.04	81.83	90.76	99.70	8.93
	2.40	71.20	81.84	83.36	85.39	87.41	89.44	91.47	101.61	111.76	10.14
	Logarithmes des changes	24114	28133	28937	29741	30545	31349	32152	36171	40190	4019
	Frais invariables par 200 kil.	13.33	13.82	13.92	14.02	14.12	14.22	14.31	14.80	15.30	0.49

OBSERVATIONS

1 c. et 5 % par bushel sur le fret font au Havre une différence de F. 0.42 par 200 kil. sur les prix.

Logarithme sans change 8,038

On veut savoir le revient au Havre de Froment ayant coûté à New-York $ 1.47 le bushel de 60 ℔ au change de F. 3.80 et au fret de 20 c. et 5 % le bushel.

On trouvera dans la 1re et la 6e colonne de ce tableau que :

$ 1.45 font les 200 kil. entrepôt	F.	58.39
» 0.02 id. id.	»	0.62
$ 1.47 feront les 200 kil. entrepôt	F.	59.01

ainsi le logarithme 8038 × le change 3.80 = le logarithme correspondant à ce change 30545 ; 147 × 30545 = F. 44.89

à ajouter les frais invariables .... » 14.12

Revient égal .... F. 59.01

Droit d'entrée par 100 kil. en Juin 1869

Sous tous pavillons .... F. 0.60

COMPTE D'ACHAT ET DE REVIENT

1000 BARILS FARINE

1000 barils Farine à Cy $ 7 le baril			$	7000.—

FRAIS AU HAVRE

Demie inspection, peser, tarer, transport et mise à bord	$	90.—		
Courtage d'achat à 3 c. par baril	»	30.—		
Tare 1 ‰	»	7.—	»	127.—
			$	7127.—
Commission d'achat 2 ½ %	$	178.18		
Courtage de change ¼ %	»	18.31	»	196 49
			$	7323.49
Remboursement sur Paris à 60 jours de vue au change de F. 4 pour 1 $			F.	29293.96

FRAIS AU HAVRE

Fret 70 c. et 5 % par baril, soit $ 735.— à F. 5.25	F.	3858.75		
Permis, frais au débarquement, échantillonner, conditionner, port en magasin, arrimage, magasinage d'un mois, livraison et menus frais.	»	700.—		
Assurance maritime, franc d'avaries à 1 ½ % sur F. 32223.35	»	483.35		
Assurance contre le feu à 1 ‰ sur F. 32223.35	»	32.22		
Commission de Banque à ¼ % sur F. 29293.96	»	73.23		
Escompte à la vente 2 ¼ %				
Courtage de vente ¼ %				
Commission de vente 2 %				
Ensemble 4 ½ % sur F. 36064.10	»	1622.90	»	6770.45
			F.	36064.41

RENDEMENT :

1000 Barils de 88 kil. nets à F. 36.07 entrepôt	F.	36065.—

PRIX DE REVIENT AU HAVRE DU BARIL ENTREPOT

AUX CHANGES SUIVANTS SUR PARIS POUR 1 $ CURRENCY

	PRIX à NEW-YORK par baril	F. 3.—	F. 3.50	F. 3.60	F. 3.70	F. 3.80	F. 3.90	F. 4.—	F. 4.50	F. 5.—	50 c. de différence sur le change font au Havre par baril
SUBDIVISIONS — Coût et frais variables	$ 0.⅛	F. 0.41	F. 0.48	F. 0.49	F. 0.51	F. 0.52	F. 0.53	F. 0.55	F. 0.62	F. 0.69	F. 0 07
	0.¼	0.82	0.96	0.99	1.01	1.04	1.07	1.10	1.24	1.38	0.14
	0.⅜	1.23	1.44	1.48	1.52	1.56	1.60	1.65	1.86	2.07	0.21
	0.½	1.65	1.92	1.98	2.03	2.09	2.14	2.20	2.47	2.75	0.28
	0.⅝	2.06	2.40	2.47	2.54	2.61	2.67	2.75	3.09	3.44	0.35
	0.¾	2.47	2.88	2.97	3.04	3.13	3.21	3.30	3.71	4.13	0.42
	0.⅞	2.88	3.36	3.46	3.55	3.65	3.74	3.85	4.33	4.82	0.49
	1.—	3.30	3.85	3 96	4.07	4.18	4.29	4.40	4.95	5.50	0.55
Coût et frais variables et invariables	4.—	18.35	20.62	21.07	21.52	21.97	22.42	22.88	25.14	27.40	2.26
	5.—	21.65	24.47	25.03	25.59	26.15	26.71	27.28	30.09	32.90	2.81
	6.—	24.95	28.31	28.98	29.65	30.32	30.99	31.67	35.03	38.39	3.36
	7.—	28.25	32.16	32.94	33.72	34.50	35.28	36 07	39.98	43.89	3.91
	8.—	31.54	36.—	36.89	37.78	38.67	39.56	40.46	44.92	49.38	4.46
	9.—	34.84	39.85	40.85	40.85	42.85	43.85	44.86	49.87	54.88	5.01
	10.—	38.13	43.69	44.80	45.91	47.02	48.13	49.25	54.81	60.37	5.56
	11.—	41.43	47.54	48.76	49.98	51.20	52.42	53.65	59.76	65.87	6.11
	12.—	44.72	51.38	52.71	54.04	55.37	56.70	58.04	64.70	71.36	6.66
	Logarithmes des changes	32961	38454	39553	40652	41751	42850	43948	49441	54935	5493
	Frais invariables par baril	5.17	5.24	5.25	5.26	5.27	5.28	5.30	5.37	5.43	0.07

OBSERVATIONS

5 c. et 5 % par baril sur le fret font au Havre une différence de F. 0.29 par baril sur les prix.

Logarithme sans change 1.0987

On veut savoir le revient au Havre d'un baril Farine ayant coûté à New-York $ 8 ⅝ au change de F. 3.80 et au fret de 70 c. et 5 % le baril.

On trouvera dans la 1re et la 6e colonne de ce tableau que:

$ 8.—	font par baril entrepôt	F.	38.67
» 0.⅝	id. id.	»	1.56
$ 8.⅝	feront par baril entrepôt	F.	40.23

ainsi le logarithme 10987 × le change 3.80 = le logarithme correspondant à ce change 41751; 8 ⅝ × 41751 = F. 34.96
à ajouter les frais invariables » 5.27

Revient égal F. 40.23

Droits d'entrée par 100 kil. en Juin 1860

Sous tous pavillons F. 1.20

COMPTE D'ACHAT ET DE REVIENT

A 100 BALLES SOIES DE PORC

100 Balles Soies de porc brut.............. ℔ 57816
Tare.............................. » 1849 pour cercles en fer et toile
Net.............................. ℔ 55967 à 8 c.. $ 4477.36

FRAIS A NEW-YORK

Frais à la réception, cercler et mise à bord.. $ 100.—
Taxe 1 ‰.. » 4.48 » 104.48

$ 4581.84
Commission d'achat 2 ½ % sur $ 4581.84.. » 114.55
Frais de change ¼ % sur $ 4708.16.. » 11.77

$ 4708.16

Remboursement sur Paris à 60 jours de vue au change de F. 4 pour 1 $.. F. 18832.64

FRAIS AU HAVRE

Fret à $ 10 et 5 % les 2240 ℔ soit $ 271.01 à F. 5.25.............................. F. 1422.80
Permis, frais au débarquement, échantillonner, conditionner, port en magasin, arrimage, magasinage d'un mois, livraison et menus frais. » 200.—
Assurance maritime à 1 ¼ % sur F. 20715.90.............................. » 258.94
Assurance contre le feu à 1 ‰ sur F. 20715.90.............................. » 20.72
Commission de Banque à ¼ % sur F. 18832.64.............................. » 47.08
Escompte à la vente.............................. 2¼ %
Courtage de vente.............................. ¼ %
Commission de vente.............................. 2 %
Ensemble.............................. 4½ % sur F. 21761.43.............................. » 979.25 » 2928.79

F. 21761.43

RENDEMENT : 100 ℔ brutes = brut 45 kil. ¼ :

Brut.............................. kil. 26210
400 Cercles.............................. » 320
kil. 25890
Tare 4 % et don.............................. » 1236
Net..... kil. 24654 à F. 88.27 les 100 kil. Entrepôt.............................. F. 21762.08

PRIX DE REVIENT AU HAVRE DES 100 KIL. ENTREPOT

AUX CHANGES SUIVANTS SUR PARIS POUR $ 1 CURRENCY

PRIX à NEW-YORK par ℔	F. 3.—	F. 3.50	F. 3.75	F. 4.—	F. 4.25	F. 4.50	F. 4.75	F. 5.—	F. 5.25	25 c. de différence par 1 $ sur le change font au Havre par 100 kil.
C. 0.¼	F. 1.87	F. 2.18	F. 2.33	F. 2.49	F. 2.64	F. 2.80	F. 2.96	F. 3.11	F. 3.27	F. 0.31
0.½	3.73	4.35	4.66	4.98	5.28	5.60	5.91	6.22	6.53	0.62
0.¾	5.60	6.53	6.99	7.47	7.92	8.40	8.87	9.33	9.80	0.93
1.—	7.46	8.71	9.33	9.95	10.57	11.20	11.82	12.44	13.06	1.25
4.—	38.08	43.28	45.87	48.47	51.07	53.67	56.26	58.86	61.46	5.20
5.—	45.54	51.98	55.20	58.42	61.64	64.86	68.08	71.30	74.52	6.44
6.—	53.—	60.69	64.53	68.37	72.21	76.06	79.90	83.74	87.58	7.68
7.—	60.46	69.39	73.86	78.32	82.78	87.25	91 72	96.18	100.64	8.93
8.—	67.93	78.10	83.19	88.27	93.36	98.44	103.53	108.61	113.70	10.17
9.—	75.39	86.81	92.51	98.22	103.92	109.64	115.35	121.05	126.75	11.42
10.—	82.85	95.51	101.84	108.17	114.49	120.83	127.16	133.49	139.81	12.66
11.—	90.31	104.23	111.17	118.12	125.06	132.02	138.98	145.93	152.87	13.90
12.—	97.78	112.96	120.50	128.07	135.64	143.22	150.79	158.36	165.93	15.15
Logarithmes des Changes	74625	87062	93281	99500	105719	111937	118156	124375	130594	12437
Frais invariables par 100 kil.	8.23	8.45	8.56	8.67	8.78	8.89	9.00	9.11	9.22	0.22

OBSERVATIONS

$ 1 et 5 % par 2240 ℔ sur le fret font au Havre une différence de F. 0.60 ½ par 100 kil. sur les prix.

Logarithme sans change 2.4875

On veut savoir le revient de Soies de Porc ayant coûté à New-York 7 c. la livre au change de F. 3.85 et au fret de $ 10 et 10 % les 2240 ℔.

On trouvera dans la 1re, 4e et la 11e colonne de ce tableau que:
$ 7.— au change de 3.75 font les 100 kil.............. F. 73.86
10 c. de différence sur le change.............. » 1.79
$ 7.— au change de 3.85 feront les 100 kil. F. 75.65
ainsi le logarithme 24875 × le change 3.85 = le logarithme correspondant à ce change 95769; 7 c. × 95769 = F. 67.04
à ajouter les frais invariables au change de F. 3.75.............. F. 8.56
10 c. de différence de change.............. » 0.05 » 8.61
Revient égal.............. F. 75.65

Exempts de Droits d'entrée
DEPUIS JUIN 1869

COMPTE D'ACHAT ET DE REVIENT

A 1000 BARILS RÉSINE

1000 barils Résine pesant brut 317865 ℔ à $ 2.50 les 280 ℔ brut			$	2838.08

FRAIS A NEW-YORK

Frais de réception, alléges et mise à bord	$	125 —		
Taxe 1‰	»	2.84	»	127.84
			$	2965.92
Commission d'achat 2 ½ %			»	74.15
Frais de change ¼ %			»	7.62
			$	3047.69
Remboursement sur Paris à 60 jours de vue au change de F. 4 pour 1 $			F.	12190.76

FRAIS AU HAVRE

Fret 70 c. et 5 % par 280 ℔ soit $ 834.40 à F. 5.25	F.	4380.60		
Permis, frais à la réception, échantillonner, conditionner, port en magasin, arrimage, magasinage d'un mois, livraison et menus frais	»	650.—		
Assurance maritime à 1 ¼ % sur F. 13409.84	»	167.62		
Assurance contre le feu 1 ‰ sur F. 13409.84	»	13.41		
Commission de banque ¼ % sur F. 12190.76	»	30.48		
Escompte à la vente 2 ¼ %				
Courtage de vente ¼ %				
Commission de vente 2 %				
Ensemble 4 ½ % sur F. 18254.41	»	821.44	»	6063.55
			F.	18254.31

Rendement de poids : 100 ℔ brutes = 45 kil. ⅓ :

Brut	kil.	144099		
Tare 16 %	»	23056		
Net	kil.	121043 à F. 15.08 les 100 kil. Entrepôt	F.	18253.28

PRIX DE REVIENT AU HAVRE DES 100 KIL. ENTREPOT

AUX CHANGES SUIVANTS SUR PARIS POUR 1 $ CURRENCY

	PRIX à NEW-YORK par 280 ℔	F. 3.—	F. 3.50	F. 3.75	F. 4.—	F. 4.25	F. 4.50	F. 4.75	F. 5.—	F. 5.25	50 c. de différence par 1 $ sur le change font au Havre par 100 kil.
[illegible] — Coût et frais variables	$ 0. ⅛	F. 0.39	F. 0.45	F. 0.48	F. 0.51	F. 0.55	F. 0.58	F. 0.61	F. 0.64	F. 0.68	F. 0.07
	0. ¼	0.77	0.90	0.97	1.03	1.10	1.16	1.23	1.29	1.36	0.13
	0. ½	1.54	1.80	1.93	2.06	2.18	5.31	2.44	2.57	2.70	0.26
	0. ¾	2.31	2.70	2.89	3.08	3.27	3.47	3.66	3.86	4.05	0.39
	1.—	3.09	3.60	3.85	4.11	4.37	4.62	4.88	5.14	5.39	0.51
Coût et frais variables et invariables	2.—	10.86	11.94	12.48	13.02	13.56	14.10	14.64	15.18	15.72	1.08
	2. ¼	11.63	12.84	13.44	14.05	14.65	15.26	15.86	16.47	17.07	1.21
	2. ½	12.40	13.74	14.40	15.06	15.75	16.42	17.08	17.76	18.43	1.34
	2. ¾	13.17	14.64	15.37	16.11	16.84	17.58	18.30	19.05	20.78	1.47
	3.—	13.94	15.54	16.34	17.14	17.94	18.74	19.54	20.34	21.14	1.60
	3. ¼	14.71	16.44	17.30	18.17	19.03	19.90	20.76	21.63	22.49	1.73
	3. ½	15.48	17.34	18.26	19.20	20.13	21.06	21.98	22.91	23.84	1.86
	3. ¾	16.25	18.24	19.23	20.22	21.22	22.22	23.20	24.20	25.19	1.99
	4.—	17.02	19.14	20.20	21.25	22.31	23.37	24.43	25.48	26.54	2.12
	4. ¼	17.79	20.04	21.16	22.28	23.40	24.53	25.65	26.77	27.89	2.25
	4. ½	18.56	20.94	22.12	23.31	24.50	25.69	26.87	28.05	29.24	2.38
	4. ¾	19.33	21.84	23.09	24.33	25.59	26.85	28.09	29.34	30.59	2.51
	5.—	20.10	22.74	24.06	25.36	26.68	28.—	29.32	30.62	31.94	2.64
Logarithmes des Changes		3084	3598	3855	4112	4369	4626	4883	5140	5397	514
Frais invariables 100 kil.		4.69	4.74	4.78	4.80	4.83	4.86	4.88	4.91	4.94	0.05

OBSERVATIONS

5 c. et 5 % par 280 ℔ sur le fret font au Havre une différence de F. 0.27 par 100 kil. sur les prix.

Logarithmes sans change 1.028

On veut savoir le revient de Résine ayant coûté à New-York $ 2 ⅝ les 280 ℔ au change de F. 3.85 et au fret de 70 c. et 5 % les 280 ℔.

On trouvera dans la 1re, 4e et la 11e colonne de ce tableau que:

$ 2. ¾ au change 3.75 font les 100 kil. entrepôt.	F.	14.37
» 0. ⅛ id. id.	»	0.48
10 c. de différence de change	»	0.31
$ 2. ⅝ feront les 100 kil. entrepôt	F.	16.16

ainsi le logarithme 1028 × le change 3.85 = le logarithme correspondant à ce change 3958; 2 ⅞ × 3958 = F. 11.38

à ajouter les frais invariables » 4.78

Revient égal F. 16.16

Exempte de Droits d'entrée

DEPUIS JUIN 1869

COMPTE D'ACHAT ET DE REVIENT

A 105 TIERÇONS RIZ CAROLINE

105 Tierçons Riz Caroline brut.......... ℔ 74591			
Tare.......... » 7459 ou 10 %			
Net.......... ℔ 67132 à \$ 10 les 100 ℔..........		\$	6713.20

FRAIS A NEW-YORK

Frais de réception et mise à bord..........	\$	45.39		
Courtage d'achat ¼ %..........	»	33.57		
Taxe 1 ‰..........	»	6.71	»	85.67
			\$	6798.87
Commission d'achat 2 ½ %..........			»	169.97
Frais de change ¼ %..........			»	17.46
			\$	6986.30
Remboursement sur Paris à 60 jours de vue au change de F. 3.50 pour 1 \$..........			F.	24452.05

FRAIS AU HAVRE

Fret à 74591 ℔ à \$ 6 et 5 % par 2240, ℔ \$ 209.78 à F. 5.25..........	F.	1101.35		
Permis, frais au débarquement, échantillonner, conditionner, port en magasin, arrimage, magasinage d'un mois, livraison et menus frais.	»	231.—		
Assurance maritime à 1 ¼ % sur F. 26897.25..........	»	336.22		
Assurance contre le feu à 1 ‰ sur F. 26897.25..........	»	26.90		
Commission de banque à ¼ % sur F. 24452.05..........	»	61.13		
Escompte à la vente.......... 2¼ %				
Courtage de vente.......... ¼				
Commission de vente.......... 2 %				
Ensemble.......... 4½ % sur F. 27443.61..........	»	1234.96	»	2991.56
			F.	27443.61

RENDEMENT: 100 ℔ = 45 kil. ½ :

Brut.......... kil. 33815 Tare 12 % ou 4058 kil. plus réfaction 52 kil., soit	
» 4110	
Net.......... kil. 29705 à F. 92.39 les 100 kil. Entrepôt.......... F.	27444.45

PRIX DE REVIENT AU HAVRE DES 100 KIL. ENTREPOT

AUX CHANGES SUIVANTS SUR PARIS POUR 1 \$ CURRENCY

PRIX à NEW-YORK par 100 ℔	F. 3.—	F. 3.50	F. 3.60	F. 3.70	F. 3.80	F. 3.90	F. 4.—	F. 4.50	F. 5.—	50 c. de différence sur le change font au Havre par 100 kil.
\$ 0.¼	F. 1.86	F. 2.18	F. 2.24	F. 2.30	F. 2.36	F. 2.42	F. 2.49	F. 2.80	F. 3.11	F. 0.31
0.½	3.73	4.35	4.48	4.60	4.73	4.85	4.98	5.60	6.22	0.62
0.¾	5.59	6.53	6.72	6.90	7.09	7.27	7.47	8.40	9.33	0.93
1.—	7.46	8.71	8.96	9.21	9.46	9.71	9.96	11.20	12.44	1.25
5.—	42.53	48.83	50.09	51.35	52.61	53.87	55.13	61.43	67.73	6.30
6.—	49.99	57.54	59.05	60.56	62.07	63.58	65.09	72.63	80.17	7.54
7.—	57.45	66.25	68.01	69.77	71.53	73.29	75.05	83.83	92.61	8.79
8.—	64.91	74.96	76.97	78.98	80.99	83.—	85.01	95.03	105.05	10.02
9.—	72.37	83.67	85.93	88.19	90.45	92.71	94.97	106.23	117.47	11.28
10.—	79.86	92.39	94.89	97.40	99.90	102.41	104.91	117.44	129.96	12.53
11.—	87.32	101.10	103.85	106.61	109.36	112.12	114.87	128.63	142.40	13.77
12.—	94.78	109.81	112.81	115.82	118.82	121.83	124.83	139.83	154.84	15.01
13.—	102.24	118.52	121.77	125.03	128.28	131.54	134.79	151.03	167.28	16.26
14.—	109.70	127.23	130.73	134.24	137.74	141.25	144.75	162.23	179.72	17.51
15.—	117.19	135.94	139.69	143.44	147.19	150.94	154.69	173.44	192.19	18.75
Logarithmes des Changes	74661	87104	89593	92082	94571	97060	99548	111991	124435	12443
Frais invariables par 100 kil.	5.20	5.28	5.30	5.31	5.32	5.34	5.36	5.44	5.52	0.08

OBSERVATIONS

\$ 1 et 5 % par 2240 ℔ sur le fret font au Havre une différence de F. 0,65 par 100 kil. sur les prix.

Logarithmes sans change 2.4887

On veut savoir le revient au Havre de Riz Caroline ayant coûté à New-York 7 ¾ au change de F. 3.70 et au fret de \$ 6 et 5 % les 2240 ℔.

On trouvera dans la 1re et la 5e colonne de ce tableau que :

\$ 7.— font les 100 kil. entrepôt..........	F.	69.77
» —.¾ id. id.	»	6.90
\$ 7.¾ feront les 100 kil. entrepôt..........	F.	76.67

ainsi le logarithme 24887 × le change de 3.70 = le logarithme correspondant à ce change 92082 ; 7 ¾ × 92082 = F. 71.36

à ajouter les frais invariables..........	»	5.31
Revient égal..........	F.	76.67

Droits d'entrée par 100 kil. en Juin 1869

Sous tous pavillons.......... F. 0.60

COMPTE D'ACHAT ET DE REVIENT

A 2361 BARILS HUILE DE PÉTROLE BRUTE

2361 barils Huile brute de Pétrole 40° à 45° Densité...	Gallons 107279		
	Out 2361		
	Gallons 104918 à 16 c. le gallon.. Cy $		16786.96

FRAIS A NEW-YORK

Frais de réception et mise à bord, inspection de la qualité des huiles, de l'état des barils et de l'arrimage.	$	295.—	
Taxe 1 ‰	»	16.79	» 311.79
			$ 17098.75
Commission d'achat 2 ½ %			» 427.47
Courtage de change ¼ %			» 43.92
			$ 17570.14
Remboursement sur Paris à 60 jours de date au change de F. 3.60 pour 1 $ Cy			F. 63252.50

FRAIS AU HAVRE

Fret à 107279 gallons à 6 c. et 5 % par 40 gallons £ 844.16 à F. 25.30...	F.	21878.45	
Permis, frais au débarquement, tonneliers pour échantillonner et conditionner, faire le plein, port en magasin, arrimer, magasinage d'un mois, livrer et menus frais à F. 1.80 le baril	»	4240.80	
Livraison à quai F. 0.80 seulement par baril.			
Assurance maritime à 2 % sur F. 69577.75	»	1391.55	
Assurance contre le feu à 2 ‰ sur F. 69577.75	»	139.16	
Commission de banque à Paris à ¼ % sur F. 63252.50	»	158.13	
Escompte à la vente 2 ¼ %			
Courtage de vente ¼ %			
Commission de vente 2 %			
Ensemble 4 ½ % sur F. 94832.03	»	4267.44	» 31579.53
			F. 94832.03

RENDEMENT : 1 gallon net = 2 kil. 85/100 nets :

299016 kil. nets à F. 31.71 ½ les 100 kil. Entrepôt .... F. 94832.92

PRIX DE REVIENT AU HAVRE DES 100 KIL. ENTREPOT

AUX CHANGES SUIVANTS SUR PARIS POUR 1 $ CURRENCY

PRIX à NEW-YORK par gallon	F. 3.—	F. 3.50	F. 3.60	F. 3.70	F. 3.80	F. 3.90	F. 4.—	F. 4.50	F. 5.—	50 c. de différence par 1 $ sur le change font au Havre par 100 kil.
(Coût et frais variables) $ Cy 1.—	F. 1.16	F. 1.36	F. 1.40	F. 1.44	F. 1.47	F. 1.51	F. 1.55	F. 1.75	F. 1.94	F. 0.20
2.—	2.32	2.72	2.80	2.88	2.94	3.02	3.10	3.50	3.88	0.39
3.—	3.48	4.08	4.20	4.32	4.41	4.53	4.65	5.25	5.82	0.58
4.—	4.64	5.44	5.60	5.76	5.88	6.04	6.20	7.00	7.76	0.78
5.—	5.82	6.79	6.98	7.18	7.37	7.57	7.76	8.73	9.70	0.98
(Coût et frais variables et invariables) 15.—	26.76	29.73	30.32	30.92	31.51	32.10	32.69	35.66	38.63	2.97
16.—	27.92	31.09	31.72	32.36	32.98	33.61	34.24	37.41	40.57	3.16
17.—	29.08	32.45	33.12	33.80	34.45	35.12	35.79	39.16	42.51	3.35
18.—	30.24	33.81	34.52	35.24	35.92	36.63	37.34	40.91	44.45	3.55
19.—	31.40	35.17	35.92	36.68	37.39	38.14	38.89	42.66	46.39	3.25
20.—	32.58	36.52	37.30	38.10	38.88	39.67	40.45	44.39	48.33	3.94
21.—	33.74	37.88	38.70	39.54	40.35	41.18	42.00	46.14	50.27	4.13
22.—	34.90	39.24	40.10	40.98	41.82	42.69	43.55	47.89	52.21	4.32
23.—	36.06	40.60	41.50	42.48	43.29	44.20	45.10	49.64	54.15	4.51
24.—	37.22	41.96	42.90	43.86	44.76	45.71	46.65	51.39	56.09	4.71
25.—	38.40	43.31	44.28	45.28	46.25	47.24	48.21	53.12	58.03	4.91
30.—	44.22	50.10	51.26	52.46	53.62	54.81	55.97	61.85	67.73	5.88
Logarithmes des Changes	11640	13580	13968	14356	14744	15132	15520	17460	19400	1940
Frais invariables par 100 kil.	9.30	9.36	9.37	9.38	9.39	9.40	9.41	9.47	9.52	0.06

OBSERVATIONS

1 sh. et 5 % par 40 gallons sur le fret font au Havre une différence de F. 1.25 sur les prix.

Logarithme sans change 3.880

On veut savoir le revient de l'Huile de Pétrole brute coûtant à New-York 26 c. le gallon au change de F. 3.60 et au fret de 6/. et 5 %.

On trouvera dans la 1re et la 4e colonne de ce tableau que :

$ 26.—	font par 100 kil. entrepôt	F. 44.28
» 1.—	id. id.	» 1.40
$ 26.—	feront par 100 kil. entrepôt	F. 45.68

ou par le calcul du logarithme 3880 × 3.60 = 13968

26 × 13968 =	F. 36.31
à ajouter les frais invariables	» 9.37
Revient égal	F. 45.68

Exempté de Droits d'entrée

DEPUIS JUIN 1869

COMPTE D'ACHAT ET DE REVIENT

A 2000 BARILS HUILE DE PÉTROLE RAFFINÉ

2000 Barils Huile de Pétrole raffiné....... Gallons 89013. ½
Out. .... » 2287. ½
Net.................................. Gallons 86726.— à 30 c. le gallon .... $ 26017.80

FRAIS A NEW-YORK

Frais de réception, inspection pour qualité et pour arrimage, mise à bord à 22 ½ c. par baril en tout........	$	450.—		
Taxe 1 ‰........	»	26.02	»	476.02
			$	26493.82
Commission d'achat 2 ½ %........	$	662.35		
Courtage de change ¼ %........	»	68.06	»	730.41
			$	27224.23
Remboursement sur Paris à 60 jours de vue au change de F. 4 pour 1 $........			F.	108896.92

FRAIS AU HAVRE

Fret à 89013 ½ gallons à 6/. et 5 % par 40 gallons £ 700.19. 7 à F. 25.30.	F.	17734.77		
Permis, frais au débarquement, échantillonner, conditionner, port en magasin, arrimage, magasinage d'un mois, livraison et menus frais.	»	8600.—		
Assurance maritime à 2 % sur F. 119786.61........	»	2395.73		
Assurance contre le feu à 1 ‰ sur F. 119786.61........	»	119.79		
Commission de banque à ¼ % sur F. 108896.92........	»	272.24		
Escompte à la vente .... 2 ¼ %				
Courtage de vente........ ¼ %				
Commission de vente........ 2 %				
Ensemble........ 4 ½ % sur F. 139287.39........	»	6267.94	»	30390.47
			F.	139287.39

RENDEMENT: 1 gallon net = net kil. 2.85:

247160 kil. nets à F. 56.35 les 100 kil. Entrepôt........ F. 139279.73

PRIX DE REVIENT AU HAVRE DES 100 KIL. ENTREPOT

AUX CHANGES SUIVANTS SUR PARIS POUR 1 $ CURRENCY

PRIX à NEW-YORK par gallon	F. 3.—	F. 3.50	F. 3.75	F. 4.—	F. 4.25	F. 4.50	F. 4.75	F. 5.—	F. 5.25	10 c. de différence sur le change font au Havre par 100 kil.
C. —. ½	F. 0.58	F. 0.68	F. 0.73	F. 0.78	F. 0.83	F. 0.87	F. 0.92	F. 0.97	F. 1.02	F. 0.10
1.—	1.16	1.36	1.46	1.55	1.65	1.75	1.84	1.94	2.04	0.20
2.—	2.32	2.71	2.91	3.10	3.30	3.49	3.68	3.88	4.07	0.39
3.—	3.48	4.07	4.37	4.65	4.95	5.24	5.52	5.82	6.11	0.58
4.—	4.64	5.42	5.82	6.20	6.60	6.98	7.36	7.76	8.14	0.78
5.—	5.82	6.78	7.27	7.75	8.24	8.72	9.20	9.69	10.17	0.97
20.—	32.90	36.87	38.86	40.85	42.84	44.83	46.82	48.81	50.80	3.98
25.—	38.71	43.66	46.13	48.60	51.07	53.54	56.01	58.49	60.96	4.95
26.—	39.87	45.01	47.59	50.15	52.72	55.29	57.86	60.43	63.00	5.14
27.—	41.03	46.37	49.04	51.70	54.37	57.03	59.69	62.37	65.03	5.33
28.—	42.19	47.72	50.50	53.25	56.02	58.78	61.53	64.31	67.07	5.53
29.—	43.35	49.08	51.95	54.80	57.67	60.52	63.38	66.25	69.10	5.72
30.—	44.52	50.43	53.39	56.35	59.31	62.26	65.22	68.18	71.13	5.91
31.—	45.68	51.79	54.84	57.90	60.96	64.01	67.05	70.11	73.17	6.11
32.—	46.84	53.14	56.30	59.45	62.61	65.75	68.89	72.05	75.20	6.31
33.—	48.—	54.50	57.75	61.—	64.26	67.50	70.73	73.99	77.24	6.50
34.—	49.16	55.86	59.20	62.55	65.91	69.24	72.57	75.93	29.27	6.69
35.—	50.34	57.22	60.66	64.10	67.54	70.98	74.42	77.86	81.30	6.88
40.—	56.15	64.—	67.92	71.85	75.77	79.69	83.61	87.55	91.47	7.85
45.—	61.97	70.79	75.19	79.60	84.01	88.42	92.83	97.23	101.64	8.82
Logarithmes des changes	11626	13566	14535	15504	16473	17442	18411	19380	20349	1938
Frais invariables par 100 kil.	9.64	9.74	9.79	9.84	9.89	9.94	9.99	10.04	10.09	0.10

OBSERVATIONS

1 sh. et 5 % par 40 gallons sur le fret font au Havre une différence de F. 1.25 par 100 kil. sur les prix

Logarithme sans change 0.3876

On veut savoir le revient de pétrole raffiné en baril ayant coûté à New-York 27 ½ c. le gallon au change de F. 3.85 et au fret de 6 sh. et 5 % les 40 gallons.

On trouvera dans la 1re, 4e et 11e colonne de ce tableau que :

C. 27.— au change de 3.75 font les 100 kil........ F. 49.04
10 c. de différence de change........ » 1.06
» —. ½ au change de 3.75 font les 100 kil........ » 0.73
10 c. de différence de change........ » 0.02

C. 27. ½ feront les 100 kil. entrepôt........ F. 50.85
ainsi le logarithme 0.3876 × le change 3.85 = le logarithme correspondant au change 14923; 27 ½ ⁄ 14923 = F. 41.04
à ajouter les frais invariables au change de F. 3.75........ F. 9.79
10 c. de différence de change........ » 0.02 » 9.81

Revient égal........ F. 50.85

Droits d'entrée par 100 kil. en Juin 1869

Sous tous pavillons........ F. 3.—

COMPTE D'ACHAT ET DE REVIENT

A 6000 CAISSES PÉTROLE RAFFINÉ

6000 Caisses Pétrole raffiné contenant chacune 2 bidons à vis *Devoe et Pratt*, 12000 bidons Huile de Pétrole raffiné à 5 gallons = 60000 gallons à 35 c. par gallon franco à bord........ Cy $ 21000.—

FRAIS A NEW-YORK

Surveillance à l'embarquement, marquer........	$	120.—		
Dépêche, timbre et menus frais........	»	37.—		
Taxe 1 ‰........	»	21.—	»	178.—
			$	21178.—
Commission d'achat 2 ½ %........			»	529.45
Courtage de change ¼ %........			»	54.40
			Cy $	21761.85
Remboursement sur Paris à 60 jours de vue au change de F. 4 pour 1 $ Cy........			F.	87047.40

FRAIS AU HAVRE

Fret à 6000 caisses à 30 c. et 5 soit % $ 1890 à F. 5.25........	F.	9922.50		
Permis, frais au débarquement, tonneliers pour échantillonner et conditionner, port en magasin, arrimage, magasinage d'un mois, livraison et menus frais........	»	2100.—		
Assurance maritime à 2 ½ % sur F. 95752.14........	»	2393.80		
Assurance contre le feu à 2 ‰ sur F. 95752.14........	»	191.50		
Commission de banque à ¼ % sur F. 87047.40........	»	217.62		
Escompte à la vente........ 2 ¼ %				
Courtage de vente........ ¼ %				
Commission de vente........ 2 %				
Ensemble........ 4 ½ % sur F. 106735.94........	»	4803.12	»	19688.54
			F.	106735 94

RENDEMENT : 1 Caisse pèse 38 kil. bruts, 1 gallon net = net kil. 2.90 :

6000 Caisses brut........			kil. 228000
Tare nette du bois........	kil.	36000	
» des bidons........	»	15000	
Perte au poids........	»	3000	» 54000
Net........			kil. 174000 à F. 61.34 les 100 kil. Entrepôt.. F. 106731.60

PRIX DE REVIENT AU HAVRE DES 100 KIL. ENTREPOT

AUX CHANGES SUIVANTS SUR PARIS POUR 1 $ CURRENCY

	PRIX à NEW-YORK par gallon	F. 3.—	F. 3.50	F. 3.60	F. 3.70	F. 3.80	F. 3.90	F. 4.—	F. 4.50	F. 5.—	10 c. de différence par 1 $ sur le change font au Havre par 100 kil.
[illegible]. — Coût et frais variables	C. —.½	F. 0.58	F. 0.67	F. 0.69	F. 0.71	F. 0.73	F. 0.75	F. 0.77	F. 0.86	F. 0.96	F. 0.10
	1.—	1.15	1.34	1.38	1.42	1.46	1.50	1.53	1.72	1.92	0.19
	2.—	2.30	2.68	2.76	2.82	2.92	2.99	3.06	3.44	3.84	0.38
	3.—	3.45	4.02	4.14	4.26	4.38	4.49	4.59	5.16	5.76	0.57
	4.—	4.60	5.36	5.52	5.68	5.84	5.98	6.12	6.88	7.68	0.76
	5.—	5.75	6.71	6.90	7.09	7.28	7.47	7.76	8.63	9.59	0.96
Coût et frais variables et invariables	20.—	30.57	34.45	35.22	39.—	36.77	37.55	38.33	42.21	46.09	3.88
	25.—	36.32	41.16	42.13	43.10	44.07	45.08	46 —	50.84	55.68	4.84
	26.—	37.47	42.50	43.51	44.52	45.58	46.53	47.53	52.56	57.00	5.03
	27.—	38.62	43.84	44.89	45.94	46.99	48.03	49.06	54.28	59.52	5.22
	28.—	39.77	45.18	46.27	47.36	48.45	49.52	50.59	56.—	61.44	5.41
	29.—	40.92	46.52	47.65	48.78	49.91	51.02	52.12	57.72	63.36	5.60
	30.—	42.07	47.87	49.03	50.19	51.35	52.51	53.67	59.47	65.27	5.80
	31.—	43.22	49.21	50.41	51.61	52.81	54.—	55.20	61.19	67.19	5.99
	32.—	44.37	50.55	51.79	53.03	54.27	55.50	56.73	62.91	69.11	6.19
	33.—	45.52	51.89	53.17	54.45	55.73	56.99	58.26	64.63	71.03	6.38
	34.—	46.67	53.23	54.55	55.87	57.19	58.49	59.79	66.35	72.95	6.57
	35.—	47.82	54.58	55.93	57.28	58.63	59.98	61.34	68.10	74.86	6.76
	40.—	53.57	61.29	62.83	64.36	65.92	67.47	69.01	76.73	84.45	7.72
Logarithme des Changes		11500	13417	13800	14184	14567	14951	15334	17251	19168	0.1917
Frais invariables par 100 kil.		7.57	7.62	7.63	7.64	7.65	7.66	7.67	7.72	7.77	0.05

OBSERVATIONS

5 c. et 5 % par caisse sur le fret font une différence de F. 0.99 ½ par 100 kil.

Logarithme sans change 0.38336

On veut savoir le revient de Pétrole raffiné en caisses ayant coûté à New-York 24 c. le gallon au change de 3.80 et au fret de 30 c. et 5 % la caisse.

On trouvera dans la 1re et la 5e colonne de ce tableau que :

C. 20 font les 100 kil entrepôt........	F.	36.77
» 4 id. id.	»	5.84
C. 24 feront les 100 kil. entrepôt........	F.	42.61

ainsi le logarithme 0.38336 × le change F. 3.80 = le logarithme correspondant à ce change 14567

24 c. × 14567 =........	F.	34.96
à ajouter les frais invariables........	»	7.65
Revient égal........	F.	42.61

Droits d'entrée par 100 kil. en Juin 1869

Sous tous pavillons........ F. 3.—

COMPTE D'ACHAT ET DE REVIENT

A 500 BARILS NAPHTE

500 Barils Naphte contenant .... Gallons 21562
Out .... » 500
Net .... Gallons 21062 à 15 c. le gallon .... $ 3159.30

FRAIS A NEW-YORK

Frais à l'embarquement et mise à bord	$	75.—		
Taxe 1 %	»	3.16	»	78.16
			$	3237.46
Commission d'achat 2 ½ %	$	80.94		
Courtage de change ¼ %	»	8.32	»	89.26
			$	3326.72
Remboursement sur Paris à 60 jours de vue au change de F. 4 pour 1 $			F.	13306.88

FRAIS AU HAVRE

Fret à 21562 gallons à 6/. et 5 % par 40 gallons £ 169.16 à F. 25.30.	F.	4295.94		
Permis, frais au débarquement, échantillonner, conditionner, port en magasin, arrimage, magasinage d'un mois, livraison et menus frais.	»	900.—		
Assurance maritime 3 ½ % sur F. 14637.57	»	512.32		
Assurance contre le feu à 1 ‰ sur F. 14637.57	»	14.64		
Commission de banque à ¼ % sur F. 13306.88	»	33.27		
Escompte à la vente .... 2 ¼ %				
Courtage de vente .... ¼ %				
Commission de vente .... 2 %				
Ensemble .... 4 ½ % sur F. 19961.31	»	898 26	»	6654.43
			F.	19961.31

Rendement : 1 Gallon net = net 2 kil. ½ :

52655 kil. nets à F. 37.91 les 100 kil. Entrepôt .... F. 19961.51

PRIX DE REVIENT AU HAVRE DES 100 KIL. ENTREPOT

AUX CHANGES SUIVANTS SUR PARIS POUR 1 $ CURRENCY

	PRIX à NEW-YORK par gallon	F. 3.—	F. 3.50	F. 3.75	F. 4.—	F. 4.25	F. 4.50	F. 4.75	F. 5.—	F. 5.25	50 c. de différence par 1 $ sur le change font au Havre par 100 kil.
[illegible]. — Coût et frais variables	C. —.½	F. 0.66	F. 0.79	F. 0.85	F. 0.90	F. 0.96	F. 1.01	F. 1.07	F. 1.13	F. 1.18	F. 0.11
	1.—	1.35	1.58	1.69	1.80	1.91	2.02	2.14	2.25	2.36	0.23
	2.—	2.70	3.15	3.37	3.59	3.82	4.04	4.27	4.49	4.72	0.45
	3.—	4.05	4.73	5.05	5.39	5.73	6.06	6.41	6.74	7.08	0.68
	4.—	5.40	6.30	6.74	7.18	7.64	8.08	8.54	8.98	9.44	0.90
	5.—	6.74	7.86	8.42	8 99	9.54	10.11	10.67	11.23	11.79	1.13
Coût et frais variables et invariables	10.—	24.24	26.59	27.76	28.93	30.10	31.27	32.44	33.62	34.79	2.35
	15.—	30.98	34.44	36.18	37.91	39.64	41.38	43.11	44.85	46.57	3.47
	16.—	32.32	36.01	37.86	39.70	41.55	43.40	45.25	47.09	48.93	3.69
	17.—	33.67	37.58	39.54	41.50	43.46	45.42	47.38	49.33	51.29	3.91
	18.—	35.02	39.15	41.22	43 29	45.37	47.44	49.52	51.58	53.65	4.14
	19.—	36.37	40.72	42.90	45.08	47.28	49.46	51.65	53.82	56.01	4.37
	20.—	37.71	42.30	44.59	46.89	49.18	51.48	53.77	56.07	58.36	4.59
	21.—	39.06	43.87	46.27	48.68	51.09	53.50	55.90	58.31	60.72	4.81
	22.—	40.41	45.44	47.95	50.47	53.—	55.52	58.04	60.56	63.08	5.04
	23.—	41.76	47.01	49.63	52.27	54.91	57.54	60.17	62.80	65.44	5.27
	24.—	43.11	48.58	51.31	54.06	56.82	59.56	62.30	65.04	67.80	5.49
	25.—	44.45	50.16	53.01	55.87	58.72	61.58	64.43	67.30	70.15	5.72
	Logarithmes des changes	13470	15715	16837	17960	19082	20205	21327	22450	23572	2245
	Frais invariables par 100 kil.	10.77	10.87	10.92	10.97	11.02	11.07	11.12	11.17	11.22	0.10

OBSERVATIONS

1 sh. et 5 % par 40 gallons sur le fret font au Havre une différence de F. 1.42 ½ par 100 kil. sur les prix

Logarithme sans change 0,4490

On veut savoir le revient de Naphte ayant coûté à New-York 14 c. le gallon au change de F. 3.85 et au fret de 6 et 5 % les 40 gallons

On trouvera dans la 1re, 4e et 11e colonne de ce tableau que :

C. 10 au change de 3.75 font les 100 kil. .... F. 27.76
10 c. de différence de change .... » 0.47
» 4 au change de F. 3.75 .... » 6.74
10 c. de différence de change .... » 0.18
C. 14 feront les 100 kil. entrepôt .... F. 35.15

ainsi le logarithme 0.4490 × le change 3.85 = le logarithme correspondant à ce change 17296; 14 × 17296 = F. 24.21
à ajouter les frais invariables .... F. 10.92
avec 10 c. de différence de change .... » 0.02 » 10.94
Revient égal .... F. 35.15

Droits d'entrée par 100 kil. en Juin 1869

Sous tous pavillons .... F. 3.—

COMPTE D'ACHAT ET DE REVIENT

A 5000 CAISSES NAPHTE

5000 Caisses Naphte désinfectée Prime-White contenant 2 estagnons à 5 gallons chaque = net 50000 gallons 22 c. le gallon franco à bord			$	11000.—

FRAIS A NEW-YORK

Surveillance de l'embarquement à 1 c.	$	50.—		
Marquer les caisses à 1 c.	»	50.—		
Timbre, déclarations, expédition en Douane	»	27.50		
Taxe 1 ‰	»	11.—	»	138.50
			$	11138.50
Commission d'achat 2 ½ %			»	278.46
Courtage de change ¼ %			»	28.61
			Cy $	11445.57
Remboursement sur Paris à 60 jours de vue au change de F. 4 pour 1 $			F.	45782.28

FRAIS AU HAVRE

Fret à 5000 caisses à 30 c. et 5 %, soit $ 1575 à F. 5.25	F.	8268.75		
Permis, frais au débarquement, échantillonner, conditionner, port en magasin, arrimage, magasinage d'un mois, livraison et menus frais.	»	1800.—		
Assurance maritime à 3 ½ % sur F. 50360.50	»	1762.62		
Assurance contre le feu à 2 ‰ sur F. 50360.50	»	100.72		
Commission de banque à Paris à ¼ % sur F. 45782.28	»	114.46		
Escompte à la vente 2 ¼ %				
Courtage de vente ¼ %				
Commission de vente 2 %				
Ensemble 4 ½ % sur F. 60553.74	»	2724.91	»	14771.46
			F.	60553.74

RENDEMENT : 1 caisse = 35 kil. bruts; 1 gallon net = net kil. 2.60 :

Brut		kil. 175000		
Tare nette du bois	kil. 31250			
» fer blanc	» 13750	» 45000		
Net		kil. 130000 à F. 46.58 les 100 kil. Entrepôt	F.	60554.—

PRIX DE REVIENT AU HAVRE DES 100 KIL. ENTREPOT

AUX CHANGES SUIVANTS SUR PARIS POUR 1 $ CURRENCY

	PRIX à NEW-YORK par gallon	F. 3.—	F. 3.50	F. 3.60	F. 3.70	F. 3.80	F. 3.90	F. 4.—	F. 4.50	F. 5.—	10 c. de différence par 1 $ sur le change font au Havre par 100 kil.
DEBOIT. — Coût et frais variables	C. —.½	F. 0.65	F. 0.76	F. 0.78	F. 0.80	F. 0.82	F. 0.84	F. 0.87	F. 0.97	F. 1.08	F. 0.11
	1.—	1.30	1.51	1.56	1.60	1.64	1.69	1.73	1.95	2.16	0.22
	2.—	2.60	3.02	3.11	3.20	3.28	3.37	3.46	3.89	4.32	0.43
	3.—	3.90	4.53	4.67	4.80	4.92	5.06	5.19	5.84	6.48	0.64
	4.—	5.20	6.04	6.22	6.40	6.56	6.74	6.92	7.78	8.64	0.86
	5.—	6.48	7.58	7.78	8.—	8.21	8.43	8.65	9.73	10.81	1.08
Coût et frais variables et invariables	15.—	27.90	31.19	31.84	32.50	33.16	33.82	34.48	37.76	41.05	3.29
	16.—	29.20	32.70	33.40	34.10	34.80	35.50	36.21	39.71	43.21	3.50
	17.—	30.50	34.21	34.95	35.70	36.44	37.19	37.94	41.66	45.37	3.72
	18.—	31.80	35.72	36.51	37.30	38.08	38.88	39.67	43.60	47.53	3.93
	19.—	33.10	37.23	38.06	38.90	39.72	40.56	41.40	45.55	49.69	4.15
	20.—	34.38	38.75	39.68	40.50	41.38	42.25	43.12	47.49	51.86	4.37
	21.—	35.68	40.26	41.18	42.10	43.02	43.93	44.85	49.43	54.02	4.58
	22.—	36.98	41.77	42.74	43.70	44.66	45.62	46.58	51.38	56.18	4.80
	23.—	38.28	43.28	44.29	45.30	46.30	47.31	48.31	53.32	58.34	5.01
	24.—	39.58	44.79	45.85	46.90	47.94	48.99	50.04	55.27	60.50	5.23
	25.—	40.86	46.32	47.40	48.49	49.58	50.67	51.77	57.22	62.67	5.45
	30.—	47.34	53.88	55.18	56.49	57.79	59.10	60.41	66.95	73.48	6.54
	40.—	60.30	69.—	70.44	72.48	74.22	75.96	77.70	86.40	95.10	8.70
	Logarithmes des changes	12964	15125	15557	15989	16421	16853	17286	19447	21608	0.2161
	Frais invariables par 100 kil.	8.45	8.50	8.51	8.52	8.53	8.54	8.55	8.60	8.65	0.05

OBSERVATIONS

5 c. et 5 % par caisse sur le fret font au Havre une différence de F. 1.11 par 100 kil. sur les prix.

Logarithmes sans change 0.43215

On veut savoir le revient au Havre de Naphte ayant coûté à New-York 19 ¼ c. le gallon, au change de F. 3.70 et au fret de 30 c. et 5 % la caisse.

On trouvera dans la 1re et la 5me colonne de ce tableau que :

C. 19 — font les 100 kil. entrepôt	F.	38.90
» — ¼ id. id.	»	0.80
C. 19 ¼ feront les 100 kil. entrepôt	F.	39.70

ainsi le logarithme 0.43215 × le change 3.70 = le logarithme correspondant à ce change 15989; 19 ¼ × 15989 = F. 31.18

à ajouter les frais invariables	»	8.52
Revient égal	F.	39.70

Droits d'entrée par 100 kil. en Juin 1869

Sous tous pavillons F. 3.—

COMPTE D'ACHAT ET DE REVIENT

A 12 FUTS HUILE DE CACHALOT

12 fûts Huile de Cachalot, Corps	Gallons 1802 Out 23 gallons		
7 » » Tête	» 1301 » 14 »		
19 fûts	Gallons 3103 Out 37 gallons		
Out	» 37		
Net	Gallons 3066 à 180 c. Cy	$	5518.80

FRAIS A NEW-YORK

Frais de réception et mise à bord	$ 14.50		
Courtage ½ %	» 27.59		
Taxe 1 ‰	» 5.52	»	47.61
		$	5566.41
Commission 2 ½ %		»	139.16
Frais de change ¼ %		»	14.30
		$	5719.87
Remboursement sur Paris à 60 jours de vue au change de F. 4.25 pour 1 $ Cy		F.	24309.46

FRAIS AU HAVRE

Fret à 12264 kil. bruts à F. 60 et 5 % les 1000 kil.	F. 772.63		
Permis, frais au débarquement, échantillonner, conditionner, port en magasin, arrimage, magasinage d'un mois, livraison et menus frais	» 167.80		
Assurance maritime à 1 % sur F. 26740.41	» 267.40		
Commission de banque à ¼ % sur F. 24309.46	» 60.77		
Assurance contre le feu à 1 ‰ sur 25578.06	» 25.58		
Escompte à la vente 2 ¼ %			
Courtage de vente ¼ %			
Commission de vente 2 %			
Ensemble 4 ½ % sur F. 26810.10	» 1206.46	»	2500.64
		F.	26810.10

RENDEMENT : 1 Gallon = net 3 kil. ½ :

Soit: 10920 kil. nets à F. 262.83 les 100 kil. Entrepôt .... F. 26810.12

PRIX DE REVIENT AU HAVRE DES 100 KIL. ENTREPOT

AUX CHANGES SUIVANTS SUR PARIS POUR 1 $ CURRENCY

PRIX à NEW-YORK par gallon	F. 3.—	F. 3.25	F. 3.50	F. 3.75	F. 4.—	F. 4.25	F. 4.50	F. 4.75	F. 5.—	25 c. de différence par 1 $ sur le change font au Havre par 100 kil.
C. 1.—	F. 0.99	F. 1.07	F. 1.15	F. 1.23	F. 1.32	F. 1.40	F. 1.48	F. 1.56	F. 1.65	F. 0.08
2.—	1.98	2.14	2.30	2.46	2.64	2.80	2.96	3.12	3.30	0.16
3.—	2.97	3.21	3.45	3.69	3.96	4.20	4.44	4.68	4.95	0.24
4.—	3.96	4.28	4.60	4.92	5.28	5.60	5.92	6.24	6.60	0.32
5.—	4.94	5.35	5.77	6.18	6.59	7.—	7.41	7.83	8.24	0.41
140.—	148.50	160.06	171.62	183.18	194.75	206.31	217.87	229.43	241.—	11.56
150.—	158.38	170.76	183.14	195.53	207.93	220.31	232.69	245.06	257.46	12.39
160.—	168.26	181.46	194.66	207.88	221.11	234.31	247.51	260.73	273.96	13.21
170.—	178.14	192.16	206.18	220.23	234.29	248.31	262.33	276.38	290.44	14.04
180.—	188.03	202.89	217.75	232.61	247.47	262.38	277.16	292.04	306.89	14.86
190.—	197.91	213.59	229.27	244.96	260.64	276.32	292.—	307.69	323.37	15.69
200.—	207.79	224.29	240.79	257.30	273.82	290.32	306.82	323.34	339.85	16.51
210.—	217.67	234.99	252.31	269.65	287.—	304.32	321.64	338.99	356.33	17.34
220.—	227.56	245.71	263.86	282.01	300.17	318.32	336.47	354.62	372.78	18.15
Logarithmes des Changes	9684	10707	11531	12354	13178	14002	14826	15649	16473	824
Frais invariables par 100 kil.	10.11	10.14	10.19	10.22	10.26	10.30	10.34	10.37	10.41	0.04

OBSERVATIONS

F. 5 et 5 % par 1000 kil. bruts sur le fret font au Havre une différence de F. 0.66 par 100 kil. sur les prix.

Logarithme sous Change 3.294 ½

On veut savoir le revient au Havre de l'Huile de Cachalot coûtant à New-York 193 c. Cy au change de F. 3.75 et au fret de F. 60 et 5 %.

On trouvera dans la 1re et la 5me colonne de ce tableau que :

C. 3 font les 100 kil. entrepôt	F. 3.69
» 190 id. id.	» 244.96
C. 193 feront par 100 kil. entrepôt	F. 248.65

ou par le calcul du logarithme 3294½ × 3.75 = 12354

12354 × 193 =	F. 238.43
à ajouter les frais invariables	» 10.22
Revient égal	F. 248.65

Droits d'entrée par 100 kil. en Juin 1869

Sous tous pavillons .... F. 2.—

COMPTE D'ACHAT ET DE REVIENT

A 75 FUTS HUILE DE BALEINE

75 fûts Huile de Baleine........ Gallons 11978				
Vidange........ » 221				
Net........ Gallons 11757 à 75 c. Cy le Gallon........			Cy$	8817.75

FRAIS A NEW-YORK

Frais de réception et mise à bord........	Cy$	46.89		
Courtage d'achat ½ %........	»	44.09		
Taxe 1‰........	»	8.82	»	99.80
			Cy$	8917.55
Commission d'achat 2 ½ %........			»	222.94
Frais de change ¼ %........			»	22 91
			Cy$	9163 40
Remboursement sur Paris à 60 jours de vue au change de F. 4 pour 1 $ Cy........			F.	36653.60

FRAIS AU HAVRE

Fret à 11757 Gallons à 5 c. et 5 % = $ 617.24 à F. 5.25 équivalant à F. 62.50 et 5 % les 1000 kil. sur 49379 kil. bruts........	F.	3240.50		
Permis, frais au débarquement, tonneliers pour échantillonner et conditionner, port en magasin, arrimage, magasinage d'un mois, livraison et menus frais........	»	562.50		
Assurance maritime 1 % sur F. 40318.96........	»	403.19		
id. contre le feu 1 ‰ sur F. 40318.96........	»	40.32		
Commission de banque à Paris ¼ % sur F. 36653.60........	»	91.63		
Escompte à la vente........ 2 ¼ %				
Courtage de vente........ ¼ %				
Commission de vente........ 2 %				
Ensemble........ 4 ½ % sur F. 42923.27........	»	1931.53	»	6269.67
			F.	42923.27

RENDEMENT: 1 Gallon net = net 3 kil. ½ :

Soit 41149 kil. nets à F. 104.31 les 100 kil. entrepôt........ F. 42922.52

PRIX DE REVIENT AU HAVRE DES 100 KIL. ENTREPOT

AUX CHANGES SUIVANTS SUR PARIS POUR $ 1 CURRENCY

	PRIX à NEW-YORK par Gallon	F. 3.—	F. 3.50	F. 3.60	F. 3.70	F. 3.80	F. 3.90	F. 4.—	F. 4.50	F. 5.—	50 cent. de différence sur le change font au Havre par 100 kil.
Coût et frais var.	$ —. 1	F. 0.94	F. 1.10	F. 1.13	F. 1.16	F. 1.19	F. 1.22	F. 1.25	F. 1.41	F. 1.57	F. 0.16
	—. 2	1.88	2.20	2.26	2.32	2.38	2.44	2.50	2.82	3.14	0.32
	—. 3	2.82	3.30	3.39	3.48	3.57	3.66	3.75	4.23	4.71	0.48
	—. 4	3.76	4.40	4.52	4.64	4.76	4.88	5.—	5.64	6.28	0.64
	—. 5	4.71	5.49	5.65	5.80	5.96	6.11	6.27	7.05	7.85	0.78
Coût et frais variables et invariables	—.60	66.53	76.01	77.91	79.81	81.71	83.61	85.49	94.97	104.45	9.46
	—.65	71.24	81.50	83.56	85.61	87.67	89.72	91.76	102.02	112.28	10.26
	—.70	75.95	86.99	89.21	91.41	93.63	95.83	98.03	109.07	120.11	11.04
	—.75	80.66	92.48	94.86	97.21	99.59	102.94	104.30	116.12	127.96	11.82
	—.80	85.37	97.97	100.49	103.01	105.53	108.05	110.57	123.17	135.81	12.60
	—.85	90.08	103.46	106.14	108.81	111.49	114.16	116.84	130.22	143.66	13.38
	—.90	94.79	108.95	111.70	114.61	117.45	120.27	123.11	137.27	151.51	14.16
	—.95	99.50	114.44	117.44	120.41	123.41	126.38	129 38	144.32	159.36	14.94
	1.—	104.21	119.93	123.09	126.21	129.37	132.49	135.65	151.37	167.21	15.72
	1.05	108.92	125.42	128.72	132.02	135.32	138.62	141.92	158.42	175.06	16.50
	1.10	113.63	130.91	134.37	137.82	141.28	144.73	148.19	165.47	182.91	17.28
	1.15	118.34	136.40	140.02	143.62	147.24	150.84	154.46	172.52	190.76	18.06
	1.20	123.05	141.89	145.67	149.42	153.18	156.95	160.73	179.57	198.41	18.84
Logarithmes pour les changes ci-dessus		9414	10983	11297	11611	11925	12239	12552	14121	15690	150
Frais invariables par 100 kil.		10.05	10.11	10.12	10 14	10.14	10.16	10.17	10.24	10.30	0.0

OBSERVATIONS

1 c. et 5 % par gallon sur le fret ou l'équivalent de F. 12.50 et 5 % par 1000 kil. font au Havre un différence de F. 1.65 par 100 kil.

Logarithme sans Change 3.138.

On veut savoir le revient au Havre d'Huile de Baleine coûtant à New-York $ Cy —.82 le gallon, au change de F. 3.60 par $ Cy, et au fret de 5 c. et 5 % par gallon.

On trouvera dans la 1re et la 4me colonne de ce tableau que:

$ —.02 font par 100 kil........ F. 2.26
» —.80 id. id. .... » 100.49

$ —.82 feront donc par 100 kil. entrepôt.... F. 102.75

N.-B. — Si le prix d'achat ou le change donné ne se trouvait pas dans le tableau ci-dessus, on pourrait se servir suivant le cas, soit du logarithme sans change que l'on multiplierait par le change, puis par le prix d'achat, en ajoutant au produit les frais invariables, soit simplement du logarithme correspondant aux changes ci-dessus que l'on multiplierait par le prix d'achat, en ajoutant également au produit les frais invariables.

Ainsi le logarithme sans change 3.138 × change de 3.60 = le logarithme correspondant à ce change 11.297.
82 × 11.297 logarithme du change de 3.60 =.... F. 92.6
à ajouter les frais invariables........ » 10.1

Prix de revient égal à celui trouvé ci-dessus... F. 102.7

Droits d'entrée par 100 kil. en Juin 1869

Sous tous pavillons........ F. 6.—

COMPTE D'ACHAT ET DE REVIENT

A 70 BARILS HUILE DE POISSON

70 Barils contenant 2827 gallons à 80 c. Cy			$	2261.60

FRAIS A NEW-YORK

Frais de réception et mise à bord	$	24.50		
Courtage d'achat ½ %	»	11.30		
Taxe 1 ‰	»	2.26	»	38.06
			$	2299.66
Commission 2 ½ %	$	57.49		
Courtage de change ¼ %	»	5.91	»	63.40
			$	2363.06
Remboursement sur Paris à 60 jours de vue au change de F. 4 pour 1 $ Cy			F.	9452.24

FRAIS AU HAVRE

Fret à 4 c. et 5 % par gallon sur 2827 gallons, soit $ 118.73 à F. 5.25.	F.	623.33		
Permis, frais au débarquement, échantillonner, conditionner, port en magasin, arrimage, magasinage d'un mois, livraison et menus frais.	»	123.—		
Assurance maritime à 1 ¼ % sur F. 10397.46	»	129.97		
Assurance contre le feu à 1 ‰ sur F. 10397.46	»	10.40		
Commission de banque à Paris ¼ % sur F. 9452.24	»	23.63		
Escompte à la vente 2 ¼ %				
Courtage de vente ¼ %				
Commission de vente 2 %				
Ensemble 4 ½ % sur F. 10861.34	»	488 77	»	1409.10
			F.	10861.34

RENDEMENT : 1 gallon = brut 4 kil. ¼ :

Brut	kil. 11661		
Tare 20 %	» 2332		
Net	kil. 9329 à F. 116.42 les 100 kil. Entrepôt	F.	10860.82

PRIX DE REVIENT AU HAVRE DES 100 KIL. ENTREPOT

AUX CHANGES SUIVANTS SUR PARIS POUR 1 $ CURRENCY

	PRIX à NEW-YORK par gallon	F. 3.—	F. 3.25	F. 3.50	F. 3.75	F. 4.—	F. 4.25	F. 4.50	F. 4.75	F. 5.—	50 c. de différence par 1 $ sur le change font au Havre par 100 kil.
Substitutions — Coût et frais variables	C. 1.—	F. 1.—	F. 1.08	F. 1.17	F. 1.25	F. 1.34	F. 1.42	F. 1.50	F. 0.59	F. 1.67	F. 0.17
	2.—	2.—	2.16	2.34	2.50	2.67	2.84	3.—	3.17	3.34	0.33
	3.—	3.—	3.25	3.51	3.75	4.00	4.26	4.50	4.75	5.01	0.50
	4.—	4.—	4.33	4.68	5.-	5.33	5.68	6.—	6.34	6.68	0.67
	5.—	5.01	5.42	5.84	6.26	6.68	7.09	7.51	7.93	8.34	0.84
Coût et frais variables et invariables	40.—	49.40	52.81	56.22	59.63	63.03	66.44	69.85	73.26	76.66	6.82
	45.—	54.40	58.23	62.06	65.89	69.70	73.53	77.36	81.18	85.—	7.65
	50.—	59.41	63.65	67.90	72.15	76.37	80.62	84.87	89.11	93.34	8.48
	55.—	64 42	69.07	73.74	78.41	83.04	87.71	92.38	97.03	101.68	9.32
	60.—	69.43	74.51	79.56	84.65	89.73	94.81	99.88	104.96	110.03	10.15
	65.—	74.43	79.93	85.42	90.92	96.41	101.90	107.39	112.88	118.37	10.99
	70.—	79.44	85.35	91.26	97.18	103.09	108.99	114.90	120.81	126.71	11.82
	75.—	84.45	90.77	97.10	103.44	109.76	116.08	122.41	128.74	135.05	12.65
	80.—	89.46	96.20	102.95	109.69	116.42	123.17	129.92	136.66	143.40	13.49
Logarithmes des Changes		100113	108456	116799	125142	133484	141826	150170	158513	166855	16685
Frais invariables par 100 kil.		9.36	9.43	9.50	9.57	9.64	9.71	9.78	9.85	9.92	0.14

OBSERVATIONS

½ c. et 5 % par gallon sur le fret font au Havre une différence de F. 0.87 ½ par 100 kil. sur les prix

Logarithme sans change 0,33371

On veut savoir le Revient de l'Huile Menhaden ayant coûté à New-York 75 c. le gallon au change de F. 3.85 et au fret de 4 c. et 5 % le gallon.

On trouvera dans la 1re, 5e et 11e colonne de ce tableau que :

C. 75 au change de 3.75 font les 100 kil. E.	F.	103.44
10 c. différence de change font	»	2.52
C. 75 au change de 3.85 feront les 100 kil. E.	F.	105.96

ainsi le logarithme 0.33371 × le change de F. 3.85 = le logarithme correspondant à ce change 128478 ;

75 × 128478 =			F.	96.36
à ajouter les frais invariables au change de F. 3.75	F.	9.57		
10 c. différence de change	»	0.03	»	9.60
Revient égal			F.	105.96

Droits d'entrée par 100 kil. en Juin 1869

Sous tous pavillons ..... F. 6.—

COMPTE D'ACHAT ET DE REVIENT

A 103 PAQUETS FANONS

103 paquets Fanons pesant 8304 ℔ à 100 c. Cy la ℔			Cy$	8304.—

FRAIS A NEW-YORK

Frais de réception et mise à bord	Cy$	12.25		
Courtage d'achat ¼ %	»	20.76		
Tare 1 ‰	»	8.30	»	41.31
			Cy$	8345.31
Commission d'achat 2 ½ % sur $ 8345.31			»	208.63
Courtage de change ¼ % sur $ 8575.38			»	21.44
			Cy$	8575.38
Remboursement sur Paris à 60 jours de vue au change de F. 4 pour 1 $ Cy			F.	34301.52

FRAIS AU HAVRE

Fret par steamer à 8304 ℔ à ¾ c. et 5 % = $ 65.39 à F. 5.25	F.	343.30		
Permis, frais au débarquement, voiliers pour examiner, port en magasin arrimage, magasinage d'un mois et menus frais	»	155.50		
Assurance maritime par steamer ¾ % sur F. 37731.67	»	282 99		
id. contre le feu 1 ‰ sur F. 35169.06	»	35.17		
Commission de banque ¼ % sur F. 34301.52	»	85.75		
Escompte à la vente 2½ %				
Courtage de vente ¼ %				
Commission de vente 2 %				
Ensemble 4¾ %	»	1658.83	»	2561.54
			F.	36863.06

Rendement : 100 ℔ = 45 kil. ⅛ :

Soit 8304 ℔ =		kil. 3747		
Tare nette pour cordes	kil. 50			
Don 2 %	» 74	» 124		
Net		kil. 3623 à F. 10.17½ par kil. entrepôt.	F.	36864.02

PRIX DE REVIENT AU HAVRE DU KIL. ENTREPOT
AUX CHANGES SUIVANTS SUR PARIS POUR 1 $ CURRENCY

PRIX à NEW-YORK par ℔	F. 3.—	F. 3.50	F. 3.60	F. 3.70	F. 3.80	F. 3.90	F. 4.—	F. 4.50	F. 5.—	50 cent. de différence sur le change font au Havre par kil.
C. 1.—	F. 0.08	F. 0.09	F. 0.09	F. 0.09	F. 0.10	F. 0.10	F. 0.10	F. 0.11	F. 0.13	F. 0.01
2.—	0.15	0.18	0.18	0.19	0.19	0.20	0.20	0.23	0.25	0.03
3.—	0.23	0.26	0.27	0.28	0.29	0.29	0.30	0.34	0.38	0.04
4.—	0.30	0.35	0.36	0.37	0.38	0.39	0 40	0.45	0.50	0.05
5.—	0.38	0.44	0.45	0.46	0.48	0.49	0.50	0.56	0.63	0.06
75.—	5.79	6.78	6.92	7.11	7.29	7.48	7.67	8.61	9.55	0.94
80.—	6.17	7.17	7.37	7.57	7.77	7.97	8.17	9.18	10.18	1.—
85.—	6.54	7.61	7.82	8.03	8.25	8.46	8.67	9.74	10.81	1.07
90.—	6.92	8.04	8.27	8.50	8.72	8.95	9.17	10.30	11.43	1.13
95.—	7.29	8.48	8.72	8.96	9.20	9.48	9.68	10.86	12.06	1.19
100.—	7.67	8.92	9.17	9.42	9.67	9.92	10.18	11.43	12.68	1.25
105.—	8.04	9.36	9.62	9.89	10.15	10.41	10.68	11.99	13.31	1.32
110.—	8.42	9.80	10.07	10.35	10.63	10.90	11.18	12.56	13.93	1.38
115.—	8.80	10.24	10.53	10.81	11.10	11.39	11.68	13.12	14.56	1.44
120.—	9.17	10.67	10.98	11.27	11.58	11.88	12.18	13.68	15.19	1.50
125.—	9.55	11.11	11.43	11.74	12.05	12.36	12.68	14.25	15.81	1.57
130.—	9.92	11.55	11.88	12.20	12.53	12.85	13.18	14.81	16.44	1.63
135.—	10.30	11.99	12.33	12.66	13.—	13.34	13.68	15.37	17.07	1.69
140.—	10.67	12.43	12.78	13.13	13.48	13.83	14.18	15.94	17.69	1.75
145.—	11.05	12.86	13.23	13.59	13.96	14.32	14.68	16.50	18.32	1.82
150.—	11.42	13.30	13.68	14.05	14.43	14.81	15.18	17.06	18.94	1.88
Logarithmes pour les changes ci-dessus	7512	8764	9014	9264	9514	9764	10016	11268	12520	1252
Frais invariables par kil.	0.16	0.16	0.16	0.16	0.16	0.16	0.16	0.16	0.17	— —

OBSERVATIONS

¾ c. et 5 % par ℔ sur le fret font au Havre une différence de F. 0.33 par kil. sur les prix.

Logarithme sans change 2,504

On veut savoir le revient au Havre de fanons coûtant à New-York 127 c. Cy la livre au change de F. 3.60 par 1 $ Cy au fret de ¾ c. et 5 % par ℔.

On trouvera dans la 1re et 4me colonne de ce tableau que:

C. 2 font par kil	F.	0 18
» 125 id. id.	»	11.43
C. 127 feront donc par kil. Entrepôt	F.	11.61

N.B. — Si le prix d'achat ou le change donné ne se trouvait pas dans le tableau ci-dessus, on pourrait se servir suivant le cas, soit du logarithme sans change que l'on multiplierait par le change, puis par le prix d'achat, en ajoutant au produit les frais invariables, soit simplement du logarithme correspondant aux changes ci-dessus que l'on multiplierait par le prix d'achat, en ajoutant également au produit les frais invariables.

Ainsi, le logarithme sans change 2.504 × change de 3.60 = le logarithme correspondant à ce change 9.014.

127 × 9.014 logarithme du change de 3.60 =	F.	11.45
à ajouter les frais invariables	»	0.16
Prix de revient égal à celui trouvé ci-dessus	F.	11.61

Exempts de Droits d'entrée

DEPUIS JUIN 1869

COMPTE D'ACHAT ET DE REVIENT

A 100 BARILS POTASSE

100 Barils Potasse, pesant brut ... ℔ 60816
Tare nette environ 10 ½ % .. » 6386
Net ... ℔ 54430 à $ Cy 8. les 100 ℔ ... Cy$ 4354.40

FRAIS A NEW-YORK

Frais de réception et mise à bord ... Cy$ 49.57
Frais d'inspection à ℔ 54430 à 10 c. les ℔ 100 ... » 54.43
Courtage 1 % sur $ 4354.40 ... » 43.54
Taxe 1 ‰ sur $ 4354.40 ... » 4.35 » 151.89
Cy$ 4506.29
Commission d'achat 2 ½ % ... » 112.66
Courtage de change ¼ % ... » 11.57
Cy$ 4630.52

Remboursement sur Paris à 60 jours de vue au change de F. 4 pour 1 $ Cy ... F. 18522.08

FRAIS AU HAVRE

Fret par steamer à 60816 ℔ à $ 8 et 5 % pour 2240 ℔ $ 228.06 à F. 5.25. F. 1197.30
Permis, frais au débarquement, tonneliers pour conditionner, port en magasin, arrimage, magasinage d'un mois et livraison ... » 260.70
Assurance maritime par steamer ¾ % sur F. 20374.20 ... » 152.80
id. contre le feu 1 ‰ sur F. 20170.18 ... » 20.18
Commission de banque ¼ % sur F. 18522.08 ... » 46.30
Escompte à la vente ... 2¼ %
Courtage de vente ... ¼ %
Commission de vente ... 2 %
Ensemble ... 4½ % sur F. 21151.16 ... » 951.80 » 2629.08
F. 21151.16

RENDEMENT : 100 ℔ brutes = brut 45 kil. ½ :

Soit brut ... kil. 27570
Tare 12 % ... kil. 3308
Réfaction ... » 50 » 3358
Soit net ... kil. 24212 à F. 87.36 les 100 kil. entrepôt.. F. 21151.60

PRIX DE REVIENT AU HAVRE DES 100 KIL. ENTREPOT

AUX CHANGES SUIVANTS SUR PARIS POUR $ 1 CURRENCY

PRIX à NEW-YORK par 100 ℔	F. 3.—	F. 3.50	F. 3.60	F. 3.70	F. 3.80	F. 3.90	F. 4.—	F. 4.50	F. 5.—	50 cent. de différence sur les changes font au Havre par 100 kil.
Suivant. — Coût et frais var.										
$ 0.⅛	F. 0.93	F. 1.08	F. 1.11	F. 1.14	F. 1.18	F. 1.21	F. 1.24	F. 1.39	F. 1.55	F. 0.16
0.¼	1.86	2.17	2.23	2.29	2.35	2.42	2.48	2.79	3.10	0.31
0.⅜	2.78	3.24	3.34	3.44	3.53	3.63	3.71	4.17	4.64	0.47
0.½	3.71	4.33	4.45	4.58	4.71	4.83	4.95	5.57	6.19	0.62
0.⅝	4.64	5.41	5.56	5.72	5.88	6.04	6.19	6.96	7.74	0.78
0.¾	5.57	6.49	6.68	6.87	7.06	7.25	7.43	8.36	9.29	0.93
0.⅞	6.49	7.57	7.80	8.01	8.24	8.45	8.65	9.73	10.81	1.08
1.—	7.42	8.66	8.91	9.16	9.41	9.66	9.90	11.14	12.38	1.24
Coût et frais var. et invar.										
5.—	44.82	51.24	52.52	53.80	55.08	56.36	57.66	64.08	70.50	6.42
6.—	52.24	59.90	61.43	62.96	64.49	66.02	67.56	75.22	82.88	7.66
7.—	59.66	68.56	70.34	72.12	73.90	75.68	77.46	86.36	95.26	8.90
8.—	67.08	77.22	79.25	81.28	83.31	85.34	87.36	97.50	107.64	10.14
9.—	74.50	85.88	88.15	90.42	92.69	94.96	97.26	108.64	120.02	11.38
10.—	81.92	94.54	97.06	99.58	102.10	104.62	107.16	119.78	132.40	12.62
11.—	89.34	103.20	105.97	108.74	111.51	114.28	117.06	130.92	144.78	13.86
12.—	96.76	111.86	114.88	117.90	120.92	123.94	126.96	142.06	157.16	15.10
Logarithmes pour les changes ci-dessus	7.422	8.659	8.906	9.153	9.402	9.649	9.896	11.133	12.370	1237
Frais invariables par 100 kil.	7.71	7.95	8.—	8.05	8.08	8.13	8.20	8.45	8.70	0.25

OBSERVATIONS

$ 1 et 5 % par 2240 ℔ sur le fret font au Havre une différence de F. 0.06 ½ par 100 kil. sur les prix.

Logarithme sans change 2.474

On veut savoir le revient au Havre de la Potasse coûtant à New-York $ Cy 8 ⅝ par 100 ℔, au change de F. 3.50 par $ Cy et au fret de $ 8 et 5 % par 2240 ℔.

On trouvera dans la 1re et la 2me colonne de ce tableau que :

$ 8.— font par 100 kil. ... F. 77.22
» 0.⅝ id. id. ... » 5.41
$ 8.⅝ feront donc par 100 kil. ... F. 82.63

N.-B. — Si le prix d'achat ou le change donné ne se trouvait pas dans le tableau ci-dessus, on pourrait se servir suivant le cas, soit du logarithme sans change que l'on multiplierait par le change, puis par le prix d'achat, en ajoutant au produit les frais invariables, soit simplement du logarithme correspondant aux changes ci-dessus que l'on multiplierait par le prix d'achat, en ajoutant également au produit les frais invariables.

Ainsi, le logarithme sans change 2474 × change de 3.50 = le logarithme correspondant à ce change 8659.

8 ⅝ × 8659 logarithme du change de 3.50 = F. 74.68
à ajouter les frais invariables ... » 7.95
Prix de revient égal à celui trouvé ci-dessus... F. 82.63

Exempte de Droits d'entrée

DEPUIS JUIN 1869

COMPTE D'ACHAT ET DE REVIENT

A 25 BLOCS NOYER

25 Blocs Noyer (Black Walnut) 9116 pieds à 7 ¼ c. Cy			$	660.91

FRAIS A NEW-YORK

Frais à l'embarquement et mise à bord	$	46.65		
Courtage d'achat 2 %	»	13.22		
Taxe 1 ‰	»	0.66	»	60.58
			$	721.44
Commission d'achat 2 ½ %			»	18.04
Courtage de change ¼ %			»	1.85
			$	741.33
Remboursement sur Paris à 60 jours de vue au change de F. 4 pour 1 $ Cy			F.	2965.32

FRAIS AU HAVRE

Fret à 23397 kil. à $ 8 et 5 % par 1015 kil. = $ 193,63 à F. 5 25	F.	1016.56		
Permis, frais au débarquement, échantillonner, conditionner, port en magasin, arrimage, magasinage d'un mois, livraison et menus frais.	»	140.40		
Assurance maritime à 1 % sur F. 3261.85	»	32.62		
Assurance contre le feu à 1 ‰ sur F. 3261.85	»	3.26		
Commission de banque à ¼ % sur F. 2965.32	»	7.41		
Escompte à la vente 1 ½ %				
Courtage de vente ½ %				
Commission de vente 2 %				
Ensemble 4 % sur F. 4339.11	»	173.56	»	1373.81
			F.	4339.13

Rendement réel du bord, 100 p. = 257 kil. :

Brut	kil. 23397		
Don 2 %	» 468		
Net.... kil. 22929 à F. 18.92 les 100 kil. Entrepôt		F.	4338.16

Le rendement de poids varie, selon les dimensions des bois, de 230 kil. à 290 kil. et au-delà pour 100 pieds; il est par conséquent presque impossible de dresser un compte de revient régulateur quelque peu exact; le compte ci-dessus représente une opération réelle.

PRIX DE REVIENT AU HAVRE DES 100 KIL. ENTREPOT

AUX CHANGES SUIVANTS SUR PARIS POUR 1 $ CURRENCY

PRIX à NEW-YORK par pied	F. 3.—	F. 3.50	F. 3.60	F. 3.70	F. 3.80	F. 3.90	F. 4.—	F. 4.50	F. 5.—	50 c. de différence par 1 $ sur le change font au Havre par 100 kil.
C. 0.¼	F. 0.33	F. 0.39	F. 0.39	F. 0.41	F. 0.41	F. 0.43	F. 0.44	F. 0.50	F. 0.55	F. 0.05
0.½	0.66	0.77	0.80	0.82	0.83	0.86	0.88	0.99	1.10	0.11
0.¾	0.99	1.15	1.20	1.23	1.25	1.29	1.32	1.49	1.65	0.16
1.—	1.32	1.54	1.59	1.63	1.67	1.72	1.76	1.98	2.20	0.22
5.—	12.53	13.74	13.98	14.23	14.47	14.71	14.96	16.17	17.38	1.21
6.—	13.85	15.28	15.56	15.86	16.14	16.43	16.72	18.15	19.58	1.43
7.—	15.17	16.82	17.15	17.49	17.81	18.15	18.48	20.13	21.78	1.65
8.—	16.49	18.36	18.73	19.12	19.48	19.87	20.24	22.11	23.98	1.87
9.—	17.81	19.90	20.32	20.75	21.15	21.59	22.—	24.09	26.18	2.09
10.—	19.14	21.46	21.92	22.39	22.85	23.32	23.77	26.09	28.40	2.32
11.—	20.46	23.—	23.50	24.02	24.52	25.04	25.52	28.07	30.60	2.54
12.—	21.78	24.54	25.09	25.65	26.19	26.76	27.28	30.05	32.80	2.76
13.—	23.10	26.08	26.67	27.28	27.86	28.48	29.04	32.03	35.—	2.98
14.—	24.42	27.62	28.26	28.91	29.53	30.20	30.80	34.02	37.20	3.20
15.—	25.76	29.17	29.85	30.54	31.22	31.90	32.59	36.01	39.42	3.42
20.—	32.37	36.89	37.79	38.69	39.59	40.50	41.41	45.93	50.44	4.52
Logarithmes des changes	13225	15429	15870	16311	16752	17193	17634	19838	22042	2204
Frais invariables par 100 kil.	5.92	6.03	6.05	6.07	6.09	6.11	6.14	6.25	6.36	0.11

OBSERVATIONS

$ 1 et 5 % par 1015 kil. sur le fret font au Havre une différence de F. 0.58 par 100 kil. sur les prix.

Logarithme sans change 4,408

On veut savoir le revient du Bois de Noyer noir ayant coûté à New-York 6 ¼ c. le pied au change de F. 3.80 et au fret de $ 8 et 5 % les 1015 kil.

On trouvera dans la 1re et la 6e colonne de ce tableau que

C. 6.— font par 100 kil entrepôt	F.	16.14
» 0.¼ id. id.	»	0.41
C. 6.¼ feront par 100 kil. entrepôt	F.	16.55

ainsi le logarithme 4408 × le change 3.80 = le logarithme correspondant à ce change 16752; 6 ¼ × 16752 = F. 10.48
à ajouter les frais invariables » 6.08

Revient (gal) F. 16.55

Exempt de Droits d'entrée

DEPUIS JUIN 1869

COMPTE D'ACHAT ET DE REVIENT

A 200 BILLES BOIS DE CÈDRE FLORIDE

200 billes Bois de Cèdre Floride..	Pieds cubes 1328.10	Pieds superf. 15946. 5		
150 »	» 937. 2	» 11246.—		
350 billes	Pieds cubes 2266.— à 95 c. Cy par pied cube..		$	2152.70

FRAIS A NEW-YORK

Frais à l'embarquement et mise à bord	$	124.50		
Courtage d'achat et trier 2 %	»	43.05		
Taxe 1 ‰	»	2.15	»	169.70
			$	2322.40
Commission d'achat 2 ½ %			»	58.06
Courtage de change ¼ %			»	5.96
			$	2386.42
Remboursement sur Paris à 60 jours de date au change de F. 4 pour 1 $ Cy			F.	9545.68

FRAIS AU HAVRE

Fret à 2266 pieds cubes à $ 8 et 5 % par 40 pieds cubes, soit $ 475.86 à F. 5.25	F.	2498.26		
Frais au débarquement, peser, transporter et livrer, et frais de vente publique	»	296.80		
Assurance maritime à 1 % sur F. 10500.25	»	105.—		
Assurance contre le feu à 1 ‰ sur F. 10500.25	»	10.50		
Commission de banque à ¼ % sur F. 9545.68	»	23.86		
Escompte à la vente 1½ %				
Courtage de vente ½ %				
Commission de vente 2 %				
Ensemble 4 % sur F. 13000.10	»	520.—	»	3454.42
			F.	13000.10

Rendement réel du bord :

200 billes	kil. 29199
150 »	» 20266
350 billes	kil. 49465
Don 2 %	» 990

Net...... kil. 48475 à F. 26.82 les 100 kil. Entrepôt .... F. 13001.—

PRIX DE REVIENT AU HAVRE DES 100 KIL. ENTREPOT

AUX CHANGES SUIVANTS SUR PARIS POUR 1 $ CURRENCY

PRIX à NEW-YORK par pied	F. 3.—	F. 3.50	F. 3.60	F. 3.70	F. 3.80	F. 3.90	F. 4.—	F. 4.50	F. 5.—	50 c. de différence par 1 $ sur le change font au Havre par 100 kil.
C. 1.—	F. 0.16	F. 0.18	F. 0.19	F. 0.19	F. 0.20	F. 0.20	F. 0.21	F. 0.23	F. 0.26	F. 0.03
2.—	0.31	0.36	0.37	0.38	0.40	0.40	0.42	0.47	0.52	0.05
3.—	0.46	0.54	0.56	0.57	0.60	0.60	0.63	0.70	0.78	0.08
4.—	0.62	0.72	0.74	0.76	0.80	0.80	0.84	0.94	1.04	0.10
5.—	0.78	0.91	0.94	0.96	0.99	1.01	1.04	1.17	1.30	0.13
6.—	0.93	1.09	1.12	1.15	1.19	1.21	1.25	1.41	1.56	0.15
7.—	1.08	1.27	1.31	1.34	1.39	1.41	1.46	1.64	1.82	0.18
8.—	1.24	1.45	1.50	1.53	1.59	1.61	1.67	1.88	2.08	0.20
9.—	1.39	1.63	1.69	1.72	1.79	1.81	1.88	2.11	2.34	0.23
10.—	1.55	1.81	1.87	1.92	1.97	2.02	2.07	2.33	2.59	0.26
50.—	14.62	16.05	16.34	16.63	16.92	17.21	17.49	18.92	20.36	1.43
60.—	16.17	17.86	18.20	18.54	18.88	19.22	19.56	21.25	22.95	1.69
70.—	17.73	19.66	20.07	20.46	20.85	21.26	21.63	23.58	25.54	1.95
80.—	19.28	21.49	21.93	22.37	22.81	23.25	23.70	25.91	28.13	2.21
90.—	20.84	23.31	23.80	24.29	24.78	25.29	25.77	28.24	30.72	2.47
100.—	22.39	25.12	25.66	26.21	26.75	27.30	27.85	30.57	33.31	2.73
110.—	23.95	26.94	27.53	28.12	28.71	29.32	29.91	32.90	35.90	2.99
120.—	25.50	28.75	29.40	30.05	30.70	31.35	32.—	35.23	38.50	3.25
Logarithmes des Changes	15549	18140	18658	19177	19695	20214	20732	23324	25915	2591
Frais invariables par 100 kil.	6.84	6.98	7.01	7.04	7.07	7.10	7.12	7.26	7.40	0.14

OBSERVATIONS

$ 1 et 5 % par 40 pieds cubes sur le fret font au Havre une différence de F. 0.67 par 100 kil. sur les prix.

Logarithme sans change 5.185

On veut savoir le revient au Havre de Bois de Cèdre Floride ayant coûté à New-York 63 c. le pied cube au change de F. 3.80 et au fret de $ 8 et 5% les 40 pieds cubes.

On trouvera dans la 1re et la 6e colonne de ce tableau que:
C. 60 font les 100 kil. entrepôt .... F. 18.88
» 3 id. id. .... » 0.60
C. 63 feront les 100 kil. entrepôt .... F. 19.48
ainsi le logarithme 5183 × le change 3.80 = le logarithme correspondant à ce change 19695; 63 c. × 19695 = F. 12.41
à ajouter les frais invariables .... » 7.07
Revient égal .... F. 19.48

Exempt de Droits d'entrée

DEPUIS JUIN 1869

COMPTE D'ACHAT ET DE REVIENT

A 60000 DOUVELLES

60000 Douvelles Extra-pipes à $ Cy 200 les 1200			Cy $	10000.—

FRAIS A NEW-YORK

½ inspection	$	32.50		
Allèges à $ 7.50	»	375.—		
Menus frais à l'embarquement	»	7.50		
Taxe 1 ‰	»	10.—	»	425.—
			$	10425.—
Commission d'achat 2 ½ %			»	260.63
Courtage de change ¼ %			»	26.78
			$	10712.41
Remboursement sur Paris à 60 jours de vue au change de F. 3.60 pour 1 $ Cy			F.	38564.68

FRAIS AU HAVRE

Fret à 60000 à $ 35 et 5 % les 1200 = $ 1837.50 à F. 5.25	F.	9646.90		
Permis, frais au débarquement, compter, port en magasin, arrimage, magasinage d'un mois, livraison et menus frais	»	950.—		
Assurance maritime à ¾ % sur F. 42421.15	»	318.15		
Assurance contre le feu à 1 ‰ sur F. 42421.15	»	42.42		
Commission de Banque à Paris à ¼ % sur F. 38564.68	»	96.41		
Escompte à la vente ... 2 ¼ %				
Courtage de vente ... ¼ %				
Commission de vente ... 2 %				
Ensemble ... 4 ½ % sur F. 51956.61	»	2338.05	»	13391.93
			F.	51956.61

RENDEMENT :

60000 douvelles à F. 1089.13 les 1200 douvelles	F.	51956.50

PRIX DE REVIENT AU HAVRE DES 100 KIL. ENTREPOT

AUX CHANGES SUIVANTS SUR PARIS POUR 1 $ CURRENCY

PRIX à NEW-YORK par 1200 pièces	F. 3.—	F. 3.50	F. 3.60	F. 3.70	F. 3.80	F. 3.90	F. 4.—	F. 4.50	F. 5.—	50 c. de différence par 1 $ sur le change font au Havre par 1200
$ 1.—	F. 3.27	F. 3.81	F. 3.92	F. 4.03	F. 4.14	F. 4.25	F. 4.36	F. 4.90	F. 5.45	F. 0.54
2.—	6.54	7.62	7.84	8.06	8.28	8.50	8.72	9.80	10.90	1.09
3.—	9.81	11.43	11.76	12.09	12.42	12.75	13.08	14.70	16.35	1.64
4.—	13.08	15.24	15.68	16.12	16.56	17.—	17.44	19.60	21.80	2.18
5.—	16.35	19.07	19.62	20.16	20.71	21.25	21.80	24.52	27.25	2.73
6.—	19.62	22.88	23.52	24.18	24.84	25.50	26.16	29.40	32.70	3.27
7.—	22.89	26.09	27.44	28.21	28.98	29.75	30.52	34.30	38.15	3.80
8.—	26.16	30.50	31.36	32.24	33.12	34.—	34.88	39.20	43.60	4.38
9.—	29.43	34.31	35.28	36.27	37.26	38.25	39.24	44.10	49.05	4.88
10.—	32.69	38.14	39.23	40.32	41.41	42.50	43.59	49.04	54.49	5.45
150.—	739.44	825.70	842.95	860.20	877.45	894.70	911.95	998.21	1084.46	86.26
160.—	772.13	863.84	882.18	900.52	918.86	937.20	955.54	1047.25	1138.95	91.70
170.—	804.82	901.97	921.41	940.84	960.27	979.70	999.13	1096.29	1193.44	97.15
180.—	837.51	940.12	960.64	981.16	1001.68	1022.20	1042.72	1145.33	1247.93	102.60
190.—	870.20	978.26	999.87	1021.48	1043.09	1064.70	1086.31	1194.37	1302.42	108.05
200.—	902.91	1016.41	1039.11	1061.81	1084.51	1107.21	1129.91	1243.41	1356.91	113.50
210.—	935.60	1054.56	1078.34	1102.13	1125.92	1149.71	1173.50	1292.45	1411.40	118.95
220.—	968.29	1092.69	1117.57	1142.45	1167.33	1192.21	1217.09	1341.49	1465.89	124.40
230.—	1000.98	1130.83	1156.80	1182.77	1208.74	1234.71	1260.68	1390.53	1520.38	129.85
240.—	1033.67	1168.97	1196.03	1223.09	1250.15	1277.21	1304.27	1439.57	1574.87	135.30
250.—	1066.38	1207.13	1235.28	1263.43	1291.58	1319.73	1347.87	1488.62	1629.36	140.75
Logarithmes des Changes	32694	38143	39233	40323	41412	42502	43592	49041	54490	5449
Frais invariables par 100 kil.	249.03	253.55	254.46	255.36	256.26	257.16	258.07	262.59	267.11	4.52

OBSERVATIONS

$ 5 et 5 % par 1200 douvelles sur le fret font au Havre une différence de F. 28.69 par 1200 douvelles.

Logarithme sans change 10.898

On veut savoir le revient au Havre de Douvelles coûtant à New-York $ 153 les 1200 au change de F. 4.25 et au fret de $ 35 et 5 % les 1200 douvelles.

On trouvera dans la 1re, 8e et 11e colonne de ce tableau que :

$ 150.— au change de F. 4 font	F.	911.95
la ½ de différence de change de 50 c. soit F. 0.25 font	»	43.13
» 3.— au change de F. 4.—	»	13.08
id. » 0.25	»	0.82
$ 153.— au change de F. 4.25 font	F.	968.98

ainsi le logarithme sans change 10898 × le change 4.25 = le logarithme correspondant à ce change 46317 ; 153 × 46317 logarithme du change de 4.25 = F. 708.65

à ajouter les frais invariables au change de F. 4	F. 258.07	
à ajouter les frais invariables au change de F. 0.25	» 2.26	» 260.33
Revient égal		F. 968.98

Droits d'entrée par 100 kil. en Juin 1869

Sous tous pavillons ... F. 0.15

COMPTE D'ACHAT ET DE REVIENT

A 22 BARILS CUIVRE

22 Barils Cuivre du Lac Supérieur (National-Mine) Brut.. ℔ 23620
Tare nette........................ » 831
Net........................ ℔ 22798 = 1682 lingots à
24 c. Cy la ℔........................ $ 5471.52

FRAIS A NEW-YORK

Frais de réception, de barils vides et mise à bord........................ » 30.—
$ 5501.52
Commission d'achat 2 ½ % sur $ 5501.52........................ » 137.54
Courtage de change ¼ % sur $ 5653.20........................ » 14.14
Cy $ 5653.20

Remboursement sur Paris à 60 jours de vue au change de F. 4 pour 1 $ Cy........................ F. 22612.80

FRAIS AU HAVRE

Fret à 23629 ℔ à $ 6 et 5 % par 2240 ℔ $ 66.45 à F. 5.25........................ F. 348.86
Permis, frais au débarquement, échantillonner, conditionner, port en magasin, arrimage, magasinage d'un mois, livraison et menus frais. » 64.25
Assurance maritime à 1 % sur F. 24874.10........................ » 248.74
Assurance contre le feu à 1 ‰ sur F. 24874.10........................ » 24.87
Commission de Banque à ¼ % sur 22612.80........................ » 56.53
Escompte à la vente........................ 2 ¼ %
Courtage de vente........................ ¼ %
Commission de vente........................ 2 %
Ensemble........................ 4 ½ % sur F. 24456.57........................ » 1100.52 » 1843.77
F. 24456.57

RENDEMENT : 100 ℔ nettes = net 45 kil. ½ :

Net 10335 kil. à F. 236.64 les 100 kil Entrepôt........................ F. 24456.74

PRIX DE REVIENT AU HAVRE DES 100 KIL. ENTREPOT

AUX CHANGES SUIVANTS SUR PARIS POUR 1 $ CURRENCY

PRIX à NEW-YORK par ℔	F. 3.—	F. 3.50	F. 3.60	F. 3.70	F. 3.80	F. 3.90	F. 4.—	F. 4.50	F. 5.—	50 c. de différence par 1 $ sur le change font au Havre par 100 kil.
C. 1.—	F. 7.23	F. 8.43	F. 8.67	F. 8.91	F. 9.15	F. 9.39	F. 9.63	F. 10.84	F. 12.04	F. 1.20
2.—	14.45	16.86	17.34	17.82	18.30	18.78	19.26	21.67	24.08	2.40
3.—	21.68	25.29	26.01	26.73	27.45	28.17	28.89	32.51	36.12	3.60
4.—	28.90	33.72	34.68	35.64	36.60	37.56	38.52	43.34	48.16	4.80
5.—	36.12	42.14	43.34	44.54	45.74	46.94	48.16	54.18	60.20	6.02
20.—	149.61	173.85	178.70	183.55	188.40	193.25	198.09	222.33	246.57	24.24
21.—	156.83	182.28	187.37	192.46	197.55	202.64	207.72	233.17	258.61	25.44
22.—	164.06	190.71	196.04	201.37	206.70	212.03	217.35	244.—	270.65	26.65
23.—	171.28	199.14	204.71	210.28	215.85	221.42	226.98	254.84	282.69	27.85
24.—	178.51	207.57	213.38	219.19	225.—	230.81	236.61	265.67	294.73	29.06
25.—	185.73	215.99	222.04	228.09	234.14	240.19	246.25	276.51	306.77	30.26
26.—	192.95	224.42	230.71	237.—	243.29	249.58	255.88	287.35	318.81	31.46
27.—	200.18	232.85	239.38	245.91	252.44	258.97	265.51	208.18	330.85	32.67
28.—	507.40	241.28	248.05	254.82	261.59	268.36	275.14	309.02	342.89	33.87
29.—	214.63	249.71	256.72	263.73	270.74	277.75	284.77	319.85	354.93	35.08
30.—	221.85	258.13	265.38	272.63	279.88	287.18	294.41	330.69	366.97	36.28
Logarithmes des changes	7224	8428	8669	8910	9150	9391	9632	10836	12040	1204
Frais invariables par 100 kil.	5.18	5.29	5.32	5.36	5.39	5.42	5.45	5.61	5.77	0.16

OBSERVATIONS

$ 1 et 5 % par 2240 ℔ sur le fret font au Havre une différence de F. 0.59 ½ par 100 kil. sur les prix.

Logarithme sans change 2,408

On veut savoir le revient au Havre de Cuivre ayant coûté à New-York 24 c. la ℔ au change de F. 3.65 et au fret de $ 6 et 5 % les 2240 ℔.

On trouvera dans la 1e, 4e et la 11e colonne de ce tableau que:
C. 24. — au change de F. 3.60 font les 100 kil. F. 213.38
5 c. de différence de change........ » 2.90
C. 24. — au change de F. 3.65 feront les 100 kil. F. 216.28
ainsi le logarithme 2408 × le change 3.65 = le logarithme correspondant à ce change 8749; 24 × 8749 = F. 209.94
à ajouter les frais invariables au change de F. 3.50........ F. 5.32
à ajouter les frais invariables au change de F. 0.05........ » 0.02 » 5.34
Revient égal........ F. 216.28

Exempt de Droits d'entrée

DEPUIS JUIN 1869

COMPTE D'ACHAT ET DE REVIENT

A 40 FUTS CIRE JAUNE

40 Fûts Cire jaune brut ₰ 8040			
Tare nette » 850			
Net ₰ 7190 à 45 c. Cy		$	3235.50

FRAIS A NEW-YORK

Frais de réception et mise à bord	$	16.—		
Courtage 1 %	»	32.85		
Taxe 1 ‰	»	3.24	»	51.59
			$	3287.09
Commission d'achat 2 ½ %			»	82.18
Courtage de change ¼ %			»	8.45
			Cy $	3377.72
Remboursement sur Paris à 60 jours de vue au change de F. 4.— pour 1 $ Cy			F.	13510.88

FRAIS AU HAVRE

Fret à 8040 ₰ à ¾ c. et 5 % par ₰ $ 63.32 à F. 5.25	F.	332.43		
Permis, frais au débarquement, échantillonner, conditionner, port en magasin, arrimage, magasinage d'un mois, livraison et menus frais	»	102.—		
Assurance maritime à 1 ¼ % sur F. 14861.96	»	185.77		
Assurance contre le feu à 1 ‰ sur F. 14861.96	»	14.86		
Commission de Banque à ¼ % sur F. 13510.88	»	33.78		
Escompte à la vente 2¼ %				
Courtage de vente ¼ %				
Commission de vente 2 %				
Ensemble 4½ % sur F. 14847.87	»	668.15	»	1336.99
			F.	14847.87

RENDEMENT : 100 ₰ = 45 kil. % :

Brut	kil. 3645		
Tare réd. 45 % kil. 385			
Perte 2 % » 8	» 393		
Net kil. 3252 à F. 4.57 le kil. Entrepôt		F.	14861.84

PRIX DE REVIENT AU HAVRE DU KIL. ENTREPOT

AUX CHANGES SUIVANTS SUR PARIS POUR 1 $ CURRENCY

	PRIX à NEW-YORK par ₰	F. 3.—	F. 3.50	F. 3.60	F. 3.70	F. 3.80	F. 3.90	F. 4.—	F. 4.50	F. 5.—	50 c. de différence par 1 $ sur le change font au Havre par kil.
[illegible] — Coût et frais variables	C. 1.—	F. 0.07	F. 0.09	F. 0.09	F. 0.09	F. 0.09	F. 0.10	F. 0.10	F. 0.11	F. 0.12	F. 0.01
	2.—	0.15	0.17	0.18	0.18	0.18	0.19	0.20	0.22	0.24	0.02
	3.—	0.23	0.26	0.27	0.27	0.27	0.29	0.30	0.33	0.36	0.03
	4.—	0.30	0.34	0.36	0.36	0.36	0.38	0.40	0.44	0.48	0.04
	5.—	0.37	0.43	0.44	0.45	0.46	0.47	0.49	0.55	0.61	0.06
Coût et frais variables et invariables	30.—	2.36	2.73	2.80	2.88	2.95	3.03	3.10	3.47	3.84	0.37
	35.—	2.73	3.16	3.24	3.33	3.41	3.50	3.59	4.02	4.45	0.43
	36.—	2.80	3.24	3.33	3.42	3.50	3.59	3.69	4.13	4.57	0.44
	37.—	2.88	3.33	3.42	3.51	3.59	3.69	3.79	4.24	4.69	0.45
	38.—	2,95	3.41	3.51	3.60	3.68	3.78	3.89	4.35	4.81	0.46
	39.—	3.03	3.50	3.60	3.69	3.77	3.88	3.99	4.46	4.93	0.47
	40.—	3.10	3.59	3.69	3.79	3.89	3.99	4.08	4.57	5.06	0.49
	41.—	3.17	3.67	3.78	3.88	3.98	4.09	4.18	4.68	5.18	0.50
	42.—	3.25	3.76	3.87	3.97	4.07	4.18	4.28	4.79	5.30	0.51
	43.—	3.32	3.84	3.96	4.06	4.16	4.28	4.38	4.90	5.42	0.52
	44.—	3.40	3.93	4.05	4.15	4.25	4.37	4.48	5.01	5.54	0.53
	45.—	3.47	4.02	4.13	4.24	4.35	4.46	4.57	5.12	5.67	0.55
	50.—	3.84	4.45	4.57	4.69	4.81	4.93	5.06	5.67	6.28	0.61
Logarithmes des changes		7341	8565	8809	9054	9299	9544	9788	11011	12235	1223
Frais invariables par kil.		0.16	0.16	0.16	0.16	0.16	0.16	0.17	0.17	0.17	—.—

OBSERVATIONS

¼ c. et 5 % par ₰ sur le fret font au Havre une différence de F. 0.03 ½ par kil. sur les prix.

Logarithme sans change 2.447

On veut savoir le revient au Havre de la Cire jaune ayant coûté à New-York 25 c. la livre au change de F. 3.70 et au fret de 1 c. et 5 %.

On trouvera dans la 1re et la 5e colonne de ce tableau que :

C. 30.— font par kil. entrepôt	F.	2.88
» 5.— à déduire qui font	»	0.45
C. 25.— feront par kil. entrepôt	F.	2.43

ainsi le logarithme 2447 × le change 3.70 = le logarithme correspondant à ce change 9054; 25 × 9054 = F. 2.27

à ajouter les frais invariables » 0.16

Revient égal F. 2.43

Droits d'entrée par 100 kil. en Juin 1869

Sous tous pavillons F. 1.—

COMPTE D'ACHAT ET DE REVIENT

A 50 CAISSES BOUGIES

50 caisses Bougies Spermaceti contenant chacune 6 cartons à 6 ℔ comptées = 1800 ℔ comptées = 5 sur 1 ℔ à 75 c. Cy rendu à bord	$	1350.—
Remboursement sur Paris à 60 jours de vue au change de F. 4 pour 1 $	F.	5400.—

FRAIS AU HAVRE

Fret à 50 caisses à F. 3 l'une et 5 %	F.	157.50		
Recevoir, transport, arrimage, magasinage d'un mois et livraison	»	50.—		
Assurance maritime à 1 % sur F. 5940.—	»	59.40		
Assurance contre le feu 1 ‰ sur F. 5940.—	»	5.94		
Commission de banque ¼ % sur F. 5400.—	»	13.50		
Commission de vente.. 2 %	»	116.06	»	402.40
			F.	5802.40

RENDEMENT :

1800 ℔ américaines comptées à 1 ℔ comptée de 5 bougies F. 3.22 entrepôt	F.	5796.—
La livre de 5 bougies comptées pèse 425 grammes.		
Les 1800 ℔ américaines comptées pesant donc à raison de 425 grammes par ℔		
1530 livres françaises à 1 ℔ française pesée F. 3.79 entrepôt	F.	5798.70

PRIX DE REVIENT AU HAVRE

DE LA LIVRE AMÉRICAINE COMPTÉE ET DE LA LIVRE FRANÇAISE PESÉE ENTREPÔT

AUX CHANGES SUIVANTS SUR PARIS POUR 1 $ CURRENCY

PRIX à NEW-YORK par ℔ comptée	F. 3.—		F. 3.50		F. 4.—		F. 4.50		F. 5.—		50 cent. de différence sur le change font au Havre	
	1 ℔ am. comptée	1 ℔ fr. pesée	1 ℔ am. comptée	1 ℔ fr. pesée	1 ℔ am. comptée	1 ℔ fr. pesée	1 ℔ am. comptée	1 ℔ fr. pesée	1 ℔ am. comptée	1 ℔ fr. pesée	1 ℔ am. comptée	1 ℔ fr. pesée
C. 1.—	F. 0.03	F. 0.03	F. 0.03	F. 0.04	F. 0.04	F. 0.05	F. 0.04	F. 0.05	F. 0.05	F. 0.05	F. 0.—	F. 0.—
2.—	0.06	0.07	0.07	0.08	0.08	0.10	0.09	0.10	0.10	0.11	0.01	0.01
3.—	0.09	0.10	0.10	0.12	0.12	0.15	0.13	0.15	0.15	0.16	0.01	0.02
4.—	0.12	0.14	0.14	0.16	0.16	0.19	0.18	0.20	0.20	0.22	0.02	0.02
5.—	0.16	0.19	0.18	0.21	0.21	0.24	0.24	0.26	0.26	0.29	0.03	0.03
40.—	1.36	1,60	1.57	1.85	1.78	2.10	1.99	2.35	2.20	2.60	0.21	0.25
45.—	1.51	1.78	1.75	2.06	1.98	2.33	2.22	2.61	2.45	2.88	0.24	0.28
50.—	1.67	1.97	1.93	2.27	2.19	2.57	2.45	2.87	2.71	3.17	0.26	0.30
55.—	1.82	2.15	2.11	2.48	2.39	2.80	2.68	3.13	2.96	3.45	0.28	0.33
60.—	1.98	2.34	2.29	2.69	2.60	3.04	2.91	3.39	3.22	3.74	0.31	0.35
65.—	2.13	2.52	2.47	2.90	2.80	3.27	3.14	3.65	3.47	4.02	0.33	0.38
70.—	2.29	2.71	2.65	3.11	3.01	3.51	3.37	3.91	3.73	4.31	0.36	0.40
75.—	2.44	2.89	2.83	3.32	3.21	3.74	3.60	4.17	3.98	4.59	0.39	0.43
80.—	2.60	3.08	3.01	3.53	3.42	3.98	3.83	4.43	4.24	4.88	0.41	0.45
Logarithmes des changes	3105	3654	3622	4263	4140	4872	4657	5481	5175	6090	517	609
Frais invariables par ℔	0.12	0.14	0.12	0.14	0.12	0.14	0.12	0.14	0.12	0.14	—.—	—.—

OBSERVATIONS

F. 1 et 5 % par caisse sur le fret font au Havre une différence de 3 c. par ℔ sur les prix.

Logarithme sans change pour les ℔ comptées 1.035. Logarithme sans change pour les ℔ pesées 1.218

On veut savoir le revient au Havre des Bougies ayant coûté à New-York 62 c. la livre de 5 Bougies au change de F. 3.50 et au fret de F. 3 et 5 % la caisse.

On trouvera dans la 1re, 4e et la 5e colonne de ce tableau que :

	la ℔ amér. de 5 bougies	500 grammes en poids
C. 60 font au Havre entrepôt	F. 2.29	F. 2.69
» 2 id. id.	» 0.07	» 0.08
C. 62 feront au Havre entrepôt	F. 2.36	F. 2.77

ou par le logarithme 1035 × 3.50 = 3622 × 62 =	F. 2.24
à ajouter les frais invariables	» 0.12
Revient égal pour la livre amér. de 5 bougies	F 2.36
et 1218 × 3.50 = 4263 × 62 =	F. 2.63
à ajouter les frais invariables	» 0.14
Revient égal pour les 500 gr. ou ℔ française	F. 2.77

Droits d'entrée par 100 kil. en Juin 1859

Sous tous pavillons .... F. 264.—

COMPTE D'ACHAT ET DE REVIENT

A 100 BARILS ALCOOL 95°

100 barils Alcool 95°.......... Gallons 4222 jauge			
Vidange .... » 50			
Gallons 4172 à 40 c. le gallon rendu à bord..........		$	1668.80

FRAIS A NEW-YORK

Commission d'achat 2 ½ %	$ 41.72		
Frais de change ¼ %	» 4.28	»	46.—
		$	1714.80
Remboursement sur Paris à 60 jours de vue au change de F. 3.50 pour 1 $ Cy..........		F.	6001.80

FRAIS AU HAVRE

Fret à 4222 gallons à 3 c. et 5 % par gallon $ 133 à F. 5.25	F. 698.25		
Permis, frais au débarquement, échantillonner, conditionner, port en magasin, arrimage, magasinage d'un mois, livraison et menus frais.	» 250.—		
Assurance maritime à 1 ¼ % sur F. 6602.—..........	» 82.52		
Assurance contre le feu à 1 ‰ sur F. 6602.—..........	» 6.60		
Commission de banque à ¼ % sur F. 6001.80..........	» 15.—		
Escompte à la vente.......... 2¼ %			
Courtage de vente.......... ¼ %			
Commission de vente.......... 2 %			
Ensemble.......... 4½ % sur F. 7386.57..........	» 332.40	»	1384.77
		F.	7386.57

RENDEMENT : 1 gallon net = litres 3.62 :

15103 litres à F. 48.91 les 100 litres Entrepôt.......... F. 7386.87

PRIX DE REVIENT AU HAVRE DES 100 LITRES ENTREPOT

AUX CHANGES SUIVANTS SUR PARIS POUR 1 $ CURRENCY

	PRIX à NEW-YORK par gallon	F. 3.—	F. 3.50	F. 3.60	F. 3.70	F. 3.80	F. 3.90	F. 4.—	F. 4.50	F. 5.—	10 c. de différence sur le change font au Havre par 100 litres.
REVIENT. — Coût et frais variables	C. —.½	F. 0.45	F. 0.53	F. 0.54	F. 0.56	F. 0.57	F. 0.59	F. 0.60	F. 0.68	F. 0.75	F. 0.08
	1.—	0.91	1.06	1.09	1.12	1.15	1.18	1.21	1.36	1.51	0.15
	2.—	1.82	2.12	2.18	2.24	2.30	2.36	2.42	2.72	3.02	0.30
	3.—	2.73	3.18	3.27	3.36	3.45	3.54	3.63	4.08	4.53	0.45
	4.—	3.64	4.24	4.36	4.48	4.60	4.72	4.84	5.44	6.04	0.60
	5.—	4.54	5.29	5.44	5.60	5.75	5.90	6.05	6.80	7.56	0.75
Coût et frais variables et invariables	40.—	42.86	48.91	50.12	51.33	52.54	53.75	54.96	61.01	67.06	6.05
	45.—	47.40	54.20	55.56	56.93	58.29	59.65	61.01	67.81	74.62	6.80
	50.—	51.94	59.49	61.—	62.52	64.04	65.55	67.06	74.61	82.18	7.55
	55.—	56.48	64.78	66.44	68.13	69.79	71.45	73.11	81.41	89.74	8.31
	60.—	61.—	70.08	71.89	73.71	75.52	77.34	79.15	88.22	97.30	9.08
	65.—	65.54	75.37	77.33	79.31	81.27	83.24	85.20	95.03	104.86	9.83
	70.—	70.08	80.66	82.77	84.91	87.02	89.14	91.25	101.83	112.42	10.58
	75.—	74.62	85.95	88.21	90.51	92.77	95.04	97.30	108.63	119.98	11.33
	80.—	79.15	91.25	93.67	96.09	98.51	100.93	103.35	115.45	127.56	12.10
	Logarithmes des changes	9072	10584	10886	11189	11491	11794	12096	13608	15120	1512
	Frais invariables par 100 litres.	6.58	6.58	6.58	6.58	6.58	6.58	6.58	6.58	6.58	—.—

OBSERVATIONS

½ c. et 5 % par gallon sur le fret font au Havre une différence de F. 0.81½ par 100 litres sur les prix

Logarithme sans change 3.024

On veut savoir le revient au Havre de l'Alcool ayant coûté à New-York 52 ½ c. le gallon au change de F. 3.70 et au fret de 3 c. et 5 % le gallon.

On trouvera dans la 1re et la 5e colonne de ce tableau que :

C. —.½ font les 100 litres entrepôt..........	F.	0.56
» 2.— Id. Id.	»	2.24
» 50.— Id. Id.	»	62.52
C. 52.½ feront les 100 litres entrepôt	F.	65.32

ainsi le logarithme 3024 × le change de 3.70 = le logarithme correspondant à ce change 11189; 52½ × 11189 = F. 58.74

à ajouter les frais invariables.......... » 6.58

Revient égal.......... F. 65.32

Droits d'entrée par 100 litres en Juin 1889

Sous tous pavillons .... F. 30.—

COMPTE D'ACHAT ET DE REVIENT

A 100 BALLES GRAINES TIMOTHY

100 balles Graines Timothy brut	℔ 11679		
Tare	» 100		
Net	℔ 11579 à Cy $ 3 par bushel de 45 ℔	$	771.93

FRAIS A NEW-YORK

100 Sacs à 25 c.	$	25.—		
Frais de réception et mise à bord	»	9.25		
Courtage d'achat 1 %	»	7.72		
Taxe 1 ‰	»	0.77	»	42.74
			$	814.67
Commission d'achat 2 ½ %	$	20.37		
Courtage de change ¼ %	»	2.00	»	22.46
			$	837.13
Remboursement sur Paris à 60 jours de vue au change du F. 4 pour 1 $ Cy			F.	3348.52

FRAIS AU HAVRE

Fret 11679 ℔ à ⅓ c. et 5 % soit $ 61.31 à F. 5.25	F.	321.88		
Permis, frais au débarquement, échantilloner, conditionner, port en magasin, arrimage, magasinage d'un mois, livraison et menus frais.	»	70.—		
Assurance maritime à 1 % sur F. 3683.32	»	36.83		
Assurance contre le feu à 1 ‰ sur F. 3683.32	»	3.69		
Commission de Banque ¼ % sur F. 3348.52	»	8.37		
Escompte à la vente 2¼ %				
Courtage de vente ¼ %				
Commission de vente 2 %				
Ensemble 4½ % sur F. 3967.83	»	178.54	»	619.31
			F.	3967.83

RENDEMENT : 100 ℔ = 45 kil.

Brut	kil. 5255.—		
Tare	» 50.—		
Net	kil. 5205.— à F. 76.23 les 100 kil. Entrepôt	F.	3967.77

PRIX DE REVIENT AU HAVRE DES 100 KIL. ENTREPOT

AUX CHANGES SUIVANTS SUR PARIS POUR 1 $ CURRENCY

PRIX à NEW-YORK par bushel de 45 ℔	F. 3.—	F. 3.50	F. 3.60	F. 3.70	F. 3.80	F. 3.90	F. 4.—	F. 4.50	F. 5.—	10 c. de différence par 1 $ sur le change font au Havre par 100 kil.
$ 0.⅛	F. 2.04	F. 2.39	F. 2.45	F. 2.52	F. 2.59	F. 2.66	F. 2.73	F. 3.07	F. 3.41	F. 0.34
0.¼	4.09	4.78	4.91	5.05	5.18	5.32	5.45	6.14	6.82	0.68
0.⅜	6.13	7.17	7.36	7.57	7.77	7.98	8.18	9.21	10.23	1.02
0.½	8.19	9.55	9.82	10.10	10.37	10.64	10.91	12.28	13.64	1.36
0.⅝	10.22	11.94	12.27	12.62	12.95	13.30	13.64	15.34	17.05	1.70
0.¾	12.27	14.33	14.73	15.15	15.55	15.96	16.36	18.41	20.46	2.04
0.⅞	14.31	16.72	17.18	17.67	18.14	18.62	19.09	21.48	23.87	2.38
1.—	16.37	19.10	19.64	20.19	20.73	21.28	21.82	24.55	27.28	2.73
2.—	42.78	48.59	49.75	50.91	52.07	53.23	54.41	60.22	66.04	5.82
3.—	59.14	67.68	69.39	71.10	72.80	74.51	76.23	84.77	93.32	8.54
4.—	75.51	86.78	89.03	91.29	93.54	95.80	98.06	109.33	120.60	11.28
5.—	91.87	105.87	108.67	111.48	114.27	117.07	119.88	133.88	147.89	14.—
6.—	108.24	124.98	128.32	131.67	135.02	138.37	141.70	158.43	175.16	16.74
Logarithmes des Changes	16368	19096	19642	20187	20733	21278	21824	24552	27280	2728
Frais invariables par 100 kil.	10.04	10.40	10.47	10.54	10.61	10.68	10.76	11.12	11.48	0.36

OBSERVATIONS

⅛ c. et 5 % par ℔ sur le fret font au Havre une différence de F. 1.62 par 100 kil. sur les prix.

Logarithme sans change 5,456

On veut savoir le revient de Graines de Thimoty ayant coûté à New-York $ 8 ⅛ le bushel au change de F. 3.70 et au fret de ⅛ et 5 % la ℔.

On trouvera dans la 1re et la 5e colonne de ce tableau que :

$ 6.—	font les 100 kil. entrepôt	F.	131.67
» 1.—	id. id.	»	20.19
» 1.—	id. id.	»	20.19
» 0.⅛	id. id.	»	2.52
$ 8.⅛	feront les 100 kil. entrepôt	F.	174.57

Ainsi le logarithme, 5456 × le change 3.70 = le logarithme correspondant au change 20187;

8 ⅛ $ × 20187 =	F.	164.03
à ajouter les frais invariables	»	10.54
Revient égal	F.	174.57

Exemptes de Droits d'entrée

DEPUIS JUIN 1869

7 9

COMPTE D'ACHAT ET DE REVIENT

A 100 BALLES GRAINE DE TRÈFLE

100 Balles Graine de Trèfle brut	℔ 14557		
Tare	» 100		
Net	℔ 14457 à 12 $ Cy les 100 ℔	$	1734.84

FRAIS A NEW-YORK

100 Sacs à 75 c.	$	75.—		
Frais de réception et mise à bord	»	13.50		
Courtage d'achat 1 %	»	17.35		
Taxe 1 ‰	»	1.73	»	107.58
			$	1842.42
Commission d'achat 2 ½ %	$	46.06		
Courtage d'achat ¼ %	»	4.73	»	50.79
			$	1893.21
Remboursement sur Paris à 60 jours de vue au change de F. 4 pour 1 $			F.	7572.84

FRAIS AU HAVRE

Fret à 14557 ℔ à ¼ c. et 5 %, soit $ 76.42 à F. 5.25	F.	401.20		
Permis, frais au débarquement, échantillonner, conditionner, port en magasin, arrimage, magasinage d'un mois, livraison et menus frais.	»	70.—		
Assurance maritime à 1 % sur F. 8330.12	»	83.30		
Assurance contre le feu à 1 ‰ sur F. 8330.12	»	8.83		
Commission de Banque à ¼ % sur F. 7572.84	»	18.93		
Escompte à la vente 2¼ %				
Courtage de vente ⅛ %				
Commission de vente 2 %				
Ensemble 4½ % sur F. 8538.85	»	384.25	»	966.01
			F.	8538.85

RENDEMENT : 100 ℔ brutes = 45 kil. brute.

Brut	kil. 6550		
Tare	» 50		
Net	kil. 6500 à F. 131.32 les 100 kil. Entrepôt	F.	8539.05

PRIX DE REVIENT AU HAVRE DES 100 KIL. ENTREPOT

AUX CHANGES SUIVANTS SUR PARIS POUR 1 $ CURRENCY

	PRIX à NEW-YORK par 100 ℔	F. 3.—	F. 3.50	F. 3.60	F. 3.70	F. 3.80	F. 3.90	F. 4.—	F. 4.50	F. 5.—	50 c. de différence par 1 $ sur le change font au Havre par 100 kil.
Coût et frais variables	$ 0.¼	F. 1.84	F. 2.15	F. 2.21	F. 2.27	F. 2.33	F. 2.39	F. 2.45	F. 2.76	F. 3.07	F. 0.31
	0.½	3.68	4.30	4.42	4.54	4.66	4.78	4.91	5.52	6.14	0.61
	0.¾	5.52	6.45	6.63	6.81	6.99	7.17	7.36	8.28	9.21	0.92
	1.—	7.37	8.59	8.84	9.08	9.33	9.58	9.82	11.05	12.28	1.23
Coût et frais variables et invariables	6.—	56.24	64.35	65.97	67.59	69.21	70.83	72.46	80.57	88.68	8.11
	7.—	63.60	72.94	74.81	76.68	78.54	80.40	82.28	91.62	100.95	9.34
	8.—	70.97	81.53	83.65	85.77	87.87	89.98	92.10	102.67	113.23	10.56
	9.—	78.33	90.13	92.49	94.86	97.20	99.55	101.92	113.72	125.50	11.79
	10.—	85.70	98.72	101.33	103.94	106.53	109.13	111.74	124.77	137.78	13.02
	11.—	93.06	107.31	110.17	113.03	115.86	118.70	121.56	135.81	150.05	14.25
	12.—	100.43	115.90	119.—	122.09	125.19	128.28	131.37	146.86	162.33	15.48
	13.—	107.79	124.49	127.84	131.18	134.52	137.85	141.20	157.90	174.60	16.70
	14.—	115.16	133.08	136.68	140.27	143.85	147.43	151.02	168.95	186.88	17.93
	15.—	122.52	141.69	145.52	149.36	153.18	157.—	160.84	180.—	199.15	19.16
	16.—	129.89	150.27	154.36	158.45	162.51	166.58	170.66	191.05	211.43	20.38
	17.—	137.25	158.86	163.20	167.53	171.84	176.15	180.48	202.10	223.70	21.61
	18.—	144.62	167.46	172.03	176.60	181.17	185.74	190.30	213.14	235.98	22.84
	24.—	188.81	219.01	225.05	231.09	237.13	243.17	249.22	270.42	309.63	30.21
Logarithmes des changes		7365	8592	8837	9083	9328	9574	9820	11047	12275	1227
Frais invariables par 100 kil.		12.05	12.80	12.95	13.10	13.25	13.40	13.54	14.29	15.03	0.75

OBSERVATIONS

⅛ c. et 5 % par ℔ sur le fret font au Havre une différence de F. 1.62 par 100 kil. sur les prix

Logarithme sans change 2,455

On veut savoir le revient au Havre de Graines de Trèfle ayant coûté à New-York 11 ¼ c. la livre au change de F. 3.70 et au fret de ⅛ c. et 5 % la ℔.

On trouvera dans la 1re et la 5e colonne de ce tableau que :

C. 11.— font les 100 kil. entrepôt	F.	113.03
» 0.¼ id. id.	»	2.27
C. 11.¼ feront les 100 kil. entrepôt	F.	115.30

Ainsi le logarithme 2.455 × le change F. 3.70 = le logarithme correspondant à ce change 9083 ;

11 ¼ c. × 9083 =	F.	102.20
à ajouter les frais invariables	»	13.10
Revient égal	F.	115.30

Exempte de Droit d'entrée

DEPUIS JUIN 1869

COMPTE D'ACHAT ET DE REVIENT

A 100 BALLES HOUBLON

100 Balles Houblon first sorte à 19580 ℔ à 30 c. la ℔ .... $ 5874.—

FRAIS A NEW-YORK

Frais de réception et mise à bord	$	30.—		
Courtage ½ %	»	29.37		
Taxe 1 ‰	»	5.87	»	65.24
			$	5939.24
Commission d'achat 2 ½ %			»	148.48
Courtage de change ¼ %			»	15.26
			$	6102.98
Remboursement sur Paris à 60 jours de vue au change de F. 4 pour 1 $ Cy			F.	24411.92

FRAIS AU HAVRE

Fret par steamer 2 c. et 5 % à 19580 ℔ à $ 411.18 à F. 5.25	F.	2158.70		
Permis, frais au débarquement, échantillonner, conditionner, port en magasin, arrimage, magasinage d'un mois, livraison et menus frais	»	150.—		
Assurance maritime à 1 % sur F. 26853.11	»	268.53		
Assurance contre le feu 1 ‰ sur F. 26853.11	»	26.85		
Commission de banque à ¼ % sur F. 24411.92	»	61.03		
Escompte à la vente 2 ¼ %				
Courtage de vente ¼ %				
Commission de vente 2 %				
Ensemble 4 ½ % sur F. 28352.91	»	1275.88	»	3940.99
			F.	28352.91

RENDEMENT : 100 ℔ = 45 kil. ½

Brut			kil.	8876
Tare 2 %	kil.	178		
Réfaction	»	25	»	203
Net			kil.	8673 à F. 326.91 les 100 kil. entrepôt .... F. 28352.90

PRIX DE REVIENT AU HAVRE DES 100 KIL. ENTREPOT

AUX CHANGES SUIVANTS SUR PARIS POUR 1 $ CURRENCY

PRIX à NEW-YORK par ℔	F. 3.—	F. 3.50	F. 3.60	F. 3.70	F. 3.80	F. 3.90	F. 4.—	F. 4.50	F. 5.—	10 c. de différence par 1 $ sur le change font au Havre par 100 kil.
C. 0.½	F. 3.72	F. 4.34	F. 4.46	F. 4.59	F. 4.71	F. 4.83	F. 4.96	F. 5.58	F. 6.20	F. 0.62
1.—	7.44	8.68	8.93	9.17	9.42	9.67	9.92	11.16	12.40	1.24
2.—	14.88	17.36	17.86	18.34	18.84	19.34	19.84	22.32	24.80	2.48
3.—	22.32	26.04	26.79	27.51	28.26	29.01	29.76	33.48	37.20	3.72
4.—	29.76	34.72	35.72	36.68	37.68	38.68	39.68	44.64	49.60	4.96
5.—	37.19	43.39	44.63	45.87	47.11	48.35	49.59	55.79	61.99	6.20
6.—	44.63	52.07	53.56	55.04	56.53	58.02	59.51	66.95	74.39	7.44
7.—	52.07	60.75	62.49	64.21	65.95	67.69	69.43	78.12	86.79	8.68
8.—	59.51	69.43	71.42	73.38	75.37	77.36	79.35	89.28	99.19	9.92
9.—	66.95	78.11	80.35	82.55	84.79	87.03	89.27	100.43	111.59	11.16
10.—	74.38	86.78	89.26	91.74	94.22	96.70	99.18	111.57	123.97	12.40
15.—	140.58	159.36	163.11	166.87	170.62	174.38	178.14	196.92	215.70	18.78
20.—	177.77	202.75	207.74	212.74	217.73	222.73	227.73	252.70	277.68	24.98
25.—	214.96	246.14	252.37	258.61	264.84	271.08	277.32	308.49	339.67	31.18
30.—	252.15	289.52	297.—	304.47	311.95	319.42	326.91	364.27	401.64	37.37
35.—	289.34	332.92	341.63	350.84	359.06	367.77	376.49	420.09	463.64	43.57
40.—	326.53	376.30	386.26	396.21	406.17	416.12	426.07	475.84	525.61	49.77
45.—	363.72	419.70	430.89	442.08	453.28	464.47	475.68	531.63	587.61	55.97
50.—	400.91	463.08	475.51	487.95	500.38	512.82	525.25	587.41	649.58	62.17
Logarithmes des changes	74379	86775	89255	91734	94214	96693	99172	111568	123965	12396
Frais invariables par 100 kil.	29.01	29.19	29.23	29.27	29.31	29.35	29.38	29.56	29.75	0.18

OBSERVATIONS

½ c. et 5 % par ℔ sur le fret font au Havre une différence de F. 6.52 par 100 kil. sur les prix

Logarithme sans change 24.793

On veut savoir le revient au Havre de Houblon ayant coûté à New-York 12 ¼ c. au change de F. 3.70 et au fret de 2 c. et 5 % la ℔.

On trouvera dans la 1re et la 5e colonne de ce tableau que :

C. 15.— font les 100 kil. entrepôt .... F. 166.87

à déduire :

» 2.— qui font .... F. 18.34

» —.¾ » .... » 4.59 » 22.93

C. 12.¼ feront les 100 kil. entrepôt .... F. 143.94

Ainsi le logarithme 24.793 × le change 3.70 = le logarithme correspondant au change 91734 ; 12 ¼ ⁄ 91734 = F. 114.67

à ajouter les frais invariables .... » 29.27

Revient égal .... F. 143.94

Droits d'entrée par 100 kil. en Juin 1869

Sous tous pavillons .... F. 54.—

COMPTE D'ACHAT ET DE REVIENT

A 100 CAISSES CONSERVES

100 Caisses Conserves contenant chacune 48 boîtes en fer blanc = 4800 boîtes Homards conservés à 1 ℔ à $ 1.90 Cy les 12 b. rendues à bord			$	760.—

FRAIS A NEW-YORK

Commission d'achat 2 ½ %			»	19.—
Frais de change ¼ %			»	1.95
			$	780.95
Remboursement sur Paris à 60 jours de vue au change de F. 4 pour 1 $			F.	3123.80

FRAIS AU HAVRE

Fret à 3 $^{45}/_{100}$ tonneaux à $ 10 et 5 % soit $ 38.22 à F. 5 ¼	F.	200.65		
Permis, frais au débarquement, échantillonner, conditionner, port en magasin, arrimage, magasinage d'un mois, livraison et menus frais.	»	75.—		
Assurance maritime à 1 % sur F. 3436.18	»	34.36		
Assurance contre le feu à 1 ‰ sur F. 3436.18	»	3.44		
Commission de banque à ¼ % sur F. 3123.80	»	7.81		
Escompte à la vente 3 %				
Courtage de vente 1 %				
Commission de vente 5 %				
Ensemble 9 % sur F. 3785.78	»	340.72	»	661.98
			F.	3785.78

RENDEMENT; 2600 kil.

4800 boîtes à F. 0.79 Entrepôt	F.	3792.—

PRIX DE REVIENT AU HAVRE D'UNE BOITE A 1 ℔ AMÉRICAINE

AUX CHANGES SUIVANTS SUR PARIS POUR 1 $ CURRENCY

PRIX à NEW-YORK par 12 boîtes	F. 3.—	F. 3.50	F. 4.—	F. 4.50	F. 5.—	F. 5.50	50 centimes de différence sur le change font au Havre par boîte
C. 0.12½	F. 0.04	F. 0.04	F. 0.05	F. 0.06	F. 0.06	F. 0.07	F. 0. ½
0.25	0.07	0.08	0.10	0.11	0.12	0.13	0.01
0.37½	0.11	0.12	0.15	0.16	0.18	0.20	0.02
0.50	0.14	0.17	0.19	0.22	0.24	0.27	0.03
0.62½	0.18	0.20	0.24	0.27	0.30	0.33	0.03
0.75	0.21	0.24	0.29	0.33	0.36	0.40	0.04
0.87½	0.25	0.28	0.34	0.38	0.42	0.46	0.04
1.—	0.28	0.33	0.38	0.43	0.48	0.53	0.05
1.50	0.49	0.56	0.63	0.70	0.77	0.84	0.07
1.75	0.56	0.64	0.73	0.81	0.89	0.97	0.08
2.—	0.63	0.73	0.82	0.92	1.01	1.11	0.10
2.25	0.70	0.81	0.92	1.02	1.13	1.24	0.11
2.50	0.77	0.89	1.01	1.13	1.25	1.37	0.12
2.75	0.84	0.97	1.11	1.24	1.37	1.50	0.13
3.—	0.91	1.06	1.20	1.35	1.49	1.64	0.15
Logarithmes des Changes	285	332	380	427	475	522	47
Frais invariables par boîte	0.06	0.06	0.06	0.06	0 06	0.06	0.—

OBSERVATIONS

$ 2 et 5 % par tonneau sur le fret font au Havre une différence de F. 0.01 par boîte sur les prix

Logarithme sent Change 0.095

On veut savoir le revient des Conserves Homards ayant coûté à New-York $ 2.12 ½ les 12 boîtes, au change de F. 4 et au fret de $ 10 et 5 % le tonneau.

On trouvera dans la 1re et la 4me colonne de ce tableau que :

$ 2.—	font la boîte entrepôt	F.	0.82
» 0.12½	id. id.	»	0.05
$ 2.12½	feront les 100 kil. entrepôt	F.	0.87

Ainsi le logarithme 0.095 × le change de F. 4 = le logarithme correspondant à ce change 0,38; 2.12½ × 0,38 = ... F. 0.81
à ajouter les frais invariables ... » 0.06
Revient égal ... F. 0.87

Droits d'entrée par 100 kil. en Juin 1869

Sous tous pavillons ... F. 30.—

COMPTE D'ACHAT ET DE REVIENT

A 500 BARILS PRIME MESS PORC

500 barils Prime Mess Porc à Cy $ 25 le baril			$	12500.—

FRAIS A NEW-YORK

Frais de réception et mise à bord	$	62.50		
Courtage d'achat à 6 ¼ c.	»	81.25		
Taxe à 1 ‰	»	12.50	»	106.25
			$	12606.25
Commission d'achat 2 ½ %	$	315.16		
Courtage de change ¼ %	»	32.38	»	347.54
			$	12953.79
Remboursement sur Paris à 60 jours de vue au change de F. 4 pour 1 $ Cy			F.	51815.16

FRAIS AU HAVRE

Fret $ 1 et 5 % par baril soit $ 525 à F. 5.25	F.	2756.25		
Permis, frais au débarquement, échantillonner, conditionner, port en magasin, arrimage, magasinage d'un mois, livraison et menus frais.	»	1350.-		
Assurance maritime à 1 % sur F. 56996.67	»	569.97		
Assurance contre le feu à 1 ‰ sur F. 56996.67	»	57.—		
Commission de banque ¼ % sur F. 51815.10	»	129.54		
Escompte à la vente 2 ¼ %				
Courtage de vente ¼ %				
Commission de vente 2 %				
Ensemble 4 ½ % sur F. 59348.61	»	2670.69	»	7533.45
			F.	59348.61

RENDEMENT : le poids moyen brut est de 155 kil. par baril :

Le baril entrepôt à F. 118.70	F.	59350.—

PRIX DE REVIENT AU HAVRE DU BARIL ENTREPOT

AUX CHANGES SUIVANTS SUR PARIS POUR 1 $ CURRENCY

	PRIX à NEW-YORK par baril	F. 3.—	F. 3.50	F. 3.60	F. 3.70	F. 3.80	F. 3.90	F. 4.—	F. 4.50	F. 5.—	10 c. de différence par 1 $ sur le change font au Havre par baril
Coût et frais variables	$ 0.¼	F. 0.82	F. 0.96	F. 0.98	F. 1.01	F. 1.04	F. 1.06	F. 1.09	F. 1.23	F. 1.36	F. 0.14
	0.½	1.64	1.92	1.97	2.02	2.08	2.13	2.18	2.46	2.73	0.27
	0.¾	2.46	2.88	2.95	3.03	3.12	3.19	3.27	3.69	4.09	0.41
	1.—	3.28	3.83	3.94	4.04	4.15	4.26	4.37	4.92	5.46	0.54
Coût et frais variables et invariables	15.—	58.40	66.71	68.37	70.03	71.69	73.35	75.—	83.30	91.60	8.30
	20.—	74.80	85.84	88.04	90.25	92.45	94.66	96.86	107.90	118.92	11.03
	21.—	78.08	89.67	91.98	94.29	96.60	98.92	101.23	112.82	124.38	11.57
	22.—	81.36	93.50	95.92	98.33	100.75	103.18	105.60	117.74	129.84	12.12
	23.—	84.64	97.33	99.86	102.37	104.90	107.44	109.97	122.66	135.30	12.68
	24.—	87.92	101.16	103.80	106.42	109.05	111.70	114.34	127.58	140.77	13.22
	25.—	91.20	104.97	107.72	110.47	113.22	115.97	116.72	132.50	146.23	13.76
	26.—	94.48	108.80	111.66	114.51	117.37	120.23	123.09	137.42	151.71	14.31
	27.—	97.70	112.63	115.60	118.55	121.52	124.49	127.46	142.34	157.17	14.86
	28.—	101.04	116.46	119.54	122.59	125.67	128.75	131.83	147.26	162.63	15.40
	29.—	104.32	120.29	123.48	126.64	129.83	133.01	136.20	152.18	168.09	15.94
	30.—	107.59	124.10	127.40	130.70	134.—	137.30	140.58	157.09	173.57	16.49
Logarithmes des Changes		3279	3826	3935	4044	4153	4262	4372	4910	5465	0.547
Frais invariables par baril.		9.22	9.32	9.34	9.36	9.38	9.40	9.42	9.52	9.62	0.10

OBSERVATIONS

¼ $ et 5 % par baril sur le fret font au Havre une différence de F. 0.72 par baril sur les prix

Logarithme sans change 1,093

On veut savoir le revient au Havre de Prime Mess Porc ayant coûté à New-York $ 18 ¼ le baril au change de F. 3.70 et au fret de $ 1 et 5 %.

On trouvera dans la 1re et la 5e colonne de ce tableau que :

$ 15.—	font le baril entrepôt	F.	70.03
» 1.—	id. id.	»	4.04
» 1.—	id. id.	»	4.04
» 1.—	id. id.	»	4.04
» 0. ¼	id. id.	»	1.01
$ 18. ¼	feront le baril entrepôt	F.	83.16

Ainsi le logarithme 1,093 × le change 3,70 = le logarithme correspondant à ce change 4044 : 18 ¼ × 4044 = F. 73.80

à ajouter les frais invariables » 9.36

Revient égal F. 83.16

Droits d'entrée par 100 kil. en Juin 1869

Sous tous pavillons F. 0.00

COMPTE D'ACHAT ET DE REVIENT

A 50 TIERÇONS JAMBONS FUMÉS

50 Tierçons Jambons fumés Brut .... ℔ 36050 pour 2530 Jambons
Tare nette .... » 3090
Net .... ℔ 32960 à 18 c. la ℔ .... Cy $ 5932.80

FRAIS A NEW-YORK

Frais de réception et mise à bord .... $ 30.—
Taxe 1 ‰ .... » 5.93 » 35.93
$ 5968.73
Commission d'achat 2 ½ % .... » 149.22
Courtage de change ¼ % .... » 15.33
Cy $ 6133.28

Remboursement sur Paris à 60 jours de vue au change de F. 4 pour 1 $ .... F. 24533.12

FRAIS AU HAVRE

Fret à 36050 ℔ à ¾ c. et 5 % la ℔ soit $ 283.89 à F. 5.25 .... F. 1490.42
Permis, frais au débarquement, échantillonner, conditionner, port en magasin, arrimage, magasinage d'un mois, livraison et menus frais .... » 150.—
Assurance maritime à 1 % sur F. 26986.43 .... » 269.86
Assurance contre le feu à 1 ‰ sur F. 26986.43 .... » 26.99
Commission de Banque à ¼ % sur F. 24533.12 .... » 61.33
Escompte à la vente .... 2 ¼ %
Courtage de vente .... ¼ %
Commission de vente .... 2 %
Ensemble .... 4 ½ % sur F. 27781.92 .... » 1250.20 » 3248.80
F. 27781.92

RENDEMENT : 100 ℔ net = 42 kil. ½ nets.

Net kil. 14006 à F. 198.33 les 100 kil. Entrepôt .... F. 27782.07

PRIX DE REVIENT AU HAVRE DES 100 KIL. ENTREPOT

AUX CHANGES SUIVANTS SUR PARIS POUR 1 $ CURRENCY

PRIX à NEW-YORK par ℔	F. 3.—	F. 3.50	F. 3.60	F. 3.70	F. 3.80	F. 3.90	F. 4.—	F. 4.50	F. 5.—	50 c. de différence sur le change font au Havre par 100 kil.
C. 0.¼	F. 1.93	F. 2.25	F. 2.31	F. 2.38	F. 2.44	F. 2.51	F. 2.57	F. 2.90	F. 3.22	F. 0.32
0.½	3.86	4.50	4.63	4.76	4.88	5.02	5.14	5.79	6.43	0.64
0.¾	5.79	6.75	6.94	7.14	7.32	7.53	7.72	8.69	9.65	0.96
1.—	7.71	9.—	9.26	9.51	9.77	10.03	10.29	11.57	12.86	1.29
10.—	90.11	103.08	105.67	108.27	110.86	113.46	116.05	129.09	141.99	12.97
15.—	128.68	148.08	151.96	155.84	159.72	163.60	167.47	186.87	206.27	19.40
16.—	136.39	157.08	161.22	165.35	169.49	173.63	177.76	198.44	219.13	20.69
17.—	144.10	166.08	170.48	174.86	179.26	183.66	188.05	210.01	231.99	21.98
18.—	151.81	175.08	179.74	184.37	189.03	193.69	198.34	221.58	244.85	23.27
19.—	159.52	184.08	189.00	193.88	198.80	203.72	208.62	233.15	257.71	24.56
20.—	167.25	193.07	198.23	203.40	208.56	213.73	218.90	244.72	270.55	25.83
21.—	174.96	202.07	207.49	212.91	218.33	223.76	229.19	256.29	283.41	27.11
22.—	182.67	211.07	216.75	222.42	228.10	233.79	239.48	267.86	296.27	28.40
23.—	190.38	220.07	226.01	231.93	237.87	243.82	249.77	279.43	309.13	29.69
24.—	198.09	229.07	235.27	241.44	247.64	253.85	260.06	291.—	321.99	30.97
25.—	205.82	238.07	244.52	250.97	257.42	263.87	270.32	302.58	334.83	32.25
30.—	244.39	283.07	290.80	298.54	306.27	314.01	321.75	360.48	399.11	38.68
Logarithmes des changes	7714	8999	9256	9513	9770	10027	10285	11570	12856	1285
Frais invariables par 100 kil.	12.97	13.08	13.10	13.13	13.15	13.18	13.20	13.31	13.43	0.11

OBSERVATIONS

¼ c. et 5 % par ℔ sur le fret font au Havre une différence de F. 3.72 par 100 kil. sur les prix.

Logarithmes sans change 2.5713

On veut savoir le Revient au Havre de Jambons fumés ayant coûté à New-York 19 ¼ c. la livre au change de F. 3.70 et au fret de ¾ c. et 5 %.

On trouvera dans la 1re et la 5e colonne de ce tableau que :
C. 19.— font les 100 kil. entrepôt .... F. 193.88
» —.¼ id. id. .... » 2.38
C. 19.¼ feront les 100 kil. entrepôt .... F. 196.26

Ainsi le logarithme 2.5713 × le change de F. 3.70 = le logarithme correspondant à ce change 9513 ;
19 ¼ × 9513 = ... F. 183.13
à ajouter les frais invariables .... » 13.13
Revient égal .... F. 196.26

Droits d'entrée par 100 kil. en Juin 1869

Sous tous pavillons .... F. 0.00

COMPTE D'ACHAT ET DE REVIENT

A 100 CAISSES JAMBONS DANS LE SEL

100 caisses Jambons dans le sel brut ... ₰ 62060 pour 3160 jambons			
Tare ... » 9000			
Net ... ₰ 53060 à 12 c. la ₰ ... Cy		$	6367.20

FRAIS A NEW-YORK

Frais de réception, tarer, balayer et resaler, examiner et mise à bord..	$ 150.—		
Taxe 1 ‰ ...	» 6.37	»	156.37
		$	6523.57
Commission 2 ½ % ...		»	163.09
Frais de change ¼ % ...		»	16.76
		$	6703.42
Remboursement sur Paris à 60 jours de vue au change de F. 4 pour 1 $ Cy ...		F.	26813.68

FRAIS AU HAVRE

Fret par steamer à 100 c. = 1350 p. à $ 18 et 5 % par 40 pieds cubes $ 637.88 à F. 5.25 ...	F. 3348.87		
Permis, frais au débarquement, échantillonner, conditionner, port en magasin, arrimage, magasinage d'un mois, livraison, menus frais et salur ...	» 450.—		
Assurance maritime par steamer à 1 % sur F. 29495.05 ...	» 294.95		
Assurance contre le feu 1 ‰ sur F. 29495.05 ...	» 29.50		
Commission de banque ¼ % sur F. 26813.68 ...	» 67.03		
Escompte à la vente ... 2 ¼ %			
Courtage de vente ... ¼ %			
Commission de vente ... 2 %			
Ensemble ... 4 ½ % sur F. 32464.95 ...	» 1460.92	»	5651.27
		F.	32464.95

RENDEMENT : 100 ₰ brutes = brut 45 kil. ⅓ :

Brut ... kil. 28134			
Tare nette ... » 4080			
Net ... kil. 24054 à F. 134.97 les 100 kil. entrepôt ...		F.	32465.08

PRIX DE REVIENT AU HAVRE DES 100 KIL. ENTREPOT

AUX CHANGES SUIVANTS SUR PARIS POUR 1 $ CURRENCY

PRIX à NEW-YORK par ₰	F. 3.—	F. 3.50	F. 3.60	F. 3.70	F. 3.80	F. 3.90	F. 4.—	F. 4.50	F. 5.—	50 c. de différence par 1 $ sur le change font au Havre par 100 kil.
C. 0.¼	F. 1.81	F. 2.11	F. 2.17	F. 2.23	F. 2.29	F. 2.35	F. 2.41	F. 2.71	F. 3.01	F. 0.30
0.½	3.63	4.22	4.34	4.46	4.58	4.70	4.82	5.42	6.02	0.60
0.¾	5.43	6.33	6.51	6.69	6.87	7.05	7.23	8.14	9.03	0.90
1.—	7.23	8.44	8.68	8.92	9.16	9.40	9.64	10.85	12.05	1.21
4.—	47.50	52.66	53.70	54.73	55.77	56.80	57.83	62.99	68.16	5.17
8.—	76.43	86.41	88.41	90.40	92.40	94.39	96.40	106.38	116.37	9.99
9.—	83.66	94.85	97.09	99.32	101.56	103.79	106.04	117.23	128.42	11.19
10.—	90.89	103.26	105.77	108.24	110.72	113.19	115.68	128.08	140.47	12.10
11.—	98.12	111.73	114.45	117.16	119.88	122.59	125.32	138.93	152.52	13.60
12.—	105.36	120.16	123.12	126.08	129.04	132.—	134.97	149.77	164.58	14.81
13.—	112.59	128.60	131.80	135 —	138.20	141.40	144.61	160.62	176.63	16.01
14.—	119.82	137.04	140.48	143.92	147.36	150.80	154.25	171.47	188.68	17.21
15.—	127.05	145.48	149.16	152.84	156.52	160.20	163.89	182.32	200.73	18.42
16.—	134.29	153.91	157.84	161.76	165.69	169.61	173.54	193.16	212.79	19.63
20.—	163.22	187.66	192.55	197.44	202.33	207.22	212.11	236.55	261.—	24.45
Logarithmes des changes	72816	84369	86779	89190	91600	94011	96422	108475	120527	12053
Frais invariables par 100 kil.	18.58	18.92	18.99	19.06	19.13	19.20	19.26	19.60	19.94	0.34

OBSERVATIONS

$ 2 et 5 % par 40 pieds cubes font au Havre une différence de F. 1.62 par 100 kil. sur les prix

Logarithme sans change 2.4103 ½

On veut savoir le revient au Havre de Jambons dans le sel ayant coûté à New-York 18 ¾ c. la livre au change de F. 3.70 et au fret de $ 18 et 5 % par 40 pieds cubes.

On trouvera dans la 1re et la 5e colonne de ce tableau que :

C. 16.—	font les 100 kil. entrepôt ...	F.	161.76
» 1.—	id. id. ...	»	8.92
» 1.—	id. id. ...	»	8.92
» —.¾	id. id. ...	»	6.69
C. 18.¾	feront les 100 kil. entrepôt ...	F.	186.29

Ainsi le logarithme 2.4103 ½ × le change de 3.70 = le logarithme correspondant à ce change 89190 ;

18 ¾ × 89190 = ...	F.	167.23
à ajouter les frais invariables ...	»	19.06
Revient égal ...	F.	186.29

Droits d'entrée par 100 kil. en Juin 1869

Sous tous pavillons ... F. 0.60

COMPTE D'ACHAT ET DE REVIENT

A 1000 CUIRS SALÉS

1000 Cuirs salés Bœufs des Boucheries de la ville 72350 ℔ à 13 c. Cy			$	9405.50

FRAIS A NEW-YORK

Recevoir, saler, mettre en paquets et transport à bord	$	166.12		
Courtage ¾ %	»	70.54		
Taxe 1 ‰	»	9.41	»	246.07
			$	9651.57
Commission d'achat 2 ½ %	$	241.29		
Courtage de change ¼ %	»	24.80	»	266.09
			$	9917.66
Remboursement sur Paris à 60 jours de vue au change de F. 4 pour 1 $ Cy			F.	39670.64

FRAIS AU HAVRE

Fret 20 cents et 5 % par cuir soit $ 210 à F. 5.25	F.	1102.50		
Permis, frais à la réception, échantillonner, conditionner, port en magasin, arrimage, magasinage d'un mois, livraison et menus frais.	»	300.—		
Assurance maritime à 1 % sur F. 43637.70	»	436.38		
Assurance contre le feu à 1 ‰ sur F. 43637.70	»	43.64		
Commission de banque à ¼ % sur F. 39670.64	»	99.17		
Escompte à la vente 2¼ %				
Courtage de vente ¼ %				
Commission de vente 2 %				
Ensemble 4½ % sur F. 43615	»	1962.67	»	3944.36
			F.	43615.—

RENDEMENT : 100 ℔ à New-York à = 40 kil.

28940 kil. nets à F. 150.71 les 100 kil. Entrepôt	F.	43615.47

PRIX DE REVIENT AU HAVRE DES 100 KIL. ENTREPOT

AUX CHANGES SUIVANTS SUR PARIS POUR 1 $ CURRENCY

PRIX à NEW-YORK par ℔	F. 3.—	F. 3.50	F. 3.75	F. 4.—	F. 4.25	F. 4.50	F. 4.75	F. 5.—	F. 5.25	50 c. de différence par 1 $ sur le change font au Havre par 100 kil.
$ 0.⅛	F. 1.03	F. 1.21	F. 1.29	F. 1.38	F. 1.46	F. 1.55	F. 1.64	F. 1.72	F. 1.81	F. 0.17
0.¼	2.07	2.41	2.58	2.75	2.92	3.10	3.27	3.44	3.61	0.35
0.½	4.13	4.82	5.16	5.51	5.85	6.19	6.54	6.88	7.23	0.69
0.¾	6.19	7.23	7.74	8.26	8.77	9.29	9.81	10.32	10.84	1.03
1.—	8.26	9.63	10.32	11.01	11.69	12.39	13.08	13.77	14.45	1.38
5.—	48.24	55.44	59.03	62.63	66.23	69.83	73.42	77.02	80.62	7.20
6.—	56.49	65.07	69.35	73.64	77.92	82.21	86.50	90.78	95.07	8.57
7.—	64.75	74.70	79.67	84.65	89.62	94.60	99.58	104.55	109.52	9.95
8.—	73.—	84.33	89.99	95.66	101.31	106.99	112.66	118.31	123.97	11.33
9.—	81.26	93.96	100.31	106.67	113.—	119.38	125.73	132.07	138.42	12.70
10.—	89.52	103.60	110.64	117.68	124.72	131.76	138.80	145.84	152.88	14.08
11.—	97.77	113.23	120.96	128.69	136.41	144.16	151.88	159.60	167.33	15.46
12.—	106.03	122.86	131.28	139.70	148.11	156.54	164.96	173.36	181.78	16.84
13.—	114.29	132.49	141.60	150.71	159.80	168.98	178.04	187.12	196.26	18.22
14.—	122.54	142.12	151.92	161.72	171.50	181.32	191.12	200.88	210.68	19.59
15.—	130.80	151.77	162.25	172.73	183.21	193.70	204.18	214.66	225.14	20.97
Logarithmes des changes	82572	96334	103215	110096	116977	123858	130739	137620	144501	13762
Frais invariables par 100 kil.	6.95	7.27	7.43	7.58	7.74	7.90	8.06	8.21	8.37	0.32

OBSERVATIONS

5 c. et 5 % par cuir sur le fret font au Havre une différence de F. 1 par 100 kil.

Logarithme sans Change 2.7524

On veut savoir le revient de Cuirs salés ayant coûté à New-York 8 c. la livre au change de F. 3.80 et au fret de 20 c. et 5 % par cuir.

On trouvera dans la 1re, 4e et la 11e colonne de ce tableau que :

C. 8 au change de 3.75 font les 100 kil. ent.	F.	89.99
à ajouter la diff. de 0.05 sur le change	»	1.14
C. 8 au change de 3.80 feront les 100 kil. ent.	F.	91.13

Ainsi le logarithme 2.7524 × le change 3.80 = le logarithme correspondant à ce change 104591 ;

8 c. × 104591 =			F.	83.67
à ajouter les frais invariables au change de F. 3.75	F.	7.43		
différence de change 0.05	»	0.03	»	7.46
Revient égal			F.	91.13

Exempts de Droits d'entrée
DEPUIS JUIN 1869

COMPTE D'ACHAT ET DE REVIENT

A 1000 CUIRS SECS

1000 Cuirs secs Buenos-Ayres 27000 ℞ à 20 cents or .... Or $ 5400.—

FRAIS A NEW-YORK

Frais de réception et mise à bord	$	22.50		
Courtage et choix ¼ %	»	40.50		
Taxe 1 ‰	»	5.40	»	68.40
			$	5468.40
Commission d'achat 2 ½ %	$	136.71		
Frais de change ¼ %	»	14.05	»	150.76
			$	5619.16
Remboursement sur Paris à 60 jours de vue au change de F. 5.20 pour 1 $ Or			F.	29219.63

FRAIS AU HAVRE

Fret à F. 70 et 10 % par 900 kil.	F.	1039.50		
Perquis, frais au débarquement, échantillonner, conditionner, port en magasin, arrimage, magasinage d'un mois, livraison et menus frais.	»	250.—		
Assurance maritime à 1 ¼ % sur F. 32141.59	»	401.77		
Assurance contre le feu à 1 ‰ sur F. 32141.59	»	32.14		
Commission de banque à ¼ % sur 29219.63	»	70.05		
Escompte à la vente .... 2¼ %				
Courtage de vente .... ¼ %				
Commission de vente .... 2 %				
Ensemble .... 4½ % sur F. 32477.58	»	1461.49	»	3257.95
			F.	32477.58

RENDEMENT : 100 ℞ à New-York = 45 kil.

12150 kil. à F. 267.30 les 100 kil. entrepôt .... F. 32476.95

PRIX DE REVIENT AU HAVRE DES 100 KIL. ENTREPOT

AUX CHANGES SUIVANTS SUR PARIS POUR 1 $ OR

	PRIX à NEW-YORK par ℞	F. 4.80	F. 4.90	F. 5.—	F. 5.10	F. 5.20	F. 5.30	F. 5.40	10 c. de différence sur le change font au Havre par 100 kil.
Surout. — Cuirs et frais variables	$ 0.⅛	F. 1.47	F. 1.50	F. 1.53	F. 1.56	F. 1.59	F. 1.62	F. 1.65	F. 0.03
	0.¼	2.95	3.01	3.07	3.13	3.19	3.25	3.31	0.06
	0.½	5.89	6.01	6.13	6.26	6.38	6.50	6.63	0.12
	0.¾	8.84	9.12	9.20	9.38	9.57	9.75	9.94	0.18
	1.—	11.78	12.02	12.27	12.51	12.76	13.—	13.25	0.25
Cuirs et frais variables et invariables	10.—	129.83	132.31	134.70	137.27	139.74	142.22	144.70	2.48
	11.—	141.60	144.33	147.05	149.78	152.50	155.22	157.94	2.72
	12.—	153.38	156.35	159.31	162.29	165.26	168.22	171.18	2.97
	13.—	165.15	168.37	171.58	174.80	178.02	181.22	184.42	3.21
	14.—	176.93	180.39	183.84	187.31	190.78	194.22	197.68	3.46
	15.—	188.71	192.41	196.12	199.82	203.53	207.23	210.93	3.70
	16.—	200.48	204.43	208.38	212.33	216.28	220.23	224.18	3.95
	17.—	212.26	216.45	220.65	224.84	229.04	233.23	237.42	4.19
	18.—	224.03	228.47	232.91	237.35	241.80	246.23	250.67	4.44
	19.—	235.81	240.49	245.18	249.86	254.56	259.23	263.92	4.69
	20.—	247.59	252.52	257.45	262.38	267.30	272.24	277.17	4.93
Logarithmes des changes		117758	120211	122665	125118	127572	130025	132478	2454
Frais invariables par 100 kil.		12.07	12.10	12.12	12.15	12.17	12.20	12.22	0.03

OBSERVATIONS

F. 5 et 10 % par 100 kil. sur le fret font au Havre une différence de F. 0.64 par 100 kil. sur les prix.

Logarithme sans change 2,4533

On veut savoir le revient de Cuirs secs Buenos-Ayres ayant coûté à New-York 15 c. au change de F. 4.40 et au fret de F. 70 et 10 % les 900 kil.

On trouvera dans la 1re, 2e et la 8e colonne de ce tableau que :

C. 15 au change de F. 4.80 font les 100 kil. F. 188.71
moins 40 c. de diff. de change .... » 14.82

C. 15 au change de F. 4.40 feront les 100 kil. F. 173.89

Ainsi le logarithme 24533 × le change 4.40 = le logarithme correspondant à ce change 107945 ; 15 c. × 107945 F. 161.92

à ajouter les frais invariables .... F. 12.07
moins différence de change 40 c. .... » 0.10 » 11.97

Revient égal .... F. 173.89

Exempts de Droits d'entrée

DEPUIS JUIN 1860

COMPTE D'ACHAT ET DE REVIENT

A 500 CAISSES SUCRE

500 caisses Havane N° 12 brut	℔ 243430			
Tare 15 %	» 36514			
Net	℔ 206916 à 8 c. Cy		$	16553.28

FRAIS A NEW-YORK

Frais de réception et mise à bord à 10 c.	$	50.—		
Courtage d'achat ⅛ %	»	41.38		
Taxe 1 ‰	»	16.55	»	107.93
			$	16661.21
Commission d'achat 2 ½ %	$	416.53		
Courtage de change ¼ %	»	42.81	»	459.34
			$	17120.55
Remboursement sur Paris à 60 jours de vue au change de F. 4 pour 1 $			F.	68482.20

FRAIS AU HAVRE

Fret à F. 60 et 5 % par 1000 kil. bruts	F.	6952.36		
Permis, frais au débarquement, échantillonner, conditionner, port en magasin, arrimage, magasinage d'un mois, livraison et menus frais	»	875.—		
Assurance maritime à 1 ¼ % sur F. 75330.42	»	941.63		
Assurance contre le feu à 1 ‰ sur F. 75330.42	»	75.33		
Commission de banque à ¼ % sur F. 68482.20	»	171.21		
Réfactions pour couches à F. 0.50 par c.	»	250.—		
Escompte à la vente 1 ¾ %				
Courtage de vente ¼ %				
Commission de vente 2 %				
Ensemble 4 % sur F. 80987.21	»	3239.48	»	12505.01
			F.	80987.21

RENDEMENT : 100 ℔ = 45 kil. ½ :

Brut	kil. 110355			
Tare 13 % kil. 14346				
Vidange » 250	» 14596			
Net kil. 95759 à F. 84.58 les 100 kil. entrepôt			F.	80992.96

PRIX DE REVIENT AU HAVRE DES 100 KIL. ENTREPOT

AUX CHANGES SUIVANTS SUR PARIS POUR 1 $ CURRENCY

PRIX à NEW-YORK par ℔	F. 3.—	F. 3.50	F. 3.75	F. 4.—	F. 4.25	F. 4.50	F. 4.75	F. 5.—	F. 5.25	30 c. de différence par 1 $ sur le change font au Havre par 100 kil.
C. 0.⅛	F. 0.89	F. 1.03	F. 1.11	F. 1.18	F. 1.26	F. 1.33	F. 1.40	F. 1.48	F. 1.55	F. 0.15
0.¼	1.77	2.07	2.21	2.36	2.51	2.66	2.80	2.95	3.10	0.29
0.⅜	2.66	3.10	3.32	3.54	3.77	3.98	4.20	4.43	4.65	0.34
0.½	3.54	4.13	4.43	4.72	5.02	5.31	5.62	5.90	6.20	0.59
0.⅝	4.43	5.16	5.54	5.90	6.28	6.64	7.02	7.38	7.75	0.74
0.¾	5.31	6.20	6.64	7.08	7.53	7.97	8.42	8.85	9.30	0.89
0.⅞	6.20	7.22	7.75	8.26	8.79	9.30	9.82	10.33	10.85	1.03
1.—	7.09	8.27	8.86	9.45	10.04	10.63	11.22	11.81	12.40	1.18
5.—	44.37	50.30	53.27	56.24	59.20	62.17	65.14	68.10	71.07	5.94
6.—	51.46	58.56	62.12	65.68	69.23	72.79	76.34	79.90	83.46	7.11
7.—	58.54	66.83	70.98	75.12	79.27	83.41	87.56	91.71	95.86	8.29
8.—	65.63	75.09	79.83	84.57	89.30	94.04	98.77	103.51	108.25	9.48
9.—	72.71	83.36	88.69	94.01	99.34	104.66	109.99	115.32	120.65	10.66
10.—	79.79	91.62	97.54	103.46	109.38	115.29	121.21	127.13	133.05	11.84
15.—	115.21	132.94	141.81	150.69	159.55	168.42	177.29	186.16	195.03	17.74
Logarithmes des Changes	7084	8204	8854	9445	10035	10625	11216	11806	12396	1180
Frais invariables par 100 kil.	8.95	8.98	9.—	9.01	9.03	9.04	9.06	9.07	9.09	0.03

OBSERVATIONS

F. 5 et 5 % par 1000 kil. sur le fret font au Havre une différence de F. 0.63 par 100 kil. sur les prix.

Logarithme sans change 2,3612

On veut savoir le revient du Sucre Havane en caisses ayant coûté à New-York 6 ½ c. la livre au change de F. 3.80 et au fret de F. 60 et 5 % les 1000 kil.

On trouvera dans la 1re, 4e et 11e colonne de ce tableau que :

C. 6.—	au change de F. 3.75 font les 100 kil.	F.	62.12
	5 c. de différence de change	»	0.71
» ½	au change de F. 3.75	»	4.43
	5 c. de différence de change	»	0.06
C. 6.½	au change de 3.80 font les 100 kil.	F.	67.32

Ainsi le logarithme 23612 × le change 3.80 = le logarithme correspondant à ce change 8972 ;

6 ½ c. × 8972 =	F.	58.32
à ajouter les frais invariables	»	9.—
Revient égal	F.	67.32

Droits d'entrée par 100 kil. en Juin 1869

Sous tous pavillons F. 42 pour le type au-dessous du N° 13
id. » 44 pour le type N° 13 au type N° 20

COMPTE D'ACHAT ET DE REVIENT

A 415 BOUCAUTS ET 40 TIERÇONS SUCRE MOSCOVADE

415 boucauts et 40 tierçons Sucre Moscow brut	₰ 679746			
Tare 12 %	» 81569			
Net	₰ 598177 à 7 c. Cy la ₰		$	41872.39

FRAIS A NEW-YORK

Frais de réception et mise à bord	»	195.30		
Courtage d'achat ¼ %	»	104.68		
Taxe 1 ‰	»	41.87	»	341.85
			$	42214.24
Commission d'achat 2 ½ %	$	1055.36		
Courtage de change ¼ %	»	108.45	»	1163.81
			$	43378.05
Remboursement sur Paris à 60 jours de date au change de F. 4 pour 1 $ Cy			F.	173512.20

FRAIS AU HAVRE

Fret à 30/. et 5 % par 1015 kil. £ 472.— . 3d à F. 25.20	F.	11894.70		
Permis, frais au débarquement, échantillonner, conditionner, port en magasin, arrimage, magasinage d'un mois, livraison et menus frais.	»	2047.50		
Assurance maritime à 1 ¼ % sur F. 190868.42	»	2385.79		
Assurance contre le feu à 1 ‰ sur F. 190603.42	»	190.86		
Commission de banque ¼ % sur F. 173512.20	»	433.78		
Réfactions pour couches à F. 3 et F. 1.50	»	1305.—		
Escompte à la vente 2 ¼ %				
Courtage de vente ¼ %				
Commission de vente 2 %				
Ensemble 4 ½ % sur F. 200806.10	»	9036.27	»	27293.90
			F.	200806.10

RENDEMENT : 100 ₰ brutes = brut 44 kil. % :

Brut	kil.	304186
Perte ½ %	»	1521
	kil.	302665
Fond lourd	»	1102
	kil.	301563 tare 15 % sur 415 boucauts kil. 289188 à F. 43378
		» 16 % » 40 tierçons » 12375 » 1980
	»	47827 vidange 823 pouces à » 3 » 2469
	kil.	253736 à F. 79.14 les 100 kil. entrepôt F. 200806.67

PRIX DE REVIENT AU HAVRE DES 100 KIL. ENTREPOT

AUX CHANGES SUIVANTS SUR PARIS POUR 1 $ CURRENCY

	PRIX à NEW-YORK par ₰	F. 3.—	F. 3.50	F. 3.75	F. 4.—	F. 4.25	F. 4.50	F. 4.75	F. 5.—	F. 5.25	50 c. de différence par 1 $ sur le change font au Havre par 100 kil.
Cents et frais variables	$ 0. ⅛	F. 0.92	F. 1.13	F. 1.21	F. 1.30	F. 1.38	F. 1.45	F. 1.54	F. 1.62	F. 1.70	F. 0.16
	0. ¼	1.94	2.27	2.43	2.59	2.75	2.91	3.08	3.24	3.40	0.32
	0. ½	3.88	2.58	4.86	5.18	5.50	5.82	6.15	6.48	6.80	0.65
	0. ¾	5.82	6.80	7.29	7.77	8.25	8.73	9.23	9.72	10.20	0.92
	1.—	7.77	9.06	9.71	10.36	10.—	11.65	12.30	12.95	13.60	1.30
Cents et frais variables et invariables	5.—	45.38	51.90	55.16	58.42	61.68	64.94	68.20	71.46	74.72	6.52
	6.—	53.15	60.96	64.87	68.78	72.68	76.59	80.50	84.41	88.32	7.81
	7.—	60.92	70.02	74.58	79.14	83.66	88.24	92.80	97.36	101.92	9.12
	8.—	68.69	79.08	84.29	89.50	94.68	99.89	105.10	110.31	115.52	10.42
	9.—	76.46	88.14	94.—	99.86	105.60	111.54	117.40	123.26	129.12	11.71
	10.—	84.22	97.22	103.71	110.21	116.72	123.21	129.71	136.20	142.70	13.—
	15.—	123.06	142.53	152.27	162.—	171.74	181.47	191.21	200.94	210.66	19.47
Logarithmes des changes		7768	9063	9710	10358	11005	11653	12300	12948	13595	1295
Frais invariables par 100 kil.		6.54	6.59	6.61	6.63	6.64	6.68	6.69	6.72	6.75	0.05

OBSERVATIONS

F. 5 et 5 % par 1015 kil. sur le fret font au Havre une différence de F. 0.82 par 100 kil. sur les prix.

Logarithme sans change 2,5894

On veut savoir le revient du Sucre Moscovade ayant coûté à New-York 6 ¼ c. la livre au change de F. 3.80 et au fret de 30/. et 5 % les 1015 kil.

On trouvera dans la 1re, 4e et la 11e colonne de ce tableau que :

C. 6. — au change de 3.75 font les 100 kil. E.	F.	64.87
5 c. de différence de change	»	0.78
» — . ¼ au change de 3.75 font	»	2.43
5 c. de différence de change	»	0.03
C. 6. ¼ au change de 3.80 font les 100 kil. E.	F.	68.11

Ainsi le logarithme 25894 × le change 3.80 = le logarithme correspondant à ce change 9840 ;

6 ¼ c. × 9840 =	F.	61.50
à ajouter les frais invariables	»	6.61
Revient égal	F.	68.11

Droits d'entrée par 100 kil. en Juin 1869

Sous tous pavillons F. 42 au-dessous du type N° 13
id. » 44 du type N° 13 au type N° 20

COMPTE D'ACHAT ET DE REVIENT

A 5630 MORCEAUX BOIS DE CAMPÊCHE

5630 morceaux Bois de Campêche pesés, 234060 ℔ à $ 15 or par 2240 ℔			$	1507.36

FRAIS A NEW-YORK

Frais de réception et mise à bord	$	34.18		
Courtage d'achat ⅓ %	»	7.84		
Taxe 1 ‰	»	1.57	»	43.59
			$	1610.95
Commission d'achat 2 ½ %	$	40.28		
Frais de change ¼ %	»	4.14	»	44.42
			$	1655.37
Remboursement sur Paris à 60 jours de vue au change de F. 5.20 pour 1 $			F.	8607.92

FRAIS AU HAVRE

Fret à F. 50 et 10 % par 1000 kil.	F.	5726.64		
Permis, frais au débarquement, port en magasin, arrimage, magasinage d'un mois, livraison et menus frais	»	573.10		
Assurance maritime à 1 ¼ % sur F. 9468.71	»	118.36		
Assurance contre le feu à 1 ‰ sur F. 9468.71	»	9.47		
Commission de banque à ¼ % sur F. 8607.92	»	21.52		
Escompte à la vente 2 ½ %				
Courtage de vente ½ %				
Commission de vente 2 %				
Ensemble 4 ½ % sur F. 15768.60	»	709.59	»	7160.68
			F.	15768.60

RENDEMENT : 100 ℔ à New-York = brut 44 kil. ½ :

Brut	kil. 104157			
Don 2 %	» 2083			
Net	kil. 102074 à F. 15.45 les 100 kil. entrepôt		F.	15770.43

PRIX DE REVIENT AU HAVRE DES 100 KIL. ENTREPOT

AUX CHANGES SUIVANTS SUR PARIS POUR 1 $ OR

	PRIX à NEW-YORK par 2240 ℔	F. 5.—	F. 5.10	F. 5.20	F. 5.30	F. 5.40	10 c. de différence par 1 $ sur le change font au Havre par 100 kil.
[illegible] — Coût et frais variables	$ 0.½	F. 0.28	F. 0.29	F. 0.30	F. 0.30	F. 0.30	F. 0.01
	1.—	0.57	0.58	0.59	0.60	0.61	0.01
	2.—	1.13	1.15	1.17	1.19	1.21	0.02
	3.—	1.70	1.73	1.76	1.79	1.82	0.03
	4.—	2.26	2.30	2.34	2.38	2.42	0.04
	5.—	2.82	2.88	2.93	2.99	3.04	0.06
Coût et frais variables et invariables	7.—	10.60	10.68	10.77	10.85	10.94	0.09
	8.—	11.16	11.26	11.35	11.45	11.54	0.10
	9.—	11.73	11.83	11.93	12.04	12.14	0.11
	10.—	12.29	12.41	12.52	12.64	12.75	0.12
	11.—	12.86	12.98	13.11	13.23	13.36	0.13
	12.—	13.42	13.56	13.69	13.83	13.96	0.14
	13.—	13.99	14.13	14.28	14.42	14.57	0.15
	14.—	14.55	14.71	14.86	15.02	15.17	0.16
	15.—	15.11	15.28	15.45	15.62	15.79	0.17
	20.—	17.93	18.16	18.38	18.61	18.83	0.23
Logarithmes des Changes		5635	5747	5860	5972	6085	113
Frais invariables par 100 kil.		6.65	6.65	6.65	6.66	6.66	0.—

OBSERVATIONS

F. 5 et 10 % par 1000 kil. sur le fret font au Havre une différence de F. 0.59 par 100 kil. sur les prix.

Logarithme sans change 0,1127

On veut savoir le revient du Bois de Campêche ayant coûté à New-York $ 9 les 2240 ℔ au change de F. 5.25 et au fret de F. 50 et 10 % les 1000 kil.

On trouvera dans la 1re, 4e et 7e colonne de ce tableau que:

$ 9 au change de 5.20 font les 100 kil. E.	F. 11.93
5 c. de différence de change font	» 0.05
$ 9 au change de 5.25 feront les 100 kil. E.	F. 11.98

Ainsi le logarithme 0.1127 × le change 5.25 = le logarithme correspondant à ce change 5917 ; 9 × 5917 = F. 5.33

9 × 5917 =	F. 5.33
à ajouter les frais invariables	» 6.65
Revient égal	F. 11.98

Exempt de Droits d'entrée

DEPUIS JUIN 1869

COMPTE D'ACHAT ET DE REVIENT

A 1000 CAISSES EXTRAIT DE BOIS DE CAMPÊCHE

1000 caisses extrait de Bois de Campêche brut.... ℔ 58608			
Tare nette.... » 5999			
Net.... ℔ 52609 à 12 c. Cy le ℔ franco à bord.. Cy.		$	6313.08

FRAIS A NEW-YORK

Commission d'achat 2 ½ %....	$ 157.83		
Courtage de change ¼ %....	» 16.22	»	174.65
		$.	6487.13
Remboursement sur Paris à 60 jours de vue au change de F. 4 pour 1 $....		F.	25948.52

FRAIS AU HAVRE

Fret à 58608 ℔ à ½ c. et 5%, soit $ 307.69 à F. 5.25....	F. 1615.37		
Permis, frais au débarquement, tonneliers pour conditionner, port en magasin, arrimage, magasinage d'un mois, livraison et menus frais.	» 350.—		
Assurance maritime à 1 % sur F. 28543.87....	» 285.43		
Assurance contre le feu à 1‰ sur F. 28543.87....	» 28.54		
Commission de banque à ¼ % sur F. 25948.52....	» 64.87		
Escompte à la vente.... 2¼ %			
Courtage de vente.... ¼ %			
Commission de vente.... 2 %			
Ensemble.... 4½ % sur F. 29625.89....	» 1333.16	»	3677.37
		F.	29625.89

RENDEMENT : 100 ℔ brutes = 45 kil. ⅓ :

Brut.... kil. 26569			
Tare réduite.... » 2719			
Net.... kil. 23850 à F. 124.21 les 100 kil. entrepôt....		F.	29624.08

PRIX DE REVIENT AU HAVRE DES 100 KIL. ENTREPOT

AUX CHANGES SUIVANTS SUR PARIS POUR 1 $ CURRENCY

	PRIX à NEW-YORK par ℔	F. 3.—	F. 3.50	F. 3.60	F. 3.70	F. 3.80	F. 3.90	F. 4.—	F. 4.50	F. 5.—	10 c. de différence par 1 $ sur le change font au Havre par 100 kil.
DÉBOURS. — Coût et frais variables	0.¼	F. 1.81	F. 2.11	F. 2.17	F. 2.22	F. 2.29	F. 2.35	F. 2.41	F. 2.71	F. 3.01	F. 0.30
	0.½	3.62	4.22	4.34	4.45	4.58	4.70	4.82	5.42	6.02	0.60
	0.¾	5.43	6.33	6.51	6.67	6.87	7.05	7.23	8.13	9.03	0.90
	1.—	7.23	8.43	8.67	8.91	9.15	9.39	9.63	10.84	12.04	1.20
Coût et frais variables et invariables	6.—	51.97	59.19	60.64	62.08	63.53	64.97	66.42	73.64	80.87	7.23
	7.—	59.19	67.62	69.31	70.99	72.68	74.36	76.05	84.48	92.91	8.43
	8.—	66.42	76.05	77.98	79.90	81.83	83.75	85.68	95.32	104.95	9.63
	9.—	73.64	84.48	86.65	88.81	90.98	93.14	95.31	106.16	116.99	10.84
	10.—	80.87	92.91	95.32	97.72	100.13	102.53	104.94	117.—	129.03	12.04
	11.—	88.09	101.34	103.99	106.63	109.28	111.92	114.57	127.84	141.07	13.24
	12.—	95.32	109.77	112.66	115.55	118.44	121.33	124.22	138.67	153.12	14.45
	13.—	102.54	118.20	121.33	124.46	127.59	130.72	133.85	149.51	165.16	15.65
	14.—	109.77	126.63	130.—	133.37	136.74	140.11	143.48	160.35	177.20	16.85
	15.—	116.99	135.06	138.67	142.28	145.89	149.50	153.11	171.19	189.24	18.06
	16.—	124.22	143.49	147.34	151.19	155.04	158.89	162.74	182.03	201.28	19.26
	17.—	131.44	151.92	156.01	160.10	164.19	168.28	172.37	192.87	213.32	20.47
	18.—	138.67	160.34	164.68	169.01	173.35	177.68	182.02	203.70	225.37	21.68
	24.—	182.02	210.92	216.70	222.48	228.26	234.04	239.82	268.72	297.62	28.90
Logarithmes des changes		72246	84287	86695	89103	91511	93919	96328	108369	120410	12041
Frais invariables par 100 kil.		8.63	8.63	8.63	8.63	8.63	8.63	8.63	8.63	8.63	0.—

OBSERVATIONS

⅛ c. et 5 % par ℔ sur le fret font au Havre une différence de F. 1.77½ par 100 kil. sur les prix.

Logarithme sans change 2.4082

On veut savoir le revient au Havre d'extrait de Bois de Campêche ayant coûté à New-York 13 ⅛ c. la livre au change de F. 3.70 et au fret de ½ c. et 5 %.

On trouvera dans la 1re et la 5e colonne de ce tableau que :

C. 13.— font les 100 kil. entrepôt....		F. 124.46
» —.⅛	id. id.	» 4.45
C. 13.⅛ feront les 100 kil. entrepôt....		F. 128.91

Ainsi le logarithme 24082 × le change 3.70 = le logarithme correspondant à ce change 89103;

13 ⅛ c. × 89103 =....	F. 120.28
à ajouter les frais invariables....	» 0.63
Revient égal....	F. 128.91

Prohibé à l'entrée en France

COMPTE D'ACHAT ET DE REVIENT

A 100 BALLES SALSEPAREILLE

100 balles Salsepareille = 19306 ℔ à 15 c. la ℔			$	2895.90

FRAIS A NEW-YORK

Frais de réception et mise à bord	$	22.50		
Courtage ½ %	»	14.48		
Taxe 1 ‰	»	2.90	»	39.88
			$	2935.78
Commission d'achat 2 ½ %	$	73.39		
Frais de change ¼ %	»	7.57	»	80.93
			$	3016.71
Remboursement sur Paris à 60 jours de vue au change de F. 3.50 pour 1 $ Cy			F.	10558.48

FRAIS AU HAVRE

Fret à 19306 ℔ à 1 c. et 5 % soit $ 202.71 à F. 5.25	F.	1064.28		
Permis, frais au débarquement, échantillonner, conditionner, port en magasin, arrimage, magasinage d'un mois, livraison et menus frais.	»	160.—		
Assurance maritime à 1 ¼ % sur F. 11614.33	»	145.17		
Assurance contre le feu à 1 ‰ sur F. 11614.33	»	11.61		
Commission de banque ¼ % sur F. 10558.48	»	26.40		
Escompte à la vente 2 ½ %				
Courtage de vente ½ %				
Commission de vente 2 %				
Ensemble 4 ½ % sur F. 12529.78	»	563.84	»	1971.25
			F.	12529.73

RENDEMENT : 100 ℔ = 45 kil :

Brut		kil. 8688		
Tare ¾ %	kil. 75			
Don 2 %	» 200	» 275		
Net kil. 8413 à F. 148.93 les 100 kil. entrepôt			F.	12529.48

PRIX DE REVIENT AU HAVRE DES 100 KIL. ENTREPOT

AUX CHANGES SUIVANTS SUR PARIS POUR 1 $ CURRENCY

	PRIX à NEW-YORK par ℔	F. 3.—	F. 3.50	F. 3.60	F. 3.70	F. 3.80	F. 3.90	F. 4.—	F. 4.50	F. 5.—	50 c. de différence par 1 $ sur le change font au Havre par 100 kil.
	0.¼	F. 1.89	F. 2.21	F. 2.27	F. 2.34	F. 2.40	F. 2.46	F. 2.53	F. 2 84	F. 3.16	F. 0.32
	0.½	3.79	4.42	4.55	4.67	4.80	4.92	5.05	5.68	6.32	0.63
	0.¾	5.68	6.63	6.82	7.01	7.20	7.38	7.58	8.52	9.48	0.95
	1.—	7.58	8.84	9.10	9.35	9.60	9.85	10.11	11.37	12.64	1.26
Coût et frais variables et invariables	5.—	54.01	60.48	61.77	63.06	64.35	65.64	66.94	73.41	79.87	6.47
	6.—	61.59	69.39	70.87	72.41	73.95	75.49	77.05	84.78	92.51	7.73
	7.—	69.17	78.16	79.97	81.76	83.55	85.35	87.16	96.15	105.15	8.99
	8.—	76.75	87.01	89.07	91.11	93.15	95.20	97.26	107.52	117.79	10.26
	9.—	84.33	95.85	98.17	100.46	102.75	105.06	107.38	118.89	130.43	11.53
	10.—	91.91	104.70	107.25	109.80	112.36	114.91	117.48	130.27	143.05	12.79
	11.—	99.49	113.54	116.37	119.15	121.96	124.77	127.59	141.64	155.69	14.05
	12.—	107.07	122.38	125.47	128.50	131.56	134.62	137.70	153.01	168.33	15.31
	13.—	114.65	131.23	134.57	137.85	141.16	144.48	147.81	164.38	180.97	16.58
	14.—	122.23	140.07	143.67	147.20	150.76	154.38	157.92	175.76	193.61	12.84
	15.—	129.81	148.92	152.74	156.56	160.38	164.20	168.02	187.13	206.23	19.11
	20.—	167.71	193.14	198.22	203.30	208.38	213.46	218.56	243.99	269.41	25.43
Logarithmes des changes		7581	8844	9097	9350	9603	9856	10108	11371	12635	1263
Frais invariables par 100 kil.		16.10	16.25	16.28	16.31	16.34	16.37	16.40	16.55	16.70	—.15

OBSERVATIONS

¼ c. et 5 % par ℔ sur le fret font au Havre une différence de F. 3.31 par 100 kil. sur les prix.

Logarithme sans change 2.527

On veut savoir le revient au Havre de Salsepareille Mexique ayant coûté à New-York 16 ¼ c. la ℔ au change de F. 3.80 et au fret de 1 c. et 5 % la ℔.

On trouvera dans la 1re et 6e colonne de ce tableau que :

C. 15.—	font les 100 kil.	Entrepôt	F.	160.38
» 1.—	id.	id.	»	9.60
» —.¼	id.	id.	»	2.40
C. 16.¼	feront les 100 kil.	Entrepôt	F.	172.38

Ainsi le logarithme 2527 × le change 3.80 = le logarithme correspondant à ce change 9603 ;

16.¼ × 9603 =	F.	156 04
à ajouter les frais invariables	»	16.34
Revient égal	F.	172.38

Exempte de Droits d'entrée

DEPUIS JUIN 1868

COMPTE D'ACHAT ET DE REVIENT

A 600 SACS POIVRE SUMATRA

600 Sacs Poivre Sumatra brut ..... ℔ 65350			
Tare 2 % .... » 1307			
Net .... ℔ 64043 à 90 c. la ℔		$	5763.87

FRAIS A NEW-YORK

Frais de réception et mise à bord	$	44.—		
Courtage d'achat ½ %	»	28.82		
Taxe 1 ‰	»	5.76	»	78.58
			$	5842.45
Commission d'achat 2 ½ %	»	146.06		
Courtage de change ¼ %	»	15.01	»	161.07
			$	6003.52
Remboursement sur Paris à 60 jours de vue au change de F. 4 pour 1 $			F.	24014.08

FRAIS AU HAVRE

Fret à 65350 ℔ à ½ c. et 5 %, soit $ 343.09 à F. 5.25	F.	1801.22		
Permis, frais au débarquement, échantillonner, conditionner, port en magasin, arrimage, magasinage d'un mois, livraison et menus frais..	»	482.—		
Assurance maritime à 1 ¼ % sur F. 26415.49	»	330.19		
Assurance contre le feu à 1 ‰ sur F. 26415.49	»	26.42		
Commission de banque à ¼ % sur F. 24014.08	»	60.04		
Escompte à la vente .... 1 ¾ %				
Courtage de vente .... ¼ %				
Commission de vente .... 2 %				
Ensemble .... 4 % sur F. 27774.95	»	1111.—	»	3760.87
			F.	27774.95

Rendement : 100 ℔ = 45 kil. ½ :

Brut	kil.	29625		
Tare 2 % .... kil. 598				
Réfaction .... » 225	»	818		
Net .... kil. 28807 à F. 96.41 les 100 kil. entrepôt			F.	27772.83

PRIX DE REVIENT AU HAVRE DES 100 KIL. ENTREPOT

AUX CHANGES SUIVANTS SUR PARIS POUR 1 $ CURRENCY

	PRIX à NEW-YORK par ℔	F. 3.—	F. 3.50	F. 3.60	F. 3.70	F. 3.80	F. 3.90	F. 4.—	F. 4.50	F. 5.—	30 c. de différence par 1 $ sur 1 change font au Havre par 100 kil.
SEULEMENT. — Coût et frais variables	0. ¼	F. 1.83	F. 2.13	F. 2.19	F. 2.25	F. 2.31	F. 2.38	F. 2.44	F. 2.74	F. 3.04	F. 0.30
	0. ½	3.65	4.26	4.38	4.50	4.62	4.75	4.87	5.48	6.08	0.61
	0. ¾	5.48	6.39	6.57	6.75	6.93	7.13	7.31	8.22	9.12	0.91
	1.—	7.31	8.52	8.77	9.01	9.26	9.50	9.74	10.96	12.18	1.22
Coût et frais variables et invariables	12.—	96.23	110.93	113.86	116.80	119.74	122.68	125.62	140.32	155.01	14.70
	13.—	103.53	119.44	122.63	125.81	128.99	132.18	135.36	151.28	167.19	15.91
	14.—	110.84	127.97	131.39	134.82	138.25	141.68	145.10	162.23	179.36	17.13
	15.—	118.15	136.50	140.16	143.83	147.50	151.17	154.84	173.19	191.54	18.35
	16.—	125.45	145.01	148.93	152.84	156.75	160.67	164.58	184.15	203.71	19.57
	17.—	132.76	153.53	157.69	161.85	166.01	170.17	174.32	195.11	315.89	20.78
	18.—	140.06	162.06	166.46	170.86	175.26	179.66	184.06	206.06	228.06	22.—
	19.—	147.37	170.58	175.23	179.87	184.52	189.16	193.80	217.02	240.23	23.22
	20.—	154.67	179.10	183.99	188.88	193.77	199.06	203.54	227.98	252.41	24.43
	21.—	161.98	187.63	192.76	197.89	203.02	208.15	213.28	238.94	264.59	25.65
	Logarithmes des changes	7305	8522	8766	9009	9253	9496	9740	10957	12175	1217
	Frais invariables par 100 kil.	8.57	8.66	8.66	8.68	8.70	8.72	8.74	8.83	8.91	0.08

OBSERVATIONS

¼ c. et 5 % par ℔ sur le fret font au Havre une différence de F. 1.63 par 100 kil. sur les prix.

Logarithme sans change 2,435

On veut savoir le revient du Poivre ayant coûté à New-York 11 c. la livre au change de F. 3.70 et au fret de ¼ c. et 5 %.

On trouvera dans la 1re et la 5e colonne de ce tableau que :

C. 12 font les 100 kil. entrepôt .... F. 116.80
» 1 id. id. .... » 9.01
C. 11 feront les 100 kil. entrepôt .... F. 107.79

Ainsi le logarithme 2435 × le change 3.70 = le logarithme correspondant à ce change 9009 ; 11 c. × 9009 = .. F. 99.11
à ajouter les frais invariables .... » 8.68
Revient égal .... F. 107.79

Droits d'entrée par 100 kil. en Juin 1869

Sous tous pavillons .... F. 50.—

COMPTE D'ACHAT ET DE REVIENT

300 SACS PIMENT JAMAIQUE

300 sacs Piment Jamaïque brut	lb 34279	
Tare 3 %	» 1028	
Net	lb 33251 à 7 c. la lb ... Cy $	2327.57

FRAIS A NEW-YORK

Frais de réception et mise à bord	$ 22.59		
Courtage d'achat ½ %	" 11.63		
Taxe 1 ‰	» 2.33	»	36.55
		$	2364.12
Commission d'achat 2 ½ %		»	59.10
Courtage de ¼ %		»	6.07
		Cy $	2429.29
Remboursement sur Paris à 60 jours de vue au change de F. 4 pour 1 $		F.	9717.16

FRAIS AU HAVRE

Fret à 34279 lb à ¾ c. et 5 % soit $ 269.94 à F. 5.25	F. 1417.18		
Permis, frais au débarquement, échantillonner, conditionner, port en magasin, arrimage, magasinage d'un mois, livraison et menus frais	» 216.—		
Assurance maritime à 1 ¼ % sur F. 10688.87	» 133.61		
Assurance contre le feu à 1 ‰ sur F. 10688.87	» 10.69		
Commission de banque à ¼ % sur F. 9717.16	» 24.29		
Escompte à la vente 1 ¾ %			
Courtage de vente ¼ %			
Commission de vente 2 %			
Ensemble 4 % sur F. 11998.89	» 479.96	»	2281.73
		F.	11998.89

RENDEMENT : 100 lb = brut 45 kil. ⅓ :

Brut	kil. 15540 tare 2 % 311 kil., réfaction 100 kil. soit		
	» 411		
Net	kil. 15129 à F. 79.31 les 100 kil. entrepôt	F.	11998.81

PRIX DE REVIENT AU HAVRE DES 100 KIL. ENTREPOT

AUX CHANGES SUIVANTS SUR PARIS POUR 1 $ CURRENCY

PRIX à NEW-YORK par lb	F. 3.—	F. 3.50	F. 3.60	F. 3.70	F. 3.80	F. 3.90	F. 4.—	F. 4.50	F. 5.—	50 c. de différence sur le change font au Havre par 100 kil.
SURDIT. — Coût et frais variables C. 0.¼	F. 1.80	F. 2.10	F. 2.17	F. 2.23	F. 2.29	F. 2.35	F. 2.41	F. 2.71	F. 3.01	F. 0.30
0.½	3.61	4.21	4.34	4.46	4.58	4.70	4.81	5.41	6.02	0.60
0.¾	5.41	6.31	6.51	6.69	6.87	7.05	7.22	8.12	9.03	0.90
1.—	7.22	8.42	8.67	8.91	9.15	9.39	9.63	10.83	12.04	1.21
Coût et frais variables et invariables 5.—	47.86	53.96	55.18	56.40	57.62	58.84	60.05	66.15	72.25	6.10
6.—	55.08	62.38	63.85	65.31	66.77	68.23	69.68	76.98	84.29	7.30
7.—	62.30	70.80	72.52	74.22	75.92	77.62	79.31	87.81	96.33	8.50
8.—	69.52	79.23	81.17	83.11	85.05	86.99	88.95	98.66	108.37	9.71
9.—	76.74	87.65	89.84	92.02	94.20	96.38	98.58	109.49	120.41	10.91
10.—	83.96	96.07	98.51	100.93	103.35	105.77	108.21	120.32	132.45	12.12
11.—	91.10	104.51	107.17	109.84	112.50	115.17	117.85	131.17	144.48	13.33
12.—	98.41	112.93	115.84	118.75	121.65	124.56	127.48	142.—	156.52	14.52
13.—	105.63	121.35	124.51	127.66	130.80	133.95	137.11	152.83	168.55	15.72
14.—	112.86	129.79	133.17	136.56	139.94	143.33	146.72	163.65	180.58	16.93
15.—	120.08	138.21	141.84	145.47	149.09	152.72	156.35	174.46	192.62	18.14
Logarithmes des changes	72231	84269	86677	89085	91493	93901	96308	108346	120385	12038
Frais invariables par 100 kil.	11.74	11.82	11.84	11.85	11.86	11.88	11.90	11.98	12.06	0.08

OBSERVATIONS

⅛ et 5 % par lb sur le fret font au Havre une différence de F. 1.63 par 100 kil. sur les prix

Logarithme sans change 2.4077

On veut savoir le revient au Havre du Piment Jamaïque ayant coûté à New-York 9 ½ c. la livre au change de F. 3.70 et au fret de ¾ c. et 5 %.

On trouvera dans la 1re et 5e colonne de ce tableau que :

C. 10.— font les 100 kil. Entrepôt	F. 100.93
» —.½ qui font	» 4.46
C. 9.½ feront les 100 kil. Entrepôt	F. 96.47

Ainsi le logarithme 24077 × le change 3.70 = le logarithme correspondant à ce change 89085 ;

9½ c. × 89085 =	F. 84.62
à ajouter les frais invariables	» 11.85
Revient égal	F. 96.47

Droits d'entrée par 100 kil. en Juin 1889

Sous tous pavillons ... F. 50.—

COMPTE D'ACHAT ET DE REVIENT

A 750 SACS CACAO HAITI

750 sacs Cacao Haïti brut .... ℔ 83877
Tare 2 % .... » 1677
Net .... ℔ 82200 à 8 c. or .... Or $ 6576.—

FRAIS A NEW-YORK

Frais de réception et mise à bord	$	17.50		
Courtage d'achat ⅛ %	»	32.88		
Taxe 1 ‰	»	6.58	»	56.96
			$	6632.96
Commission d'achat 2 ½ %	$	165.82		
Commission de banque ¼ %	»	17.04	»	182.86
			$	6815.82
Remboursement sur Paris à 60 jours de vue au change de F. 5.20 pour 1 $			F.	35442.26

FRAIS AU HAVRE

Fret à 83877 ℔ à ¾ c. et 5 %, soit $ 660.52 à F. 5.25	F.	3467.73		
Permis, frais au débarquement, échantillonner, conditionner, port en magasin, arrimage, magasinage d'un mois, livraison et menus frais	»	345.—		
Assurance maritime à 1 ¼ % sur F. 38986.49	»	487.33		
Assurance contre le feu à 1 ‰ sur F. 38986.49	»	38.99		
Commission de Banque à ¼ % sur F. 35442.26	»	88.61		
Escompte à la vente .... 2¼ %				
Courtage de vente .... ¼ %				
Commission de vente .... 2 %				
Ensemble .... 4½ % sur F. 41748.61	»	1878.69	»	6306.35
			F.	41748.61

RENDEMENT : 100 ℔ = 45 kil. ½ :

Brut .... kil. 38024
Tare 2 % .... kil. 760
Réfaction .... » 150 » 910
Net .... kil. 37114 à F. 112.49 les 100 kil. Entrepôt .... F. 41749.54

PRIX DE REVIENT AU HAVRE DES 100 KIL. ENTREPOT

AUX CHANGES SUIVANTS SUR PARIS POUR 1 $ OR

	PRIX à NEW-YORK par ℔	F. 5.—	F. 5.05	F. 5.10	F. 5.15	F. 5.20	F. 5.25	F. 5.30	F. 5.35	F. 5.40	5 c. de différence par 1 $ sur le change font au Havre par 100 kil.
SURPRIX. — Coût et frais variables	Or 0.⅛	F. 1.53	F. 1.54	F. 1.56	F. 1.57	F. 1.59	F. 1.60	F. 1.62	F. 1.63	F. 1.65	F. 0.02
	0.¼	3.05	3.08	3.11	3.14	3.17	3.20	3.24	3.26	3.29	0.03
	0.⅜	4.58	4.62	4.67	4.71	4.76	4.80	4.86	4.89	4.94	0.05
	0.½	6.10	6.16	6.22	6.28	6.35	6.41	6.48	6.53	6.59	0.06
	0.⅝	7.63	7.70	7.78	7.85	7.93	8.—	8.10	8.15	8.22	0.08
	0.¾	9.15	9.24	9.33	9.42	9.51	9.60	9.72	9.78	9.87	0.09
	0.⅞	10.68	10.78	10 89	10.99	11.10	11.20	11.34	11.41	11.52	0.11
	1.—	12.20	12.32	12.44	12.57	12.69	12.81	12.93	13.06	13.18	0.13
Coût et frais variables et invariables	6.—	84.18	84.92	85.65	86.39	87.12	87.86	88.59	89.33	90.06	0.74
	7.—	96.38	97.23	98.09	98.95	99.81	100.66	101.52	102.38	103.24	0.85
	8.—	108.57	109.55	110.53	111.51	112.49	113.47	114.45	115.43	116.41	0.98
	9.—	120.77	121.87	122.97	124.07	125 18	126.28	127.38	128.48	129.59	1.10
	10.—	132.96	134.19	135.41	136.64	137.86	139.09	140.31	141.54	142.76	1.23
	11.—	145.16	146.50	147.85	149.20	150.55	151.89	153.24	154.59	155.94	1.35
	12.—	157.25	158.82	160.29	161.76	163.23	164.70	166.17	167.64	169.11	1.47
Logarithmes des Changes		12195	12317	12439	12561	12683	12805	12927	13049	13171	122
Frais invariables par 100 kil.		11.01	11.02	11.02	11.03	11.03	11.04	11.04	11.05	11.05	0.01

OBSERVATIONS

⅛ c. et 5 % par ℔ sur le fret font au Havre une différence de F. 1.63 par 100 kil. sur les prix.

Logarithme sans change 2.439

On veut savoir le Revient au Havre de Cacao Haïti ayant coûté à New-York 7 ⅛ c. la livre au change de F. 5.20 et au fret de ⅜ c. et 5 % la livre.

On trouvera dans la 1re et la 6e colonne de ce tableau que :
C. 7.— font les 100 kil. entrepôt .... F. 99.81
» —.⅛ id. id. .... » 6.35
C. 7.⅛ feront les 100 kil. entrepôt .... F. 106.16

Ainsi le logarithme 2439 × le change de F. 5.20 = le logarithme correspondant à ce change 12683 ;
7 ⅛ × 12683 = ... F. 95.12
à ajouter les frais invariables .... » 11.03
Revient égal .... F. 106.15

Droits d'entrée par 100 kil. en Juin 1888

Sous tous pavillons .... F. 30.—

COMPTE D'ACHAT ET DE REVIENT

A 855 SACS CAFÉ HAITI

855 sacs Café Haïti brut .... ₰ 106520
Tare .... » 2130
Net .... ₰ 104390 à 10 c. la ₰ .... Cy $ 10439.—

FRAIS A NEW-YORK

Frais de réception, et mise à bord .... $ 34.20
Courtage d'achat ¼ % .... » 26.10
Taxe 1 ‰ .... » 10.44 » 70.74
$ 10509.74
Commission 2 ½ % .... » 262.74
Courtage de change ¼ % .... » 27.—
$ 10799.48

Remboursement sur Paris à 60 jours de vue au change de F. 3.50 pour 1 $ Cy .... F. 37798.18

FRAIS AU HAVRE

Frat à 106520 ₰ à ½ c. et 5 % soit $ 559.23 à F. 5.25 .... F. 2935.96
Permis, frais au débarquement, échantillonner, conditionner, port en magasin, arrimage, magasinage d'un mois, livraison et menus frais.. » 458.15
Assurance maritime à 1 ¼ % sur F. 41578 .... » 519.72
Assurance contre le feu 1 ‰ sur F. 41578 .... » 41.58
Commission de banque ¼ % sur F. 37798.18 .... » 94.50
Escompte à la vente .... 1¾ %
Courtage de vente .... ¼ %
Commission de vente .... 2 %
Ensemble .... 4 % sur F. 43586.55 .... » 1743.46 » 5788.37
F. 43586.55

RENDEMENT : 100 ₰ brutes = brut 45 kil. ⅓ :

Brut .... kil. 48289
Tare 2 % .... kil. 966 —
Réf. pour avarie.. » 85 ⅓
» pour pierres. » 427 ⅓ » 1479
Net .... kil. 46810 à F. 93.12 les 100 kil. entrepôt .... F. 43589.47

PRIX DE REVIENT AU HAVRE DES 100 KIL. ENTREPOT

AUX CHANGES SUIVANTS SUR PARIS POUR 1 $ CURRENCY

	PRIX à NEW-YORK par ₰	F. 3.—	F. 3.50	F. 3.60	F. 3.70	F. 3.80	F. 3.90	F. 4.—	F. 4.50	F. 5.—	50 c. de différence par 1 $ sur le change font au Havre par 100 kil.
Subdivisions — Coût et frais variables	0.⅛	F. 0.91	F. 1.07	F. 1.09	F. 1.13	F. 1.16	F. 1.19	F. 1.22	F. 1.37	F. 1.52	F. 0.15
	0.¼	1.83	2.13	2.19	2.25	2.31	2.38	2.44	2.74	3.04	0.30
	0.⅜	2.74	3.20	3.28	3.38	3.47	3.57	3.66	4.11	4.56	0.45
	0.½	3.65	4.26	4.39	4.51	4.63	4.76	4.87	5.48	6.09	0.61
	0.⅝	4.56	5.33	5.48	5.64	5.79	5.95	6.09	6.85	7.61	0.76
	0.¾	5.48	6.39	6.58	6.76	6.94	7.13	7.31	8.22	9.13	0.91
	0.⅞	6.39	7.46	7.67	7.89	8.10	8.32	8.53	9.59	10.65	1.06
	1.—	7.31	8.53	8.77	9.02	9.26	9.51	9.75	10.96	12.18	1.22
Coût et frais variables et invariables	8.—	66.26	76.05	78.01	79.97	81.93	83.89	85.84	95.63	105.42	9.79
	9.—	73.57	84.58	86.78	88.99	91.19	93.40	95.59	106.59	117.60	11.—
	10.—	80.88	93.11	95.55	98.01	100.45	102.91	105.34	117.55	129.78	12.22
	11.—	88.19	101.64	104.35	107.03	109.71	112.42	115.09	128.51	141.96	13.43
	12.—	95.51	110.17	113.10	116.03	118.96	121.89	124.83	139.49	154.15	14.66
	13.—	102.82	118.70	121.87	125.05	128.22	131.40	134.58	150.45	166.33	15.87
	14.—	110.13	127.23	130.64	134.07	137.48	140.91	144.33	161.41	178.51	17.09
	15.—	117.44	135.76	139.41	143.09	146.74	150.42	154.08	172.37	190.69	18.30
	16.—	124.76	144.29	148.20	152.10	156.01	159.91	163.82	183.35	202.88	19.53
Logarithmes des Changes		73110	85295	87732	90169	92606	95043	97480	109665	121850	12185
Frais invariables par 100 kil.		7.78	7.82	7.82	7.83	7.84	7.85	7.86	7.90	7.94	0.04

OBSERVATIONS

⅛ c. et 5 % par ₰ sur le fret font au Havre une différence de F. 1.63½ par 100 kil. sur les prix

Logarithme sans change 2437

On veut savoir le revient au Havre de Café Haïti ayant coûté à New-York 11 ⅛ c. au change de F. 3.80 et au fret de ⅛ c. et 5 % la livre.

On trouvera dans la 1re et la 6e colonne de ce tableau que :
C. 11.— font les 100 kil. entrepôt .... F. 109.71
» ⅛ id. id. .... » 4.63
C. 11.⅛ feront les 100 kil. entrepôt .... F. 114.34

Ainsi le logarithme 2437 × le change 3.80 = le logarithme correspondant à ce change 92606 ;
11⅛ c. × 92606 = ... F. 106.50
à ajouter les frais invariables .... » 7.84
Revient égal .... F. 114.34

Droits d'entrée par 100 kil. en Juin 1889

Sous tous pavillons .... F. 50.40

COMPTE D'ACHAT ET DE REVIENT

100 CAISSES TABAC SEEDLEAF

100 caisses Tabac Seedlaf brut	℔ 46075			
Tare	» 8766			
Net	℔ 38209 à 12 c. la ℔		$	4585.08

FRAIS A NEW-YORK

Frais de réception et mise à bord	$	81.75		
Taxe 1 ‰	»	4.59	»	86.34
			$	4671.42
Commission d'achat 2 ¼ %			»	116.79
Frais de change ½ %			»	12.—
			$	4800.21
Remboursement sur Paris à 60 jours de vue au change de F. 4 pour 1 $ Cy			F.	19200.84

FRAIS AU HAVRE

Fret à 100 c. cub. feet 2258 à 30/. et 5 % par 40 p. £ 88.18. 1 à F. 25.25.	F.	2244.85		
Permis, frais au débarquement, échantilonner, conditionner, port en magasin, arrimage, magasinage d'un mois, livraison et menus frais.	»	200.—		
Assurance maritime à 1 % sur F. 21120.92	»	211.21		
Assurance contre le feu à 1 ‰ sur F. 21120.92	»	21.12		
Commission de Banque ¼ % sur F. 19200.84	»	48.—		
Escompte à la vente 2 ¼ %				
Courtage de vente ¼ %				
Commission de vente 2 %				
Ensemble 4 ½ % sur F. 22959.18	»	1033.16	»	3758.34
			F.	22959.18

RENDEMENT : 100 ℔ = 45 kil. % :

Brut	kil. 21295.—		
Tare	» 4052.—		
Net	kil. 17243.— à F. 133.15 les 100 kil. Entrepôt	F.	22959.05

PRIX DE REVIENT AU HAVRE DES 100 KIL. ENTREPOT

AUX CHANGES SUIVANTS SUR PARIS POUR 1 $ CURRENCY

PRIX à NEW-YORK par ℔	F. 3.—	F. 3.50	F. 3.75	F. 4.—	F. 4.25	F. 4.50	F. 4.75	F. 5.—	F. 5.25	50 c. de différence par 1 $ sur le change font au Havre par 100 kil.
C. 0.¼	F. 1.82	F. 2.12	F. 2.27	F. 2.42	F. 2.57	F. 2.72	F. 2.87	F. 3.03	F. 3.18	F. 0.30
0.½	3.63	4.23	4.54	4.84	5.14	5.45	5.75	6.05	6.36	0.60
0.¾	5.45	6.35	6.81	7.26	7.71	8.17	8.62	9.08	9.54	0.90
1.—	7.26	8.47	9.08	9.68	10.29	10.89	11.50	12·10	12.71	1.21
12.—	103.57	118.36	125.75	133.15	140 54	147.94	155.33	162.73	170.12	14.79
13.—	110,83	126.88	134.83	142.83	150.83	158.83	166.83	174.83	182.83	16.—
14.—	118.09	135.30	143.91	152,51	161.12	169.72	178.33	186.93	195.54	17.21
15.—	125.35	143.77	152.99	162.19	171.41	180.61	189.83	199.03	208.25	18.42
16.—	132.61	152.24	162.07	171.87	181.70	191.50	201.33	211.14	220.96	19.63
17.—	139.89	160.73	171.16	181.58	192.—	202.42	212.85	223.27	233.69	20.85
18.—	147.15	169.20	180.24	191.26	202.29	213.31	224.35	235.37	246.40	22.05
19.—	154.41	177.67	189.32	200.94	212.58	224.20	235.85	247.47	259.11	23.26
20.—	161.67	186.14	198.40	210.62	222.87	235.09	247.35	259.57	271.82	24.47
21.—	168.93	194.61	207.48	220.30	233.16	245.98	258.85	271.68	284.53	25.69
22.—	176.22	203.11	216.56	230.01	243.46	256.91	270.36	283.81	297.26	26.90
23.—	183.48	211.58	225.64	239.69	253.75	267.80	281.86	295.91	309.97	28.11
24.—	190.74	220.05	234.72	249.37	264.04	278.69	293.36	308.02	322.68	29.32
25.—	198.—	228.52	243.80	259.07	274.33	289.58	304.86	320.13	335.39	30.53
26.—	205.26	236.99	252.88	268.75	284.62	300.47	316.36	332.14	348.10	31.64
27.—	212.53	245.48	261.96	278.44	294.92	311.39	327.87	344.35	360.83	32.96
32.—	248.86	287.86	307.37	326.87	346.37	365.87	385.37	404.88	424.38	39.01
Logarithmes des changes	72645	84752	90806	96860	102914	108967	115021	121075	127129	12107
Frais invariables par 100 kil.	16.40	16.66	16.79	16.92	17.05	17.18	17.31	17.44	17.57	0.26

OBSERVATIONS

5/. et 5 % par 40 pieds cubes font au Havre une différence de F. 2,27 par 100 kil. sur les prix

Logarithme sans change 2.4215

On veut savoir le revient au Havre de Tabac en caisses ayant coûté à New-York 18 ¼ c. la ℔ au change de F. 4.25 et au fret de 30/. et 5 % les 40 pieds cubes.

On trouvera dans la 1re et la 6e colonne de ce tableau que :

C. 18.— font les 100 kil. entrepôt	F.	202.29
» 0.¼ id. id.	»	2.59
C. 18.¼ feront les 100 kil. entrepôt	F.	204.86

Ainsi le logarithme 2.4215 × le change F. 4.25 = le logarithme correspondant à ce change 102914 ;

18 ¼ c. × 102914 =	F.	187.81
à ajouter les frais invariables	»	17.05
Revient égal	F.	204.86

Prohibé à l'entrée en France

COMPTE D'ACHAT ET DE REVIENT

A 294 BARILS HUILE DE TÉRÉBENTHINE

294 barils Huile de Térébenthine contenant Gallons 12288				
Out.......... » 416				
Net.......... Gallons 11872 à 50 c. le gallon..........			$	5936.—

FRAIS A NEW-YORK

Frais de réception et mise à bord..........	$	61.95		
Taxe 1 ‰..........	»	5.94	»	67.89
			$	6003.89
Commission d'achat 2 ½ %..........			»	150.10
Courtage de change ¼ %..........			»	15.42
			$	6169.41
Remboursement sur Paris à 60 jours de vue au change de F. 4 pour 1 $ Cy..........			F.	24677.64

FRAIS AU HAVRE

Fret 6/. et 5 % par 40 gallons bruts, £ 96.15.4 à F. 25.25..........	F.	2448.35		
Permis, frais au débarquement, échantillonner, conditionner, port en magasin, arrimage, magasinage d'un mois, livraison et menus frais à F. 2 par baril..........	»	588.—		
Assurance maritime à 2 ½ % sur F. 27145.40..........	»	678.63		
Assurance contre le feu 1 ‰ sur F. 27145.40..........	»	27.15		
Commission de banque à ¼ % sur F. 24677.64..........	»	61.69		
Escompte à la vente.......... 2 ¼ %				
Courtage de vente.......... ¼ %				
Commission de vente.......... 2 %				
Ensemble.......... 4 ½ % sur F. 29818.28..........	»	1341.82	»	5140.64
			F.	29818.28

RENDEMENT : 1 gallon net = net 3 kil. 05 :

Net 36210 kil. à F. 82.35 les 100 kil. entrepôt.......... F. 29818.93

PRIX DE REVIENT AU HAVRE DES 100 KIL. ENTREPOT

AUX CHANGES SUIVANTS SUR PARIS POUR 1 $ CURRENCY

	PRIX à NEW-YORK par gallon	F. 3.—	F. 3.50	F. 3.75	F. 4.—	F. 4.25	F. 4.50	F. 4.75	F. 5.—	F. 5.25	50 c. de différence par 1 $ sur le change font au Havre par 100 kil.
SUBSIST. — Coût et frais variables	0.½	F. 0.55	F. 0.64	F. 0.69	F. 0.73	F. 0.77	F. 0.82	F. 0.87	F. 0.91	F. 0.96	F. 0.09
	1.—	1.09	1.28	1.37	1.46	1.55	1.64	1.73	1.82	1.91	0.18
	2.—	2.18	2.55	2.73	2.91	3.10	3.28	3.46	3.64	3.82	0.36
	3.—	3.27	3.82	4.09	4.36	4.65	4.92	5.19	5.46	5.73	0.54
	4.—	4.36	5.10	5.46	5.82	6.20	6.56	6.92	7.28	7.64	0.72
	5.—	5.46	6.37	6.83	7.28	7.74	8.19	8.65	9.10	9.56	0.91
Coût et frais variables et invariables	40.—	53.03	60.41	64.10	67.79	71.48	75.17	78.86	82.55	86.24	7.38
	45.—	58.49	66.78	70.92	75.07	79.22	83.63	87.51	91.65	95.80	8.29
	50.—	63.95	73.15	77.75	82.35	86.95	91.55	96.15	100.75	105.35	9.20
	55.—	69.41	79.52	84.58	89.63	94.69	99.74	104.80	109.85	114.91	10.11
	60.—	74.87	85.89	91.40	96.91	102.42	107.93	113.44	118.95	124.46	11.02
	65.—	80.33	92.26	98.23	104.19	110.16	116.12	122.09	128.05	134.02	11.93
	70.—	85.79	98.63	105.05	111.47	117.89	124.31	130.73	137.15	143.57	12.84
	75.—	91.25	105.—	111.88	118.75	125.63	132.50	139.38	146.25	153.13	13.75
	80.—	96.71	111.37	118.70	126.03	133.35	140.69	148.02	155.35	162.68	14.66
Logarithmes des changes		109233	127439	136542	145644	154747	163850	172953	182055	191158	18206
Frais invariables par 100 kil.		9.34	9.44	9.49	9.53	9.58	9.63	9.68	9.72	9.77	0.10

OBSERVATIONS

1/ et 5 % par 40 gallons sur le fret font au Havre une différence de F. 1.17 par 100 kil. sur les prix

Logarithme sans change 0.36411

On veut savoir le revient au Havre d'Huile de Térébenthine ayant coûté à New-York 53 ½ c. le gallon au change de F. 3.75 et au fret de 6/. et 5 % les 40 gallons.

On trouvera dans la 1e et la 4e colonne de ce tableau que :

C. 50.—	font les 100 kil. entrepôt	....	F.	77.75
» 3.—	id.	id.	»	4.09
» 0.½	id.	id.	»	0.69
C. 53.½	feront les 100 kil. entrepôt	....	F.	82.53

Ainsi le logarithme 0.36411 × le change de 3.75 = le logarithme correspondant à ce change 136542 ;

53 ½ × 136542 = ...	F.	73.04
à ajouter les frais invariables..........	»	9.49
Revient égal..........	F.	82.53

Exempte de Droits d'entrée

DEPUIS JUIN 1869

COMPTE D'ACHAT ET DE REVIENT

A 8500 BUSHELS SEIGLE

8500 bushels Seigle de 57 à 58 ₰ en vue à 140 c.		$	11900.—

FRAIS A NEW-YORK

Frais de réception et mise à bord	$ 47.—		
Courtage d'achat à 1 c. par bushel	» 85.—		
Taxe 1 ‰	» 11.90	»	148.90
		$	12043.90
Commission d'achat 2 ½ %		»	301.10
Courtage de change ¼ %		»	30.94
		Cy $	12375.94
Remboursement sur Paris à 60 jours de vue au change de F. 4 pour 1 $		F.	49503.76

FRAIS AU HAVRE

Fret à 8500 bushels à 20 c. et 5 % soit $ 1785 à F. 5.25	F. 9371.25		
Permis, frais au débarquement, échantillonner, conditionner, port en magasin, arrimage, magasinage d'un mois, livraison et menus frais	» 547.20		
Assurance maritime à 3 ½ % sur F. 54454.13	» 1905.89		
Assurance contre le feu à 1 ‰ sur F. 54454.13	» 54.45		
Commission de Banque à ¼ % sur F. 49503.76	» 123.76		
Escompte à la vente 1 ¼ %			
Courtage de vente ¼ %			
Commission de vente 2 %			
Ensemble 3 ½ % sur F. 63737.11	» 2230.80	»	14233.35
		F.	63737.11

RENDEMENT : 1 bushel au Havre = kil. 25.75 :

Net 218875 kil. à F. 58.24 les 200 kil. Entrepôt	F.	63737.40

PRIX DE REVIENT AU HAVRE DES 200 KIL. ENTREPOT

AUX CHANGES SUIVANTS SUR PARIS POUR 1 $ CURRENCY

	PRIX à NEW-YORK par bushel	F. 3.—	F. 3.50	F. 3.75	F. 4.—	F. 4.25	F. 4.50	F. 4.75	F. 5.—	F. 5.25	25 c. de différence sur le change font au Havre par 200 kil.
SEPOT. — Coût et frais variables	0.½	F. 0.13	F. 0.15	F. 0.16	F. 0.18	F. 0.18	F. 0.19	F. 0.20	F. 0.22	F. 0.22	F. 0.01
	1.—	0.26	0.31	0.33	0.35	0.36	0.39	0.41	0.43	0.45	0.02
	2.—	0.52	0.61	0.65	0.69	0.74	0.78	0.82	0.86	0.90	0.04
	3.—	0.78	0.91	0.98	1.04	1.10	1.17	1.23	1.29	1.36	0.07
	4.—	1.04	1.21	1.30	1.38	1.47	1.55	1.64	1.72	1.81	0.09
	5.—	1.30	1.52	1.62	1.73	1.84	1.94	2.05	2.15	2.26	0.11
Coût et frais variables et invariables	100.—	35.68	40.06	42.25	44.44	46.63	48.82	51.01	53.20	55.39	2.19
	105.—	36.98	41.57	43.87	46.17	48.47	50.76	53.06	55.36	57.66	2.30
	110.—	38.27	43.08	45.49	47.89	50.30	52.70	55.11	57.51	59.92	2.41
	115.—	39.57	44.59	47.11	49.62	52.13	54.64	57.16	59.67	62.18	2.52
	120.—	40.86	46.10	48.72	51.34	53.96	56.58	59.20	61.82	64.44	2.62
	125.—	42.16	47.61	50.34	53.07	55.80	58.52	61.25	63.98	66.71	2.73
	130.—	43.45	49.12	51.96	54.79	57.62	60.46	63.30	66.13	68.97	2.84
	135.—	44.75	50.63	53.58	56.52	59.46	62.40	65.35	68.29	71.23	2.95
	140.—	46.04	52.14	55.19	58.24	61.29	64.34	67.39	70.44	73.49	3.05
Logarithmes des changes		25881	30194	32351	34508	36665	38822	40978	43135	45292	4314
Frais invariables par 200 kil.		9.80	9.86	9.90	9.93	9.96	9.99	10.03	10.06	10.09	0.06

OBSERVATIONS

1 c. et 5 % par bushel sur le fret font au Havre une différence de F. 0.44 par 200 kil. sur les prix

Logarithme sans Change 0.08627

On veut savoir le revient au Havre de Seigle en vue ayant coûté à New-York 121 c. le bushel au change de F. 3.75 et au fret de 20 c. et 5 %.

On trouvera dans la 1re et la 4e colonne de ce tableau que :

C. 120.—	font les 200 kil. entrepôt	F.	48.72
» 1.—	id. id.	»	0.33
C. 121.—	feront les 200 kil. entrepôt	F.	49.04

Ainsi le logarithme, 0.08627 × le change de 3.75 = le logarithme correspondant à ce change 32351 ;

121 c. × 32351 =	F.	39.14
A ajouter les frais invariables	»	9.90
Revient égal	F.	49.04

Exempt de Droits d'entrée

DEPUIS JUIN 1869

COMPTE D'ACHAT ET DE REVIENT

A 10 CAISSES ÉPAULES SALÉES

10 caisses Epaules salées (Shoulders) brut ℔ 5541			
Tare » 1080			
Net ℔ 4461 à 12 c. la ℔		$	535.32

FRAIS A NEW-YORK

Frais de réception et mise à bord	$	5.—		
Courtage d'achat à ½ %	»	2.67		
Taxe à 1 ‰	»	0.54	»	8.21
			$	543.53
Commission d'achat 2 ½ %			»	13.59
Courtage de change ¼ %			»	1.40
			$	558.52
Remboursement sur Paris à 60 jours de vue au change de F. 4 pour 1 $ Cy			F.	2234.08

FRAIS AU HAVRE

Fret à 5541 ℔, 30/. et 5 % par 2240 ℔ à £ 3.17. 9 à F. 25.40	F.	98.74		
Permis, frais au débarquement, échantillonner, conditionner, port en magasin, arrimage, magasinage d'un mois, livraison et menus frais.	»	25.—		
Assurance maritime à 1 % sur F. 2457	»	24.57		
Assurance contre le feu à 1 ‰ sur F. 2457	»	2.46		
Commission de banque ¼ % sur F. 2234.08	»	5.59		
Escompte à la vente 2¼ %				
Courtage de vente ¼ %				
Commission de vente 2 %				
Ensemble 4½ % sur F. 2503.08	»	112.64	»	269.—
			F.	2503.08

RENDEMENT: 100 ℔ brutes = 45 kil. ½ :

10 caisses contenant 346 épaules		
Net kil. 1984		
Sel 1 % » 20		
Net kil. 1964 à F. 127.45 les 100 kil. entrepôt	F.	2503.12

PRIX DE REVIENT AU HAVRE DES 100 KIL. ENTREPOT

AUX CHANGES SUIVANTS SUR PARIS POUR 1 $ CURRENCY

	PRIX à NEW-YORK par ℔	F. 3.—	F. 3.50	F. 3.75	F. 4.—	F. 4.25	F. 4.50	F. 4.75	F. 5.—	F. 5.25	50 c. de différence par 1 $ sur le change font au Havre par 100 kil
SURPOIDS. — Coût et frais variables	0. ½	F. 0.98	F. 1.09	F. 1.17	F. 1.24	F. 1.33	F. 1.40	F. 1.48	F. 1.56	F. 1.63	F. 0.16
	0. ¼	1.87	2.18	2.34	2.49	2.65	2.81	2.96	3.12	3.28	0.31
	0. ½	3.74	4.36	4.68	4.99	5.30	5.61	5.92	6.24	6.55	0.62
	0. ¾	5.61	6.54	7.02	7.48	7.95	8.42	8.88	9.36	9.82	0.93
	1.—	7.49	8.73	9.36	9.98	10.60	11.23	11.85	12.47	13.10	1.25
Coût et frais variables et invariables	8.—	67.29	77.41	82.47	87.53	92.59	97.65	102.71	107.77	112.83	10.12
	9.—	74.78	86.14	91.82	97.51	103.19	108.87	114.56	120.24	125.92	11.36
	10.—	82.26	94.87	101.18	107.49	113.79	120.10	126.41	132.71	139.02	12.61
	11.—	89.75	103.60	110.53	117.47	124.39	131.32	138.26	145.18	152.11	13.86
	12.—	97.23	112.33	119.89	127.44	134.99	142.54	150.10	157.66	165.21	15.11
	13.—	104.72	121.06	129.24	137.42	145.59	153.76	161.95	170.11	178.30	16.35
	14.—	112.20	129.79	138.60	147.40	156.19	164.99	173.80	182.58	191.40	17.60
	15.—	119.69	138.52	147.96	157.38	166.79	176.21	185.65	195.05	204.49	18.85
	16.—	127.17	147.26	157.30	167.35	177.39	187.44	197.48	207.55	217.00	20.09
Logarithmes des changes		74835	87307	93543	99780	106016	112253	118489	124725	130962	12472
Frais invariables par 100 kil.		7.43	7.57	7.64	7.71	7.78	7.85	7.92	7.99	8.06	0.14

OBSERVATIONS

5/. et 5 % par 2240 ℔ sur le fret font au Havre une différence de F. 0.88 par 100 kil. sur les prix.

Logarithmes sans change 2.4945

On veut savoir le revient au Havre d'Epaules dans le sel ayant coûté à New-York 9 ¼ c. la ℔ au change de F. 3.75 et au fret de 30/. et 5 % les 2240 ℔.

On trouvera dans la 1re et la 4e colonne de ce tableau que :

C. 9.— font les 100 kil. entrepôt	F.	91.82
» 0. ¼ id. id.	»	2.34
C. 9. ¼ feront les 100 kil. entrepôt	F.	94.16

Ainsi le logarithme 2.4945 × le change de F. 3.75 = le logarithme correspondant à ce change 93543 ;

9¼ × 93543 =	F.	86.52
à ajouter les frais invariables	»	7.64
Revient égal	F.	94.16

Droits d'entrée par 100 kil. en Juin 1869

Sous tous pavillons F. 0.60

COMPTE D'ACHAT ET DE REVIENT

A 10 CAISSES GOMME ÉLASTIQUE PARA

10 caisses Gomme élastique Para brut....... ℘ 4726
Tare netto........................ » 459
Net.................................. ℘ 4267 à 50 c. or la ℘........................ $ 2133.50

FRAIS A NEW-YORK

Frais de réception et mise à bord..........................	$	9.75		
Courtage d'achat ½ %..........................	»	10.66		
Taxe 1 ‰..........................	»	2.13	»	22.54
			$	2156.04
Commission d'achat 2 ½ % sur $ 2156 04..........................			»	53.90
Courtage de change ¼ % sur $ 2215.48..........................			»	5.54
			$	2215.48
Remboursement sur Paris à 60 jours de vue au change de F. 5.20 pour 1 $ Or..........................			F.	11520.50

FRAIS AU HAVRE

Fret à 4726 ℘ à ½ c. et 5 % la ℘ soit $ 24.81 à F. 5.25..........................	F.	130.25		
Permis, frais à la réception, échantillonner, conditionner, port au magasin, arrimage, magasinage d'un mois, livraison et menus frais.	»	30.—		
Assurance maritime à 1 % sur F. 12672.55..........................	»	126.73		
Assurance contre le feu à 1 ‰ sur F. 12672.55..........................	»	12.67		
Commission de banque à ¼ % sur F. 11520.50..........................	»	28.80		
Escompte à la vente.......... 2¼ %				
Courtage de vente.......... ¼ %				
Commission de vente.......... 2 %				
Ensemble.......... 4½ % sur F. 12407.28..........................	»	558.33	»	886.78
			F.	12407.28

RENDEMENT : 100 ℘ = 45 kil. ½ :

Brut.............................. kil. 2142
Tare nette.............................. » 208
Net....... kil. 1934 à F. 6.41½ les 100 kil. entrepôt.......................... F. 12406.61

PRIX DE REVIENT AU HAVRE DU KILOGR. ENTREPOT

AUX CHANGES SUIVANTS SUR PARIS POUR 1 $ OR

	PRIX à NEW-YORK par ℘	F. 5.—	F. 5.05	F. 5.10	F. 5.15	F. 5.20	F. 5.25	F. 5.30	F. 5.35	F. 5.40	10 c. de différence par 1 $ sur le change font au Havre par kil.
SUBDIV. — Coût et frais variables	1.—	F. 0.12	F. 0.12	F. 0.12	F. 0.13	F. 0.13	F. 0.13	F. 0.13	F. 0.13	F. 0.13	F. 0.—
	2.—	0.24	0.25	0.25	0.25	0.25	0.26	0.26	0.26	0.26	0.—
	3.—	0.36	0.37	0.37	0.38	0.38	0.39	0 39	0.39	0.39	0.—
	4.—	0.48	0.49	0.49	0.50	0.50	0.52	0.52	0.52	0.52	0.—
	5.—	0.61	0.62	0.62	0.63	0.63	0.64	0.64	0.65	0.65	0.—
Coût et frais variables et invariables	30.—	3.73	3.77	3.81	3.85	3.89	3.93	3.97	4.01	4.05	0.08
	35.—	4.34	4.38	4.43	4.47	4.52	4.56	4.61	4.65	4.70	0.09
	40.—	4.95	5.—	5.05	5.10	5.15	5.20	5.25	5.30	5.35	0.10
	45.—	5.56	5.61	5.67	5.72	5.78	5.83	5.89	5.94	6.—	0.11
	50.—	6.17	6.23	6.29	6.35	6.41	6.47	6.53	6.59	6.65	0.12
	55.—	6.78	6.84	6.91	6.97	7.04	7.10	7.17	7.23	7.30	0.13
	60.—	7.39	7.46	7.53	7.60	7.67	7.74	7.81	7.88	7.95	0.14
	65.—	8.—	8.07	8.15	8.22	8.30	8.37	8 45	8.52	8.60	0.15
	70.—	8.61	8.69	8.77	8.85	8.93	9.01	9.09	9.17	9.25	0.16
	75.—	9.22	9.30	9 39	9.47	9.56	9.64	9.73	9.81	9.90	0.17
	80.—	9.83	9.92	10.01	10.10	10.19	10.28	10.37	10.46	10.55	0.18
Logarithmes des changes		12115	12236	12357	12478	12600	12721	12842	12963	13085	0.242
Frais invariables par kil.		0.11½	0.11½	0.11½	0.11½	0.11½	0.11½	0.11½	0.11½	0.11½	0.—

OBSERVATIONS

½ c. et 5 % par ℘ sur le fret font au Havre une différence de F. 0.02 par kil. sur les prix

Logarithme sans change 0,02423

On veut savoir le revient de la Gomme Élastique ayant coûté à New-York 56 c. or la ℘ au change de F. 4.90 et au fret de ½ c. et 5 % la ℘.

On trouvera dans la 1re, 2e et la 11e colonne de ce tableau que:

C. 55.— au change de F. 5 font le kil. ent....... F. 6.78
» 1.— id. id. .... » 0.12
C. 56.— id. id. .... F. 6.90
10 c. de différence de change.......... » 0.13
C. 56.— au change de 4.90 feront le kil. ent....... F. 6.77

Ainsi le logarithme 0.02423 × le change de 4.90 = le logarithme correspondant à ce change 0.11893 ;
56 c. × 0.11893 = ... F. 6.66
à ajouter les frais invariables.......................... » 0.11
Revient égal.......................... F. 6.77

Exempte de Droits d'entrée

DEPUIS JUIN 1869

COMPTE D'ACHAT ET DE REVIENT

A 43 TIERÇONS, 10 BARILS, 11/2 BARILS MIEL

43 tierçons, 10 barils, 11/2 barils Miel = net 3432 gallons à 60 c. le gallon			$	2059.20

FRAIS A NEW-YORK

Frais de réception et mise à bord	$	37.75		
Taxe 1 ‰	»	2.06	»	39.81
			$	2099.01
Commission d'achat 2 ½ %			»	52.47
Courtage de change ¼ %			»	5.39
			$	2156.87
Remboursement sur Paris à 60 jours de vue au change de F. 5 pour 1 $			F.	10784.35

FRAIS AU HAVRE

Fret à 3432 gallons à 5 c. et 5 % par gallon soit $ 180.18 à F. 5.25	F.	945.95		
Permis, frais au débarquement, échantillonner, conditionner, port en magasin, arrimage, magasinage d'un mois, livraison et menus frais	»	128.—		
Assurance maritime à 1 % sur F. 11862.80	»	118.63		
Assurance contre le feu à 1 ‰ sur F. 11862.80	»	11.86		
Commission de banque à ¼ % sur F. 10784.35	»	26.96		
Escompte à la vente 2¼ %				
Courtage de vente ¼ %				
Commission de vente 2 %				
Ensemble 4½ % sur F. 12581.94	»	566.19	»	1797.59
			F.	12581.94

RENDEMENT :

Brut	kil. 20293		
Tare nette	» 2667		
Net	kil. 17626 à F. 71.88 les 100 kil. entrepôt	F.	12581.44

PRIX DE REVIENT AU HAVRE DES 100 KIL. ENTREPOT

AUX CHANGES SUIVANTS SUR PARIS POUR 1 $ OR

	PRIX à NEW-YORK par gallon	F. 5.—	F. 5.10	F. 5.20	F. 5.30	F. 5.40	F. 5.50	10 c. de différence sur le change font au Havre par 100 kil.
DEBIT. — Coût et frais variables	0.½	F. 0.53	F. 0.54	F. 0.55	F. 0.56	F. 0.57	F. 0.58	F. 0.01
	1.—	1.07	1.08	1.11	1.13	1.15	1.16	0.02
	2.—	2.13	2.17	2.21	2.25	2.29	2.33	0.04
	3.—	3.20	3.26	3.32	3.38	3.44	3.50	0.06
	4.—	4.26	4.34	4.42	4.50	4.58	4.66	0.08
	5.—	5.32	5.43	5.53	5.64	5.75	5.85	0.10
Coût et frais variables et invariables	40.—	50.08	50.96	51.84	52.72	53.60	54.48	0.88
	45.—	55.41	56.39	57.36	58.36	59.35	60.33	0.99
	50.—	60.73	61.82	62.91	64.—	65.09	66.18	1.09
	55.—	66.06	67.25	68.45	69.64	70.84	72.03	1.20
	60.—	71.38	72.68	73.98	75.28	76.58	77.88	1.30
	65.—	76.71	78.11	79.52	80.92	82.33	83.73	1.41
	70.—	82.03	83.54	85.05	86.56	88.07	89.58	1.51
	75.—	87.36	88.97	90.59	92.20	93.82	95.43	1.62
	80.—	92.68	94.40	96.12	97.84	99.56	101.28	1.72
Logarithmes des Changes		10.639	10.852	11.065	11.277	11.490	11.703	—.213
Frais invariables par 100 kil.		7.55	7.58	7.60	7.62	7.64	7.66	0.02

OBSERVATIONS

1 c. et 5 % par gallon sur le fret font au Havre une différence de F. 1.13 par 100 kil. sur les prix

Logarithme sans Change 0.2128

On veut savoir le revient au Havre de Miel Cuba ayant coûté à New-York 73 ½ c. or le gallon au change de F. 5.20 et au fret de 5 c. et 5 %.

On trouvera dans la 1re et la 4e colonne de ce tableau que :

C. 70.—	font les 100 entrepôt		F.	85.05
» 3.—	id.	id.	»	3.32
» 0.½	id.	id.	»	0.55
C. 73.½	feront les 100 kil. entrepôt		F.	88.92

Ainsi le logarithme 0.2128 × le change 5.20 = le logarithme correspondant à ce change 11065 ;

73½ × 11065 =	F.	81.32
à ajouter les frais invariables	»	7.60
Revient égal	F.	88.92

Exempt de Droits d'entrée

DEPUIS JUIN 1869

COMPTE D'ACHAT ET DE REVIENT

A 2247 SACS NITRATE DE SOUDE

2247 sacs Nitrate de Soude brut	kil. 261543		
Tare 2 %	» 5231		
	kil. 256312		
Don 2 %	» 5126		
	kil. 251186		
Déchet 1 %	» 2512		
Net	kil. 248674 à F. 18 les 50 kil.	F.	89522.65
Escompte 2 ¼ %		»	2014.26
		F.	87508.39

FRAIS AU HAVRE

Frais de réception, mise en double emballage et mise à bord à F. 1.50 le sac	F. 3370.50		
Courtage d'achat sur F. 89522.65 à ¼ %	» 223.80	»	3594.30
		F.	91102.69
Commission d'achat 2 %		»	1822.05
		F.	92924.74
Remboursement sur Paris à 60 jours de date au change de F. 5.20 pour 1 $ Or		$	17870.14

FRAIS A NEW-YORK

Fret à 261543 kil. à $ 4 et 5 % par 1015 kil.	Or $ 1082.25		
Permis, frais au débarquement, échantillonner, conditionner, port en magasin, arrimage, magasinage d'un mois, livraison et menus frais	» 224.70		
Assurance maritime à $ 19657.15 à 1 %	» 196.58		
Courtage de vente 1 %			
Perte d'intérêts 3 %			
Commission de vente 3 %			
Ensemble 7 % sur $ 20831.90	» 1458.23	»	2961.76
		Or $	20831.90

Rendement de poids 46 kil. bruts = 100 ℔ :

Brut	℔ 568572		
Tare 3 %	» 17057		
Net	℔ 551515 à $ Or 3.77 par 100 ℔ Entrepôt	$	20830.72

PRIX DE REVIENT A NEW-YORK DES 100 ℔ ENTREPOT

AUX CHANGES SUIVANTS SUR PARIS POUR 1 $ OR

	PRIX au HAVRE par 50 kil.	F. 5.40	F. 5.30	F. 5.20	F. 5.10	F. 5.—	F. 4.90	F. 4.80	10 c. de dif. pour 1 $ sur le change font à New-York par 100 ℔
SUBDIV. — Coût et frais variables	F. 0.25	$ 0.05	$ 0.05	$ 0.05	$ 0.05	$ 0.05	$ 0.05	$ 0.05	
	0.50	0.09	0.09	0.09	0.10	0.10	0.10	0.11	
	0.75	0.14	0.14	0.14	0.14	0.15	0.15	0.16	
	1.—	0.18	0.18	0.19	0.20	0.20	0.20	0.21	
Coût et frais variables et invariables	10.—	2.19	2.23	2.27	2.31	2.35	2.39	2.44	0.04
	11.—	2.37	2.41	2.45	2.50	2.54	2.59	2.64	0.04
	12.—	2.56	2.60	2.64	2.69	2.74	2.79	2.85	0.05
	13.—	2.74	2.78	2.83	2.88	2.93	2.99	3.05	0.05
	14.—	2.92	2.97	3.02	3.07	3.13	3.19	3.26	0.05
	15.—	3.10	3.16	3.21	3.27	3.32	3.39	3.46	0.06
	16.—	3.28	3.34	3.39	3.45	3.51	3.59	3.67	0.06
	17.—	3.47	3.52	3.58	3.64	3.71	3.79	3.87	0.07
	18.—	3.65	3.71	3.77	3.83	3.90	3.99	4.07	0.07
	19.—	3.83	3.89	3.96	4.03	4.10	4.19	4.28	0.07
	20.—	4.01	4.08	4.15	4.23	4.31	4.39	4.48	0.08
Logarithmes des changes		1815	1849	1885	1922	1960	2000	2042	0038
Frais invariables par 100 ℔		0.38	0.38	0.38	0.39	0.39	0.40	0.40	0.—

OBSERVATIONS

$ 1 et 5 % par 1015 kil. sur le fret font à New-York une différence de $ 0.05 par 100 ℔ sur les prix.

Logarithme sans change 0.9800

On veut savoir le revient à New-York de Nitrate de Soude ayant coûté au Havre F. 23 les 50 kil. au change de F. 5.20 et au fret de $ 4 et 5 % les 1015 kil.

On trouvera dans la 1re et la 4e colonne de ce tableau que:

F. 20.— font les 100 ℔	$	4.15
» 3.— id.	»	0.56
F. 23.— feront les 100 ℔	$	4.71

Ainsi le logarithme 0.98 divisé par le change 5.20 = le logarithme correspondant à ce change 1885;

23 × 1885 =	$ or	4.33
à ajouter les frais invariables	»	0.38
Revient égal	$ or	4.71

Droits d'entrée à New-York

1 cent or la livre

COMPTE D'ACHAT ET DE REVIENT

A 500 BARILS ROGUES DE POISSONS

500 barils Rogues de Poissons (Fish Roes) à $ 8 le baril			$	4000.—

FRAIS A NEW-YORK

Frais de réception et mise à bord	$	100.—		
Courtage d'achat 1 % sur $ 4000	»	40.—		
Taxe 1 ‰ sur $ 4000	»	4.—	»	144.—
			$	4144.—
Commission d'achat 2 ½ % sur $ 4144.—			»	103.60
Courtage de change ¼ % sur $ 4258.25			»	10.65
			$	4258.25
Remboursement sur Paris à 60 jours de vue au change de F. 4 pour 1 $			F.	17033.—

FRAIS AU HAVRE

Fret à $ 1 ¼ et 5 % par baril soit $ 656.25 à F. 5 25.	F.	3445.31		
Permis, frais au débarquement, échantillonner, conditionner, port en magasin, arrimage, magasinage d'un mois, livraison et menus frais	»	350.—		
Assurance maritime à 1 % sur F. 18736.80	»	187.36		
Assurance contre le feu à 1 ‰ sur F. 18736.80	»	18.74		
Commission de banque à ¼ % sur F. 17033.—	»	42.58		
Escompte à la vente 2½ %				
Courtage de vente ¼ %				
Commission de vente 2 %				
Ensemble 4¾ % sur F. 22070.14	»	993.15	»	5037.14
			F.	22070.14

RENDEMENT : 500 Barils à F. 44.14 le Baril Entrepôt	F.	22070.—

NOTA. Le poids brut d'un baril Rogues de Poissons est d'environ 90 kil.

PRIX DE REVIENT AU HAVRE DU BARIL ENTREPOT

AUX CHANGES SUIVANTS SUR PARIS POUR 1 $ CURRENCY

	PRIX à NEW-YORK par baril	F. 3.—	F. 3.50	F. 3.75	F. 4.—	F. 4.25	F. 4.50	F. 4.75	F. 5.—	F. 5.25	50 c. de différence par 1 $ sur le change font au Havre par baril
[illegible]	$ 0.¼	F. 0.83	F. 0.96	F. 1.04	F. 1.10	F. 1.17	F. 1.24	F. 1.31	F. 1.38	F. 1.45	F. 0.14
	0.½	1.65	1.93	2.07	2.21	2.35	2.49	2.62	2.76	2.90	0.28
	0.¾	2.48	2.89	3.11	3.31	3.52	3.73	3.93	4.14	4.35	0.41
	1.—	3.31	3.86	4.14	4.42	4.69	4.97	5.24	5.52	5.79	0.55
Coût et frais variables et invariables	5.—	25.17	28.03	29.46	30.89	32.33	33.75	35.19	36.61	38.05	2.86
	6.—	28.48	31.89	33.60	35.31	37.02	38.72	40.43	42.13	43.84	3.41
	7.—	31.79	35.76	37.74	39.73	41.71	43.69	45.67	47.65	49.64	3.96
	8.—	35.11	39.62	41.88	44.14	26.40	48.65	50.91	53.17	55.43	4.52
	9.—	38.42	43.48	46.02	48.56	51.09	53.63	56.15	58.69	61.22	5.07
	10.—	41.73	47.35	50.16	52.97	55.78	58.59	61.40	64.21	67.02	5.62
Logarithmes des changes		33111	38630	41389	44148	46907	49666	52427	55185	57944	5519
Frais invariables par baril		8.62	8.72	8.77	8.82	8.87	8.92	8.97	9.02	9.07	0.10

OBSERVATIONS

$ ¼ c. et 5 % par baril sur le fret font au Havre une différence de F. 0.72 par baril sur les prix.

Logarithme sans change 1,1037

On veut savoir le revient de Rogues de Poissons ayant coûté à New-York $ 7 ½ le baril au change de F. 3.75 et au fret de $ 1 ¼ et 5 % le baril.

On trouvera dans la 1re et 4e colonne de ce tableau que :

$ 7 font le baril Entrepôt	F.	37.74
» ½ » »	»	2.07
$ 7½ feront le baril Entrepôt	F.	39.81

Ainsi le logarithme 11037 × le change 3.75 = le logarithme correspondant à ce change 41389 ;

7½ × 41389 =	F.	31.04
à ajouter les frais invariables	»	8.77
Revient égal	F.	39.81

Exempt de Droits d'entrée

DEPUIS JUIN 1869

COMPTE D'ACHAT ET DE REVIENT

A 2426 SACS MAIS

2426 sacs Western Mixed Corn mesurant 7180 bushels, pesant 402248 ℔ à 60 c. par bushel de 56 ℔			$	4309.80

FRAIS A NEW-YORK

Mesurer, peser et frais d'expédition	$	60.15		
Courtage ¼ c. par bushel	»	17.82		
Échantillons par Steamer	»	2.50		
Taxe 1 ‰	»	4.31	»	84.78
			$	4394.58
Commission d'achat 2 ½ %	»	109.86		
Frais de change ¼ %	»	11.29	»	121.15
			$	4515.73
Remboursement sur Paris à 60 jours de vue au change de F. 4 pour 1 $			F.	18062.92

FRAIS AU HAVRE

Fret à 7130 bushels à 20 c. et 5 % soit $ 1497.30 à F. 5.25	F.	7860.83		
Permis, frais au débarquement, échantillonner, conditionner, port en magasin, arrimage, magasinage d'un mois, livraison et menus frais	»	1213.—		
Assurance maritime à 3 % sur F. 19869.21	»	596.08		
Assurance contre le feu à 1 ‰ sur F. 19869.21	»	19.87		
Commission de banque à ¼ % sur F. 18062.92	»	45.16		
Escompte à la vente 1¼ %				
Courtage de vente ¼ %				
Commission de vente 2 %				
Ensemble 3½ % sur F. 28806.07	»	1008.21	»	10743.15
			F.	28806.07

RENDEMENT : 1 bushel pesé de 56 ℔ = 25 kil. ¼ :

181871 kil. brut à F. 15.88 les 100 kil. Entrepôt .... F. 28801.71

PRIX DE REVIENT AU HAVRE DES 100 KIL. ENTREPOT

AUX CHANGES SUIVANTS SUR PARIS POUR 1 $ CURRENCY

	PRIX à NEW-YORK par bushel de 60 ℔	F. 3.—	F. 3.50	F. 3.75	F. 4.—	F. 4.25	F. 4.50	F. 4.75	F. 5.—	F. 5.25	50 c. de différence par 1 $ sur le change font au Havre par 100 kil.
[illegible] — Coût et frais variables	C. 0.½	F. 0.07	F. 0.08	F. 0.08	F. 0.09	F. 0.09	F. 0.10	F. 0.10	F. 0.11	F. 0.11	F. 0.01
	1.—	0.13	0.15	0.16	0.17	0.18	0.20	0.21	0.22	0.23	0.02
	2.—	0.26	0.30	0.32	0.35	0.37	0.40	0.42	0.44	0.46	0.04
	3.—	0.39	0.45	0.49	0.52	0.55	0.60	0.63	0.66	0.69	0.06
	4.—	0.52	0.61	0.66	0.70	0.74	0.80	0.84	0.88	0.92	0.08
	5.—	0.66	0.77	0.82	0.88	0.93	0.99	1.04	1.10	1.15	0.11
Coût et frais variables et invariables	50.—	11.89	13.01	13.57	14.13	14.69	15.25	15.81	16.37	16.93	1.12
	55.—	12.55	13.77	14.39	15.—	15.62	16.23	16.85	17.46	18.08	1.23
	60.—	13.20	14.54	15.21	15.88	16.55	17.22	17.89	18.56	19.23	1.34
	65.—	13.85	15.30	16.03	16.76	17.48	18.20	18.93	19.65	20.38	1.45
	70.—	14.51	16.07	16.85	17.63	18.41	19.10	19.97	20.75	21.53	1.56
	75.—	15.16	16.83	17.67	18.50	19.34	20.17	21.01	21.84	22.68	1.67
	80.—	15.82	17.60	18.49	19.38	20.27	21.16	22.05	22.94	23.83	1.78
	Logarithmes des changes	013128	015316	016410	017504	018598	019692	020786	021880	022974	002188
	Frais invariables par 100 kil.	5.33	5.36	5.37	5.38	5.39	5.41	5.42	5.43	5.44	0.03

OBSERVATIONS

1 c. et 5 % par bushel sur le fret font au Havre une différence de F. 0.22½ par 100 kil. sur les prix.

Logarithme sans change 0,04376

On veut savoir le revient de Maïs en sacs ayant coûté à New-York 68 c. le bushel de 56 ℔ au change de F. 3.75 et au fret de 20 c. et 5 %.

On trouvera dans la 1re et 4e colonne de ce tableau que :

C. 65.— font les 100 kil. Entrepôt .... F. 16.03
» 3.— » » .... » 0.49
C. 68.— feront les 100 kil. Entrepôt .... F. 16.52

Ainsi le logarithme 0.04376 × le change 3.75 = le logarithme correspondant à ce change 0.16410 ;

68 × 0.16410 = ... F. 11.15
à ajouter les frais invariables .... » 5.37
Revient égal .... F. 16.52

Exempt de Droits d'entrée

DEPUIS JUIN 1869

NOUVELLE-ORLÉANS (NEW-ORLÉANS)

Capitale de l'Etat de la Louisiane et principale ville de commerce du Sud de la Confédération, sur la gauche du Mississipi, dans une île, à 151 kilom. de la mer, à 2297 S. O. de New-York, se trouve placée par 29° 57' 45" de latitude Nord et 92° 26' 54" de longitude Ouest. Elle est divisée administrativement en 6 districts, mais en réalité il n'y a que deux quartiers; dans l'un on parle français et dans l'autre presqu'exclusivement anglais. Le sol sur lequel la ville est construite est marécageux, de 2 à 5 pieds au-dessous du niveau du fleuve et pour empêcher la Nouvelle-Orléans d'être engloutie à chaque crue, il a fallu construire entre elle et le fleuve une gigantesque jetée qui s'étend de 69 kilom. en aval et de 108 kil. en amont. Le climat est brûlant, et les mois de Juillet, Août et Septembre y sont dangereux à cause de la fièvre jaune. La population fut en 1785 de 4,700 habitants, en 1810 de 17,242, en 1830 de 46,310, en 1850 de 126,375, en 1860 de 168,000 habitants et l'on peut y ajouter pendant la saison des affaires une population flottante de 30 à 35,000 personnes.

Port. — C'est un port intérieur; mais dans le grand coude qu'il forme devant la Nouvelle-Orléans, le Mississipi offre un bassin d'une étendue de 8 milles environ sur une demi-lieue de large et dont la profondeur moyenne mesure 70 pieds, profondeur qui se maintient à 30 pieds jusqu'à un mille de la jonction du fleuve avec la mer. Les 7 ou 8 bouches ou passes du Mississipi sont toutes plus ou moins obstruées par une barre. Dans la plus grande de ces passes, celle du Sud-Est, et près de laquelle se trouve Balize, l'eau ne s'élève pas sur la barre à plus de 17 pieds dans les marées ordinaires et le plus grand flux dans le golfe du Mexique n'est que de 2 pieds et demi; les navires d'un trop grand tirant d'eau sont obligés de s'arrêter à Balize pour y procéder au transbordement de leur cargaison. Les plus puissants remorqueurs particuliers au Mississipi, les tow-boats, vont jusqu'à 50 milles au large des passes, conduire ou faire remonter, et plusieurs à la fois, des plus gros navires qui peuvent franchir la barre. La Nouvelle-Orléans est plus favorisée en amont, et dans la saison des hautes eaux les bâtiments peuvent parcourir l'immense réseau que forment le Mississipi (le père des eaux) et ses affluents. Voies navigables d'au moins 17,000 milles ouvertes à la flotte marchande.

La navigation est immense et l'on peut estimer que, annuellement, 2,000 navires d'un tonnage collectif de 1,000,000 de tonneaux se présentent à la Nouvelle-Orléans à l'entrée et à peu près autant à la sortie; la ville possédait en 1858 une flotte marchande de 210,411 tonneaux.

Industrie et Commerce. — L'industrie se porte principalement sur la culture du coton, tabac et sucre; ensuite sont les principaux articles d'exportation: les blés et farines, les graisses, le bœuf salé, les cuirs salés, les mélasses, etc. Les progrès du mouvement commercial de la Nouvelle-Orléans ont été remarquables, on peut en juger par les relevés suivants.

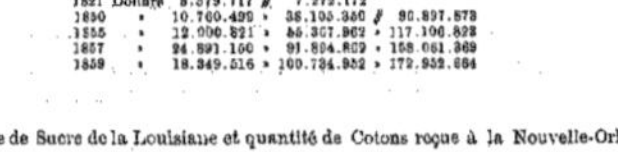

		Importation		Exportation		Produit de l'intérieur
1821	Dollars	8.379.717	$	7.272.172		
1850	»	10.760.499	»	38.105.350	$	90.897.873
1855	»	12.900.821	»	55.367.962	»	117.106.823
1857	»	24.591.150	»	91.894.809	»	158.061.369
1859	»	18.349.516	»	100.734.952	»	172.952.664

Récolte de Sucre de la Louisiane et quantité de Cotons reçue à la Nouvelle-Orléans.

1856-7	73.976	Boucauts de 1000 ℔	Valeur $	8.137.000	1856-7	1.513.247	Balles	Valeur	Dollars	86.255.000
1857-8	279.697	»	»	17.901.000	1857-8	1.678.616	»	»	»	88,127.000
1858-9	362.296	»	»	24.996.000	1858-9	1.774.298	»	»	»	92.038.000
1859-60	221.840	»	»	18.191.000	1859-60	2.255.448	»	»	»	109.389.000
1860-1	228.753	»	»	14.469.000	1860-1	1.849.312	»	»	»	92.465.000
1861-2	459.410	»	»	25.095.000	1861-2	38.880	»	»	»	1.769.800
1862-3	87.231	»	»	7.750.000	1862-3	22.078	»	»	»	5.107.000
1863-4	76.801	»	»	13.801.000	1863-4	131.044	»	»	»	46.678.000
1864-5	9.800	»	»	1.994.000	1864-5	271.015	»	»	»	73.326.000
1865-6	17.895	»	»	2.847.462	1865-6	787.386	»	»	»	140.313.006
1866-7	30.000	»	»	5.360.400	1866-7	702.131	»	»	»	130.200.000
1867-8	37.644	»	»	5.797.038	1867-8	579.231	»	»	»	115 750.000

Récolte totale des Cotons des années suivantes, finissant le 31 Août.

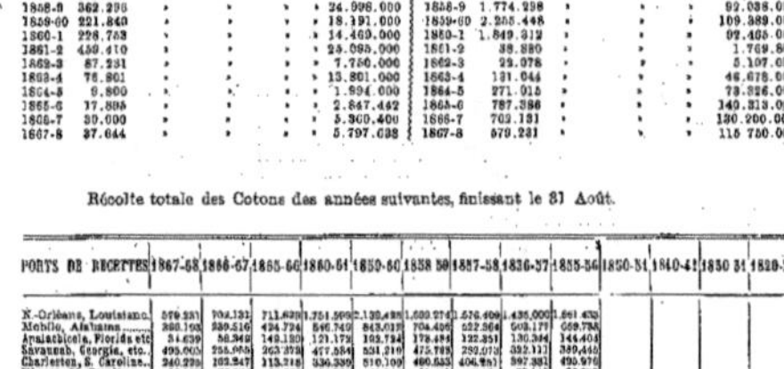

PORTS DE RECETTES	1867-68	1866-67	1865-66	1860-61	1859-60	1858 59	1857-58	1836-37	1835-36	1850-51	1840-41	1830 31	1820-21
N.-Orléans, Louisiane	579.231	704.131	711.629	1.751.599	2.139.425	1.699.274	1.576.409	1.435.000	1.661.433				
Mobile, Alabama	366.193	239.516	424.724	546.749	843.012	704.406	522.364	603.177	659.738				
Apalachicola, Florida etc	34.639	58.349	149.130	121.172	192.724	178.481	122.851	130.394	144.404				
Savannah, Georgie, etc.	495.005	255.965	263.272	477.584	531.219	475.788	282.073	322.111	380.445				
Charleston, S. Caroline	240.229	162.247	113.218	336.339	510.109	490.533	406.281	397.381	490.976				
Divers, N. Caroline	38.587	38.522	64.539	50.205	41.194	37.482	23.099	27.447	26.098				
Divers, Virginie	157.487	123.627	37.531	78.122	56.987	33.011	24.703	23.773	20.438				
Tennessee, Philadelphie, Baltimore, Cowland, New-York, par Erie canal	374.880	185.712	211.884	142.460	108.676	85.324	9.624	4.754	15.240				
Galveston, Texas etc.	114.666	185.919	174.955	144.747	252.424	192.062	145.286	80.882	116.078				
Total des Balles	2.430.893	1.951.988	2.151.043	3.656.086	4.075.770	3.851.481	3.113.962	2.939.519	3.527.848	2.355.277	1.634.945	1.038.848	430.000

Les années de 1861 à 1865 ne figurent pas dans ce tableau, la guerre de sécession ayant interrompu le commerce régulier; comme la récolte totale de 1868-69 est estimée à 2,750,000 Balles, la progression depuis le travail libre continue et il est admissible que les Etats-Unis, surtout la Nouvelle-Orléans atteindront, dépasseront même bientôt l'importance des anciennes récoltes de Coton; cet article est le plus important du commerce en général, il offre par conséquent le plus d'intérêts et nous ajoutons aux comptes de revient au Havre, les comptes de revient à Liverpool, à Brême et à Rotterdam, ainsi qu'un tableau de parité entre ces places et le marché du Havre.

Les Exportations des principaux articles sont :

	1867-68	1866-67	1865-66	1864-65	1863-64	1862-63	1861-62	1860-61	1859-60	1858-59	1857-58	1850-51
COTON (Balles)	451.092	867.316	768.543	192 351	125.130	23.750	20.678	1.915.852	2.214.296	1.777.311	1.650.707	997.458
TABAC (Boucauts)	16.032	16.889	6.931	1.831	707	12.050	2.224	89.806	82.858	79.924	13.215	54.501
SUCRE d°	2.672	2.859	1.010	682	29.454	96.260	76.040	42.163	45.845	100.516	72.401	44.147
d° (Barils)	307	2.499	2.045	217	2.071	9.900		4.724	4.853	2.067	6.400	6.644
MELASSE (Barils)	26.831	21.893	13.196	5.205	83.533	157.143		122.512	118.690	144.386	130.309	610.924
FARINE d°	285.104	282.435	700.623	350.237	50.641			448.853	396.511	605.500	1.032.758	563.418
BLÉ (Sacs)	779.864	526.706	506.156	47.314	84.843			1.545.490	652.370	175.583	558.905	533.248
LARD (Boucauts)	3.450	6.694	1.915	530	1.036			24.891	30.083	31.671	129.890	48.241
Graisse de Porc (Freq.)	93.737	90.442	84.764	20.302	47.589			263.974	350.351	490.316	621.845	736.956
Viande de Porc (Barils)	10.240	13.184	7.612	13.908	2.794			37.963	63.053	62.884	132.040	102.732
WHISKY (Barils)	3.846	11.454	10.427	1.895	111			29.472	69.859	52.112	40.221	67.392

Le mouvement des Importations se résume par le chiffre des droits acquittés à la Nouvelle-Orléans, qui furent comme suit : en 1860 avant la guerre de sécession............ $ 2,644,094 74 c.
1865 pendant la guerre » .... » 847,242 47 c.
1866 après la guerre » .... » 4,994,636 08 c.

Les impôts à la Nouvelle-Orléans sont plus élevés que partout ailleurs dans l'Union, c'est surtout en raison des lourdes charges qu'a la municipalité pour maintenir et améliorer les conditions essentielles de salubrité publique.

Les frais de port, de pilotage, de remorquage, etc., se trouvent consignés dans le compte ci-après s'appliquent à un navire français de 415 tonneaux de jauge, arrivé à la Nouvelle-Orléans sur lest et sorti avec un chargement de coton ; savoir :

Pilotage à l'entrée 8½ pieds à $ 3.50		Cy $ 29.75
Remorquage à l'entrée 414 tonneaux à $ 1.—		» 414.—
Entrée en Douane, timbre et permis		» 15.80
Au gardien du port		» 5.—
Droits de tonnage 415 tonneaux à 30 c.	$ 124.50	
d° de quai 407 d° » 20 c.	» 81.40	
d° du maître de port 414 tonneaux à 3 c.	» 12.42	» 218.32
Arrimage de 948 B. coton et 1050 douvelles	$ 847.30	
Compressage 948 B. coton	» 948.—	
Prelarts et gardien de nuit	» 43.—	» 1838.30
Annonces dans 2 journaux pour l'équipage, le chargement et les passagers		» 36.50
Au consulat de France		» 14.70
Remorqueurs en rivière		» 20.—
Expéditions en Douane et timbre	$ 13.50	
Permis et patente de santé	» 5.20	
Blancs en Douane et menus frais	» 10.—	» 28.70
Remorquage à la sortie, 415 tonneaux à 50 c.		» 207.50
Pilotage à la sortie 12 pieds à $ 4½		» 54.—
Commission sur fret suivant manifeste		
A Nouvelle-Orléans 5 %		
Au port de débarquement 2 %		
Currency		$ 2883.57

La Nouvelle-Orléans possède et entretient un Dock flottant capable de recevoir des navires de 1200 tonneaux.

Pour les monnaies, changes, poids et mesures, voyez l'article New-York.

(Extrait du Dictionnaire de MM. GUILLAUMIN et Cie, ainsi que de nos renseignements particuliers.)

COMPTE D'ACHAT ET DE REVIENT

A 100 BALLES COTON

100 balles Coton pesant brut 46077 ℔ à 20 c. Cy par ℔			Cy$	9215.40

FRAIS A LA NOUVELLE-ORLÉANS

Courtage d'achat ½ % sur $ 9215.40	Cy$	46.08		
Charroi à 25 c. la balle; repesage 15 c. la balle	»	40.—		
Frais de réception et expédition à 20 c.	»	20.—		
Assurance contre le feu ⅛ % sur $ 9215.40	»	11.52		
Timbre de traites, échantillons par steamer et menus frais	»	25.—	»	142.60
			Cy$	9358.—
Commission d'achat 2 ½ % sur $ 9358.—			»	233.95
Courtage de change ¼ % sur $ 9615.99			»	24.04
			Cy$	9615.99
Remboursement sur Paris à 60 jours de vue au change de F. 3.60 pour 1 $ Cy.			F.	34617.56

FRAIS AU HAVRE

Fret à 46077 ℔ à 1 ¼ c. et 5 % = $ 604.76 à F. 5.25	F.	3175.—		
Permis, frais au débarquement, voiliers pour échantillonner, port en magasin, arrimage, magasinage d'un mois, livraison et menus frais, dépêche télégraphique	»	210.—		
Commission de banque à Paris ¼ % sur F. 34617.56	»	86.54		
Assurance maritime 2 ½ % sur F. 38079.32	»	951.98		
id. contre le feu 1 ‰ sur F. 39041.08	»	39.04		
Escompte à la vente 2¼ %				
Courtage de vente ¼ %				
Commission de vente 2 %				
Ensemble 4½ % sur F. 40921.59	»	1841.47	»	6304.03
			F.	40921.59

RENDEMENT : 100 ℔ = 42 kil. nets :

Soit 19352 kil. nets à F. 211.46 par 100 kil. .... F. 40921.74

VOIR LE TABLEAU DES PRIX DE REVIENT

A LA PAGE SUIVANTE

OBSERVATIONS

⅛ c. et 5 % par ℔ sur le fret font au Havre une différence de F. 1.72 par 100 kil. sur les prix.

LOGARITHME A MULTIPLIER PAR LE CHANGE : 2.6578

On veut savoir le revient au Havre de Coton coûtant à la Nouvelle-Orléans 19 ⅝ c. par ℔, au change de F. 3.60 et au fret de 1 ¼ c. et 5 % par ℔.

On trouvera dans la 1re et la 8me colonne de ce tableau que :

C. — .⅝ font par 100 kil.	F.	8.36
» 19.— id. id.	»	201.90
C. 19 ⅝ feront donc par 100 kil.	F.	210.26

N.-B. — Si le prix d'achat ou le change donnés ne se trouvait pas dans le tableau ci-dessus, on pourrait se servir suivant le cas, soit du logarithme sans change que l'on multiplierait par le change, puis par le prix d'achat, en ajoutant au produit les frais invariables, soit simplement par le logarithme correspondant aux changes ci-dessus que l'on multiplierait par le prix d'achat, en ajoutant également au produit les frais invariables.

Ainsi le logarithme sans change 2.6578 × change de 3.60 = le logarithme correspondant à ce change 95.681.

19⅝ × 9.5681 logarithme du change de 3.60 =	F.	190.17
à ajouter les frais invariables	»	20.09
Prix de revient égal à celui trouvé ci-dessus	F.	210.26

Exempt de Droits d'entrée

DEPUIS JUIN 1869

PRIX DE REVIENT AU HAVRE DES 100 KIL. ENTREPOT

AUX CHANGES SUIVANTS SUR PARIS POUR 1 $ CURRENCY

	PRIX à la NEW-ORLÉANS par ℔	F. 3.—	F. 3.10	F. 3.20	F. 3.30	F. 3.40	F. 3.50	F. 3.60	F. 3.70	F. 3.80	F. 3.90	F. 4.—	F. 4.10	F. 4.20	F. 4.30	F. 4.40	F. 4.50	F. 4.60	F. 4.70	F. 4.80	F. 4.90	F. 5.—	F. 5.10	F. 5.20	F. 5.30	F. 5.40	F. 5.50
SUBDIVISIONS — Coût et frais variables	C. 0. ⅛	F. 1.—	F. 1.03	F. 1.06	F. 1.10	F. 1.13	F. 1.16	F. 1.19	F. 1.23	F. 1.26	F. 1.30	F. 1.33	F. 1.36	F. 1.39	F. 1.43	F. 1.46	F. 1.49	F. 1.53	F. 1.56	F. 1.59	F. 1.63	F. 1.66	F. 1.69	F. 1.73	F. 1.76	F. 1.79	F. 1.83
	0. ¼	1.99	2.06	2.13	2.19	2.26	2.33	2.39	2.46	2.52	2.60	2.66	2.73	2.79	2.86	2.92	2.99	3.06	3.12	3.19	3.26	3.32	3.39	3.46	3.52	3.58	3.65
	0. ⅜	2.99	3.09	3.19	3.29	3.39	3.49	3.58	3.68	3.78	3.90	3.99	4.09	4.18	4.29	4.38	4.48	4.59	4.68	4.78	4.89	4.98	5.08	5.19	5.28	5.37	5.48
	0. ½	3.99	4.12	4.25	4.38	4.52	4.65	4.78	4.91	5.05	5.18	5.32	5.45	5.58	5.72	5.84	5.98	6.12	6.24	6.38	6.51	6.64	6.77	6.92	7.04	7.17	7.31
	0. ⅝	4.98	5.15	5.31	5.48	5.65	5.81	5.97	6.15	6.31	6.48	6.64	6.81	6.97	7.15	7.30	7.47	7.65	7.80	7.97	8.14	8.31	8.46	8.65	8.80	8.96	9.14
	0. ¾	5.98	6.18	6.38	6.57	6.78	6.98	7.17	7.38	7.57	6.78	7.97	8.18	8.37	8.58	8.76	8.97	9.18	9.36	9.56	9.77	9.97	10.16	10.38	10.56	10.75	10.96
	0. ⅞	6.98	7.21	7.44	7.67	7.91	8.14	8.36	8.61	8.83	9.08	9.30	9.54	9.76	10.01	10.22	10.46	10.71	10.92	11.15	11.40	11.63	11.85	12.11	12.32	12.54	12.79
	1.—	7.97	8.24	8.50	8.77	9.04	9.30	9.57	9.83	10.10	10.37	10.63	10.90	11.16	11.43	11.69	11.96	12.23	12.49	12.76	13.02	13.29	13.55	13.82	14.08	14.35	14.62
	2.—	15.94	16.48	17.—	17.54	18.08	18.60	19.14	19.66	20.20	20.74	21.26	21.80	22.32	22.86	23.38	23.92	24.46	24.98	25.52	26.04	26.58	27.10	27.64	28.18	28.70	29.24
	3.—	23.91	24.72	25.50	26.31	27.12	27.90	28.71	29.49	30.30	31.11	31.89	32.70	33.48	34.29	35.07	35.88	36.29	37.47	38.28	39.06	39.87	40.65	41.46	42.27	43.05	43.86
	4.—	31.88	32.96	34.—	35.08	36.16	37.20	38.28	39.32	40.40	41.48	42.52	43.60	44.64	45.72	46.76	47.84	48.92	49.96	51.04	52.08	53.16	54.20	55.28	56.36	57.40	58.48
	5.—	39.87	41.20	42.53	43.86	45.19	46.51	47.84	49.17	50.50	51.83	53.16	54.49	55.82	57.15	58.48	59.80	61.13	62.46	63.79	65.12	66.45	67.78	69.11	70.44	71.77	73.09
Coût et frais variables et invariables	10.—	99.54	102.25	104.95	107.66	110.36	113.07	115.78	118.48	121.19	123.89	126.60	129.31	132.02	134.73	137.44	140.14	142.85	145.56	148.27	150.98	153.67	156.38	159.09	161.80	164.51	167.21
	11.—	107.51	110.49	113.45	116.43	119.40	122.37	125.35	128.31	131.29	134.26	137.23	140.21	143.18	146.16	149.13	152.10	155.08	158.05	161.03	164.—	166.96	169.93	172.91	175.89	178.86	181.83
	12.—	115.48	118.73	121.96	125.20	128.44	131.67	134.92	138.14	141.39	144.63	147.86	151.11	154.34	157.59	160.82	164.06	167.31	170.54	173.79	177.02	180.25	183.48	186.73	189.98	193.21	196.45
	13.—	123.45	126.97	130.45	133.97	137.48	140.97	144.49	147.97	151.49	155.—	158.40	162.01	165.50	169.02	172.51	176.02	179.54	183.03	186.55	190.04	193.54	197.03	200.55	204.07	207.56	211.07
	14.—	131.44	135.21	138.95	142.74	146.52	150.27	154.06	157.80	161.59	165.37	169.12	172.91	176.66	180.45	184.20	187.98	191.77	195.52	199.31	203.06	206.83	210.58	214.37	218.16	221.91	225.69
	15.—	139.41	143.45	147.48	151.52	155.55	159.59	163.62	167.66	171.69	175.73	179.76	183.80	187.83	191.87	195.90	199.94	203.98	208.01	212.05	216.08	220.12	224.16	228.19	232.23	236.27	240.30
	16.—	147.38	151.69	155.98	160.29	164.59	168.89	173.19	177.49	181.79	186.10	190.40	194.70	198.99	203.30	207.59	211.90	216.21	220.50	224.81	229.10	233.41	237.71	242.01	246.32	250.62	254.92
	17.—	155.35	159.93	164.48	169.06	173.63	178.19	182.76	187.32	191.89	196.47	201.03	205.60	210.15	214.73	219.28	223.87	228.44	232.99	237.57	242.12	246.70	251.26	255.83	260.41	264.97	269.54
	18.—	163.32	168.17	172.98	177.88	182.67	187.40	192.33	197.15	201.99	206.84	211.66	216.50	221.31	226.16	230.97	235.83	240.67	245.48	250.33	255.14	259.99	264.81	269.65	274.50	279.32	284.16
	19.—	171.30	176.41	181.48	186.60	191.71	196.80	201.90	206.98	212.09	217.21	222.29	227.40	232.47	237.59	242.66	247.79	252.90	257.97	263.09	268.16	273.28	278.36	283.47	288.59	293.67	298.78
	20.—	179.28	184.65	190.01	195.35	200.74	206.10	211.46	216.83	222.20	227.56	232.92	238.23	243.65	249.02	254.39	259.75	265.12	270.48	275.85	281.21	286.57	291.94	297.30	302.67	308.03	313.39
	21.—	187.25	192.89	198.51	204.15	209.78	215.40	221.04	226.66	232.30	237.93	243.56	249.19	254.81	260.45	266.08	271.71	277.35	282.97	288.61	294.23	299.86	305.49	311.12	316.76	322.38	328.01
	22.—	195.22	201.13	207.01	212.92	218.82	224.70	230.61	236.49	242.40	248.30	254.18	260.09	265.97	271.88	277.77	283.67	289.56	295.46	301.37	307.25	313.15	319.04	324.94	330.85	336.73	342.63
	23.—	203.19	209.37	215.51	221.69	227.86	234.—	240.18	246.32	252.50	258.67	264.81	270.99	277.13	283.31	289.46	295.63	301.81	307.95	314.13	320.27	326.44	332.59	338.76	344.94	351.06	357.25
	24.—	211.16	217.61	224.01	230.46	236.90	243.30	249.75	257.15	262.60	269.04	275.44	281.89	288.29	294.74	301.15	307.59	314.04	320.44	326.89	333.30	339.73	346.14	352.58	359.03	365.43	371.87
	25.—	219.15	225.85	232.54	239.24	245.93	252.62	259.32	266.01	272.71	279.40	286.08	292.78	299.47	306.17	312.86	319.55	326.25	332.94	339.64	346.33	353.02	359.72	366.41	373.11	379.80	386.49
	26.—	227.12	234.09	241.04	248.01	254.97	261.92	268.89	275.84	282.81	289.77	296.71	303.68	310.63	317.60	324.55	331.51	338.48	345.43	352.40	359.36	366.31	373.27	380.23	387.20	394.15	401.11
	27.—	235.09	242.33	549.54	256.78	264.01	271.22	278.46	285.67	292.91	300.14	307.34	314.58	321.79	329.03	336.24	343.47	350.71	357.92	365.16	372.37	379.60	386.82	394.05	401.29	408.50	415.73
	28.—	243.06	250.57	258.04	265.55	273.05	280.52	288.03	295.50	303.01	310.51	317.97	325.48	332.95	340.46	347.93	355.43	362.94	370.41	377.92	385.39	392.89	400.37	407.87	415.38	422.85	430.35
	29.—	251.03	258.81	266.54	274.32	282.09	289.82	297.60	305.33	313.11	320.88	328.60	336.38	344.11	351.89	359.62	367.39	375.17	382.90	390.68	398.41	406.18	413.92	421.69	429.46	437.20	444.97
	30.—	259.02	267.04	275.06	283.08	291.10	299.13	307.15	315.17	323.19	331.21	339.24	347.26	355.28	363.30	371.33	379.36	387.38	395.40	403.42	411.44	419.47	427.49	435.51	443.53	451.55	459.58
	31.—	266.99	275.28	283.56	291.85	300.14	308.43	316.72	325.—	333.29	341.58	349.87	358.16	366.44	374.73	383.02	391.32	399.61	407.89	416.18	424.46	432.76	441.04	449.33	457.62	465.90	474.20
	32.—	274.96	283.52	292.06	300.62	309.18	317.73	326.29	334.83	343.39	351.95	360.50	369.06	377.60	386.16	394.71	403.28	411.84	420.38	428.94	437.48	446.05	454.59	463.15	471.71	480.25	488.82
	33.—	282.93	291.76	300.56	309.39	318.22	327.03	335.86	344.66	353.49	362.32	371.13	379.96	388.76	397.59	406.40	415.24	424.07	432.87	441.70	450.50	459.34	468.14	476.97	485.80	494.60	503.44
	34.—	290.90	300.—	309.06	318.16	327.26	336.33	345.43	354.49	363.59	372.69	381.76	390.86	399.92	409.02	418.09	427.20	436.30	445.36	454.46	463.53	472.63	481.69	490.79	501.89	508.95	518.06
	35.—	298.89	308.24	317.59	326.94	336.29	345.65	355.—	364.35	373.70	383.05	392.40	401.75	411.10	420.45	429.80	439.16	448.51	457.86	467.21	476.56	485.92	495.27	504.62	513.97	523.32	532.68
	Logarithmes des changes	79734	82392	85050	87707	90365	93023	95681	98339	100997	103654	106312	108970	111628	114285	116943	119601	122259	124917	127574	130232	132890	135548	138206	140863	143521	196179
	Frais invariables par 100 kil.	19.80	19.85	19.90	19.95	20.—	20.04	20.09	20.14	20.19	20.24	20.28	20.33	20.38	20.43	20.48	20.53	20.58	20.63	20.68	20.73	20.77	20.82	20.87	20.92	20.97	21.02

COMPTE D'ACHAT ET DE REVIENT

A 100 BALLES COTON

100 Balles Coton à 20 c. or ou à 27 c. currency son équivalant à la prime sur l'or de 135 %

100 balles pesant 46077 ℔ à 20 c. or.. $ 9215.40		100 Balles pesant 46077 ℔ à 27 c. Cy. $ 12440.79	
Courtage d'achat ½ %...... $ 46.08		Courtage d'achat ½ %... $ 62.21	
Réception et expédition..... » 60.—		Réception et expédition.... » 81.—	
Assurance contre le feu ⅛% » 11.52		Assurance contre le feu ⅛% » 15.55	
Échantillons, par steamer, dépêches...... » 25.—	» 142.00	Échantillons, par steamer, dépêches...... » 33.75	» 192.51
	$ 9358.—		$ 12633.30
Commission d'achat 2½ %. $ 233.95		Commission d'achat 2½ % $ 315.83	
Courtage de change ¼ %. » 24.04	» 257.99	Courtage de change ¼ % » 32.45	» 348.28
	$ 9615.99		Cy $ 12981.58
		A la prime sur l'or de 135 %. = Or	$ 9615.99

Remboursement à 60 jours de vue à $ or 110 pour £ 22 ½ .... £ 1968.18 1

FRAIS A LIVERPOOL

Fret sur poids délivré brut........ ℔ 46653		
moins 4 %........ » 1866		
Net........ ℔ 44787 à ½ d. et 5 %....	£ 97.19. 5	
Frais à la réception, transport, arrimer, magasinage, dérimer et livrer à 2/6 par balle........	» 12.10.—	
Assurance maritime à 2 % à £ 2164.—........	» 43. 5. 7	
Assurance contre le feu à 1 %, à £ 2164.—........	» 2. 3. 3	
Commission de banque à ¼ % à £ 1968.18. 1........	» 4.18. 4	» 160.16. 7
		£ 2127.14. 8

Escompte à la vente 3 mois et 10 jours....	1½ %		
Courtage de vente........	½ %		
Commission de vente et du croire........	2½ %		
Ensemble........	4½ %	sur £ 2227.18.11...	» 100. 5. 2
			£ 2227.19.10

Rendement : 100 ℔ = 101 ℔ ¼ du bord :

Brut........	℔ 46653 du bord	
Perte en magasin...	» 200	
	℔ 46453	
	» 550 cordes à 5 ℔ ½	
	℔ 45903	
	» 200 don à 2 ℔	
	℔ 45703	
	» 1633 tare 4 ℔ par 112 ℔	
Net..	℔ 44070 à 12 ⁶⁰/₁₀₀ d. par ℔	£ 2227. 7. 6

Nota. — Nous mettons ci-haut en regard les comptes d'achat à 100 B/ coton premier coût de 20 cents or ou son équivalant de 27 c. Cy à la prime sur l'or de 135, et comme il est d'usage de faire les tirages sur Liverpool après la conversion en or des factures établies en Cy, nous renvoyons au tableau page 15 pour voir de suite la conversion du Cy en monnaie d'or et réciproquement avec les primes sur l'or variant journellement.

PRIX DE REVIENT A LIVERPOOL PAR ℔

AUX CHANGES SUIVANTS SUR ANGLETERRE

	PRIX à la NEW-ORLÉANS en or	Changes supposés sans conversion en or			Changes d'usage pour £ 22 ½ après la conversion en or					
		$ 140 Cy	$ 130 Cy	$ 120 Cy	112 Or	111 Or	110 Or	109 Or	108 Or	107 Or
Revient. — Coût et frais variables	C. 0. ⅛	D. 0.05	D. 0.06	D. 0.06	D. 0.07	D. 0.07	D. 0.07	D. 0.07	D. 0.07	D. 0.07
	0. ¼	0.11	0.12	0.13	0.14	0.14	0.14	0.14	0.14	0.14
	0. ⅜	0.16	0.18	0.19	0.21	0.21	0.21	0.21	0.21	0.21
	0. ½	0.22	0.24	0.26	0.28	0.28	0.28	0.29	0.29	0.29
	0. ⅝	0.27	0.30	0.32	0.35	0.35	0.35	0.36	0.36	0.36
	0. ¾	0.34	0.36	0.39	0.42	0.42	0.42	0.43	0.43	0.43
	0. ⅞	0.40	0.42	0.45	0.49	0.49	0.49	0.50	0.51	0.51
	1.—	0.45	0.48	0.52	0.56	0.57	0.57	0.58	0.58	0.59
Coût et frais variables et invariables	10.—	5.19	5.54	5.94	6.33	6.38	6.43	6.48	6.54	6.59
	11.—	5.64	6.02	6.46	6.89	6.95	7.—	7.06	7.12	7.18
	12.—	6.09	6.50	6.98	7.45	7.51	7.57	7.63	7.70	7.76
	13.—	6.54	6.98	7.50	8.01	8.08	8.14	8.21	8.28	8.35
	14.—	6.99	7.46	8.02	8.57	8.64	8.71	8.78	8.86	8.93
	15.—	7.43	7.95	8.55	9.13	9.20	9.28	9.36	9.44	9.52
	16.—	7.88	8.43	9.07	9.69	9.77	9.85	9.94	10.02	10.11
	17.—	8.33	8.91	9.59	10.25	10.33	10.42	10.51	10.60	10.69
	18.—	8.78	9.39	10.11	10.81	10.90	10.99	11.09	11.18	11.28
	19.—	9.23	9.87	10.63	11.37	11.46	11.56	11.66	11.76	11.86
	20.—	9.67	10.36	11.16	11.93	12.02	12.13	12.24	12.34	12.45
Logarithmes des changes		44784	48229	52248	55980	56485	56998	57521	58054	58596
Frais invariables par ℔		0.71	0.72	0.72	0.73	0.73	0.73	0.73	0.73	0.73

OBSERVATIONS

⅛ c. et 5 % par ℔ sur le fret font à Liverpool une différence de 0.14 d. par ℔ sur les prix.

Logarithme sans change 62.69796

On veut savoir le revient de Coton à Liverpool ayant coûté à New-Orléans 17 ½ c. or au change de $ 111 pour £ 22 ½ et au fret de ⅛ d. et 5 % la ℔.

On trouvera dans la 1re et la 6e colonne de ce tableau que:

C. 17.— font la ℔........	D. 10 [illegible]/₁₀₀
» —.½ id.	» [illegible]/₁₀₀
C. 17 ½ feront la ℔........	D. 10 [illegible]/₁₀₀

Ainsi le logarithme 62.69796 divisé par le change 111 = le logarithme correspondant à ce change 56485;

17½ × 56485 =........	D. 9 [illegible]/₁₀₀
à ajouter les frais invariables........	» [illegible]/₁₀₀
Revient égal........	D. 10 [illegible]/₁₀₀

N.-B. — Pour trouver le logarithme du change, il faut diviser le logarithme 62.69796 par le change.

COMPTE D'ACHAT ET DE REVIENT

A 100 BALLES COTON

100 Balles Coton à 20 c. or ou à 25 c. currency, son équivalent à la prime sur l'or de 125 %.

ACHAT ET FRAIS A LA NOUVELLE-ORLÉANS

100 B. coton pesant 46077 ℔ à 20 c. or.		$ 9215.40
Courtage d'achat ½ %	$ 46.08	
Réception et expédition	» 60.—	
Assurance contre le feu ⅛ %	» 11.52	
Échantillons, par steamer, dépêches	» 25.—	» 142.60
		$ 9358.—
Commission d'achat 2 ½ %	$ 233.95	
Courtage de change ¼ %	» 24.04	» 257.99
		Or $ 9615.99

100 B. coton pesant 46077 ℔ à 25 c. Cy.		$ 11519.25
Courtage d'achat ½ %	$ 57.60	
Réception et Expédition	» 75.—	
Assurance contre le feu ⅛ %	» 14.40	
Échantillons, par steamer, dépêches	» 31.25	» 178.25
		$ 11697.50
Commission d'achat 2 ½ %	$ 292.44	
Courtage de change ¼ %	» 30.05	» 322.49
		Cy $ 12019.99
Montant égal à la prime de 125.		Or $ 9615.99

Remboursement sur Brême à 60 jours de vue à 78 cents pour un Thaler d'or de Brême .... Th. 12328.14

FRAIS A BRÊME

Fret à 46077 ℔ à 1 ¼ et 5 % soit $ 604.76 à Th. 1 ⅓		Th. 806.25	
Frais de réception, échantillonner, mise en magasin, magasinage d'un mois et livraison à 40 grote par balle		» 55.40	
Assurance maritime à 2 ¾ % sur Th. 13561		» 372.66	
Assurance contre le feu à 1 ‰ sur Th. 13561		» 13.40	
Escompte à la vente 4 mois	1¾ %		
Courtage de vente	¼ %		
Droits de ville	½ %		
Commission de vente et ducroire	3 %		
Ensemble	5½ % sur Th. 14366.54	» 790.18	» 2038.40
			Th. 14366.54

RENDEMENT DE POIDS : 100 ℔ = brut avec cordes 90 ℔ ½ = net 84 ℔ ½ :

Brut		℔ 41776
Échantillons à 3 ℔ ½		» 350
		℔ 41426
Tare 6 %	℔ 2486	
Réfaction	« 5	» 2491
Net ℔ 38935 à 26 gallons 8/100 la ℔		F. 14368.07

NOTA : Nous mettons ci-haut en regard les comptes d'achat à 100 B/ Coton premier coût de 20 c. or ou son équivalent de 25 c. Cy à la prime de 125 % sur l'or, et comme il est d'usage de faire les tirages sur Brême après la conversion en or des factures établies en Cy, nous renvoyons au tableau pages 15 et 16 pour avoir de suite la conversion du Cy en monnaie d'or et réciproquement avec les primes sur l'or variant journellement.

Monnaie de Brême 1 Thaler d'Or = 72 grote.

PRIX DE REVIENT A BRÊME DE LA LIVRE = 1/2 KIL.

AUX CHANGES SUIVANTS SUR BRÊME POUR 1 THALER OR DE BRÊME

PRIX à NEW-ORLÉANS par ℔	80 c. Or	79 c. Or	78 c. Or	77 c. Or	76 c. Or	La différence sur le change est progressante
— Coût et frais variables						
Or c. 0.¼	Gr. 0.30	Gr. 0.30	Gr. 0.31	Gr. 0.31	Gr. 0.31	
0.½	0.60	0.60	0.62	0.62	0.63	
0.¾	0.90	0.90	0.93	0.93	0.95	
1.—	1.20	1.22	1.23	1.25	1.27	
Coût et frais variables et invariables						
10.—	13.93	14.08	14.24	14.40	14.57	
11.—	15.13	15.30	15.47	15.65	15.83	
12.—	16.33	16.51	16.70	16.90	17.10	
13.—	17.53	17.73	17.93	18.15	18.36	
14.—	18.73	18.94	19.16	19.40	19.63	
15.—	19.94	20.17	20.40	20.64	20.89	
16.—	21.14	21.38	21.63	21.89	22.16	
17.—	22.34	22.60	22.86	23.14	23.42	
18.—	23.54	23.81	24.09	24.39	24.69	
19.—	24.74	25.03	25.32	25.64	25.95	
20.—	25.95	26.25	26.56	26.89	27.22	
21.—	27.15	27.47	27.79	28.14	28.48	
22.—	28.35	28.68	29.02	29.39	29.75	
23.—	29.55	29.90	30.25	30.64	31.01	
24.—	30.75	31.11	31.48	31.89	32.27	
25.—	31.96	32.34	32.72	33.13	33.54	
Logarithmes des Changes	12019	12171	12327	12488	12652	
Frais invariables par 100 ℔.	1.91	1.91	1.91	1.91	1.91	

OBSERVATIONS

¼ c. et 5 % par ℔ sur le fret font une différence de 0.8/100 grote par ℔ de Brême sur les prix.

Logarithme sans Change 96.1539

On veut savoir le revient à Brême de Coton ayant coûté à New-Orléans 17 ¾ c. Or ou son équivalent en currency à la prime du jour, au change de 77 et au fret de 1 ¼ c. et 5 % la ℔.

On trouvera dans la 1re et la 5e colonne de ce tableau que :

C. 17.— font la livre	Gr. 23.14
» 0.¾ id.	» 0.93
C. 17.¾ feront la livre	Gr. 24.07

Ainsi le logarithme 96.1539 divisé par le change 77 = le logarithme correspondant à ce change 12488 ;

17 ¾ c. × 12488 =	Gr. 22.16
à ajouter les frais invariables	» 1.91
Revient égal	Gr. 24.07

N.-B. Pour trouver le logarithme du change il faut diviser le logarithme 96.1539 par le change.

COMPTE D'ACHAT ET DE REVIENT

A 100 BALLES COTON

100 Balles Coton à 20 c. or ou à 25 c. currency, son équivalent à la prime sur l'or de 125 %.

ACHAT ET FRAIS A LA NOUVELLE-ORLÉANS

100 B. coton pesant 46077 ℔ à 20 c. or.		$ 9215.40	100 B. coton pesant 46077 ℔ à 25 c. Cy		$ 11519.25
Courtage d'achat ½ %	$ 46.08		Courtage d'achat ½ %	$ 57.60	
Réception et expédition	» 60.—		Réception et expédition	» 75.—	
Assurance contre le feu ⅛ %	» 11.52		Assurance contre le feu ⅛ %	» 14.40	
Échantillons par steamer et dépêches	» 25.—	» 142.60	Échantillons par steamer et dépêches	» 31.25	» 178.25
		$ 9358.—			$ 11697.50
Commission d'achat 2 ½ %	$ 233.95		Commission d'achat 2½ %	$ 292.44	
Courtage de change ¼ %	» 24.04	$ 257.99	Courtage de change ¼ %	» 30.05	» 322.49
		Or $ 9615.99			Cy $ 12019.99
			A la prime sur l'or de 125 % Or		$ 9615.99

Remboursement sur Amsterdam à 60 jours de vue à 40 c. pour 1 ƒ. ƒ 24039.97

FRAIS A ROTTERDAM

Fret à 46077 ℔ à 1 ½ c. et 5 % soit $ 725.71 à ƒ 2.50		ƒ 1814.27	
Frais à la réception, transport, arrimer, magasinage, dérimer et livrer à ƒ 1.15		» 115.—	
Assurance maritime à 2 ¾ % sur F. 26443.96		» 727.21	
Assurance contre le feu ⅛ % sur F. 26443.96		» 33.05	
Commission de banque ¼ % sur F. 24039.97		» 60.10	
Escompte pour 3 mois	1 %		
Courtage de vente	½ %		
Commission de vente et ducroire	2 %		
Ensemble	3¼ %	» 899.90	» 3649.58
			ƒ 27689.50

RENDEMENT : 100 ℔ = brut 45 kil. ⅓ :

Brut	kil. 20888	
Tare 4 %	» 836	
Net kil. 20052 à ƒ 138.09 les 100 kil.		ƒ 27689.81

NOTA. — Nous mettons ci-haut en regard les comptes d'achat à 100 balles Coton premier coût de 20 c. or ou son équivalent de 25 c. Cy à la prime de 125 % sur l'or, et comme il est d'usage de faire les tirages sur Rotterdam après conversion en or des factures établies en Cy, nous renvoyons au tableau pages 15 et 16 pour avoir de suite la conversion du Cy en monnaie d'or et réciproquement avec les primes sur l'or variant journellement.

PRIX DE REVIENT A ROTTERDAM DES 100 KIL.

AUX CHANGES SUIVANTS SUR ROTTERDAM POUR 1 ƒ

PRIX à NEW-ORLÉANS par 100 kil.	Or 0.40	Or 0.39½	Or 0.39	Or 0.38½	Or 0.38	Or 0.37½	Or 0.37	Or 0.36½	Or 0.36
Or c. 0. ¼	ƒ1.59	ƒ1.61	ƒ1.63	ƒ1.65	ƒ1 67	ƒ1.69	ƒ1.71	ƒ1.74	ƒ1.76
0. ½	3.18	3.22	3.26	3.30	3.34	3.39	3.43	3.48	3.53
0. ¾	4.76	4.82	4.88	4.95	5.01	5.07	5.14	5.22	5.28
1.—	6.35	6.43	6.51	6.60	6.68	6.77	6.86	6.96	7.05
10.—	74.59	75.40	76.24	77.11	77.99	78.90	79.82	80.78	81.77
11.—	80.94	81.83	82.75	83.70	84.67	85.67	86.68	97.73	88.82
12.—	87.29	88.26	89.26	90.30	91.35	92.44	93.54	94.69	95.87
13.—	93.64	94.69	95.77	96.89	98.03	99.21	100.40	101.64	102.92
14.—	99.99	101.12	102.28	103.49	104.71	105.98	107.26	108.60	109.97
15.—	106.34	107.55	108.80	110.09	111.41	112.76	114.14	115.56	117.04
16.—	112.69	113.98	115.31	116.68	118.09	119.53	121.—	122.51	124.09
17.—	119.04	120.41	121.82	123.28	124.77	126.30	127.86	129.47	131.14
18.—	125.39	126.84	128.33	129.87	131.45	133.07	134.72	136.42	138.19
19.—	131.74	133.27	134.84	136.47	138.13	139.84	141.58	143.67	145.25
20.—	138.09	139.70	141.36	143.07	144.83	146.62	148.46	150.35	152.31
21.—	144.44	146.13	147.87	149.66	151.51	153.39	155.32	157.30	159.36
22.—	150.79	152.56	154.38	156.26	158.19	160.16	162.18	164.26	166.41
23.—	157.14	158.99	160.89	162.85	164.87	166.93	169.04	171.21	173.46
24.—	163.49	165.42	167.40	169.45	171.55	173.70	175.91	178.17	180.52
25.—	169.84	171.85	173.92	176.05	178.25	180.48	182 78	185.13	187.58
30.—	201.59	204.—	206.48	209.03	211.67	214.34	217.10	219.92	222.85
Logarithmes des changes	6349	6429	6511	6596	6683	6772	6863	6957	7054
Frais invariables par 100 kil.	11.11	11.13	11.14	11.16	11.17	11.19	11.20	11 22	11.23

OBSERVATIONS

¼ c. et 5 % sur le fret font à Rotterdam une différence de ƒ 1.56 par 100 kil. sur les prix

Logarithme sans Change 253.950

On veut savoir le revient à Rotterdam de Coton ayant coûté à New-Orléans 17 ¾ c. or la livre ou son équivalent en currency à la prime du jour au change de 39 et au fret de 1 ½ c. et 5 % la ℔.

On trouvera dans la 1re et la 4e colonne de ce tableau que :

C. 17.— font les 100 kil. entrepôt		ƒ 121.82
» ¾	id. id.	» 4.88
C. 17.¾ feront les 100 kil. entrepôt		ƒ 126.70

Ainsi le logarithme 253.950 divisé par le change 39 = le logarithme correspondant à ce change 6511 ;

17¾ c. × 6511 =	ƒ 115.56
à ajouter les frais invariables	» 11.14
Revient égal	ƒ 126.70

N.-B. Pour trouver le logarithme du change il faut diviser le logarithme 253.950 par le change.

COMPTE D'ACHAT ET DE REVIENT

A 24 FUTS CIRE D'ABEILLES

24 fûts Cire brut ℔ 18772			
Tare nette » 3096			
Net ℔ 15676 à 40 c. Cy		$	6270.40

FRAIS A LA NOUVELLE-ORLÉANS

Frais de réception et mise à bord	$	24.—		
Courtage d'achat 1 %	»	62.70	»	86.70
			$	6357.10
Commission d'achat 2 ½ %			»	158.93
Courtage de change ¼ %			»	16.33
			$	6532.36
Remboursement sur Paris à 60 jours de vue au change de F. 4 pour 1 $ Cy			F.	26129.44

FRAIS AU HAVRE

Fret à 18772 ℔ à 1c. et 5 % soit $ 197.11 à F. 5 ¼	F.	1034.83		
Permis, frais au débarquement, échantillonner, conditionner, port en magasin, arrimage, magasinage d'un mois, livraison et menus frais.	»	132.—		
Assurance maritime à 2 ½ % sur F. 28742.38	»	718.56		
Assurance contre le feu 1 ‰ sur F. 28742.38	»	28.74		
Commission de banque à ¼ % sur F. 26129.44	»	65.32		
Escompte à la vente 2¼ %				
Courtage de vente ½ %				
Commission de vente 2 %				
Ensemble 4¾ % sur F. 29433.39	»	1324.50	»	3303.95
			F.	29433.39

RENDEMENT : 100 ℔ nettes = net 45 kil. :

Net 7054 kil. à F. 417.26 les 100 kil. Entrepôt F. 29433.59

PRIX DE REVIENT AU HAVRE DES 100 KIL. ENTREPOT

AUX CHANGES SUIVANTS SUR PARIS POUR 1 $ CURRENCY

	PRIX à NEW-ORLÉANS par ℔	F. 3.—	F. 3.50	F. 3.60	F. 3.70	F. 3.80	F. 3.90	F. 4.—	F. 4.50	F. 5.—	10 c. de différence par 1 $ sur le change font au Havre par 100 kil.
SUBDIVISIONS — Coût et frais variables	C. 0.¼	F. 1.87	F. 2.18	F. 2.24	F. 2.30	F. 2.36	F. 2.42	F. 2.49	F. 2.80	F. 3.11	F. 0.31
	0.½	3.74	4.36	4.48	4.60	4.73	4.85	4.98	5.60	6.22	0.62
	0.¾	5.61	6.54	6.72	6.90	7.09	7.27	7.47	8.40	9.33	0.93
	1.—	7.47	8.72	8.96	9.21	9.46	9.71	9.96	11.20	12.45	1.25
	2.—	14.94	17.43	17.92	18.42	18.92	19.42	19.92	22.40	24.90	2.49
	3.—	22.41	26.15	26.88	27.63	28.38	29.13	29.88	33.60	37.35	3.73
	4.—	29.88	34.86	35.84	36.84	37.84	38.84	39.84	44.80	49.80	4.98
	5.—	37.35	43.58	44.82	46.07	47.31	48.56	49.80	56.03	62.25	6.23
Coût et frais variables et invariables	20.—	167.86	192.94	197.95	202.97	207.99	213.01	218.03	243.12	268.20	25.09
	25.—	205.21	236.52	242.77	249.04	255.30	261.57	267.83	299.14	330.45	31.31
	30.—	242.56	280.09	287.60	295.11	302.62	310.13	317.63	355.17	392.70	37.54
	35.—	279.91	323.67	332.41	341.17	349.92	358.68	367.43	411.19	454.95	42.76
	40.—	317.26	367.24	377.24	387.24	397.24	407.24	417.23	467.22	517.20	49.99
	45.—	354.61	410.82	422.05	433.30	444.54	455.79	467.03	523.24	579.45	56.21
	50.—	391.96	454.39	466.88	479.37	491.86	504.35	516.83	579.26	641.70	62.44
Logarithmes des changes		7470	8715	8964	9213	9462	9711	9960	11205	12450	1245
Frais invariables par 100 kil.		18.46	18.64	18.68	18.72	18.76	18.80	18.83	19.01	19.20	0.18

OBSERVATIONS

½ c. et 5 % par ℔ sur le fret font au Havre une différence de F. 1.92 par 100 kil. sur les prix

Logarithme sans change 2490

On veut savoir le revient de Cire d'abeilles ayant coûté à New-Orléans 37 ½ c. cy la livre au change de F. 3.80 et au fret de 1 c. et 5 % la ℔.

On trouvera dans la 1re et la 6e colonne de ce tableau que :

C. 35.— font les 100 entrepôt	F.	349.92
» 2.— id. id.	»	18.92
» 0.½ id. id.	»	4.73
C. 37.½ feront les 100 kil. entrepôt	F.	373.47

Ainsi le logarithme 2.490 × le change 3.80 = le logarithme correspondant à ce change 9462 ;

37½ × 9462 =	F.	354.82
à ajouter les frais invariables	»	18.76
Revient égal	F.	373.58

Droits d'entrée par 100 kil. depuis Juin 1869

Sous tous pavillons F. 1.—

COMPTE D'ACHAT ET DE REVIENT

A 500 PAQUETS CUIRS SALÉS

500 paquets Cuirs salés contenant mille Cuirs salés verts 76515 ℔ à 15 c. Cy.			$	11477.25

FRAIS A LA NOUVELLE-ORLÉANS

Réception, mise en paquets et mise à bord à 20 c. par paquet	$	100.—		
Courtage d'achat 2 ½ %	»	286.93	»	386.93
			$	11864.18
Commission d'achat 2 ½ %	$	296.60		
Courtage de change ¼ %	»	30.48	»	327.08
			$	12191.26
Remboursement sur Paris à 60 jours de vue au change de F. 4 pour 1 $ Cy.			F.	48765.04

FRAIS AU HAVRE

Fret à 60 c. par paquet et 5 % soit $ 315.— à F. 5.25	F.	1653.75		
Permis, frais au débarquement, échantillonner, conditionner, port en magasin, arrimage, magasinage d'un mois, livraison et menus frais.	»	300.—		
Assurance maritime à 2 ¼ % sur F. 53641.54	»	1206.93		
Assurance contre le feu à 1 ‰ sur F. 53641.54	»	53.64		
Commission de banque ¼ % sur F. 48765.04	»	121.91		
Escompte à la vente 2 ¼ %				
Courtage de vente ¼ %				
Commission de vente 2 %				
Ensemble 4 ½ % sur F. 54556.31	»	2455.04	»	5791.27
			F.	54556.31

RENDEMENT : 100 ℔ = 39 kil. ¾ :

Net 30415 kil. à F. 179.37 les 100 kil. Entrepôt .... F. 54555.39

PRIX DE REVIENT AU HAVRE DES 100 KIL. ENTREPOT

AUX CHANGES SUIVANTS SUR PARIS POUR 1 $ CURRENCY

	PRIX à NEW-ORLÉANS par ℔	F. 3.—	F. 3.50	F. 3.60	F. 3.70	F. 3.80	F. 3.90	F. 4.—	F. 4.50	F. 5.—	30 c. de différence par 1 $ sur le change font au Havre par 100 kil.
SCHUIT. — Coût et frais variables	0. ¼	F. 2.14	F. 2.50	F. 2.57	F. 2.64	F. 2.71	F. 2.78	F. 2.85	F. 3.21	F. 3.57	F. 0.36
	0. ½	4.28	4.99	5.14	5.28	5.42	5.56	5.70	6.42	7.13	0.71
	0. ¾	6.42	7.49	7.71	7.92	8.13	8.34	8.55	9.63	10.70	1.06
	1.—	8.56	9.99	10.27	10.55	10.84	11.13	11.41	12.84	14.26	1.43
Coût et frais variables et invariables	5.—	50.02	57.93	59.39	60.85	62.31	63.77	65.24	72.55	79.87	7.32
	6.—	59.17	67.92	69.66	71.41	73.15	74.90	76.65	85.39	94.13	8.74
	7.—	67.73	77.90	79.93	81.96	83.99	86.02	88.06	98.22	108.39	10.16
	8.—	76.29	87.89	90.20	92.52	94.83	97.15	99.47	111.06	122.65	11.59
	9.—	84.85	97.87	100.47	103.07	105.67	108.27	110.88	123.90	136.91	13.02
	10.—	93.41	107.86	110.74	113.63	116.52	119.41	122.30	136.75	151.19	14.45
	11.—	101.97	117.84	121.01	124.19	127.36	130.54	133.71	149.58	165.45	15.87
	12.—	110.53	127.83	131.28	134.74	138.20	141.66	145.12	162.42	179.71	17.30
	13.—	119.09	137.81	141.55	145.30	149.04	152.79	156.53	175.25	193.97	18.72
	14.—	127.65	147.80	151.82	155.85	159.88	163.91	167.94	188.09	208.24	20.15
	15.—	136.21	157.78	162.10	166.40	170.72	175.03	179.37	200.94	222.52	21.58
	Logarithmes des changes	8559	9985	10270	10555	10841	11126	11412	12838	14265	1426
	Frais invariables par 100 kil.	7.82	8.—	8.04	8.07	8.10	8.14	8.18	8.36	8.54	0.16

OBSERVATIONS

10 c. et 5 % par paquet sur le fret font au Havre une différence de F. 0.95 par 100 kil. sur les prix

Logarithme sans change 2.853

On veut savoir le revient de Cuirs salés ayant coûté à New-Orléans 9 ¼ c. la livre au change de F. 3.80 et au fret de 65 c. et 5 % le paquet.

On trouvera dans la 1re et la 6e colonne de ce tableau que :

C. 9.— font les 100 kil. entrepôt .... F. 105.67
» 0. ¼ id. id. .... » 5.42

C. 9. ¼ feront les 100 kil. entrepôt .... F. 111.09

Ainsi le logarithme 9.853 × le change de 3.80 = le logarithme correspondant à ce change 10841 ;

9 ¼ c. × 10841 = ... F. 102.99
à ajouter les frais invariables .... » 8.10
Revient égal .... F. 111.09

Exempt de Droits d'entrée

DEPUIS JUIN 1869

COMPTE D'ACHAT ET DE REVIENT

A 1392 BALLES FARINE ILLINOIS

1392 Balles Farine Illinois à $ 6 Cy			$	8352.—

FRAIS A LA NOUVELLE-ORLÉANS

Frais de réception et mise à bord	$	232.24		
Courtage d'achat ½ %	»	41.76	»	274.—
			$	8626.—
Commission d'achat 2 ½ %	»	215.65		
Courtage de change ¼ %	»	22.16	»	237.81
			$	8863.81
Remboursement sur Paris à 60 jours de vue au change de F. 4 pour 1 $			F.	35455.24

FRAIS AU HAVRE

Fret à 1 $ et 5 % par baril, soit $ 1461.60 à F. 5.25	F.	7673.40		
Permis, frais à la réception, échantillonner, conditionner, port en magasin, arrimage, magasinage d'un mois, livraison et menus frais.	»	974.40		
Assurance maritime à 2 ½ % sur F. 39000.76	»	975.02		
Assurance contre le feu à 1 ‰ sur F. 39000.76	»	39.—		
Commission de banque à ¼ % sur F. 35455.24	»	88.64		
Escompte à la vente 2 ¼ %				
Courtage de vente ¼ %				
Commission de vente 2 %				
Ensemble 4 ½ % sur F. 47335.80	»	2130.10	»	11880.56
			F.	47335.80

RENDEMENT : 1 baril = brut kil. 100
Net.. » 88

1392 barils Farine F. 34.— le baril Entrepôt	F.	47328.—

PRIX DE REVIENT AU HAVRE DU BARIL ENTREPOT

AUX CHANGES SUIVANTS SUR PARIS POUR 1 $ CURRENCY

	PRIX à NEW-ORLÉANS par baril	F. 3.—	F. 3.50	F. 3.75	F. 4.—	F. 4.25	F. 4.50	F. 4.75	F. 5.—	F. 5.25	25 c. de différence par 1 $ sur le change font au Havre par baril
SURPLUS. — Coût et frais variables	$ 0.⅛	F. 0.42	F. 0.49	F. 0.52	F. 0.56	F. 0.59	F. 0.63	F. 0.66	F. 0.70	F. 0.73	F. 0.04
	0.¼	0.83	0.97	1.04	1.11	1.18	1.25	1.32	1.39	1.46	0.07
	0.½	1.67	1.95	2.09	2.23	2.37	2.51	2.65	2.79	2.92	0.14
	0.¾	2.51	2.93	3.14	3.35	3.56	3.77	3.98	4.18	4.38	0.21
	1.—	3.35	3.90	4.18	4.46	4.74	5.02	5.30	5.58	5.85	0.28
Coût et frais variables et invariables	6.—	27.13	30.57	32.29	34.01	35.73	37.45	39.17	40.89	42.61	1.72
	7.—	30.48	34.47	36.47	38.47	40.47	42.47	44.47	46.47	48.46	2.—
	8.—	33.82	38.37	40.65	42.93	45.21	47.49	49.76	52.04	54.31	2.28
	9.—	37.17	42.28	44.83	47.39	49.94	52.51	55.05	57.62	60.16	2.56
	10.—	40.51	46.17	49.01	51.85	54.68	57.52	60.35	63.19	66.01	2.83
	11.—	43.86	50.07	53.19	56.31	59.42	62.54	65.64	68.77	71.86	3.11
	12.—	47.20	53.99	57.38	60.77	64.16	67.56	70.94	74.34	77.72	3.39
	13.—	50.55	57.88	61.56	65.23	68.90	72.57	76.24	79.92	83.57	3.67
	14.—	53.89	61.78	65.74	69.69	73.64	77.59	81.53	85.49	89.42	3.95
	15.—	57.24	65.70	69.92	74.15	78.37	82.61	86.82	91.07	95.27	4.23
	Logarithmes des changes	3345	3902	4181	4460	4738	5017	5296	5575	5853	0278
	Frais invariables par baril	7.06	7.15	7.20	7.25	7.30	7.34	7.39	7.44	7.49	0.05

OBSERVATIONS

10 c. et 5 % par baril sur le fret font au Havre une différence de F. 0.58 par baril sur les prix

Logarithme sans change 1,115

On veut savoir le Revient au Havre de la Farine ayant coûté à New-Orléans $ 7 ½ le baril au change de F. 3.75 et au fret de $ 1 et 5 % le baril.

On trouvera dans la 1re et la 4e colonne de ce tableau que:

$ 7.— font le baril entrepôt	F.	36.47
» —.½ id. id.	»	2.09
$ 7.½ feront le baril entrepôt	F.	38.56

Ainsi le logarithme 1115 × le change de F. 3.75 = le logarithme correspondant à ce change 4181 ;

7 ½ × 4181 =	F.	31.36
à ajouter les frais invariables	»	7.20
Revient égal	F.	38.56

Droits d'entrée par 100 kil. depuis Juin 1889

Sous tous pavillons .... F. 1.20

COMPTE D'ACHAT ET DE REVIENT

A 2324 SACS FROMENT ROUGE

2854 sacs Froment rouge = 5049.00 bushels à 60 ℔ = 302980 ℔ à $ 1.20 par bushel.		$	6059.60

FRAIS A LA NOUVELLE-ORLÉANS

Frais de réception et mise à bord	$	266.60		
Courtage d'achat à ½ %	»	30.30	»	296.90
			$	6356.50
Commission d'achat 2 ½ %	$	158.91		
Courtage de change ¼ %	»	16.33	»	175.24
			$	6531.74
Remboursement sur Paris à 60 jours de vue au change de F. 4 pour 1 $			F.	26126.96

FRAIS AU HAVRE

Fret à 30 c. et 5 % par bushel de 60 ℔ soit $ 1590.65 à F. 5.25	F.	8350.91		
Permis, frais au débarquement, échantillonner, conditionner, port en magasin, arrimage, magasinage d'un mois, livraison et menus frais.	»	1278.20		
Assurance maritime à 3 % sur F. 28739.65	»	862.19		
Assurance contre le feu à 1 ‰ sur F. 28739.65	»	28.74		
Commission de Banque à ¼ % sur F. 26126.96	»	65.32		
Escompte à la vente 1 ¼ %				
Courtage de vente ¼ %				
Commission de vente et ducroire. 2 %				
Ensemble 3 ½ % sur F. 38043.86	»	1331.54	»	11916.90
			F.	38043.86

RENDEMENT : 1 Bushel de 60 ℔ = brut 27 kil. ; 100 ℔ = brut 45 kil. :

Brut 136341 kil. à F. 55.81 les 200 kil. Entrepôt	F.	38045.96

PRIX DE REVIENT AU HAVRE DES 200 KIL. ENTREPOT

AUX CHANGES SUIVANTS SUR PARIS POUR 1 $ CURRENCY

	PRIX à NEW-ORLÉANS par bushel	F. 3.—	F. 3.50	F. 3.75	F. 4.—	F. 4.25	F. 4.50	F. 4.75	F. 5.—	F. 5.25	25 c. de différence sur le change font au Havre par 200 kil.
SUBDIV. — Coût et frais variables	C. 0.½	F. 0.13	F. 0.14	F. 0.15	F. 0.16	F. 0.17	F. 0.18	F. 0.20	F. 0.21	F. 0.22	F. 0.02
	1.—	0.25	0.29	0.31	0.33	0.35	0.37	0.39	0.41	0.43	0.04
	2.—	0 50	0.58	0.62	0.66	0.70	0.74	0.78	0.82	0.86	0.08
	3.—	0.75	0.87	0.93	0.99	1.05	1.11	1.17	1.23	1.29	0.12
	4.—	1.—	1.16	1.24	1.32	1.40	1.48	1.56	1.64	1.72	0.16
	5.—	1.24	1.44	1.54	1.65	1.75	1.85	1.95	2.06	2.15	0.21
Coût et frais variables et invariables	90.—	38.11	42.03	43.98	45.94	47.89	49.86	51.81	53.75	55.72	3.92
	95.—	39.35	43.47	45.52	47.59	49.64	51.71	53 76	55.81	57.87	4.12
	100.—	40.58	44.91	47.06	49.23	51.39	53.56	55.71	57.86	60.02	4.32
	105.—	41.82	46.35	48.60	50.88	53.14	55.41	57.66	59.92	62.17	4.53
	110.—	43.05	47.79	50.14	52.52	54.89	57.26	59.61	61.97	64.32	4.73
	115.—	44.28	49.23	51.68	54.17	56.64	59.11	61.56	64.03	66.48	4.94
	120.—	45.51	50.66	53.23	55.80	58.38	60.95	63.52	66.09	68.66	5.15
	125.—	46.75	52.09	54.77	57.45	60.12	62.79	65.47	68.15	70.81	5.35
	130.—	47.98	53.53	56.31	59.09	61.87	64.64	67.42	70.20	72.96	5.55
	135.—	49.22	54.97	57.85	60.74	63.62	66.49	69.37	72.26	75.11	5.76
	140.—	50.45	56.41	59.39	62.38	65.37	68.34	71.32	74.31	77.26	5.96
	145.—	51.69	57.85	60.93	64.03	67.12	70.19	73.27	76.35	79.43	6.17
	150.—	52.09	59.29	62.47	65.66	68.85	72.04	75.22	78.41	81.60	6.38
Logarithmes des Changes		24651	28759	30813	32868	34922	36976	39031	41085	43139	04109
Frais invariables par 100 kil.		15.93	16.14	16.25	16.36	16.46	16.57	16 68	16.79	16.90	0.21

OBSERVATIONS

5 c. et 5 % par bushel sur le fret font au Havre une différence de F. 2.12 par 200 kil. sur les prix

Logarithme sous change 8.217

On veut savoir le revient de Froment ayant coûté à New-Orléans 124 c. le bushel au change de F. 3.85 et au fret de 30 c. et 5 % le bushel.

On trouvera dans la 1re, 4e et la 11e colonne de ce tableau que:

C.120.— au change de 3.75 font les 200 kil. ent.	F.	53.23
10 c. de différence de change	»	1.03
» 4.— au change de 3.75	»	1.24
10 c. de différence de change	»	0.03
C.124.— au change de 3.85 feront les 200 k. ent.	F.	55.53

Ainsi le logarithme 8.217 × le change de 3.85 = le logarithme correspondant à ce change 31636 ;

124 c. × 31636 =			F.	39.23
à ajouter les frais invariables au change de F. 3.75	F.	16.25		
10 c. de différence de change	»	0.05	»	16.30
Revient égal			F.	55.53

Droits d'entrée par 100 kil. depuis Juin 1869

Sous tous pavillons	F.	0.60

COMPTE D'ACHAT ET DE REVIENT

A 25000 DOUVELLES EXTRA PIPES

2500 douvelles Extra Pipes à $ 160 les 1200 franco à bord .... $ 3333.33

FRAIS A LA NOUVELLE-ORLÉANS

Commission d'achat 2 ½ % .... $ 83.33
Courtage de change ¼ % .... » 8.56 » 91.89
$ 3425.22

Remboursement sur Paris à 60 jours de vue au change de F. 4 pour 1 $ .... F. 13700.88

FRAIS AU HAVRE

Fret à 25000 douvelles à $ 50 ct 5 % les 1200, soit $ 1093.75 à F. 5 ¼. F. 5742.19
Permis, frais au débarquement, échantillonner, conditionner, port en magasin, arrimage, magasinage d'un mois, livraison et menus frais. » 400.—
Assurance maritime à 2 ½ % sur F. 15070.97 .... » 376.77
Assurance contre le feu à 1 ‰ sur F. 15070.97 .... » 15.07
Commission de banque à ¼ % sur F. 13700.88 .... » 34.25
Escompte à la vente .... 2 ¼ %
Courtage de vente .... ½ %
Commission de vente .... 2 %
Ensemble .... 4 ¾ % sur F. 21224.25 .... » 955.09 » 7523.37
F. 21224.25

Rendement :

25000 douvelles Extra Pipes à F. 1018.77 les 1200 douvelles Entrepôt .... F. 21224.38

PRIX DE REVIENT AU HAVRE DES 1200 DOUVELLES

AUX CHANGES SUIVANTS SUR PARIS POUR 1 $ CURRENCY

PRIX à NEW-ORLÉANS par 1200 douv.	F. 3.—	F. 3.50	F. 3.75	F. 4.—	F. 4.25	F. 4.50	F. 4.75	F. 5.—	F. 5.25	50 c. de différence par 1 $ sur le change font au Havre par 1200 douv.
Soult. — Coûts et frais variables — $ 1.—	F. 3.33	F. 3.88	F. 4.16	F. 4.44	F. 4.72	F. 4.99	F. 5.27	F. 5.55	F. 5.82	F. 0.55
2.—	6.66	7.76	8.32	8.88	9.44	9.98	10.54	11.10	11.64	1.10
3.—	9.99	11.64	12.48	13.32	14.16	14.97	15.81	16.65	17.40	1.66
4.—	13.32	15.52	16.64	17.76	18.88	19.96	21.08	22.20	23.28	2.21
5.—	16.64	19.41	20.80	22.19	23.57	24.96	26.34	27.73	29.12	2.77
10.—	33.28	38.82	41.60	44.37	47.14	49.92	52.69	55.40	58.23	5.55
Coûts et frais variables et invariables — 100.—	641.55	697.03	724.77	752.51	780.25	807.99	835.73	863.47	891.21	55.48
110.—	674.83	735.85	766.37	796.88	827.39	857.91	888.42	918.93	949.44	61.03
120.—	708.12	774.69	807.98	841.26	874.55	907.83	941.12	974.40	1007.69	66.57
130.—	741.40	813.51	849.58	885.63	921.69	957.75	993.81	1029.86	1065.92	72.12
140.—	774.69	852.35	891.18	930.01	968.84	1007.67	1046.50	1085.33	1124.16	77.66
150.—	807.97	891.17	932.78	974.38	1015.98	1057.59	1099.49	1140.79	1182.39	83.20
160.—	841.26	930.01	974.39	1018.77	1063.14	1107.51	1151.89	1196.26	1240.64	88.75
170.—	874.54	968.88	1015.99	1063.13	1110.28	1157.43	1204.58	1251.72	1298.87	94.30
180.—	907.88	1007.67	1057.59	1107.51	1157.43	1207.35	1257.27	1307.10	1357.11	99.84
190.—	941.11	1046.49	1099.19	1151.88	1204.57	1257.25	1309.96	1362.65	1415.34	105.39
200.—	974.40	1085.33	1140.80	1196.26	1251.73	1307.19	1362.66	1418.12	1473.59	110.93
Logarithmes des Changes	33284	38831	41605	44378	47152	49925	52699	55472	58246	55.47
Frais invariables par 1200 douvelles	308.72	308.72	308.72	308.72	308.72	308.72	308.72	308.72	308.72	0.—

OBSERVATIONS

$ 5 et 5 % par 1200 douv. sur le fret font au Havre une différ. de F. 28.89 par 1200 douv. sur les prix.

Logarithme sans change 1.1094

On veut savoir le revient de Douvelles extra pipes ayant coûté à New-Orléans $ 164 les 1200 au change de F. 3.75 et au fret de $ 50 et 5 % les 1200.

On trouvera dans la 1re et la 4e colonne de ce tableau que :
$ 160.— font les 1200 douvelles entrepôt. F. 974.39
» 4.— Id. Id. .... » 16.64
$ 164.— feront les 1200 douvelles entrepôt F. 991.03

Ainsi le logarithme 1.1094 × le change de F. 3.75 = le logarithme correspondant à ce change 41605 ;
164 × 41605 = ... F. 682.31
à ajouter les frais invariables .... » 308.72
Revient égal .... F. 991.03

Droits d'entrée les 1000 douvelles depuis Juin 1860

Sous tous pavillons .... F. 0.12

COMPTE D'ACHAT ET DE REVIENT

A 25000 DOUVELLES EXTRA HEAVY CLARET

25000 Douvelles Extra Heavy Claret à $ 80 les 1200 franco à bord	$		1666.66

FRAIS A LA NOUVELLE-ORLÉANS

Commission d'achat 2 ½ %	$	41.67	
Frais de change ¼ %	»	4.28	45.95
		$	1712.61
Remboursement sur Paris à 60 jours de vue au change de F. 4 pour 1 $		F.	6850.44

FRAIS AU HAVRE

Fret à 25000 à $ 40 et 5 % les 1200 $ 875 à F. 5.25	F.	4593.75		
Permis, frais au débarquement, échantillonner, conditionner, port en magasin, arrimage, magasinage d'un mois, livraison et menus frais.	»	400.—		
Assurance maritime à 2 ½ % sur F. 7535.48	»	188.39		
Assurance contre le feu à 1 ‰ sur F. 7535.48	»	7.54		
Commission de Banque ¼ % sur F. 6850.44	»	17.13		
Escompte à la vente 2½ %				
Courtage de vente ¼ %				
Commission de vente 2 %				
Ensemble 4½ % sur F. 12625.39	»	568.14	»	5774.95
			F.	12625.39

RENDEMENT :

25000 douvelles Extra Heavy Claret à F. 606.02 les 1200 Douvelles Entrepôt	F.	12625.42

PRIX DE REVIENT AU HAVRE DES 1200 DOUVELLES

AUX CHANGES SUIVANTS SUR PARIS POUR 1 $ CURRENCY

	PRIX à NEW-YORK par 1200 douvelles	F. 3.—	F. 3.50	F. 3.75	F. 4.—	F. 4.25	F. 4.50	F. 4.75	F. 5.—	F. 5.25	50 c. de différence par 1 $ sur le change font au Havre par 1200 douv.
Coûts et frais variables	$ 1.—	F. 3.33	F. 3.88	F. 4.16	F. 4.44	F. 4.72	F. 4.99	F. 5.27	F. 5.55	F. 5.82	F. 0.55
	2.—	6.66	7.76	8.32	8.88	9.44	9.98	10.54	11.10	11.64	1.10
	3.—	9.99	11.64	12.48	13.32	14.16	14.97	15.81	16.65	17.46	1.65
	4.—	13.32	15.52	16.64	17.76	18.88	19.96	21.08	22.20	23.28	2.20
	5.—	16.64	19.42	20.80	22.19	23.57	24.96	26.35	27.73	29.12	2.77
	10.—	33.29	38.83	41.61	44.38	47.15	49.92	52.69	55.47	58.25	5.55
Coûts et frais variables et invariables	40.—	384.10	406.30	417.40	428.50	439.60	450.70	461.80	472.90	484.—	22.20
	50.—	417.39	445.13	459.01	472.88	486.75	500.62	514.49	528.37	542.25	27.74
	60.—	450.68	483.97	500.61	517.26	533.90	550.55	567.19	583.84	600.48	33.29
	70.—	483.97	522.80	542.22	561.64	581.05	600.47	619.88	639.31	658.73	38.83
	80.—	517.26	561.64	583.83	606.02	628.21	650.40	672.59	694.78	716.97	44.38
	90.—	550.55	600.47	625.44	650.40	675.36	700.32	725.28	750.25	775.22	49.92
	100.—	583.84	639.31	667.04	694.78	722.51	750.25	777.98	805.72	833.45	55.47
	110.—	617.13	678.14	708.65	739.16	769.66	800.17	830.67	861.19	891.70	61.02
	120.—	650.42	716.98	750.26	783.54	816.82	850.10	883.38	916.66	949.94	66.56
Logarithmes des changes		332835	388308	416044	443780	471516	499252	526988	554725	582461	055473
Frais invariables par 1200 douvelles		251.—	251.—	251.—	251.—	251.—	251.—	251.—	251.—	251.—	0.—

OBSERVATIONS

$ 5 et 5 % par 1200 douv. sur le fret font au Havre une différ. de F. 28.80 par 1200 douv. sur les prix.

Logarithme pour change 1.10945

On veut savoir le revient au Havre de Douvelles heavy claret ayant coûté à New-Orléans $ 92 les 1200 au change de F. 3.75 et au fret de $ 40 et 5 % les 1200.

On trouvera dans la 1re et la 4e colonne de ce tableau que:

$ 90.— font les 1200 douvelles entrepôt		F.	625.44
» 2.—	id. id.	»	8.32
$ 92.— feront les 1200 douvelles entrepôt		F.	633.76

Ainsi le logarithme 1.10945 × le change de 3.75 = le logarithme correspondant à ce change 416044 ;

92 × 416044 =	F.	382.76
à ajouter les frais invariables	»	251.—
Revient égal	F.	633.76

Droits d'entrée les 1000 douvelles depuis Juin 1869

Sous tous pavillons .... F. 0.12

COMPTE D'ACHAT ET DE REVIENT

A 1082 SACS GRAINES DE COTON

1082 Sacs Graines de Coton posant 47 $^{535}/_{2000}$ tonneaux à $ 15 par 2000 ℔			$	709.01

FRAIS A LA NOUVELLE-ORLÉANS

Frais à bord	$	108.20		
Courtage d'achat 1 %	»	7.09	»	115.29
			$	824.30
Commission d'achat 2 ½ %	$	20.61		
Courtage de change ¼ %	»	2.11	»	22.72
			$	847.02
Remboursement sur Paris à 60 jours de vue au change de F. 4 pour 1 $			F.	3388.08

FRAIS AU HAVRE

Fret à 48191 kil. à $ 11 et 5 % par 1015 kil. soit $ 491.48 à F. 5 ¼	F.	2580.27		
Permis, frais au débarquement, échantillonner, conditionner, port en magasin, arrimage, magasinage d'un mois, livraison et menus frais	»	324.60		
Assurance maritime à 3 % sur F. 3726.89	»	111.81		
Assurance contre le feu à 1 ‰ sur F. 3726.89	»	3.73		
Commission de banque à ¼ % sur F. 3388.08	»	8.47		
Escompte à la vente 2 ¼ %				
Courtage de vente ¼ %				
Commission de vente 2 %				
Ensemble 4 ½ % sur F. 6719.33	»	302.37	»	3331.25
			F.	6719.33

RENDEMENT : 100 ℔ = 45 kil. 68

48191 kil. brut à F. 15.56 les 100 kil. Entrepôt	F.	6720.52

PRIX DE REVIENT AU HAVRE DES 100 KIL. ENTREPOT

AUX CHANGES SUIVANTS SUR PARIS POUR 1 $ CURRENCY

	PRIX à NEW-ORLÉANS par 2000 ℔	F. 3.—	F. 3.50	F. 3.75	F. 4.—	F. 4.25	F. 4.50	F. 4.75	F. 5.—	F. 5.25	50 c. de différence par 1 $ sur le change font au Havre par baril
SUBDIVISIONS — Coût et frais variables	$ 0.½	F. 0.19	F. 0.22	F. 0.23	F. 0.25	F. 0.26	F. 0.28	F. 0.29	F. 0.31	F. 0.33	F. 0.03
	1.—	0.37	0.43	0.46	0.49	0.52	0.55	0.58	0.62	0.65	0.06
	2.—	0.74	0.86	0.92	0.98	1.04	1.10	1.16	1.24	1.30	0.12
	3.—	1.11	1.29	1.38	1.47	1.56	1.65	1.74	1.86	1.95	0.18
	4.—	1.48	1.72	1.84	1.96	2.08	2.20	2.32	2.48	2.60	0.24
	5.—	1.85	2.16	2.32	2.47	2.63	2.78	2.93	3.09	3.25	0.31
Coût et frais variables et invariables	10.—	11.58	12.33	12.71	13.09	13.47	13.85	14.22	14.60	14.98	0.76
	15.—	13.43	14.49	15.03	15.56	16.10	16.63	17.15	17.69	18.23	1.07
	20.—	15.28	16.65	17.35	18.03	18.73	19.41	20.08	20.78	21.48	1.38
	25.—	17.13	18.81	19.67	20.50	21.36	22.19	23.01	23.87	24.73	1.69
	30.—	18.98	20.97	21.97	22.97	23.97	24.96	25.96	26.96	27.96	2.—
Logarithmes des changes		0.3699	0.4315	0.4624	0.4932	0.5240	0.5548	0.5857	0.6165	0.6473	0.0616
Frais invariables par 100 kil.		7.88	8.02	8.09	8.16	8.23	8.30	8.37	8.44	8.51	0.14

OBSERVATIONS

$ 1 et 5 % par 1015 kil. sur le fret font au Havre une différence de F. 0.57 par 100 kil. sur les prix.

Logarithme sans change 0.1233

On veut savoir le revient de Graines de Coton ayant coûté à la Nouvelle-Orléans $ 14 ½ le tonneau de 2000 ℔ au change de F. 3.75 et au fret de $ 11 et 5 % les 1015 kil.

On trouvera dans la 1re et 4e colonne de ce tableau que :

$ 10	font les 100 kil. Entrepôt		F.	12.71
» 4	id.	id.	»	1.84
» ½	id.	id.	»	0.23
$ 14 ½	feront les 100 kil. Entrepôt		F.	14.78

Ainsi le logarithme 0.1233 × le change 3.75 = le logarithme correspondant à ce change 0.4624 ;

14 ½ × 0.4624 =	F.	6.69
à ajouter les frais invariables	»	8.09
Revient égal	F.	14.78

Droits d'entrée par 100 kil. depuis Juin 1869

Sous tous pavillons	F.	2.—

COMPTE D'ACHAT ET DE REVIENT

A 130 BALLES CRIN VÉGÉTAL

130 Balles Crin végétal pesant 27778 ₰ à 4 c. la ₰			$	1111.12

FRAIS A LA NOUVELLE-ORLÉANS

Frais de réception et mise à bord	$	26.—		
Courtage d'achat ½ %	»	5.56	»	31.56
			$	1142.68
Commission d'achat 2 ½ %			»	28.57
Courtage de change ¼ %			»	2.93
			$	1174.18
Remboursement sur Paris à 60 jours de vue au change de F. 4 pour 1 $			F.	4696.72

FRAIS AU HAVRE

Fret à 27778 ₰ à 2 ½ c. et 5 % soit $ 729.17 à F. 5.25	F.	3828.14		
Permis, frais au débarquement, échantillonner, conditionner, port en magasin, arrimage, magasinage d'un mois, livraison et menus frais	»	87.50		
Assurance maritime 3 % sur F. 5166.39	»	154.99		
Assurance contre le feu 1 ‰ sur F. 5166.39	»	5.17		
Commission de banque ¼ % sur F. 4696.72	»	11.74		
Escompte à la vente 2¼ %				
Courtage de vente ¼ %				
Commission de vente 2 %				
Ensemble 4½ % sur F. 9198.17	»	413.91	»	4501.45
			F.	9198.17

RENDEMENT de poids 100 ₰ = 45 kil. brut :

Brut	kil. 12500			
Tare 2 %	» 250			
Net	kil. 12250	à F. 75.09 les 100 kil. Entrepôt	F.	9198.50

PRIX DE REVIENT AU HAVRE DES 100 KIL. ENTREPOT

AUX CHANGES SUIVANTS SUR PARIS POUR 1 $ CURRENCY

	PRIX à NEW-ORLÉANS par ₰	F. 3.—	F. 3.50	F. 3.75	F. 4.—	F. 4.25	F. 4.50	F. 4.75	F. 5.—	F. 5.25	25 c. de différence sur le change font au Havre par 100 kil.
DÉBOURS. — Coût et frais variables	C. 0.¼	F. 1.90	F. 2.22	F. 2.39	F. 2.54	F. 2.70	F. 2.86	F. 3.02	F. 3.18	F. 3.34	F. 0.32
	0.½	3.81	4.45	4.77	5.08	5.40	5.72	6.04	6.36	6.68	0.64
	0.¾	5.72	6.68	7.15	7.62	8.10	8.58	9.06	9.54	10.02	0.96
	1.—	7.62	8.90	9.53	10.17	10.81	11.44	12.07	12.71	13.34	1.28
Coût et frais variables et invariables	2.—	49.44	52.09	53.41	54.75	56.07	57.40	58.72	60.06	61.38	2.65
	3.—	57.06	60.99	62.94	64.92	66.88	68.84	70.80	72.78	74.74	3.93
	4.—	64.68	69.88	72.48	75.09	77.69	80.29	82.89	85.49	88.10	5.20
	5.—	72.30	78.78	82.01	85.26	88.50	91.73	94.97	98.20	101.46	6.48
	6.—	79.92	87.67	91.55	95.43	99.81	103.18	107.06	110.92	114.82	7.75
Logarithmes des Changes		76254	88963	95317	101672	1^8026	114381	120735	127090	133444	12709
Frais invariables par 100 kil.		34.18	34.30	34.36	34.42	34.48	34.54	34.60	34.66	34.72	0.12

OBSERVATIONS

½ c. et 5 % par ₰ sur le fret font au Havre une différence de F. 6.55 par 100 kil. sur les prix.

Logarithme sans change 2,5418

On veut savoir le revient de Crin végétal ayant coûté à la Nouvelle-Orléans 3 ¼ c. la ₰ au change de F. 4.25 et au fret de 2½ c. et 5 % la ₰.

On trouvera dans la 1re et 6e colonne de ce tableau que :

C. 3.— font les 100 kil. Entrepôt	F.	66.88
» —.¼ » »	»	2.70
C. 3.¼ feront les 100 kil. Entrepôt	F.	69.58

Ainsi le logarithme 25418 × le change 4.25 = le logarithme correspondant à ce change 108026 ;

3¼ × 108026 =	F.	35.10
à ajouter les frais invariables	»	34.48
Revient égal	F.	69.58

Exempt de Droits d'entrée

DEPUIS JUIN 1869

COMPTE D'ACHAT ET DE REVIENT

A 40 BOUCAUTS TABAC KENTUCKY

40 Boucauts Tabac Kentucky brut	₰ 80603		
Tare	» 7010		
Net	₰ 73593 à 10 cents la ₰	$	7359.30

FRAIS A LA NOUVELLE-ORLÉANS

Demi-inspection	$	60.—		
Courtage à $ 1	»	40.—		
Transport et frais d'expédition	»	40.—		
Échantillons et menus frais	»	10.—		
Assurance contre le feu ⅛ %	»	9.20	»	159.20
			$	7518.50
Commission d'achat 2 ½ %	»	187.96		
Courtage de change ¼ %	»	19.31	»	207.27
			$	7725.77
Remboursement sur Paris à 60 jours de vue au change de F. 4 pour 1 $			F.	30903.08

FRAIS AU HAVRE

Fret à 40/. et 5 % par boucaut £ 84 à F. 25.25	F.	2121.—		
Permis, frais au débarquement, échantillonner, conditionner, port en magasin, arrimage, magasinage d'un mois, livraison et menus frais	»	300.—		
Assurance maritime à 3 % sur F. 33993.39	»	1019.80		
Assurance contre le feu à 1 ‰ sur F. 33993.39	»	33.99		
Commission de banque à ¼ % sur F. 30903.08	»	77.26		
Escompte à la vente 2¼ %				
Courtage de vente ¼ %				
Commission de vente 2 %				
Ensemble 4½ % sur F. 36078.14	»	1623.54	»	5175.59
			F.	36078.67

Rendement : 100 ₰ brut = 45 kil.

Brut	kil. 36271	
Tare 14 %	» 5078	
Net	kil. 31193 à F. 115.66 les 100 kil. Entrepôt	F. 36077.82

PRIX DE REVIENT AU HAVRE DES 100 KIL. ENTREPOT

AUX CHANGES SUIVANTS SUR PARIS POUR 1 $ CURRENCY

	PRIX à NEW-ORLÉANS par ₰	F. 3.—	F. 3.50	F. 3.75	F. 4.—	F. 4.25	F. 4.50	F. 4.75	F. 5.—	F. 5.25	30 c. de différence par 1 $ sur le change font au Havre par 100 kil.
Débours. — Coût et frais variables	C. 0.¼	F. 1.98	F. 2.31	F. 2.47	F. 2.64	F. 2.80	F. 2.97	F. 3.13	F. 3.30	F. 3.46	F. 0.33
	0.½	3.95	4.61	4.94	5.27	5.60	5.93	6.26	6.59	6.92	0.66
	0.¾	5.93	6.92	7.41	7.91	8.40	8.90	9.39	9.89	10.38	0.99
	1.—	7.90	9.22	9.88	10.54	11.20	11.86	12.52	13.18	13.84	1.32
Coût et frais variables et invariables	5.—	49.25	56.11	59.54	62.97	66.39	69.82	73.25	76.68	80.11	6.86
	6.—	57.15	65.33	69.42	73.50	77.59	81.68	85.77	89.86	93.95	8.18
	7.—	65.05	74.55	79.30	84.04	88.79	93.54	98.29	103.04	107.79	9.50
	8.—	72.95	83.77	89.18	94.58	99.99	105.40	110.81	116.22	121.63	10.82
	9.—	80.85	92.99	99.06	105.12	111.19	117.26	123.33	129.40	135.47	12.14
	10.—	88.77	102.21	108.94	115.66	122.38	129.10	135.83	142.55	149.27	13.45
	11.—	96.67	111.43	118.82	126.20	133.58	140.96	148.35	155.73	163.11	14.76
	12.—	104.57	120.65	128.70	136.74	144.78	152.82	160.87	168.91	176.95	16.08
	13.—	112.47	129.87	138.58	147.28	155.98	164.68	173.39	182.09	190.79	17.40
	14.—	120.37	139.09	148.46	157.82	167.18	176.54	185.91	195.27	204.63	18.72
	15.—	128.29	148.32	158.34	168.36	178.37	188.38	198.40	208.42	218.44	20.03
Logarithmes des changes		79044	92218	98805	105392	111979	118566	125153	131740	138327	13174
Frais invariables par 100 kil.		9.73	10.—	10.13	10.27	10.40	10.54	10.67	10.81	10.95	0.27

OBSERVATIONS

5 Sh. et 5 % par boucaut sur le fret font au Havre une différence de F. 0.89 par 100 kil. sur les prix.

Logarithme taux change 2.6348

On veut savoir le revient au Havre de Tabac Kentucky ayant coûté à la Nouvelle-Orléans 13 ¼ c. la ₰ au change de F. 3.75 et au fret de 40 sh. et 5 % le boucaut.

On trouvera dans la 1re et la 4e colonne de ce tableau que :

C. 13.—	font les 100 kil. entrepôt	F. 138.58
» —.¼	id. id.	» 2.47
C. 13.¼	feront les 100 kil. entrepôt	F. 141.05

Ainsi le logarithme 26348 × le change 3.75 = le logarithme correspondant à ce change 98805 ;

13 ¼ c. × 98805 =	F. 130.92
à ajouter les frais invariables	» 10.13
Revient égal	F. 141.05

Prohibé à l'entrée en France

COMPTE D'ACHAT ET DE REVIENT

A 11003 SACS MAIS

11003 Sacs Maïs 23330 bushels à 80 c. par bushel		$	18664.—

FRAIS A LA NOUVELLE-ORLÉANS

Frais de réception et transport à bord	$ 464.60		
Courtage d'achat ½ %	» 93.32	»	557.92
		$	19221.92
Commission 2 ½ %		»	480.55
Frais de change ¼ %		»	49.38
		$	19751.85
Remboursement sur Paris à 60 jours de vue au change de F. 3.75 pour 1 $		F.	74069.44

FRAIS AU HAVRE

Fret à 23330 bushels à 20 c. et 5 % soit $ 4899.30 à F. 5.25	F. 25721.33		
Permis, frais au débarquement, échantillonner, conditionner, port en magasin, arrimage, magasinage d'un mois, livraison et menus frais.	» 3667.65		
Assurance maritime à 4 % sur F. 81476.38	» 3259.06		
Assurance contre le feu à 1 ‰ sur F. 81476.38	» 81.48		
Commission de banque à ¼ % sur F. 74069.44	» 185.17		
Escompte à la vente ¼ %			
Courtage de vente ¼ %			
Commission de vente 2 %			
Ensemble 3½ % sur F. 110864.38	» 3880.25	»	36794.94
		F.	110864.38

RENDEMENT : 1 bushel = 24 kil. 66/100.

575318 kil. brut à F. 19.27 les 100 kil. Entrepôt	F.	110863.78

PRIX DE REVIENT AU HAVRE DES 100 KIL. ENTREPOT

AUX CHANGES SUIVANTS SUR PARIS POUR 1 $ CURRENCY

PRIX à NEW-ORLÉANS par bushel	F. 3.—	F. 3.50	F. 3.75	F. 4.—	F. 4.25	F. 4.50	F. 4.75	F. 5.—	F. 5.25	20 c. de différence par 1 $ sur le change font [illegible] par 100 kil.
FRET. — Coût et frais variables $ 1.—	F. 0.14	F. 0.16	F. 0.17	F. 0.18	F. 0.19	F. 0.20	F. 0.21	F. 0.23	F. 0.24	F. 0.02
2.—	0.27	0.32	0.34	0.36	0.38	0.40	0.42	0.46	0.48	0.05
3.—	0.40	0.48	0.51	0.54	0.57	0.60	0.63	0.69	0.72	0.07
4.—	0.54	0.64	0.68	0.72	0.76	0.80	0.84	0.92	0.96	0.09
5.—	0.68	0.80	0.85	0.91	0.97	1.02	1.08	1.14	1.20	0.12
Coût et frais variables et invar. 60.—	13.79	15.16	15.85	16.54	17.23	17.91	18.60	19.29	19.98	1.38
65.—	14.47	15.95	16.70	17.45	18.20	18.93	19.68	20.43	21.18	1.49
70.—	15.15	16.75	17.55	18.36	19.17	19.95	20.76	21.57	22.38	1.61
75.—	15.83	17.54	18.40	19.27	20.14	20.97	21.84	22.71	23.58	1.72
80.—	16.52	18.35	19.27	20.18	21.09	22.01	22.92	23.84	24.76	1.83
85.—	17.20	19.14	20.11	21.09	22.06	23.03	24.—	24.98	25.96	1.95
90.—	17.88	19.94	20.97	22.—	23.03	24.05	25.08	26.12	27.16	2.06
95.—	18.56	20.73	21.82	22.91	24.—	25.07	26.16	27.26	28.36	2.18
100.—	19.25	21.53	22.68	23.82	24.96	26.10	27.25	28.39	29.53	2.29
Logarithmes des changes	013638	015911	017047	018184	019320	020457	021593	022730	023866	002273
Frais invariables par 100 kil.	5.61	5.61	5.62	5.63	5.63	5.64	5.65	5.65	5.66	0.01

OBSERVATIONS

1 c. et 5 % par bushel sur le fret font au Havre une différence de F. 0.23 par 100 kil. sur les prix.

Logarithme sans change 0,04546

On veut savoir le revient de Maïs en sac ayant coûté à New-Orléans 87 c. au change de F. 3.75 et au fret de 20 c. et 5 % le bushel.

On trouvera dans la 1re et la 4e colonne de ce tableau que:

C. 85.— font les 100 kil. entrepôt	F.	20.11
» 2.— id. id.	»	0.34
C. 87.— feront les 100 kil. entrepôt	F.	20.45

Ainsi le logarithme 0.04546 × le change 3.75 = le logarithme correspondant à ce change 0.17047;

87 c. × 17047 =	F.	14.83
à ajouter les frais invariables	»	5.62
Revient égal	F.	20.45

Droits d'entrée par 100 kil. en Juin 1869

Sous tous pavillons	F.	0.60

COMPTE D'ACHAT A 100 BALLES COTON LOUISIANE

servant à faire ressortir la parité des prix en y comprenant les tares, les dons, escomptes et courtages concernant chaque place en particulier.

ACHAT ET FRAIS AU HAVRE

100 Balles Coton Louisiane pesant brut........ kil. 19856 avec cordes
» 395 pour cordes
kil. 19461
» 973 tare 5 %
Net........ kil. 18488 à F. 120 les 50 kil........ F. 44371.20
Escompte 4 Mois et 15 Jours à 6 % par an = 2 ¼ %........ » 998.35
F. 43372.85
Courtage ¼ %........ » 110.93
Valeur comptant........ F. 43483.78

ACHAT ET FRAIS A LIVERPOOL

100 Balles Coton Louisiane du même poids à 45 kil. ½ = 100 ℔ pesant
brut........ ℔ 43800 avec cordes
» 871 pour cordes
℔ 42929
» 200 Draft ou don à 2 ℔
℔ 42729
» 1526 tare 4 ℔ par cwt de 112 ℔
℔ 41203 à 10 $^{n}/_{oo}$ d. par ℔........ £ 1754.19. 0
Escompte 3 mois et 10 jours à 5 % par an........ » 24. 7. 6
£ 1730.11. 6
Courtage ½ %........ » 8.15. 6
Valeur comptant........ £ 1739. 7.—
1 £ = F. 25........ F. 43483.78

ACHAT ET FRAIS A BRÊME

100 Balles Coton Louisiane du même poids 50 kil. = 100 ℔
Brut........ ℔ 39712 avec cordes
Tare........ » 2383 à 6 %
Net........ ℔ 27329 à 20 $^{n}/_{oo}$ grot. la ℔........ ℛ 10720.61
Escompte 4 mois à 5 % par an........ » 178.49
ℛ 10542.12
Courtage ¼ %........ » 26.58
Valeur comptant........ ℛ 10568.70
17 ½ grot. = F. 1........ F. 43483.78

ACHAT ET FRAIS A ROTTERDAM

100 Balles Coton Louisiane du même poids à 50 kil. = 50 kil.
Brut........ kil. 19856 avec cordes
Tare........ » 794 à 4 %
Net........ kil. 19062 à 54 $^{n}/_{oo}$ ƒ boll. les 50 kil........ ƒ 20863.03
Escompte 3 mois à 4 % par an........ » 208.63
ƒ 20654.40
Courtage ¼ %........ » 52.16
Valeur comptant........ ƒ 20706.56
100 ƒ = F. 210........ F. 43483.78

PARITÉ DES PRIX ENTRE LE HAVRE, LIVERPOOL, BRÊME & ROTTERDAM

PRIX au HAVRE par 50 kil.	LIVERPOOL par ℔ anglaise: F. 25.25 par 1 £	F. 25.— par 1 £	F. 24.75 par 1 £	25 c. de différence sur le change	BRÊME par ℔ = ½ kilo: à franc = 17 ¼ grot	à franc = 17 ½ grot	à franc = 17 ¾ grot	différence sur le change de ¼ grot	ROTTERDAM par 50 kil.: F. 214 = ƒ 100	F. 212 = ƒ 100	F. 210 = ƒ 100	F. 1 différence sur le change
F. 1.—	D. 0.08	D. 0.08	D. 0.09		G. 0.17	G. 0.17	G. 0.17		ƒ 0.45	ƒ 0.45	ƒ 0.45	
2.—	0.16	0.17	0.17		0.34	0.34	0.35		0.89	0.90	0.91	
3.—	0.25	0.26	0.26		0.51	0.52	0.52		1.34	1.35	1.36	
4.—	0.33	0.34	0.35		0.68	0.69	0.70		1.79	1.80	1.81	
5.—	0.42	0.43	0.43		0.85	0.86	0.87		2.24	2.26	2.28	
80.—	6.74	6.80	6.86	0.06	13.58	13.78	13.98	0.20	35.80	36.14	36.48	0.34
85.—	7.16	7.23	7.29		14.43	14.64	14.85		38.04	38.40	38.76	
90.—	7.58	7.65	7.72	0.07	15.28	15.50	15.72		40.28	40.66	41.04	
95.—	8.—	8.08	8.16		16.13	16.36	16.59		42.52	42.92	43.32	
100.—	8.43	8.51	8.59	0.08	16.98	17.22	17.48	0.25	44.75	45.17	45.60	0.43
105.—	8.85	8.94	9.02		17.83	18.09	18.35		46.99	47.43	47.88	
110.—	9.27	9.36	9.45	0.09	18.68	18.95	19.22		49.23	49.69	50.16	
115.—	9.69	9.79	9.89		19.53	19.81	20.09		51.47	51.95	52.44	
120.—	10.12	10.22	10.32	0.10	20.38	20.68	20.98	0.30	53.70	54.21	54.72	0.52
125.—	10.54	10.65	10.75		21.23	21.54	21.85		55.94	56.47	57.—	
130.—	10.96	11.07	11.18	0.11	22.08	22.40	22.72		58.18	58.73	59.28	
135.—	11.38	11.50	11.62		22.93	23.26	23.59		60.42	60.99	61.56	
140.—	11.81	11.93	12.05	0.12	23.78	24.13	24.48	0.35	62.65	63.25	63.85	0.60
145.—	12.23	12.36	12.48		24.63	24.99	25.35		64.89	65.51	66.13	
150.—	12.65	12.78	12.91	0.13	25.48	25.85	26.22		67.13	67.77	68.41	
155.—	13.07	13.21	13.35		26.33	26.71	27.09		69.37	70.03	70.69	
160.—	13.50	13.64	13.78	0.14	27.18	27.58	27.98	0.40	71.60	72.29	72.98	0.69
165.—	13.92	14.07	14.21		28.03	28.44	28.85		73.84	74.55	75.26	
170.—	14.34	14.49	14.64	0.15	28.88	29.30	29.73		76.08	76.81	77.54	
175.—	14.76	14.92	15.07		29.73	30.16	30.60		78.32	79.07	79.82	
180.—	15.19	15.34	15.51	0.16	30.58	31.03	31.48	0.45	80.55	81.33	82.10	0.78
185.—	15.61	15.77	15.94		31.43	31.89	32.35		82.79	83.59	84.38	
190.—	16.03	16.19	16.37	0.17	32.28	32.75	33.23		85.03	85.85	86.66	
195.—	16.45	16.62	16.80		33.13	33.61	34.10		87.27	88.11	88.94	
200.—	16.88	17.05	17.24	0.18	33.98	34.48	34.98	0.50	89.50	90.36	91.22	0.87

COMPTE D'ACHAT AU HAVRE ET A LIVERPOOL

servant à faire ressortir la parité des prix, en y comprenant les tares, les dons, escomptes et courtages, concernant chaque place en particulier.

COMPTE D'ACHAT AU HAVRE

A 100 BALLES COTON LOUISIANE

100 Balles Coton Louisiane pesant brut........ kil. 19856 avec cordes
» 395 pour cordes
kil. 19461
» 973 tare 5 %
Net........................ kil. 18488 à F. 120 les 50 kil........ F. 44371.20

FRAIS AU HAVRE

Escompte 4 mois et 15 jours à 6 % par an = 2 ¼ %........ » 998.35
F. 43372.85
Courtage ¼ %........ » 110.93
Valeur comptant........ F. 43483.78

COMPTE D'ACHAT A LIVERPOOL

A 100 BALLES COTON LOUISIANE

100 Balles Coton Louisiane du même poids que celles ci-dessus, 45 kil. ⅗ bruts = 100 ℔, pesant brut........ ℔ 43800 avec cordes
» 871 pour cordes
℔ 42929
» 200 Draft ou don à 2 ℔
℔ 42729
» 1526 tare à 4 d. par 112 ℔
Net........ ℔ 41203 à 10 ³⁄₁₆ D. par ℔........ £ 1754.19.—

FRAIS A LIVERPOOL

Escompte 3 mois et 10 jours à 5 % par an........ » 24. 7. 6
£ 1730.11. 6
Courtage ½ %........ » 8.15. 6
Valeur comptant........ £ 1739. 7.—
1 £ = F. 25........ F. 43483.78

PRIX AU HAVRE PAR 50 KIL.

FORMANT LA PARITÉ A LIVERPOOL PAR ℔ ANGLAISE

PRIX au HAVRE par 50 kil.	LIVERPOOL AUX CHANGES SUIVANTS						
	F. 25.37 ½	F. 25.25	F. 25.12 ½	F. 25.—	F. 24.87 ½	F. 24.75	12 c. ½ de différence sur le change font par livre anglaise
F. 0.50	D. 0.04	D. 0.04	D. 0.04	D. 0.04	D. 0.04	D. 0.05	
1.—	0.08	0.08	0.08	0.08	0.08	0.09	
2.—	0.16	0.16	0.16	0.17	0.17	0.17	
3.—	0.25	0.25	0.25	0.26	0.26	0.26	
4.—	0.33	0.33	0.33	0.34	0.34	0.35	
5.—	0.42	0.43	0.43	0.43	0.43	0.44	
80.—	6.71	6.74	6.77	6.80	6.83	6.86	0.03
85.—	7.13	7.16	7.19	7.23	7.26	7.29	
90.—	7.55	7.58	7.62	7.65	7.69	7.72	
95.—	7.97	8.—	8.04	8.08	8.12	8.16	
100.—	8.39	8.43	8.47	8.51	8.55	8.59	0.04
105.—	8.81	8.85	8.89	8.94	8.98	9.02	
110.—	9.23	9.27	9.32	9.36	9.41	9.45	
115.—	9.65	9.69	9.74	9.79	9.84	9.89	
120.—	10.07	10.12	10.17	10.22	10.27	10.32	0.05
125.—	10.49	10.54	10.61	10.65	10.70	10.75	
130.—	10.91	10.96	11.02	11.07	11.13	11.19	
135.—	11.33	11.38	11.44	11.50	11.56	11.62	
140.—	11.75	11.81	11.87	11.93	11.99	12.05	0.06
145.—	12.17	12.23	12.29	12.36	12.42	12.48	
150.—	12.59	12.65	12.72	12.78	12.85	12.91	
155.—	13.01	13.07	13.14	13.21	13.28	13.35	
160.—	13.43	13.50	13.57	13.64	13.71	13.78	0.07
165.—	13.85	13.92	13.99	14.07	14.14	24.21	
170.—	14.27	14.34	14.42	14.49	14.57	14.64	
175.—	14.69	14.76	14.84	14.92	15.—	15.07	
180.—	15.11	15.19	15.27	15.34	15.43	15.51	0.08
185.—	15.53	15.61	15.69	15.77	15.86	15.94	
190.—	15.95	16.03	16.12	16.19	16.29	16.37	
195.—	16.37	16.45	16.54	16.62	16.72	16.80	
200.—	16.79	16.88	16.97	17.05	17.15	17.24	0.09

COMPTE D'ACHAT A LIVERPOOL ET AU HAVRE

servant à faire ressortir la parité des prix, en y comprenant les tares, les dons, escomptes et courtages concernant chaque place en particulier

COMPTE D'ACHAT A LIVERPOOL

A 100 BALLES COTON LOUISIANE

100 Balles Coton Louisiane pesant brut	℔ 43800	avec cordes	
	» 871	tare réelle des cordes	
	℔ 42929		
	» 200	Draft ou don à 2 ℔ par balle	
	℔ 42729		
	» 1526	tare à 4 ℔ par cwt de 112 ℔	
Net	℔ 41203	à 10 D. la ℔ anglaise	£ 1716.15.10

FRAIS A LIVERPOOL

Escompte pour 3 mois et 10 jours à 5 % par an	» 23.16.10
	£ 1692.19.—
Courtage ½ %	» 8.11. 8
Valeur comptant	£ 1701.10. 8

COMPTE D'ACHAT AU HAVRE

A 100 BALLES COTON LOUISIANE

100 Balles Coton Louisiane du même poids que celles ci-dessus, 100 ℔ = 45 kil. ½

pesant brut	kil. 19856	avec cordes	
	» 395	tare réelle des cordes	
	kil. 19461		
	» 973	tare à 5 %	
Net	kil. 18488	à F. 117 80/00 par 50 kil	F. 43406.46

FRAIS AU HAVRE

Escompte pour 4 mois et 15 jours à 6 % par an	» 976.64
	F. 42429.82
Courtage ¼ %	» 108.51
Valeur comptant	F. 42538.33
1 £ F. 25	£ 1701.10. 8

PRIX A LIVERPOOL PAR ℔ ANGLAISE

FORMANT LA PARITÉ AU HAVRE PAR 50 KIL.

PRIX à LIVERPOOL par ℔ anglaise	HAVRE AUX CHANGES SUIVANTS						
	F. 24.75	F. 24.87½	F. 25.—	F. 25.12½	F. 25.25	F. 25.37½	12 c. ½ de différence de change font par 50 kil.
0.1/16	F. 0.73	F. 0.73	F. 0.74	F. 0.74	F. 0.75	F. 0.75	F. 0.—⅜
0.⅛	1.46	1.46	1.47	1.48	1.49	1.49	0.—¾
0.3/16	2.18	2.19	2.21	2.22	2.23	2.24	0.01⅛
0.¼	2.91	2.92	2.94	2.95	2.97	2.98	0.01½
0.5/16	3.64	3.65	3.67	3.69	3.71	3.73	0.01⅞
0.⅜	4.36	4.38	4.41	4.43	4.45	4.47	0.02¼
0.7/16	5.09	5.11	5.14	5.17	5.19	5.22	0.02⅝
0.½	5.81	5.84	5.87	5.90	5.93	5.96	0.03
0.9/16	6.54	6.57	6.61	6.64	6.68	6.71	0.03⅜
0.⅝	7.27	7.30	7.34	7.38	7.42	7.45	0.03⅝
0.11/16	7.99	8.03	8.08	8.12	8.16	8.20	0.04⅛
0.¾	8.72	8.76	8.81	8.85	8.90	8.94	0.04⅜
0.13/16	9.45	9.49	9.54	9.59	9.64	9.69	0.04¾
0.⅞	10.17	10.22	10.28	10.33	10.38	10.43	0.05⅛
0.15/16	10.90	10.95	11.01	11.07	11.12	11.18	0.05½
1.—	11.62	11.68	11.74	11.80	11.86	11.92	0.06
8.—	92.98	93.45	93.91	94.38	94.84	95.31	0.46½
8.¼	95.89	96.37	96.85	97.33	97.81	98.20	0.48
8.½	98.79	99.29	99.78	100.28	100.77	101.27	0.49½
8.¾	101.70	102.21	102.72	103.23	103.74	104.25	0.51
9.—	104.60	105.13	105.65	106.18	106.70	107.23	0.52½
9.¼	107.51	108.05	108.59	109.13	109.67	110.21	0.54
9.½	110.41	110.97	111.52	112.08	112.63	113.19	0.55½
9.¾	113.32	113.89	114.46	115.02	115.60	116.17	0.57
10.—	116.22	116.81	117.39	117.98	118.56	119.15	0.58½
10.¼	119.13	119.73	120.33	120.93	121.53	122.13	0.60
10.½	122.03	122.65	123.26	123.88	124.49	125.11	0.61½
10.¾	124.94	125.57	126.20	126.83	127.46	128.09	0.63
11.—	127.84	128.49	129.13	129.78	130.42	131.07	0.64½
11.¼	130.75	131.40	132.07	132.73	133.39	134.05	0.66
11.½	133.65	134.32	135.—	135.68	136.35	137.03	0.67½
11.¾	136.56	137.24	137.94	138.63	139.32	140.01	0.69
12.—	139.46	140.17	140.87	141.58	142.28	142.99	0.70½
13.—	151.08	151.85	152.61	153.38	154.14	154.91	0.76½
14.—	162.70	163.53	164.35	165.18	166.—	166.83	0.82½

PHILADELPHIE (PHILADELPHIA)

Métropole de l'État de Pensylvanie et la seconde ville des Etats-Unis, sous le rapport de la grandeur, de la richesse et de l'importance, située entre la Delaware et le Schuylkill, à 5 milles de leur confluent, par 59° 54' 39" de latitude et 72° 90' 49" de longitude; elle se trouve à 130 milles de Washington et à 67 milles de New-York, et par la Delaware à 103 milles de l'Océan. La population en 1850 fut estimée à 408,762 habitants, en 1860 à 568,034 habitants et en 1866 à 622,000 habitants. C'est dans cette ville qu'en 1774 s'assembla le premier Congrès américain et que le 4 Juillet 1776, le congrès alors réuni adopta la déclaration de l'indépendance américaine. En 1787, la convention qui élabora la constitution des États-Unis y tint ses séances, et de 1790 à 1800 cette ville fut le siége du Gouvernement général; pendant la dernière de ces deux années, Washington devint la capitale des États-Unis.

Port, Phares, Droits. — L'entrée de la Baie Delaware est située entre le cap May et le cap Henlopen; sur le premier de ces caps, il y a un phare dont la lanterne, munie de 16 réflecteurs, est élevée de 88 pieds au-dessus du niveau des hautes eaux; la lumière fait sa révolution dans l'espace de 3 minutes et, par un temps clair, est visible à une distance de 17 milles; sur le second des deux caps, il y a deux phares; la lanterne de l'un est élevée de 180 pieds au-dessus des hautes eaux et a 21 réflecteurs; les feux en sont fixes et visibles, par un temps clair, à une distance de 27 milles. Le plus petit des phares est distant de l'autre d'environ 3/4 de mille et a 14 réflecteurs; il a un feu fixe et est visible par un temps clair à une distance de 12 milles; il y a en outre dans la Baie et sur la Delaware les feux suivants, qui sont tous fixes: à Egg-Island, Cohanzey-Bruck, Maurice-River, dans le New-Jersey; Bombay-Hook, Mahons, Ditch, Mispillon-Creeck, Christiana-River, Ready-Island, Beradwater, dans l'État de Delaware, et à Fort-Mifflin en Pensylvanie. Outre les phares, il y a en dehors du havre, et à 16 milles du cap May, un navire-fanal qui porte deux feux réfléchis, un sur chaque mât, et qui porte une cloche d'alarme. A la hauteur précise du cap Henlopen se trouve le môle Delaware, qui est l'une des trois grandes constructions de ce genre existant dans le monde, avec Cherbourg et Plymouth.

D'après le relevé exact du fleuve et de la baie qu'a publié le *Coast Survey Department of the United-States*, la profondeur du canal à marée basse est de 4 brasses 1/2 à 9 brasses 1/2, tandis qu'à son point le plus bas, à la barre opposée de Fort-Mifflin, la profondeur est de 3 brasses à 4 1/4, suivant la période de la marée. Le canal est donc navigable à partir du cap Henlopen et du cap May jusqu'à la ville de Philadelphie pour les bâtiments de première classe.

Pilotage. — Les pilotes qui se présentent à tout bâtiment en entrant sont en droit de remplir cet office, pourvu que leurs licences les autorisent à piloter des navires d'un tel tirant d'eau; le capitaine d'un navire sortant doit rester 24 heures au cap pour décharger le pilote. Tout bâtiment arrivant d'un port étranger ou chargé pour un port étranger, est tenu de recevoir un pilote et de payer le pilotage entier dans l'office des gardiens du port, où le capitaine, sous peine d'une amende de dix dollars, doit faire sa déclaration dans les 36 heures qui suivent son arrivée, et de nouveau avant son départ; les frais de pilotage sont, à l'entrée, de 1 dollar 50 cents par demi-pied pour les bâtiments dont la capacité ne dépasse pas 12 pieds de tirant d'eau, et pour les bâtiments au-dessus de 12 pieds de 1 dollar 67 cents par chaque demi-pied avec un supplément de 10 dollars comme pilotage d'hiver du 30 Novembre au 10 Mars; à la sortie, ils sont, pour les bâtiments n'ayant pas au-dessus de 12 pieds 1 dollar 12 cents ½ par demi-pied, et pour ceux au-dessus de 12 pieds, 1 dollar 33 cents par demi-pied.

Navigation de la Delaware. — Le capitaine de tout navire naviguant sur la Delaware est tenu d'avoir, après le coucher du soleil, un fanal élevé de 10 pieds au moins au-dessus du pont du navire; il est défendu de jeter du lest d'aucune sorte dans la Delaware. — *Quarantaine.* Le Lazaret est situé sur la rive occidentale de la Delaware, à 13 milles au-dessous de la ville; tout bâtiment arrivant, du 1er Juin au 1er Octobre, doit venir mouiller dans la Delaware aussi près du Lazaret que possible, avant toute communication avec terre, sous peine d'une amende qui n'excède pas 500 dollars et se soumettre à la visite du médecin et du directeur de la quarantaine. A son arrivée à Philadelphie le capitaine doit, dans les 24 heures, présenter son certificat de santé à l'office sanitaire; les droits sanitaires sont de 4 ¼, 12 ½ ou 25 dollars selon le port d'où vient le navire.

Commerce. — Philadelphie possédait déjà en 1859, 19 Banques de Dépôts d'Escompte et d'Émission, avec un capital en actions de $ 11,638,120, et on peut juger les énormes transactions commerciales qui s'y font; cette cité est riche par son industrie, ses manufactures de toutes sortes, ses productions de houille, fer, pétrole, etc. et par la grande facilité de transports; le commerce intérieur se fait avec le Sud, l'Ouest et Sud-Ouest, principalement en tissus (dry-good), et il y a un grand marché en céréales, les principaux articles d'exportation sont: huile de pétrole, graisse de porc, suif, farines, froment, houille, etc. La production de l'huile de Pétrole en Pensylvanie a été en 1865 de 2,300,000 barils de 40 gallons, ou 92,000,000 gallons, et l'exportation totale d'huile de pétrole des Etats-Unis pour l'Europe:

		1868	1867	1866	1865	1864	1863	1862
De Philadelphie	Gallons	40,505,620	29,437,429	28,811,853	12,552,889	7,760,148	5,395,738	2,800,978
New-York	»	52,808,292	33,834,123	34,400,385	14,626,090	21,335,784	19,547,604	6,720,273
Boston	»	2,410,114	2,284,104	1,391,694	1,511,173	1,696,307	2,049,431	1,071,201
Baltimore	»	2,567,707	1,516,454	2,483,419	978,117	929,971	815,866	175,000
Portland	»	705,107	900	12,100	11,088	70,762	342,082	120,250
New-Bedfort				30,000	50,000			
Cleveland	»	270,000			81,173	80,000		
Total	Gallons	98,261,860	67,052,920	67,430,451	29,805,893	31,572,572	28,250,721	10,887,702
ou barils de 40	»	2,482,044	1,676,300	1,685,761	745,138	796,824	706,268	272,200

Ainsi Philadelphie tend à devenir le premier marché d'exportation d'huile de pétrole, grâce à sa proximité des régions huilières et à ses grands établissements pour entreposer et raffiner l'huile qui se trouvent sur la rive de la Delaware.

Les usages de la place, frais de commission, sont fixés par le Board of Trade, comme à New-York, et nous renvoyons à l'article New-York pour les monnaies, poids et mesures.

COMPTE D'ACHAT ET DE REVIENT

A 2716 BARILS HUILE DE PÉTROLE

2716 Barils Huile de Pétrole brute 109980 gallons à 20 c. Cy le gallon ....Cy			$	21996.—

FRAIS A PHILADELPHIE

Frais de réception et mise à bord à 26 c.	$	706.16		
Courtage d'achat 1 %	»	219.96	»	926.12
			$	22922.12

FRAIS A NEW-YORK

Perte d'intérêts sur $ 22922.12, 1 mois à 6 % par an	$	114.61		
Commission d'achat sur $ 22922.12 à 2 ½ %	»	573.05		
Courtage de change sur $ 23668.95 à ¼ %	»	59.17	»	746.83
			$	23668.95
Remboursement sur Paris à 60 jours de vue au change de F. 3.60 pour 1 $ Cy			F.	85208.22

FRAIS AU HAVRE

Fret à 109980 gallons à 6/. et 5 % les 40 gallons soit £ 865. 2 à F. 25.30 par 1 £	F.	21887.03		
Permis, frais au débarquement, échantillonner, conditionner, port en magasin, arrimage, magasinage d'un mois, livraison et menus frais (1.80 par baril)	»	4888.80		
Assurance maritime à 2 % sur F. 93729.05	»	1874.58		
Assurance contre le feu à 2 ‰ sur F. 93729.05	»	187.46		
Commission de banque à Paris à ¼ % sur F. 85208.22	»	213.02		
Escompte à la vente .... 2 ¼ %				
Courtage de vente .... ¼ %				
Commission de vente .... 2 %				
Ensemble .... 4 ½ %	»	5383.94	»	(34434.83
			F.	119643.05

RENDEMENT : 1 Gallon = net 2 kil. 85

313443 kil. nets à F. 38.17 les 100 kil. Entrepôt .... F. 119641.19

PRIX DE REVIENT AU HAVRE DES 100 KIL. ENTREPOT

AUX CHANGES SUIVANTS SUR PARIS POUR 1 $ CURRENCY

	PRIX à PHILADELPHIE par gallon	F. 3.—	F. 3.50	F. 3.60	F. 3.70	F. 3.80	F. 3.90	F. 4.—	F. 4.50	F. 5.—	50 c. de différence par 1 $ sur le change font au Havre par 100 kil.
ENTREPOT. — Coût et frais variables	C. 1.—	F. 1.18	F. 1.38	F. 1.42	F. 1.46	F. 1.50	F. 1.54	F. 1.57	F. 1.77	F. 1.96	F. 0.20
	2.—	2.36	2.76	2.84	2.92	3.—	3.08	3.14	3.54	3.92	0.40
	3.—	3.54	4.14	4.26	4.38	4.50	4.62	4.71	5.31	5.88	0.60
	4.—	4.72	5.52	5.68	5.84	6.—	6.16	6.28	7.08	7.84	0.80
	5.—	5.90	6.88	7.08	7.28	7.48	7.69	7.86	8.84	9.82	0.98
Coût et frais variables et invariables	15.—	27.39	30.47	31.08	31.70	32.31	32.93	33.55	36.63	39.71	3.08
	16.—	28.57	31.85	32.50	33.16	33.81	34.47	35.12	38.40	41.67	3.28
	17.—	29.75	33.23	33.92	34.62	35.31	36.01	36.69	40.17	43.63	3.47
	18.—	30.93	34.61	35.34	36.08	36.81	37.55	38.26	41.94	45.59	3.67
	19.—	32.11	35.99	36.76	37.54	38.31	39.09	39.83	43.71	47.55	3.86
	20.—	33.29	37.35	38.16	38.97	39.78	40.59	41.41	45.47	49.53	4.06
	21.—	34.47	38.73	39.58	40.43	41.28	42.13	42.98	47.24	51.49	4.26
	22.—	35.65	40.11	41.—	41.89	42.78	43.67	44.55	49.01	53.45	4.45
	23.—	36.83	41.48	42.42	43.35	44.28	45.21	46.12	50.78	55.41	4.65
	24.—	38.01	42.86	43.84	44.81	45.78	46.75	47.69	52.55	57.37	4.84
	25.—	39.19	44.23	45.24	46.25	47.26	48.27	49.27	54.31	59.35	5.04
	30.—	45.09	51.11	52.31	53.51	54.71	55.91	57.13	65.15	69.17	6.02
Logarithmes des changes		11802	13769	14162	14556	14949	15343	15736	17703	19670	1967
Frais invariables par 100 kil.		9.69	9.82	9.84	9.87	9.89	9.92	9.94	10.07	10.19	0.13

OBSERVATIONS

1 et 5 % par 40 gallons sur le fret font au Havre une différence de F. 1.22 par 100 kil. sur les prix.

Logarithme sans change 5.934

On veut savoir le revient de l'Huile de Pétrole brute ayant coûté à Philadelphie 14 c. le gallon au change de F. 3.70 et au fret de 5 et 5 % les 40 gallons.

On trouvera dans la 1re et 5e colonne de ce tableau que :

C. 15 font les 100 kil entrepôt	F.	31.70
» 1 id. id.	»	1.46
C. 14 feront les 100 kil	F.	30.24

Ainsi le logarithme 3934 × le change de 3.70 = le logarithme correspondant à ce change 14556;

14 c. × 14536	F.	20.37
à ajouter les frais invariables	»	9.87
Revient égal	F.	30.24

Exempt de Droits d'entrée

DEPUIS JUIN 1869

COMPTE D'ACHAT ET DE REVIENT

A 2716 BARILS HUILE DE PÉTROLE

2716 Barils Huile de Pétrole brute 109980 Gallons à 20 c. Cy le gallon			Cy $	21996.—
FRAIS A PHILADELPHIE				
Frais de réception et mise à bord à 26 c	$	706.16		
Courtage d'achat 1 %	»	219.96	»	926.12
			$	22922.12
FRAIS A NEW-YORK				
Porte d'intérêts sur $ 22922.12 1 mois à 6 % par an	$	114.61		
Commission d'achat sur $ 22922.12 à 2 ½ %	»	573.05		
Courtage de change sur $ 23608.95 à ¼ %	»	59.17	»	746.83
			$	23668.95
Remboursement sur Paris à 60 jours de vue au change de F. 3.60 pour 1 $ Cy			F.	85208.22
FRAIS AU HAVRE				
Fret à 109980 gallons à 6/ et 5 % par 40 gallons £ 865.2 à F. 25.30 par £.	F.	21887.03		
Frais à Falmouth pour prendre les ordres, ports de lettres, dépêches et menus frais	»	150.—		
Assurance maritime à 2 % sur F. 93729.05	»	1874.58		
Commission de banque à ¼ % sur F. 85208.22	»	213.02		
Escompte à la vente 2½ %				
Courtage de vente ½ %				
Commission de vente 2 %				
Ensemble 4 ¼ % sur F. 114484.66	»	5151.81	»	29276.44
			F.	114484.66

RENDEMENT : 1 gallon = net 2 kil. $^{90}/_{00}$:

318942 kil. net à F. 35.89 ½ c. les 100 kil. Entrepôt .... F. 114484.23

PRIX DE REVIENT AU HAVRE DES 100 KIL. ENTREPOT

AUX CHANGES SUIVANTS SUR PARIS POUR 1 $ CURRENCY

	PRIX à PHILADELPHIE par gallons	F. 3.—	F. 3.50	F. 3.60	F. 3.70	F. 3.80	F. 3.90	F. 4.—	F. 4.50	F. 5.—	50 c. de différence par 1 $ sur le change font au Havre par 100 kil.
SUIVANT. — Coût et frais variables	C. 1.—	F. 1.16	F. 1.35	F. 1.39	F. 1.43	F. 1.47	F. 1.50	F. 1.54	F. 1.73	F. 1.93	F. 0.19
	2.—	2.32	2.70	2.78	2.86	2.94	3.—	3.08	3.46	3.86	0.38
	3.—	3.48	4.05	4.17	4.29	4.41	4.50	4.62	5.19	5.79	0.57
	4.—	4.64	5.40	5.56	5.72	5.88	6.—	6.16	6.92	7.72	0.76
	5.—	5.79	6.75	6.94	7.18	7.32	7.51	7.71	8.67	9.63	0.96
Coût et frais variables et invariables	15.—	25.33	28.36	28.97	29.57	30.18	30.78	31.39	34.42	37.45	3.03
	16.—	26.49	29.71	30.36	31.—	31.65	32.28	32.93	36.15	39.38	3.22
	17.—	27.65	31.06	31.75	32.43	33.12	33.78	34.47	37.88	41.31	3.42
	18.—	28.81	32.41	33.14	33.86	34.59	35.28	36.01	39.61	43.24	3.61
	19.—	29.97	33.76	34.53	35.29	36.06	36.78	37.55	41.34	45.17	3.80
	20.—	31.12	35.11	35.91	36.70	37.50	38.29	39.10	43.09	47.08	3.99
	21.—	32.28	36.46	37.30	38.13	38.97	39.79	40.64	44.82	49.01	4.18
	22.—	33.44	37.81	38.69	39.56	40.44	41.29	42.18	46.55	50.94	4.37
	23.—	34.60	39.16	40.08	40.99	41.91	42.79	43.72	48.28	52.87	4.56
	24.—	35.76	40.51	41.47	42.42	43.38	44.29	45.26	50.01	54.80	4.76
	25.—	36.91	41.86	42.85	43.83	44.82	45.80	46.81	51.76	56.71	4.95
	30.—	42.70	48.61	49.79	50.96	52.14	53.31	54.52	60.43	66.34	5.91
Logarithmes des changes		11574	13503	13889	14275	14661	15047	15432	17361	19290	1929
Frais invariables par 100 kil.		7.97	8.11	8.13	8.16	8.19	8.21	8.24	8.38	8.51	0.14

OBSERVATIONS

1, et 5 % par 40 gallons sur le fret font au Havre une différence de F. 1.22 par 100 kil. sur les prix.

Logarithme sans change 3,858

On veut savoir le revient au Havre d'une cargaison Huile de Pétrole brute Philadelphie aux conditions flottantes ayant coûté à Philadelphie 29 c. le gallon au change de F. 3.55 et au fret de 6 et 5 % les 40 gallons.

On trouvera dans la 1re, 4e et 11e colonne de ce tableau que :

C. 30 au change de 3.60 les font 100 kil. ent. F. 49.79
moins 0.05 différence de change .... » 0.59
F. 49.20

à déduire:
» 1 au change de 3.60 .... F. 1.39
moins 0.05 dif. de change ..... » 0.02 » 1.37

C. 29 au change de 3.55 feront les 100 kil.... F. 47.83

Ainsi le logarithme 3858 × le change de 3.55 = le logarithme correspondant à ce change 13696 ;
29 c. × 13696 = ... F. 39.72
à ajouter les frais variables au change de F. 3.60 .... F. 8.13
moins dif. de change de F. 0.05 .... » 0.02 » 8.11

Revient égal .... F. 47.83

Exempt de Droits d'entrée

DEPUIS JUIN 1869

COMPTE D'ACHAT ET DE REVIENT

A 2000 CAISSES ESSENCE DE PÉTROLE

2000 Caisses Essence de Pétrole (Phœnix) la caisse 2 estagnons à 5 gallons chaque = 20000 gallons à 21 c. Cy .... $ 4200.—

FRAIS A PHILADELPHIE

Frais d'expéditon	$	25.—		
Surveillance de l'embarquement à 1 c.	»	20.—		
Marquer les caisses à 1 c.	»	20.—		
Dépêches par câble	»	40.—		
Déclaration en Douane, timbres	»	15.50	»	120.50
			Cy $	4320.50
Commission d'achat 2 ½ %			»	108.02
Courtage de change ¼ %			»	11.10
			$	4439.62
Remboursement sur Paris à 60 jours de vue au change de F. 4 pour 1 $ Cy			F.	17758.48

FRAIS AU HAVRE

Fret à 2000 c. à 30 c. or et 5 % par c. $ 630.— à F. 5.25	F.	3307.50		
Permis, frais au débarquement, échantillonner, conditionner, port en magasin, arrimage, magasinage d'un mois, livraison et menus frais.	»	720.—		
Assurance maritime à 3 ½ % sur F. 19534.33	»	683.70		
Assurance contre le feu à 2 ‰ sur F. 19534.33	»	39.07		
Commission de banque à Paris à ¼ % sur F. 17758.48	»	44.40		
Escompte à la vente 2 ¼ %				
Courtage de vente ½ %				
Commission de vente 2 %				
Ensemble 4 ¾ % sur F. 23615.87	»	1062.72	»	5857.89
			F.	23615.87

RENDEMENT : 1 Gallon net = net 2 kil. 60
1 Caisse = brut 6 kil. 35

Brut		kil. 70000
Tare nette du bois	kil. 12500	
dito du ferblanc	» 5500	» 18000
Net		kil. 52000 à F. 45.42 les 100 kil. Entrepôt. F. 23618.40

PRIX DE REVIENT AU HAVRE DES 100 KIL. ENTREPOT

AUX CHANGES SUIVANTS SUR PARIS POUR 1 $ CURRENCY

	PRIX à PHILADELPHIE par gallon	F. 3.—	F. 3.50	F. 3.60	F. 3.70	F. 3.80	F. 3.90	F. 4.—	F. 5.50	F. 5.—	5 c. de différence par 1 $ sur le change font au Havre par 100 kil.
[illegible] — Coût et frais variables	C. 1.—	F. 1.30	F. 1.51	F. 1.55	F. 1.60	F. 1.64	F. 1.68	F. 1.73	F. 1.94	F. 2.16	F. 0.22
	2.—	2.58	3.02	3.10	3.19	3.28	3.36	3.45	3.88	4.31	0.43
	3.—	3.89	4.53	4.65	4.79	4.92	5.04	5.18	5.82	6.47	0.64
	4.—	5.18	6.04	6.20	6.38	6.56	6.72	6.90	7.76	8.62	0.86
	5.—	6.48	7.55	7.76	7.98	8.20	8.41	8.63	9.71	10.79	1.08
Coût et frais variables et invariables	10.—	21.85	24.15	24.61	25.07	25.53	25.99	26.45	28.75	31.05	2.30
	15.—	28.32	31.70	32.37	33.05	33.72	34.40	35.08	38.45	41.83	3.38
	16.—	29.62	33.21	33.92	34.65	35.36	36.08	36.80	40.39	43.98	3.59
	17.—	30.91	34.72	35.47	36.24	37.—	37.76	38.53	42.33	46.14	3.80
	18.—	32.21	36.23	37.02	37.84	38.64	39.44	40.25	44.27	48.29	4.02
	19.—	33.50	37.74	38.57	39.43	40.28	41.12	41.98	46.23	50.45	4.23
	20.—	34.80	39.25	40.14	41.03	41.92	42.81	43.70	48.15	52.60	4.45
	21.—	36.10	40.76	41.69	42.63	43.56	44.49	45.43	50.09	54.76	4.66
	22.—	37.39	42.27	43.24	44.22	45.20	46.17	47.15	52.03	56.91	4.88
	23.—	38.69	43.78	44.79	45.82	46.84	47.85	48.88	53.97	59.07	5.09
	24.—	39.98	45.29	46.34	47.41	48.48	49.53	50.60	55.93	61.22	5.31
	25.—	41.28	46.80	47.90	49.01	50.11	51.22	52.33	57.85	63.38	5.53
	30.—	47.75	54.35	55.67	56.99	58.31	59.63	60.95	67.55	74.15	6.60
	40.—	60.70	69.45	71.20	72.95	74.70	76.45	78.20	86.95	95.70	8.75
Logarithmes des changes		12952	15110	15542	15973	16405	16836	17268	19426	21584	2158
Frais invariables par 100 kil.		8.89	9.02	9.04	9.07	9.10	9.12	9.15	9.28	9.41	0.13

OBSERVATIONS

5 c. et 5 % par caisse sur le fret font au Havre une différence de F. 1.11 par 100 kil. sur les prix.

Logarithme sous change 0.43172

On veut savoir le revient d'Essence de Pétrole Naphte ayant coûté à Philadelphie 19 c. le gallon au change de F. 3.75 et au fret de 30 c. et 5 % la caisse.

On trouvera dans la 1re, 6e et 11e colonne de ce tableau que :

C. 19 au change de 3.70 font les 100 kil. ent.	F.	39.43
5 c. différence dans le change	»	0.42
C. 19 au change de 3.75 font les 100 kil. ent.	F.	39.85

Ainsi le logarithme 0.43172 × le change 3.75 = le logarithme correspondant à ce change 16189 ;

19 c. × 16189 =	F.	30.76
à ajouter les frais invariables	»	9.09
Revient égal	F.	39.85

Droits d'entrée par 100 kil. depuis Juin 1869

Sous tous Pavillons .... F. 33.—

COMPTE D'ACHAT ET DE REVIENT

A 49 BOUCAUTS QUERCITRON

49 Boucauts Quercitron Philadelphie brut... ℔ 69806			
Tare ... » 9805			
Net ... ℔ 60001 à $ 30 par 2240 ℔ ...	$		803.58

FRAIS A PHILADELPHIE

Frais d'inspection et tonneliers ...	$	55.09		
Frais jusqu'à bord ...	»	24.50	»	79.59
			$	883.17
Commission 2 ½ % ...	»	22.08		
Courtage de change ¼ % ...	»	2.27	»	24.35
			$	907.52
Remboursement sur Paris à 60 jours de vue au change de F. 4 pour 1 $ ...			F.	3630.08

FRAIS AU HAVRE

Fret à 69806 ℔ à $ 10 et 5 % par 2240 ℔ soit $ 327.21 à F. 5.25 ...	F.	1717.85		
Permis, frais à la réception, échantillonner, conditionner, port en magasin, arrimage, magasinage d'un mois, livraison et menus frais.	»	249.90		
Assurance maritime à 1 ¼ % sur F. 3993.09 ...	»	49.91		
Assurance contre le feu à 1 ‰ sur F. 3993.09 ...	»	8.99		
Commission de banque à ¼ % sur F. 3630.08 ...	»	9.08		
Escompte à la vente ... 2 ½ %				
Courtage de vente ... ¼ %				
Commission de vente ... 2 %				
Ensemble ... 4 ¾ % sur F. 5927.55 ...	»	266.74	»	2297.47
			F.	5927.55

RENDEMENT réel : 100 ℔ brut = 45 kil. ¼ brut

Brut ... kil. 31587			
Tare 12 % ... » 3791			
Réfaction ... » 58			
Net ... kil. 27738 à F. 21.37 les 100 kil. Entrepôt ...	F.		5927.61

PRIX DE REVIENT AU HAVRE DES 100 KIL. ENTREPOT

AUX CHANGES SUIVANTS SUR PARIS POUR 1 $ CURRENCY

PRIX à PHILADELPHIE par 2240 ℔	F. 3.—	F. 3.50	F. 3.75	F. 4.—	F. 4.25	F. 4.50	F. 4.75	F. 5.—	F. 5.25	5 c. de différence par 1 $ sur le change font au Havre par 100 kil.
(REMBOURS. — Coût et frais variables) $ 1.—	F. 0.32	F. 0.37	F. 0.40	F. 0.42	F. 0.45	F. 0.48	F. 0.50	F. 0.53	F. 0.56	F. 0.05
2.—	0.64	0.74	0.80	0.84	0.90	0.96	1.—	1.06	1.12	0.10
3.—	0.96	1.11	1.20	1.26	1.35	1.44	1.50	1.59	1.68	0.16
4.—	1.28	1.48	1.60	1.68	1.80	1.92	2.—	2.12	2.24	0.21
5.—	1.59	1.85	1.98	2.12	2.25	2.38	2.51	2.65	2.78	0.27
(Coût et frais variables et invariables) 10.—	11.54	12.28	12.57	12.91	13.25	13.60	13.94	14.28	14.62	0.69
15.—	13.12	14.07	14.55	15.02	15.50	15.98	16.45	16.92	17.40	0.95
20.—	14.71	15.93	16.53	17.14	17.75	18.36	18.96	19.57	20.18	1.22
25.—	16.29	17.77	18.52	19.25	20.00	20.74	21.47	22.21	22.96	1.48
30.—	17.88	19.63	20.50	21.37	22.24	23.11	23.99	24.86	25.73	1.75
35.—	19.46	21.47	22.48	23.48	24.49	25.49	26.50	27.50	28.51	2.01
40.—	21.05	23.33	24.46	25.60	26.74	27.87	29.01	30.15	31.29	2.28
45.—	22.63	25.17	26.44	27.71	28.99	30.25	31.52	32.79	34.07	2.54
50.—	24.22	27.02	28.43	29.83	31.23	32.63	34.04	35.44	36.84	2.81
Logarithmes des changes	3171	3699	3964	4228	4492	4756	5021	5285	5549	0528
Frais invariables par 100 kil.	8.37	8.53	8.61	8.69	8.76	8.84	8.92	9.—	9.08	0.16

OBSERVATIONS

$ 1 et 5 % par 2240 ℔ sur le fret font au Havre une différ. de F. 0.65 par 100 kil. sur les prix.

Logarithme sans change 0.1037

On veut savoir le revient de Quercitron ayant coûté à Philadelphie $ 18 les 2240 ℔ au change de F. 3.75 et au fret de $ 10 et 5 % les 2240 ℔.

On trouvera dans la 1re et la 4e colonne de ce tableau que :

$ 15.— font les 100 kil. entrepôt ...	F.	14.55
» 3.— id. id. ...	»	1.20
$ 18.— feront les 100 kil. entrepôt ...	F.	15.75

Ainsi le logarithme 0.1037 × le change de 3.75 = le logarithme correspondant à ce change 0,3964 ;

18 × 0.3964 = ...	F.	7.14
à ajouter les frais invariables ...	»	8.61
Revient égal ...	F.	15.75

Exempt de Droits d'entrée

DEPUIS JUIN 1869

MOBILE — GALVESTON

MOBILE.— Chef-lieu du comté de Mobile (Alabama); cette ville, cédée en 1813 par l'Espagne aux États-Unis, était restée à peu près stationnaire jusqu'à cette époque; mais depuis son annexion à la Confédération Américaine, sa prospérité s'est accrue dans une proportion telle que déjà en 1857 elle prenait le troisième rang parmi les villes de l'Union pour les exportations.

Mobile est située sur la rive O. de la Mobile au point où la rivière se jette dans la baie, à 165 milles de la Nouvelle-Orléans et à 1,033 milles de Washington par 30° 40' latitude Nord et 90° 41' longitude Ouest et est aujourd'hui une ville assez salubre grâce aux grands travaux faits pour dessécher les marais et les terrains inondés qui s'étendaient autour. La population a suivi le développement de son commerce; ainsi en 1788, on ne comptait à Mobile que 1,468 habitants, en 1830 elle s'est élevée à 3,194 habitants, en 1840 à 12,672, en 1855, elle n'était pas inférieure à 24,000 habitants et en 1860 à 29,000 habitants. Placée en tête de la magnifique baie, par laquelle elle se relie au golfe du Mexique et à l'embouchure de la Rivière qui lui ouvre par ses affluents une voie naturelle et facile vers l'intérieur, la ville de Mobile est devenue l'entrepôt général et le grand port d'exportation de tous les produits de l'État, et notamment des Cotons. La Baie qui, dans toute son étendue, est en quelque sorte le vrai port de Mobile a 30 milles de long sur 12 de large; elle communique avec le golfe du Mexique par deux passes s'ouvrant de chaque côté du Dauphin : celle de l'Ouest n'admet que les petits navires d'un tirant de 5 pieds d'eau ; celle de l'Est, entre l'île du Dauphin et Pointe-Mobile où s'élève le fort Morgan et un phare à feu fixe, présente 18 pieds d'eau par son chenal principal qui longe Pointe-Mobile à une distance de quelques mètres seulement, et dessert principalement la grande navigation. Le Phare s'élève à 16m 75 au-dessus du niveau de la mer. C'est dans cette vaste baie que les navires d'un fort tonnage doivent mouiller à environ 20 milles de la ville, par suite de l'obstacle que leur oppose la barre formée par la Mobile; cette barre ne permettant pas aux navires tirant plus de 8 à 9 pieds d'eau d'aborder les quais de Mobile, il faut transporter à distance et transborder les forts chargements; cette opération s'accomplit avec promptitude et à bon marché.

Plusieurs lignes de bateaux à vapeur la mettent en relations régulières, dans l'intérieur, avec Montgommery et Tuscaloosa et par voie maritime avec New-York d'une part et de l'autre avec tout le littoral du golfe du Mexique, particulièrement avec la Nouvelle-Orléans.

Commerce et industrie. — Le commerce à l'intérieur se borne aux ravitaillements des besoins courants et les exportations se font sur une large échelle; le Coton est le grand et presqu'unique article d'exportation; le maïs, le blé, l'avoine, le sucre, la mélasse, le riz, le tabac et la laine en forment un faible appoint; le mouvement général se chiffre comme suit :

		Exportations	Importations
en 1818	Dollars	96,837	
1828	»	1,182,559	171,909
1838	»	9,058,244	524,548
1848	»	11,927,749	419,396
1858	»	21,016,119	704,228

Il y a une douzaine de filatures de coton et plusieurs banques servent d'intermédiaires pour les transactions commerciales.

Sur l'emplacement où s'étendaient autrefois des terres marécageuses, on a établi de vastes magasins, où viennent s'entreposer les cotons de l'Alabama jusqu'au moment de l'embarquement ; les frais de magasinage sont, par balle et pour la saison, de 20 c. or et les autres frais de manutention sont : compression par la machine à presser, 50 c. or par balle, supplément de corde 6 ¼ c., camionnage 5 c., quayage 5 c.

Frais de port. — Pilotage à l'entrée ou à la sortie, navire sur lest $ 2 ½, navire chargé $ 3 par chaque pied. Mutation au rôle d'équipage, par homme, 1 dollar. Ordre d'hôpital, par homme, 1 dollar. Déclaration du navire en douane, à l'entrée, $ 3.40, à la sortie $ 2.50. Eau potable 1 cent. par gallon. Droits de quai sur navire de 100 à 150 tonneaux 62 ½ cents, de 150 tonneaux et au-dessus 75 cents. Sous peine d'une amende de 2000 dollars ou de 3 mois de prison, il est défendu de jeter du lest ou des pierres dans la baie ou dans le port. Le lest coûte $ 6.25 le tonneau.

Pour les monnaies, changes, poids et mesures, voir l'article New-York.

GALVESTON. — La ville la plus peuplée et la plus commerciale du Texas est située par 29° 16' 37" de latitude Nord et à 94° 49' 41" de longitude Ouest; elle est malheureusement gênée dans ses moyens de navigation par la Barre, qui, aux plus hautes marées, n'a pas plus que 4m 10 d'eau et qui s'étend entre l'extrémité Nord-Est de l'île de Galveston et la pointe Ouest de l'île Bolivar. A moins de construction particulière, les navires qui conviennent le mieux pour ce port, ne doivent pas dépasser 200 tonneaux de jauge.

Extrait du Dictionnaire de MM. GUILLAUMIN et Cie, ainsi que de nos renseignements particuliers.

COMPTE D'ACHAT ET DE REVIENT

A 100 BALLES COTON

100 Balles Coton de Mobile 50482 ℔ à 18 c. Cy			$	9086.76

FRAIS A MOBILE

Frais de presse, transport, repesage et conditionner	$	75.—		
Courtage d'achat	»	60.—		
Port de lettres, timbres de traites et dépêches	»	30.—		
Assurance contre le feu à ¼ % sur $ 9995.44	»	24.99	»	189.99
			$	9276.75
Commission d'achat 2 ½ %	$	231.92		
Frais de change ¼ %	»	23.83		255.75
			$	9532.50
Remboursement sur Paris à 60 jours de vue au change de F. 4 pour 1 $			F.	38130.—

FRAIS AU HAVRE

Fret à 50482 ℔ à 1 ¼ c. et 5 % soit $ 662.58 à F. 5.25	F.	3478.57		
Permis, frais au débarquement, échantillonner, conditionner, port en magasin, arrimage, magasinage d'un mois, livraison et menus frais.	»	210.—		
Assurance maritime à 2 ½ % sur F. 41943.—	»	1048.57		
Assurance contre le feu à 1 ‰ sur F. 41498.—	»	41.94		
Commission de Banque ¼ % sur F. 38130.—	»	95.33		
Escompte à la vente ... 2 ½ %				
Courtage de vente ... ¼ %				
Commission de vente ... 2 %				
Ensemble ... 4 ½ % sur F. 45030.75	»	2026.38	»	6900.79
			F.	45030.79

RENDEMENT : 100 ℔ = net 42 kil.

Net 21202 kil. à F. 212.39 les 100 kil. Entrepôt ... F. 45030.03

PRIX DE REVIENT AU HAVRE DES 100 KIL. ENTREPOT

AUX CHANGES SUIVANTS SUR PARIS POUR 1 $ CURRENCY

	PRIX à MOBILE par ℔	F. 3.—	F. 3.50	F. 3.60	F. 3.70	F. 3.80	F. 3.90	F. 4.—	F. 4.50	F. 5.—	50 c. de différence par 1 $ sur le change font au livres par 100 kil.
SUBDIVISIONS — Coût et Frais variables	C. 0.⅛	F. 1.—	F. 1.16	F. 1.19	F. 1.22	F. 1.26	F. 1.29	F. 1.32	F. 1.49	F. 1.65	F. 0.17
	0.¼	1.99	2.32	2.38	2.45	2.52	2.58	2.65	2.98	3.31	0.33
	0.⅜	2.98	3.48	3.57	3.67	3.78	3.87	3.97	4.47	4.96	0.50
	0.½	3.98	4.64	4.77	4.90	5.03	5.16	5.30	5.96	6.63	0.66
	0.⅝	4.97	5.80	5.96	6.12	6.29	6.45	6.62	7.45	8.28	0.83
	0.¾	5.96	6.96	7.15	7.35	7.55	7.74	7.95	8.94	9.94	0.99
	0.⅞	6.96	8.12	8.34	8.57	8.81	9.03	9.27	10.43	11.59	1.16
	1.—	7.95	9.27	9.54	9.80	10.07	10.33	10.60	11.92	13.25	1.33
	2.—	15.90	18.54	19.08	19.60	20.14	20.66	21.20	23.84	26.50	2.65
	3.—	23.85	27.81	28.62	29.40	30.21	30.99	31.80	35.76	39.75	3.96
	4.—	31.80	37.08	38.16	39.20	40.28	41.32	42.40	47.68	53.—	5.30
	5.—	39.73	46.36	47.68	49.00	50.32	51.64	52.98	59.60	66.22	6.62
Coût et frais variables et invariables	15.—	140.01	160.81	164.37	168.43	172.49	176.55	180.61	200.91	221.20	20.30
	20.—	179.75	206.07	212.05	217.44	222.82	228.21	233.59	260.51	287.43	26.92
	21.—	187.70	215.94	221.59	227.24	232.89	238.54	244.19	272.43	300.68	28.24
	22.—	195.68	225.22	231.13	237.04	242.96	248.87	254.79	284.35	313.93	29.57
	23.—	203.60	234.49	240.67	246.84	253.03	259.20	265.39	296.27	327.18	30.89
	24.—	211.55	243.77	250.21	256.64	263.07	269.53	275.99	308.19	340.43	32.21
	25.—	219.48	253.03	259.74	266.45	273.16	279.87	286.57	320.11	353.65	33.54
	26.—	227.43	262.30	269.28	276.25	283.23	290.20	297.17	332.03	366.90	34.86
	27.—	235.38	271.58	278.82	286.05	293.30	300.53	307.77	343.95	380.15	36.19
	28.—	243.33	280.85	288.36	295.85	303.37	310.86	318.37	355.87	393.40	37.51
	29.—	251.28	290.13	297.90	305.65	313.43	321.19	328.97	367.79	406.65	38.84
	30.—	259.22	299.38	307.41	315.44	323.47	331.50	339.55	479.71	419.88	40.16
	35.—	298.95	345.74	355.10	364.46	376.82	383.16	392.53	439.32	486.10	46.79
Logarithmes des changes		7947	9272	9537	9802	10067	10332	10596	11920	13245	1325
Frais invariables par 100 kil.		20.81	21.24	21.32	21.41	21.49	21.58	21.67	22.10	22.53	0.43

OBSERVATIONS

¼ c. et 5 % par ℔ sur le fret font au Havre une différence de F. 1.72 par 100 kil. sur les prix.

Logarithme sans change 2649

On veut savoir le revient au Havre de Coton ayant coûté à Mobile 18 ½ c. la livre au change de F. 3.70 et au fret de 1 ¼ c. et 5 % la livre.

On trouvera dans la 1re et la 5e colonne de ce tableau que :

C. 15.— font les 100 kil. entrepôt			F. 168.43
» 3.—	id.	id.	» 29.40
» —.½	id.	id.	» 4.90
C. 18 ½ feront les 100 kil. entrepôt			F. 202.73

Ainsi le logarithme 2649 × le change 3.70 = le logarithme correspondant à ce change 9802 ;

18 ½ × 9802 =	F. 181.32
à ajouter les frais invariables	» 21.41
Revient égal	F. 202.73

Droits d'entrée par 100 kil. depuis Juin 1869

Sous tous pavillons ... Exempts

COMPTE D'ACHAT ET DE REVIENT

A 100 BALLES COTON

100 Balles Coton pesant brut 44403 ℔ à 20 c. Cy .... $ 8880.60

FRAIS A GALVESTON

Frais de réception et mise à bord	$	30.—		
Port de lettres, dépêches, échantillons	»	25.—		
Assurance contre le feu ¼ %	»	22.20	»	77.20
			Cy $	8957.80
Commission d'achat 2 ½ %			»	223.95
Commission de banque à New-York 1 ¼ %			»	116.22
			Cy $	9297.97
Remboursement sur Paris à 60 jours de vue au change de F. 4 pour 1 $ Cy			F.	37191.88

FRAIS AU HAVRE

Fret à 44403 ℔ à 1 ⅜ c. et 5 % soit $ 641.07 à 5.25	F.	3365.62		
Permis, frais au débarquement, échantillonner, conditionner, port en magasin, arrimage, magasinage d'un mois, livraison et menus frais.	»	210.—		
Assurance maritime à 2 ¾ % sur F. 40911.07	»	1125.05		
Assurance contre le feu 1 ‰ sur F. 40911.07	»	40.91		
Commission de banque à ¼ % sur F. 37191.88	»	92.98		
Escompte à la vente .... 2 ¼ %				
Courtage de vente .... ½ %				
Commission de vente .... 2 %				
Ensemble .... 4 ¾ % sur F. 44006.74	»	1980.30	»	6814.86
			F.	44006.74

Rendement : 100 ℔ = net 42 kil.

Net kil. 18649 à F. 235.97 les 100 kil. Entrepôt .... F. 44006.65

PRIX DE REVIENT AU HAVRE DES 100 KIL. ENTREPOT

AUX CHANGES SUIVANTS SUR PARIS POUR 1 $ CURRENCY

	PRIX à GALVESTON par ℔	F. 3.—	F. 3.50	F. 3.60	F. 3.70	F. 3.80	F. 3.90	F. 4.—	F. 4.50	F. 5.—	50 c. de différence sur le change font au Havre par 100 kil.
[illegible] — Coût et frais variables	0.⅛	F. 1.01	F. 1.18	F. 1.21	F. 1.24	F. 1.28	F. 1.31	F. 1.34	F. 1.51	F. 1.68	F. 0.17
	0.¼	2.01	2.35	2.41	2.48	2.55	2.62	2.68	3.02	3.35	0.33
	0.⅜	3.01	3.51	3.62	3.72	3.83	3.91	4.02	4.53	5.03	0.50
	0.½	4.02	4.70	4.82	4.96	5.10	5.23	5.37	6.04	6.71	0.67
	0.⅝	5.02	5.87	6.02	6.20	6.38	6.54	6.71	7.55	8.38	0.84
	0.¾	6.03	7.05	7.23	7.44	7.65	7.85	8.05	9.06	10.05	1.00
	0.⅞	7.04	8.22	8.43	8.68	8.93	9.16	9.39	10.57	11.73	1.17
	1.—	8.05	9.39	9.66	9.92	10.19	10.46	10.73	12.07	13.41	1.34
	2.—	16 10	18.78	19.31	19.84	20.38	20.92	21.46	24.14	26.82	2.68
	3.—	24.15	28.17	28.96	29.76	30.57	31.38	32.19	36.21	40.23	4.02
	4.—	32.19	37.56	38.62	39.68	40.76	41.84	42.92	48.28	53.64	5.36
	5.—	40.23	46.94	48.28	49.62	50.96	52.30	53.64	60.35	67.05	6.71
Coût et frais variables et invariables	15.—	141.76	162.04	166.10	170.15	174.21	178.26	182.32	202.60	222.88	20.28
	20.—	181.99	208.98	214.37	219.77	225.17	230.57	235.96	262.95	289.93	26.99
	25.—	222.22	255.91	262.65	269.39	276.13	282.87	289.60	323.29	356.98	33.69
	30.—	262.45	302.85	310.92	319.—	327.08	335.16	343.24	383.64	424.03	40.40
	35.—	302.68	349.78	359.20	358.62	378.04	387.46	396.88	443.98	491.08	47.10
	40.—	342.91	396.72	407.48	418.24	429.00	439.76	450.52	504.33	558.13	53.81
Logarithmes des changes		8046	9387	9655	9923	10192	10459	10728	12069	13410	1341
Frais invariables par 100 kil.		21.07	21.23	21.27	21.30	21.34	21.37	21.40	21.56	21.73	0.16

OBSERVATIONS

⅛ c. et 5 % par ℔ sur le fret font au Havre une différence de F. 1.72 par 100 kil. sur les prix.

Logarithme sans change 2682

On veut savoir le revient de Coton ayant coûté à Galveston 22 ⅜ c. la livre au change de F. 3.80 et au fret de 1 ⅜ c. et 5 % la ℔ :

On trouvera dans la 1re et la 6e colonne de ce tableau que:

C. 20.— font les 100 kil. entrepôt	F. 225.17
» 2.— id. id.	» 20.38
» —.⅜ id. id.	» 5.10
C. 22.⅜ feront les 100 kil. entrepôt	F. 250.65

Ainsi le logarithme 2682 × le change 3.80 = le logarithme correspondant à ce change 10192 ;

22 ⅜ × 10192 = ...	F. 229.31
à ajouter les frais invariables	» 21.34
Revient égal	F. 250.65

Exempt de Droits d'entrée

DEPUIS JUIN 1869

NEW-BEDFORT

NEW-BEDFORD. — L'un des chefs-lieux du comté de Bristol dans l'Etat Massachussets, cette ville est située à 50 milles sud de Boston, à l'embouchure de l'Ausahet-River dans la baie de Buzzard, qui lui forme un port vaste, sûr et profond. Population en 1855, 20000 habitants.

Commerce et industrie. — Après Boston, c'est, en proportion de sa population, la ville la plus riche de la Nouvelle-Angleterre. Elle tire sa prospérité de la pêche de la baleine, pour laquelle elle fournit les ⅗ du tonnage consacré à cette industrie aux Etats-Unis. L'origine de ce commerce remonte pour New-Bedford au milieu du 18e siècle à 1764; interrompu pendant la guerre de l'indépendance il a repris tout son développement après la Révolution Américaine, et s'est toujours accru depuis, sauf une courte interruption, qui lui a enlevé quelques navires pour le port de San-Francisco, à l'époque où la spéculation se portait avec un entraînement irrésistible vers la Californie. Les principales affaires de New-Bedford, commerce et industrie manufacturière, se rattachent directement ou indirectement à la plus importante de toutes, à la pêche de la baleine, soit par la préparation des huiles, du blanc de baleine et des fanons de baleine pour la consommation intérieure ou pour l'exportation, soit pour la fabrication des approvisionnements maritimes réclamés par la pêche. Plus de 20 manufactures pour les huiles de différentes sortes et pour les bougies y sont constamment en activité; la tonnellerie et la corderie y emploient de leur côté un grand nombre de mains. La construction et la réparation des navires s'y fait également sur une grande échelle; en 1852 on a construit et lancé 18 navires ensemble 5626 tonneaux; dans le même exercice sur un tonnage total de 149207 tonneaux appartenant en propre au district de New-Bedford 125530 tonnes étaient engagés dans la pêche de la baleine, environ 9000 dans le cabotage et les surplus se répartissait entre la pêche de la morue et du maquereau, et la marine à vapeur.

Malheureusement cette importante industrie de la pêche de la baleine a beaucoup perdu depuis quelques années et tend toujours à diminuer, malgré les prix plus élevés des produits; la pêche totale des Etats-Unis n'a occupé en 1868 que 329 navires jaugeant 74594 tonneaux, en 1864 que 276 navires jaugeant 79092 tonneaux, contre 735 bâtiments et 233189 tonneaux en 1846.

Les quantités de ces produits importés dans les Etats-Unis, au retour de la pêche, sont savoir:

	HUILE SPERMATIQUE		HUILE DE BALEINE		FANONS DE BALEINE	
	QUANTITÉS Barils d'env. 116 k.	PRIX MOYEN par Gallon Dollars Cents	QUANTITÉS Barils d'env. 116 k.	PRIX MOYEN par Gallon Dollars Cents	QUANTITÉS Livres = 0 k. 453	PRIX MOYEN par Livre Dollars Cents
en 1846	95,217	0 88	207,493	0 32 1/4	2,276,930	0 33 1/2
1847	120,753	0 61 7/8	313,150	0 33 3/4	3,341,680	0 34
1848	107,476	1 — 1/8	280,665	0 36	2,003,000	0 36 3/4
1849	100,944	1 08	248,492	0 39 9/10	2,281,100	0 35 1/2
1850	92,892	1 20	200,608	0 49 1/10	2,869,200	0 31 7/8
1851	99,591	1 27 1/4	328,483	0 45 7/10	3,966,500	0 34 1/2
1852	78,872	1 23 3/4	84,211	0 68 1/2	1,259,900	0 50 3/4
1853	103,077	1 24 3/4	260,114	0 58 1/2	5,652,300	0 34
1854	76,696	1 48 3/4	319,837	0 58 3/4	3,445,200	0 39
1855	72,644	1 77	184,015	0 71	2,707,500	0 45 1/2
1856	80,941	1 62	197,941	0 79 1/2	2,592,700	0 58
1857	76,440	1 28 1/2	230,890	0 73 1/4	2,058,900	0 96 3/4
1858	81,941	1 21	182,223	0 64	1,540,600	0 92 1/2
1859	91,408	1 36 1/2	190,411	0 48 1/2	1,923,850	0 92 1/2
1860	73,708	1 41 1/2	140,005	0 49 1/2	1,337,650	0 80 1/2
1861	68,932	1 31 1/2	133,717	0 44 1/2	1,038,450	0 66
1862	55,641	1 42 1/2	100,478	0 59 1/2	763,300	0 81
1863	65,055	1 61	62,974	0 95 1/2	488,750	1 53
1864	64,372	1 76	71,863	1 28	760,450	1 80
1865	33,242	2 25	76,238	1 45	619,350	1 71
1866	36,663	2 25	74,302	1 21	920,375	1 87
1867	43,433	2 23 1/2	89,289	0 73 1/4	1,001,397	1 17 1/2
1868	47,147	1 92	65,575	0 82	900,850	1 02 1/2

La majeure partie de ces produits se consomme aux Etats-Unis; ce qui est destiné à l'exportation est de préférence dirigé voie de New-York; les exportations totales des Etats-Unis sont:

		Huile spermatique		Huile de Baleine		Fanons de Baleine
pour 1859	Barils	52,207	Barils	8,179	Livres	1,707,929
1860	»	32,792	»	13,007	»	911,226
1861	»	37,547	»	49,959	»	1,140,013
1862	»	27,976	»	68,983	»	1,004,981
1863	»	18,360	»	11,297	»	279,394
1864	»	45,000	»	12,000	»	630,000
1865	»	20,158	»	1,660	»	202,100
1866	»	10,630	»	618	»	521,400
1867	»	25,147	»	18,253	»	717,796
1868	»	18,619	»	9,885	»	707,882

Les frais de port, pilotage, etc., sont assez modérés. Pour les changes, monnaies, poids et mesures voyez l'article New-York.

(Extrait du Dictionnaire de MM. GUILLAUMIN et Ce, ainsi que de nos renseignements particuliers).

COMPTE D'ACHAT ET DE REVIENT

A 362 FUTS HUILE DE BALEINE

362 Fûts Huile de baleine gallons 63555			
Out 1359			
Gallons 62196 à 80 c. Cy		$	49756.80

FRAIS A NEW-BEDFORD

Frais de réception et mise à bord	$ 188.06		
Commission à New-Bedford 1 %	» 497.57	»	685.63
		$	50442.43

FRAIS A NEW-YORK

Perte d'intérêts à $ 50442.43. ½ %	$ 252.21		
Commission à New-York 2 ½ %	» 1261.06		
Frais de change	» 130.21	»	1643.48
		Cy $	52085.91
Remboursement sur Paris à 60 jours de vue au change de F. 3.60 pour 1 $ Cy		F.	187509.27

FRAIS AU HAVRE

Fret à brut kil. 261228 poids débarqué à F. 60 et 15 % les 1000 kil. équivalant à 4 $^{n}/_{10}$ c. et 5 % par 1 gallon net au change de F. 5 25	F. 16457.05		
Permis, frais à la réception, échantillonner, conditionner, port en magasin, arrimage, magasinage d'un mois, livraison et menus frais.	» 3118.40		
Assurance maritime sur F. 206260.20 à 1 %	» 2062 60		
Assurance contre le feu à 1 ‰ sur F. 206260.20	» 206.26		
Commission de banque à Paris à ¼ % sur F. 187509.27	» 468.77		
Courtage de vente ¼ %			
Escompte à la vente 2¼ %			
Commission de vente 2 %			
Ensemble 4½ % sur F. 219709.27	» 9880.92	»	32200.—
		F.	219709.27

RENDEMENT: 1 Gallon net = net 3 kil. ½ :

Net kil. 217686 à F. 100.94 les 100 kil. Entrepôt .... F. 219732.26

PRIX DE REVIENT AU HAVRE DES 100 KIL. ENTREPOT

AUX CHANGES SUIVANTS SUR PARIS POUR 1 $ CURRENCY

	PRIX à NEW-BEDFORD par gallon	F. 3.—	F. 3.50	F. 3.60	F. 3.70	F. 3.80	F. 3.90	F. 4.—	F. 4.50	F. 5.—	10 c. de différence par 1 $ sur le change font au Havre par 100 kil.
SUBDIVISIONS. — Coût et frais variables	$ 0.01	F. 0.95	F. 1.11	F. 1.14	F. 1.17	F. 1.20	F. 1.23	F. 1.27	F. 1.43	F. 1.58	F. 0.16
	0.02	1.90	2.22	2.28	2.34	2.40	2.46	2.53	2.85	3.16	0.32
	0.03	2.85	3.32	3.42	3.51	3.60	3.69	3.80	4.27	4.74	0.47
	0.04	3.80	4.43	4.56	4.68	4.80	4.92	5.06	5.69	6.32	0.63
	0.05	4.75	5.54	5.70	5.85	6.—	6.15	6.33	7.12	7.91	0.79
Coût et frais variables et invariables	0.60	66.68	76.21	78.11	80.02	81.92	83.83	85.74	95.27	104.80	9.53
	0.65	71.43	81.75	83.81	85.87	87.93	89.98	92.07	102.39	112.71	10.32
	0.70	76.18	87.29	89.51	91.72	93.94	96.13	98.40	109.51	120.62	11.11
	0.75	80.93	92.83	95.21	97.57	99.95	102.28	104.73	116.63	128.53	11.90
	0.80	85.68	98.37	100.91	103.45	105.99	108.53	111.07	123.75	136.45	12.69
	0.85	90.43	103.91	106.61	109.30	112.—	114.68	117.39	130.87	144.36	13.48
	0.90	95.18	109.45	112.31	115.15	118.01	120.83	123.72	137.99	152.27	14.27
	0.95	99.93	114.99	118.01	121.00	124.02	126.98	130.05	145.11	160.18	15.06
	1.—	104.67	120.53	123.70	126.87	130.04	133.21	136.39	152.25	168.11	15.86
	1.05	109.42	126.07	129.40	132.72	136.05	139.36	142.72	159.37	176.02	16.65
	1.10	114.17	131.61	135.10	138.57	142.06	145.51	149.05	166.49	183.93	17.44
	1.15	118.92	137.15	140.80	144.42	148.07	151.66	155.38	173.61	191.84	18.23
	1.20	123.67	142.69	146.49	150.29	154.09	157.89	161.72	180.73	199.76	19.02
	1.25	128.42	148.23	152.19	156.14	160.10	164.04	168.04	187.85	207.67	19.81
	1.30	133.17	153.77	157.89	161.99	166.11	170 19	174.37	194.97	215.58	20.60
	1.35	137.92	159.31	163.59	167.84	172.12	176.34	180.70	202.09	223.49	21.39
	1.40	142.66	164.85	169.29	173.73	178.17	182.61	187.04	209.23	231.42	22.19
Logarithmes des Changes		9496	11081	11398	11714	12031	12347	12664	14247	15830	1583
Frais invariables par 100 kil.		9.70	9.75	9.76	9.77	9.78	9.79	9.80	9.85	9.90	0.05

OBSERVATIONS

F. 5 et 5 % par 1000 kil. sur le fret font au Havre une différence de F. 0.66 par 100 kil. sur les prix.

Logarithme sous change 3166

Les droits d'entrée non comptés étant de F. 6 par 100 kil. bruts par navire français augmenteraient les prix de revient ci-dessus de F. 7.46 par 100 kil.

On veut savoir le revient d'Huile de Baleine coûtant à New-Bedford 83 c. cy le gallon au change de F. 3.50 et au fret de F. 60 et 5 % les 1000 kil.

On trouvera dans la 1re et la 3e colonne de ce tableau que :

C. 3 font les 100 kil. entrepôt	F.	3.32
» 80 id. id.	»	98.37
C. 83 feront les 100 kil. entrepôt	F.	101.69

Ainsi le logarithme 3166 × le change 3.50 = le logarithme correspondant à ce change 11,081 ;

83 × 11,081 =	F.	91.97
frais invariables	»	9.75
Revient égal	F.	101.72

Droits d'entrée par 100 kil. depuis Juin 1869

Sous tous pavillons .... F. 6.—

14 g

CHARLESTON — SAVANNAH — BALTIMORE

CHARLESTON. — Capitale du district du même nom et la plus importante ville de la Caroline du Sud, située à 7 milles de l'Océan Atlantique, à 118 milles Nord-Est de Savannah, à 580 Sud-Ouest de Baltimore, et à 540 de Washington ; population en 1800, 18711 habitants et en 1850, 48000 habitants. Charleston est situé sur une langue de terre, entre les rivières Askley et Carper, qui s'unissent immédiatement au-dessous de la ville et vont se jeter dans une vaste baie qui constituerait un magnifique port, si elle n'était pas obstruée. Malheureusement un banc de sable ne laisse que deux passes, dont la plus profonde ne permet le passage qu'aux navires de moins de 16 pieds de tirant d'eau; le port est défendu par les forts Pinkney, Johnson et Moultrie, et à l'entrée de la rade s'élève un phare de 125 pieds, avec un feu à révolutions intermittentes. Charleston a un grand réseau de chemins de fer et une navigation à vapeur avec la côte, New-York, Philadelphie, Baltimore, la Havane, etc. Charleston doit son importance commerciale à 3 produits principaux du territoire, le coton, le riz, et les bois de construction.

A la sortie, les marchandises paient un droit dit *internal revenue* qui est acquitté par les vendeurs ; les droits de ports sont 1 cent ½ par tonneau nominal, plus 30 cents par tonneau de taxe de douane locale ; ce dernier droit n'est payé qu'une fois par an.

SAVANNAH. — Chef-lieu du comté de Chatam et principale ville de commerce de l'Etat Georgie, située sur la rive Sud de la rivière du même nom à 18 milles de la mer. La rivière a une embouchure de trois quarts de mille d'ouverture et la barre, la plus profonde et la plus accessible de toute la côte de l'Atlantique, offre à marée basse une profondeur moyenne de 5 mèt. 80 ; à l'intérieur de la Barre se trouve l'île Tybée ; les grands navires commencent habituellement leur chargement à quai, avec une moyenne profondeur de 15 pieds (4 mèt. 50) et ils se complètent au moyen d'allèges à Five-Fathom-Hole, à 2 milles et demi de la ville où la profondeur d'eau varie de 17 à 18 pieds. Deux phares à feu fixe, l'un de 100 pieds, l'autre de 80 pieds au-dessus du niveau de la mer, signalent l'entrée de la Savannah ; ils sont placés, le premier sur l'île Tybée à l'embouchure même du fleuve, et le second sur l'île Fig au Nord-Est de la ville.

La population est d'environ 25000 habitants, dont les deux tiers s'occupent de commerce et de négoce ; les principaux articles d'exportation sont le coton et le riz.

BALTIMORE. — Port important des Etats-Unis, dans l'Etat de Maryland sur la rive gauche du Patapsko, à 14 milles anglais de son embouchure dans la baie de Chesapeake, et par son importance la cinquième ville de l'Union ; population d'environ 240000 âmes ; le port spacieux et commode est bordé de quais et défendu par le fort Mac Henry : il se compose de 3 parties dont la longueur varie de ¼ à ½ mille avec une profondeur de 12, 15 et 22 pieds anglais ; la marée y monte de 8 à 9 pieds ; les navires de 200 tonneaux peuvent remonter jusqu'à la ville proprement dite, tandis que ceux d'un fort tonnage sont obligés de s'arrêter dans le quartier Fells Point.

L'industrie est très développée à Baltimore. Il y a des grands chantiers de constructions et armements maritimes, des fonderies de fer et de cuivre. On y fait un grand commerce des produits de la pêche, surtout de poissons salés et d'huîtres. Les articles d'exportation sont : le tabac, les céréales, les bois, le fer, les viandes salées, le quercitron, le pétrole. Les farines de froment, de seigle et de maïs y sont très renommées.

Pour les changes, monnaies, poids et mesures voyez l'article New-York.

(Extrait du Dictionnaire de MM. GUILLAUMIN et Cᵉ, ainsi que de nos renseignements particuliers).

COMPTE D'ACHAT ET DE REVIENT

A 90 TIERÇONS RIZ CAROLINE

90 Tierçons Riz Caroline brut ℔ 61836			
Tare.......... » 6390 à 71 ℔			
Net.......... ℔ 55446 à $ 9 les 100 ℔		$	4990.14

FRAIS A CHARLESTON

90 Tierçons vides à $ 1 ½	$	135.—		
Frais de réception, remplissage, tonneliers et mise à bord	»	90.—		
Courtage d'achat ½ %	»	24.95	»	249.95
			$	5240.09
Commission d'achat 2 ½ %			»	131.—
Frais de change ½ %			»	26.99
			$	5398.08
Remboursement sur Paris à 60 jours de vue au change de F. 4 pour 1 $			F.	21592.32

FRAIS AU HAVRE

Fret à 61686 ℔ à $ 6 et 5 % les 2240 ℔ soit $ 173.91 à 5 ¼	F.	913.05		
Permis, frais à la réception, échantillonner, conditionner, port en magasin, arrimage, magasinage d'un mois, livraison et menus frais.	»	196.—		
Assurance maritime à 1 ¼ % sur F. 23751	»	296.89		
Assurance contre le feu à 1 ‰ sur F. 23751	»	23.75		
Commission de banque à ¼ % sur F. 21592	»	53.98		
Escompte à la vente.......... 2¼ %				
Courtage de vente.......... ¼ %				
Commission de vente.......... 2 %				
Ensemble.......... 4½ % sur F. 24165	»	1087.44	»	2573.11
			F.	24165.43

Rendement : 100 ℔ = 45 kil. %

Brut.......... kil. 28033
Tare 12 %.....kil. 3364
Réfaction..... » 45 » 3409
Net.......... kil. 24623 à F. 98.14 les 100 kil. Entrepôt.......... F. 24165.01

PRIX DE REVIENT AU HAVRE DES 100 KIL. ENTREPOT

AUX CHANGES SUIVANTS SUR PARIS POUR 1 $ CURRENCY

PRIX à CHARLESTON ou SAVANNAH par 100 ℔	F. 3.—	F. 3,50	F. 3.75	F. 4.—	F. 4.25	F. 4.50	F. 4.75	F. 5.—	F. 5.25	50 c. de différence par 1 $ sur le change font au Havre par 100 kil.
Subdivisions — Coût et frais variables										
$ 0.⅛	F. 0.93	F. 1.09	F. 1.17	F. 1.24	F. 1.32	F. 1.40	F. 1.47	F. 1.55	F. 1.63	F. 0.16
0.¼	1.86	2.17	2.33	2.48	2.64	2.79	2.95	3.10	3.26	0.31
0.½	3.73	4.35	4.66	4.97	5.28	5.59	5.90	6.21	6.52	0.62
0.¾	5.58	6.51	6.98	7.44	7.91	8.37	8.84	9.30	9.77	0.93
1.—	7.45	8.69	9.31	9.93	10.55	11.17	11.79	12.41	13.03	1.24
Coût et frais variables et invar.										
5.—	44.99	51.70	55.05	58.41	61.76	65.12	68.47	71.83	75.18	6.71
6.—	52.44	60.39	64.36	68.34	72.31	76.29	80.26	84.24	88.21	7.95
7.—	59.89	69.08	73.67	78.27	82.86	87.46	92.05	96.65	101.24	9.19
8.—	67.34	77.77	82.99	88.21	93.42	98.64	103.85	109.08	114.28	10.44
9.—	74.79	86.46	92.29	98.14	103.97	109.81	115.64	121.49	127.31	11.67
10.—	82.24	95.15	101.60	108.07	114.52	120.98	127.44	133.90	140.35	12.91
11.—	89.69	103.85	110.93	118.01	125.09	132.17	139.25	146.33	153.41	14.16
12.—	97.14	112.54	122.24	127.94	135.64	143.34	151.04	158.74	166.44	15.40
Logarithmes des changes	74505	86922	93131	99340	105549	111757	117966	124175	130384	12417
Frais invariables par 100 kil.	7.74	8.24	8.49	8.74	8.99	9.24	9.49	9.74	9.99	0.50

OBSERVATIONS

$ 1 et 5 % par 2240 ℔ sur le fret font au Havre une différence de F. 0.65 par 100 kil. sur les prix.

Logarithme sans Change 2.4835

On veut savoir le revient au Havre de Riz ayant coûté à Charleston ou à Savannah $ 8 ¾ les 100 ℔ au change de F. 3.75 et au fret de $ 6 et 5 % les 2240 ℔.

On trouvera dans la 1re et la 4e colonne de ce tableau que :

$ 8.— font les 100 kil. entrepôt.......... F. 82.99
» —.¾ id. id. .... » 6.98
$ 8.¾ feront les 100 kil. entrepôt.......... F. 89.97

Ainsi le logarithme 2.4835 × le change 3.75 = le logarithme correspondant à ce change 93131 ;

8 ¾ × 93131 =.......... F. 81.48
à ajouter les frais invariables.......... » 8.49
Revient égal.......... F. 89.97

Droits d'entrée par 100 kil. depuis Juin 1869

Sous tous pavillons.......... F. 0.60

COMPTE D'ACHAT ET DE REVIENT

A 100 BALLES COTON

100 Balles Coton courte soie 44185 ℔ à 18 c. Cy la ℔			Cy $	7953.30

FRAIS A CHARLESTON

Frais de réception et mise à bord	$	35.—		
Courtage d'achat ½ % à 7953.30	»	39.77		
Echantillons par steamer et menus frais	»	15.—		
Assurance contre le feu ¼ %	»	19.88	»	109.65
			$	8062.95
Commission d'achat 2½ %			»	201.57
Courtage de change ¼ %			»	20.71
			$	8285.23
Remboursement sur Paris à 60 jours de vue au change de F. 4 pour 1 $			F.	33140.92

FRAIS AU HAVRE

Fret à 44185 ℔ à 1 c. et 5 % soit $ 463.94 à F. 5.25	F.	2435.68		
Permis, frais au débarquement, échantillonner, conditionner, port en magasin, arrimage, magasinage d'un mois, livraison et menus frais.	»	210.—		
Assurance maritime à 1 ¼ % sur F. 36455	»	455.69		
Assurance contre le feu à 1 ‰ sur F. 36455	»	36.45		
Commission de banque à ¼ % sur F. 33141	»	82.85		
Escompte à la vente 2¼ %				
Courtage de vente ¼ %				
Commission de vente 2 %				
Ensemble 4½ % sur F. 38075	»	1713.37	»	4934.04
			F.	38074.96

Rendement : 100 ℔ = net 42 kil.

Net kil. 18558 à F. 205.17 les 100 kil. Entrepôt ..... F. 38075.45

PRIX DE REVIENT AU HAVRE DES 100 KIL. ENTREPOT

AUX CHANGES SUIVANTS SUR PARIS POUR 1 $ CURRENCY

	PRIX à CHARLESTON par ℔	F. 3.—	F. 3.50	F. 3.60	F. 3.70	F. 3.80	F. 3.90	F. 4.—	F. 4.50	F. 5.—	50 c. de différence par 1 $ sur le change font au Havre par 100 kil.
Subdivisions. — Coût et frais variables	0.⅛	F. 0.99	F. 1.15	F. 1.18	F. 1.22	F. 1.25	F. 1.28	F. 1.31	F. 1.48	F. 1.64	F. 0.17
	0.¼	1.97	2.30	2.36	2.43	2.30	2.56	2.62	2.96	3.28	0.33
	0.⅜	2.96	3.45	3.54	3.65	3.75	3.84	3.93	3.44	4.92	0.50
	0.½	3.94	4.60	4.73	4.86	4.99	5.12	5.25	5.91	6.57	0.66
	0.⅝	4.93	5.75	5.90	6.08	6.24	6.40	6.56	7.39	8.21	0.83
	0.¾	5.91	6.90	7.08	7.29	7.49	7.68	7.87	8.87	9.85	0.99
	0.⅞	6.90	8.05	8.26	8.51	8.74	8.96	9.18	10.35	11.49	1.15
	1.—	7.88	9.19	9.46	9.72	9.98	10.24	10.50	11.82	13.13	1.31
	2.—	15.76	18.38	18.90	19.44	19.96	20.48	21.—	23.64	26.26	2.62
	3.—	23.64	27 57	28.35	29.16	29.94	30.72	31.50	35.56	39.39	3.93
	4.—	31.52	36.76	37.80	38.88	39.92	40.96	42.—	47.28	52.52	5.25
	5.—	39.39	45.96	47.27	48.58	49.89	51.20	52.52	59.09	65.65	6.57
Coût et frais variables et invariables	15.—	133.96	153.83	157.80	161.77	165.74	169.71	173.68	193.53	213.38	19.85
	20.—	173.37	199.78	205.06	210.34	215.62	220.90	226.19	252.60	279.01	26.41
	25.—	212.76	245.74	252.34	258.93	265.52	272.11	278.72	311.70	344.68	32.96
	30.—	252.15	291.69	299.60	307.51	315.42	323.33	331.28	370.77	410.81	39.54
	35.—	291.54	337.65	346.88	356.09	365.80	374.51	383.76	429.87	475.96	46.11
	40.—	330.93	383.60	394.13	404.66	415.19	425.72	436.27	488.94	541.61	52.67
	Logarithmes des Changes	7878	9191	9454	9716	9979	10241	10504	11817	13130	1313
	Frais invariables par 100 kil.	15.81	15.96	15.99	16.02	16.05	16.08	16.11	16.26	16.41	0.15

OBSERVATIONS

½ et 5 % par ℔ sur le fret font au Havre une différence de F. 1.72 par 100 kil. sur les prix.

Logarithme aux change 2.626

On veut savoir le revient au Havre de Coton ayant coûté à Charleston 22 c. la ℔ au change de F. 3.70 et au fret de 1 c. et 5 % la ℔.

On trouvera dans la 1re et la 5e colonne de ce tableau que :

C. 20 font les 100 kil. entrepôt	F.	210.34
» 2 id. id.	»	19.44
C. 22 feront les 100 kil. entrepôt	F.	229.78

Ainsi le logarithme 2626 × le change 3.70 = le logarithme correspondant à ce change 9716 ;

22 × 9716 =	F.	213.76
à ajouter les frais invariables	»	16.02
Revient égal	F.	229.78

Exempt de Droits d'entrée

DEPUIS JUIN 1869

COMPTE D'ACHAT ET DE REVIENT

A 44 BALLES COTON GEORGIE

44 Balles Coton Georgie 15460 ℔ à 65 c. la ℔ .... $ 10049.—

FRAIS A CHARLESTON

Frais de réception et mise à bord........	$	17.16		
Assurance contre le feu ⅛ %........	»	12.56		
Courtage d'achat ½ %........	»	50.25	»	79.97
			$	10128.97
Commission d'achat 2½ %........	$	253.22		
Frais de change ½ %........	»	52.17	»	305.39
			$	10434.36
Remboursement sur Paris à 60 jours de vue au change de F. 4 pour 1 $ Cy........			F.	41737.44

FRAIS AU HAVRE

Fret à 15460 ℔ à 1 ¾ c. et 5 % soit $ 284.08 à F. 5.25........	F.	1491.42		
Permis, frais au débarquement, échantillonner, conditionner, port en magasin, arrimage, magasinage d'un mois, livraison et menus frais.	»	100.—		
Assurance maritime à 1 ¼ % sur F. 45911.18........	»	573.89		
Assurance contre le feu à 1 ‰ sur F. 45911.18........	»	45.91		
Commission de Banque ¼ % sur F. 41737.44........	»	104.34		
Escompte à la vente........ 2¼ %				
Courtage de vente........ ¼ %				
Commission de vente........ 2 %				
Ensemble........ 4½ % sur F. 46128.80........	»	2075.80	»	4391.86
			F.	46128.80

Rendement : 100 ℔ = brut 45 kil. ½

Brut........		kil. 7009	
Tare et don 4 ½ %........	kil. 315		
Réfactions........	» 22	» 337	
Net........		kil. 6672 à F. 691.88 les 100 kil. Entrepôt........ F.	46128.87

PRIX DE REVIENT AU HAVRE DES 100 KIL. ENTREPOT

AUX CHANGES SUIVANTS SUR PARIS POUR 1 $ CURRENCY

PRIX à CHARLESTON par ℔	F. 3.—	F. 3.50	F. 3.60	F. 3.70	F. 3.80	F. 3.90	F. 4.—	F. 4.50	F. 5.—	50 c. de différence sur le change font au Havre par 100 kil.
0. ½	F. 3.34	F. 4.48	F. 4.60	F. 4.74	F. 4.86	F. 4.99	F. 5.12	F. 5.76	F. 6.40	F. 0.64
1.—	7.68	8.96	9.21	9.47	9.72	9.98	10.24	11.52	12.80	1.28
2.—	15.35	17.91	18.42	18.94	19.44	19.96	20.47	23.03	25.59	2.56
3.—	23.03	26.86	27.63	28.41	29.16	29.94	30.71	34.54	38.38	3.84
4.—	30.70	35.82	36.84	37.88	38.88	39.92	40.94	46.06	51.18	5.12
5.—	38.38	44.78	46.06	47.34	48.62	49.90	51.18	57.58	63.97	6.40
30.—	256.12	294.64	302.34	310.05	317.75	325.46	333.16	371.68	410.20	38.52
35.—	294.50	339.42	348.40	357.39	366.37	375.36	384.34	429.26	474.17	44.92
40.—	332.88	384.20	394.46	404.72	414.98	425.24	435.51	486.83	538.14	51.32
45.—	371.26	428.97	440.52	452.06	463.60	475.14	486.69	544.40	602.11	57.71
50.—	409.64	473.75	486.57	499.39	512.21	525.03	537.86	601.97	666.08	64.11
55.—	448.02	518.53	532.63	546.73	560.83	574.93	589.04	659.55	730.05	70.51
60.—	486.40	563.31	578.69	594.07	609.45	624.83	640.21	717.12	794.02	76.91
65.—	524.78	608.08	624.75	641.41	658.07	674.73	691.39	774.69	857.99	83.30
70.—	563.16	652.86	670.80	688.74	706.68	724.62	742.56	832.26	921.96	89.70
75.—	601.54	697.64	716.86	736.08	755.30	774.52	793.74	889.84	985.93	96.10
80.—	639.92	742.41	762.91	783.41	803.91	824.41	844.91	947.40	1049.90	102.50
Logarithmes des changes	76762	89556	92115	94674	97233	99792	102350	115144	127938	12794
Frais invariables par 100 kil.	25.83	25.97	26.—	26.03	26.05	26.08	26.11	26.25	26.39	0.14

OBSERVATIONS

¼ c. et 5 % par ℔ sur le fret font au Havre une différence de F. 3.35 par 100 kil. sur les prix.

Logarithme sous change 2.55875

On veut savoir le revient de Coton Georgie ayant coûté à Charleston 48 c. la livre au change de F. 3.70 et au fret de 1 ¾ c. et 5 %.

On trouvera dans la 1re et la 4e colonne de ce tableau que:

C. 45.— font les 100 kil. entrepôt........	F.	452.06
» 3.— id. id.	»	28.41
C. 48.— feront les 100 kil. entrepôt........	F.	480.47

Ainsi le logarithme 2.55875 × le change 3,70 = le logarithme correspondant à ce change 94674;

48 c. × 94674 =........	F.	454.44
à ajouter les frais invariables........	»	26.03
Revient égal........	F.	480.47

Droits d'entrée par 100 kil. en Juin 1869

Sous tous pavillons........ Exempt

COMPTE D'ACHAT ET DE REVIENT

A 44 BALLES COTON GEORGIE

44 Balles Coton longue soie à 65 c. Or ou à 81 ¼ c. Cy son équivalent à la prime sur l'or de 125 %.

44 Balles pesant 15460 ℔ à 65 c. Or... $ 10049.—

FRAIS A CHARLESTON

Réception et mise à bord.. $ 17.16
Assur. contre le feu ⅛ %... » 12.56
Courtage d'achat ½ %... » 50.25 » 79.97
$ 10128.97
Commission d'achat 2 ½ % $ 253.22
Frais de change ½ % » 52.17 » 305.39
Or $ 10434.36

44 Balles pesant 15460 ℔ à 81 ¼ c. Cy $ 12561.25
Réception et mise à bord. $ 21.45
Assur. contre le feu ⅛ %.. » 15.70
Courtage d'achat ½ %.. » 62.81 » 99.96
$ 12661.21
Commission d'achat 2 ½ % $ 316.53
Frais de change ½ % » 65.21 $ 381.74
Cy $ 13042.95
à la prime sur l'or de 125 %........ Or $ 10434.36

Remboursement sur Liverpool à 60 jours de vue au change Or $ 110 = £ 22 ⅔ .... £ 2134. 6.—

FRAIS A LIVERPOOL

Fret à ℔ 15653
» 626 tare 4 %
℔ 15027 à 1 d. et 5 %........ £ 65.14.10
Permis, frais au débarquement, échantillonner, conditionner, port en magasin, arrimage, magasinage d'un mois, livraison et menus frais. » 9.18.—
Assurance maritime à 2 % sur £ 2347.14........ » 46.19. 1
Assurance contre le feu à 1 ‰ sur £ 2347.14........ » 2. 6.11
Commission de banque à ½ % sur £ 2134. 6.—........ » 10.13. 5
Escompte à la vente 3 mois et 10 jours.. 1½ %
Courtage de vente........ ½ %
Commission et ducroire........ 2½ %
Ensemble........ 4½ % sur £ 2376.17. 5...... » 106.19. 2 » 242.11. 5
£ 2376.17. 5

RENDEMENT : 100 ℔ Charleston = 101 ¼ ℔ Liverpool :

Brut........ ℔ 15653
Don........ » 44 à 1 ℔ la balle
℔ 15609
Tare........ » 557 à 4 ℔ par 112 ℔
Net........ ℔ 15052 à 37 ⁸⁰/₁₀₀ d........ £ 2376.19. 2

NOTA. — Nous mettons ci-haut en regard les comptes d'achat à 44 B. coton premier coût de 65 c. or, ou son équivalent de 81 ¼ c. Cy à la prime sur l'or de 125, et comme il est d'usage de faire les tirages sur Liverpool après la conversion en or des factures établies en Cy, nous renvoyons au tableau pages 13 à 16 pour voir de suite la conversion du Cy en monnaie d'or et réciproquement avec les primes sur l'or variant journellement.

PRIX DE REVIENT A LIVERPOOL PAR ℔

AUX CHANGES SUIVANTS SUR L'ANGLETERRE

PRIX à CHARLESTON par ℔	Change supposé sans conversion en Or de la facture établie en currency						Change d'usage pour £ 22 ⅔ après la conversion en or				
	170 Cy	160 Cy	150 Cy	140 Cy	130 Cy	120 Cy	111 Or	110 Or	109 Or	108 Or	107 Or
C. 1.—	D. 0.36	D. 0.39	D. 0.41	D. 0.44	D. 0.48	D. 0.53	D. 0.56	D. 0.56	D. 0.57	D. 0.57	D. 0.58
2.—	0.72	0.78	0.82	0.88	0.95	1.05	1.11	1.12	1.14	0.14	1.15
3.—	1.08	1.17	1.23	1.32	1.32	1.57	1.67	1.68	1.71	1.71	1.73
4.—	1.44	1.56	1.64	1.76	1.90	2.10	2.23	2.24	2.28	2.29	2.31
5.—	1.82	1.94	2.07	2.21	2.38	2.58	2.79	2.82	2.84	2.87	2.89
20.—	8.58	9.04	9.56	10.16	10.84	11.65	12.48	12.58	12.60	12.70	12.90
25.—	10.40	10.98	11.62	12.37	13.22	14.21	15.27	15.40	15.53	15.66	15.79
30.—	12.22	12.91	13.68	14.58	15.60	16.79	18.06	18.21	18.37	18.52	18,68
35.—	14.04	14.85	15.74	16.79	17.98	19.37	20.85	21.03	21.21	21.39	21.57
40.—	15.86	16.78	17.81	19.00	20.36	21.95	23.63	23.84	24.05	24.25	24.47
45.—	17.68	18.72	19.87	21.21	22.74	24.58	26.42	26.66	26.89	27.12	27.36
50.—	19.50	20.65	21.93	23.42	25.12	27.11	29 21	29.47	29.73	29.98	30.25
55.—	21.32	22.59	23.99	25.63	27.50	29.69	32.—	32.28	32.57	32.85	33.13
60.—	23.15	24.52	26.06	27.84	29.88	32.27	34.78	35.09	35.40	35.72	36.04
65.—	24.97	26.46	28.12	30.03	32,26	34.85	37.57	37.90	38.24	38.59	38.93
70.—	26.79	28.39	30.18	32.24	34.64	37.43	40.36	40.72	41.08	41.45	41.82
75.—	28.61	30.33	32.24	34.46	37.02	40.01	43.15	43.53	43.92	44.31	44.71
80.—	30.43	32.26	34.31	36.68	39.40	42.59	45.94	46.35	46.76	47.18	47.61
Logarithmes des Changes	3641	3868	4126	4421	4761	5158	5576	5627	5679	5731	5785
Frais invariables par ℔	1.30	1.31	1.31	1.32	1.32	1.32	1.33	1.33	1.33	1.33	1.33

OBSERVATIONS

⅛ d. et 5 % par ℔ sur le fret font à Liverpool une différence de 0.14 d. par ℔ sur les prix.

Logarithme sans change 61.8960

On veut savoir le revient de Coton longue soie ayant coûté à Charleston 41 c. or ou 52.07 c. currency à la prime sur l'or de 127 % au change de 110 et au fret de 1 d. et 5 %.

On trouvera dans la 1re et la 5e colonne de ce tableau que :
C. 40.— font la livre .... D. 23.84
» 1.— id. .... » —.56
C. 41.— feront la livre .... D. 24.40

Ainsi le logarithme 61.8960 divisé par le change 110 = le logarithme correspondant à ce change 5627 ;
41 × 5627 = ... D. 23.07
à ajouter les frais invariables .... » 1.33
Revient égal .... D. 24.40

N.-B. — Pour trouver le logarithme du change il faut diviser le logarithme 618960 par le change.

COMPTE D'ACHAT ET DE REVIENT

A 100 BALLES COTON

100 Balles Coton 42756 ℔ à 20 c. Cy .... $ 8551.20

FRAIS A SAVANNAH

Expédition, mise à bord et échantillons par steamer	$	50.—		
Télégrammes par cable et menus frais	»	25.—		
Assurance contre le feu ¼ % sur F. 8551.20	»	21.38	»	96.38
			$	8647.58
Commission d'achat 2 ½ %			»	216.19
Frais de change ½ %			»	44.52
			$	8908.29
Remboursement sur Paris à 60 jours de vue au change de F. 4 pour 1 $ Cy			F.	35633.16

FRAIS AU HAVRE

Fret à 42756 ℔ à 1 c. et 5 % soit $ 448.94 c. à F. 5.25	F.	2356.93		
Permis, frais au débarquement, échantillonner, conditionner, port en magasin, arrimage, magasinage d'un mois, livraison et menus frais	»	210.—		
Assurance maritime à 1 ¼ % sur F. 39196.41	»	489.95		
Assurance contre le feu à 1 ‰ sur F. 39196.41	»	39.20		
Commission de banque à ¼ % sur F. 35633.16	»	89.08		
Escompte à la vente 2¼ %				
Courtage de vente ¼ %				
Commission de vente 2 %				
Ensemble 4½ % sur F. 40647.44	»	1829.12	»	5014.28
			F.	40647.44

RENDEMENT: 100 ℔ = net 42 kil.

Net kil. 17957 à F. 226.36 les 100 kil. Entrepôt .... F. 40647.46

PRIX DE REVIENT AU HAVRE DES 100 KIL. ENTREPOT

AUX CHANGES SUIVANTS SUR PARIS POUR 1 $ CURRENCY

	PRIX à SAVANNAH par ℔	F. 3.—	F. 3.50	F. 3.60	F. 3.70	F. 3.80	F. 3.90	F. 4.—	F. 4.50	F. 5.—	50 c. de différence par 1 $ sur le change font au Havre par 100 kil.
SUBDIVISIONS — Coût et frais variables	0.⅛	F. 0.98	F. 1.15	F. 1.18	F. 1.21	F. 1.24	F. 1.28	F. 1.31	F. 1.48	F. 1.64	F. 0.17
	0.¼	1.97	2.29	2.36	2.42	2.49	2.56	2.62	2.95	3.28	0.33
	0.⅜	2.95	3.44	3.54	3.63	3.73	3.84	3.94	4.43	4.92	0.50
	0.½	3.93	4.59	4.72	4.85	4.98	5.11	5.24	5.90	6.55	0.66
	0.⅝	4.91	5.73	5.90	6.05	6.22	6.39	6.55	7.37	8.19	0.83
	0.¾	5.90	6.88	7.08	7.26	7.47	7.68	7.86	8.85	9.83	1.—
	0.⅞	6.88	8.02	8.26	8.47	8 70	8.96	9.17	10.32	11.47	1.16
	1.—	7.86	9.17	9.43	9.69	9.95	10.22	10.48	11.79	13.10	1.31
	2.—	1572	18.34	18.86	19.38	19.90	20.44	20.96	23.58	26.20	2.62
	3.—	23.58	27.51	28.29	29.07	29.85	30.66	31.44	35.37	39.30	3.93
	4.—	31.44	36.68	37.72	38.76	39.80	40.88	41.92	47.16	52.40	5.24
	5.—	39.29	45.84	47.15	48.46	49.77	51.08	52.39	58.94	65.49	6.55
Coût et frais variables et invariables	15.—	134.21	154.09	158.07	162.04	166.02	169.99	173.97	193.85	218.73	19.88
	20.—	173.50	199.93	205.22	210.50	215.79	221.07	226.36	252.79	279.22	26.43
	25.—	212.79	245.77	252.37	258.96	265.56	272.15	278.75	311.73	344.71	32.98
	30.—	252.08	291.61	299.52	307.42	315.33	323.23	331.14	370.67	410.20	39.53
	35.—	291.37	337.45	346.67	355.88	365.10	374.81	383.53	429.61	475.69	46.08
	40.—	330.66	383.29	393.82	404.34	414.87	425.39	435.92	488.55	541.18	52.63
Logarithmes des changes		7858	9168	9430	9692	9954	10216	10478	11788	13098	1310
Frais invariables par 100 kil		16.34	16.57	16.62	16.66	16.71	16.75	16.80	17.03	17.26	0.23

OBSERVATIONS

⅛ c. et 5 % par ℔ sur le fret font au Havre une différence de F. 1.72 par 100 kil. sur les prix.

Logarithme sans change 26,193

On veut savoir le revient au Havre de Coton ayant coûté à Savannah 19 c. la livre au change de F. 3.80 et au fret de 1 c. et 5 % la livre.

On trouvera dans la 1re et la 4e colonne de ce tableau que:

C. 20.— font les 100 kil. entrepôt	F.	215.79
» 1.— id. id.	»	9.95
C. 19.— feront les 100 kil. entrepôt	F.	205.84

Ainsi le logarithme 26193 × le change 3.80 = le logarithme correspondant à ce change 9954;

19 c. × 9954 =	F.	189.13
à ajouter les frais invariables	»	16.71
Revient égal	F.	205.84

Exempt de Droits d'entrée DEPUIS JUIN 1869

COMPTE D'ACHAT ET DE REVIENT

A 1000 SACS QUERCITRON

1000 Sacs Quercitron N° 1 48$^{889}/_{000}$ tons = 109732 ℔ à $ 30 par ton de 2240 ℔ .....Cy			$	1469.63

FRAIS A BALTIMORE

Frais de réception et mise à bord	$	31.02	»	31.02
			$	1500.64
Commission d'achat 2½ %	$	37.52		
Courtage de change ¼ %	»	3.86	»	41.38
			$	1542.02
Remboursement sur Paris à 60 jours de vue au change de F. 4 pour 1 $ Cy			F.	6168.08

FRAIS AU HAVRE

Fret à 20/ et 5 % par 2240 ℔ soit £ 51. 8. 9 à F. 25.25	F.	1298.80		
Permis, frais au débarquement, échantillonner, conditionner, port en magasin, arrimage, magasinage d'un mois, livraison et menus frais.	»	450.—		
Assurance maritime à 1 ¾ % sur F. 6784.89	»	118.73		
Assurance contre le feu à 1 ‰ sur F. 6784.89	»	6.78		
Commission de banque à ¼ % sur F. 6168.08	»	15.42		
Escompte à la vente ... 2¼ %				
Courtage de vente ... ¼ %				
Commission de vente ... 2 %				
Ensemble ... 4½ % sur F. 8437.49	»	379.68	»	2269.41
			F.	8437.49

RENDEMENT: 100 ℔ = 45 kil.

Brut		kil. 49379	
Tare 2 % ..... kil. 988			
Réfaction ... » 148	» 1136		
Net ... kil. 48243 sur F. 17.49 les 100 kil. Entrepôt		F.	8437.70

PRIX DE REVIENT AU HAVRE DES 100 KIL. ENTREPOT

AUX CHANGES SUIVANTS SUR PARIS POUR 1 $ CURRENCY

	PRIX à BALTIMORE par 2240 ℔	F. 3.—	F. 3.50	F. 4.—	F. 4.25	F. 4.50	F. 4.75	F. 5.—	F. 5.25	F. 5.50	25 c. de différence par 1 $ sur le change font au Havre par 100 kil.
Seulement. — Coût et frais variables	$ 1.—	F. 0.34	F. 0.39	F. 0.45	F. 0.47	F. 0.50	F. 0.53	F. 0.56	F. 0.59	F. 0.62	F. 0.06
	2.—	0.67	0.78	0.89	0.94	1.—	1.06	1.12	1.18	1.24	0.12
	3.—	1.01	1.17	1.34	1.41	1.50	1.59	1.68	1.77	1.86	0.17
	4.—	1.34	1.56	1.78	1.88	2.—	2.12	2.24	2.36	2.48	0.22
	5.—	1.68	1.96	2.24	2.38	2.52	2.66	2.80	2.94	3.08	0.28
Coût et frais variables et invariables	15.—	9.05	9.92	10.79	11.22	11.66	12.09	12.53	12.96	13.40	0.87
	20.—	10.72	11.87	13.02	13.60	14.17	14.75	15.32	15.90	16.47	1.15
	25.—	12.40	13.83	15.26	15.97	16.69	17.40	18.12	18.83	19.55	1.43
	30.—	14.07	15.78	17.49	18.35	19.20	20.06	20.91	21.77	22.62	1.71
	35.—	15.75	17.74	19.73	20.72	21.72	22.71	23.71	24.70	25.70	1.99
	40.—	17.42	19.69	21.96	23.10	24.23	25.37	26.50	27.64	28.77	2.27
	45.—	19.10	21.65	24.20	25.47	26.75	28.02	29.30	30.57	31.85	2.55
	50.—	20.77	23.60	26.43	27.85	29.26	30.68	32.09	33.51	34.92	2.83
Logarithmes des changes		3364	3913	4472	4751	5031	5310	5590	5869	6149	0559
Frais invariables par 100 kil.		4.01	4.04	4.08	4.10	4.12	4.13	4.15	4.17	4.19	0.04

OBSERVATIONS

5/. st. et 5 % par 2240 ℔ sur le fret font au Havre une différence de F. 0.70 par 100 kil. sur les prix.

Logarithme sans change 0,1118

On veut savoir le revient de Quercitron ayant coûté à Baltimore $ 24 les 2240 ℔ au change de F. 3.75 et au fret de 20/. et 5 % les 2240 ℔.

On trouvera dans la 1re, 3e et la 11e colonne de ce tableau que:

$ 20.— au change de 3.50 font les 100 kil.	F. 11.87
» 4.— id. id.	» 1.56
25 c diff. de change sur $ 20.—	» 0.58
id. » 4.—	» 0.11
$ 24.— au change de 3.75 feront les 100 kil.	F. 14.12

Ainsi le logarithme 1118 × le change de 3,75 = le logarithme correspondant à ce change 4192 ;

24 × 4192 =	F. 10.06
à ajouter les frais invariables	» 4.04
et différence de change sur les frais	» 0.02
Revient égal	F. 14.12

Exempt de Droits d'entrée

DEPUIS JUIN 1869

COMPTE D'ACHAT ET DE REVIENT

A 1 GRENIER RACINE DE SASSAFRAS

1 Grenier Racine de Sassafras pesant 5 tons ou 11200 ℔ à $ 35 par 2240 ℔ frº à b... Cy $			175.—

FRAIS A BALTIMORE

Commission d'achat 2 ½ %	$	4.38	
Courtage de change ¼ %	»	0.45	» 4.83
		$	179.83
Remboursement sur Paris à 60 jours de vue au change de F. 4 pour 1 $		F.	719.32

FRAIS AU HAVRE

Fret à 40/ et 5 % par 2240 ℔ soit £ 10.10.— à F. 25.25	F.	265.13	
Permis, frais au débarquement, échantillonner, conditionner, port en magasin, arrimage, magasinage d'un mois, livraison et menus frais	»	75.—	
Assurance maritime à 1 ¼ % sur F. 791.25	»	13.85	
Assurance contre le feu à 1 ‰ sur F. 791.25	»	0.79	
Commission de banque à ¼ % sur F. 719.32	»	1.80	
Escompte à la vente 2 ¼ %			
Courtage de vente ¼ %			
Commission de vente 2 %			
Ensemble 4 ½ % sur F. 1126.58	»	50.69	» 407.26
		F.	1126.58

RENDEMENT : 100 ℔ = 44 kil.

kil. 4928
» 99 don 2 %
kil. 4829 à F. 23.33 les 100 kil. Entrepôt ... F. 1126.61

PRIX DE REVIENT AU HAVRE DES 100 KIL. ENTREPOT

AUX CHANGES SUIVANTS SUR PARIS POUR 1 $ CURRENCY

PRIX à BALTIMORE par 2240 ℔	F. 3.—	F. 3.50	F. 4.—	F. 4.25	F. 4.50	F. 4.75	F. 5.—	F. 5.25	F. 5.50	50 c. de différence par 1 $ sur le change font au Havre par 100 kil
Subdivisions — Coût et frais variables: $ 1.—	F. 0.34	F. 0.40	F. 0.46	F. 0.49	F. 0.51	F. 0.54	F. 0.57	F. 0.60	F. 0.63	F. 0.06
2.—	0.68	0.80	0.91	0.97	1.02	1.08	1.14	1.20	1.25	0.12
3.—	1.02	1.20	1.37	1.46	1.53	1.62	1.71	1.80	1.88	0.17
4.—	1.36	1.60	1.82	1.94	2.04	2.16	2.28	2.40	2.50	0.23
5.—	1.71	1.99	2.28	2.43	2.57	2.71	2.85	2.99	3.14	0.29
Coût et frais variables et invariables: 15.—	12.51	13.87	14.22	14.65	15.08	15.51	15.93	16.36	16.79	0.86
20.—	14.22	15.36	16.50	17.07	17.64	18.21	18.78	19.35	19.92	1.14
25.—	15.93	17.36	18.78	19.50	20.21	20.92	21.63	22.35	23.06	1.43
30.—	17.64	19.35	21.06	21.92	22.77	23.63	24.48	25.34	26.19	1.71
35.—	19.35	21.35	23.34	24.34	25.34	26.33	27.33	28.33	29.33	2.—
40.—	21.06	23.34	25.62	26.76	27.90	29.04	30.18	31.32	32.46	2.28
45.—	22.77	25.34	27.90	29.18	30.47	31.75	33.03	34.31	35.60	2.57
50.—	24.48	27.33	30.18	31.61	33.03	34.46	35.88	37.31	38.73	2.85
Logarithmes des changes	0.342	0.399	0.456	0.485	0.513	0.541	0.570	0.598	0.627	0.057
Frais invariables par 100 kil.	7.38	7.38	7.38	7.38	7.38	7.38	7.38	7.38	7.38	—.—

OBSERVATIONS

5/ et 5 % par 2240 ℔ sur le fret font au Havre une différence de F. 0.72 par 100 kil. sur les prix.

Logarithme sans change 0.114

On veut savoir le revient de Sassafras ayant coûté à Baltimore $ 28 les 2240 ℔ au change de F. 3.55 et au fret de 40/. et 5 % les 2240 ℔ :

On trouvera dans la 1re, 2e et 6e colonne de ce tableau que :

$ 25 au change de 3.50 font les 100 kil. ent.	F.	17.36
» 3 id. id. id.	»	1.20
5 c. différence de change sur $ 25	»	0.14
5 c. id. id. id. » 3	»	0.02
$ 28 au change de 3.55 feront les 100 kil. ent.	F.	18.72

Ainsi le logarithme 0.114 × le change de 3.55 = le logarithme correspondant à ce change 0.405 ;

28 × 0.405 =	F.	11.34
à ajouter les frais invariables	»	7.38
Revient égal	F.	18.72

Exempt de Droits d'entrée

DEPUIS JUIN 1869

15 g

COMPTE D'ACHAT ET DE REVIENT

A 41220 DOUVELLES PIPES

41220 Douvelles Pipes à $ 150 les 1200 franco à bord		$	5152.50

FRAIS A BALTIMORE

Commission d'achat 2 ½ %		»	128.51
Frais de change ¼ %		»	13.23
		$	5294.54
Remboursement sur Paris à 60 jours de vue au change de F. 4 pour 1 $		F.	21178.16

FRAIS AU HAVRE

Fret 45/ sec par 1200 soit £ 77. 5. 9 à F. 25.25	F. 1951.50		
Permis, frais au débarquement, échantillonner, conditionner, port en magasin, arrimage, magasinage d'un mois, livraison et menus frais	» 659.50		
Assurance maritime à 1 % sur F. 23295.97	» 232.96		
Assurance contre le feu à 1 ‰ sur F. 23295.97	» 23.30		
Commission de banque à ¼ % sur F. 21178.16	» 52.95		
Escompte à la vente 2 ½ %			
Courtage de vente ½ %			
Commission de vente 2 %			
Ensemble 4 ½ % sur F. 25233.88	» 1135.51	»	4055.72
		F.	25233.88

RENDEMENT:

41220 Douvelles à F. 734.61 les 1200 douvelles Entrepôt	F.	25233.02

PRIX DE REVIENT AU HAVRE DES 1200 DOUVELLES

AUX CHANGES SUIVANTS SUR PARIS POUR 1 $ CURRENCY

	PRIX à BALTIMORE par 1200 douvelles	F. 3.—	F. 3.50	F. 3.75	F. 4.—	F. 4.25	F. 4.50	F. 4.75	F. 5.—	F. 5.25	30 c. de différence par 1 $ sur le change font au Havre par 1200 Douv.
Remboursements — Coût et frais variables	$ 1.—	F. 3.28	F. 3.82	F. 4.09	F. 4.37	F. 4.64	F. 4.91	F. 5.19	F. 5.46	F. 5.73	F. 0.55
	2.—	6.56	7.64	8.18	8.74	9.28	9.82	10.38	10.92	11.46	1.10
	3.—	9.84	11.46	12.27	13.11	13.92	14.73	15.57	16.38	17.19	1.65
	4.—	13.12	15.28	16.36	17.48	18.56	19.64	20.76	21.84	22.92	2.20
	5.—	16.38	19.11	20.47	21.84	23.20	24.57	25.93	27.29	28.66	2.73
	10.—	32.75	38.21	40.94	43.67	46.40	49.13	51.86	54.58	57.31	5.46
Coût et frais variables et invariables	100.—	407.10	461.68	488.98	516.97	543.56	570.85	598.15	625.44	652.73	54.59
	110.—	439.85	499.89	529.02	559.94	589.96	619.98	650.01	680.02	710.04	60.04
	120.—	472.60	538.10	570.86	603.61	636.36	669.11	701.87	734.60	767.35	65.51
	130.—	505.35	576.31	611.80	647.28	682.76	718.24	753.73	789.18	824.66	70.96
	140.—	538.10	614.52	652.74	690.95	729.16	767.37	805.59	843.76	881.97	76.42
	150.—	570.85	652.72	693.66	734.61	775.54	816.48	857.42	898.35	939.29	81.88
	160.—	603.60	690.93	734.60	778.27	821.94	865.61	909.28	952.93	996.60	87.33
	170.—	636.35	729.14	775.54	821.94	868.34	914.74	961.14	1007.51	1053.91	92.79
	180.—	669.10	767.35	816.48	865.61	914.74	963.87	1013.—	1062.09	1111.22	98.25
	190.—	701.85	805.56	857.42	909.28	961.14	1013.—	1064.86	1116.67	1168.53	103.71
	200.—	734.60	843.76	898.35	952.98	1007.51	1062.09	1116.68	1171.26	1225.84	109.17
Logarithmes des changes		32751	38209	40939	43668	46397	49126	51856	54585	57314	6458
Frais invariables par 1200 Douvelles		79.59	79.59	79.59	79.59	79.59	79.59	79.59	79.59	79.59	0.—

OBSERVATIONS

5/ sec par 1200 D. sur le fret font au Havre une différence de F. 6.62 les 1200 D. sur les prix

Logarithme sans change 1,0917

On veut savoir le revient de Douvelles pipes ayant coûté à Baltimore $ 105 au change de F. 3.75 et au fret de 45/. les 1200.

On trouvera dans la 1re et 4e colonne de ce tableau que :

$ 100.— font les 1200 Douvelles entr.	F.	488.98
» 5.— id. id.	»	20.47
$ 105.— feront les 1200 Douvelles entr.	F.	509.45

Ainsi le logarithme 1.0917 × le change 3.75 = le logarithme correspondant à ce change 40939;

105 × 40939 =	F.	429.86
à ajouter les frais invariables	»	79.59
Revient égal	F.	509.45

Droits d'entrée par 1200 Douvelles depuis Juin 1869

Sous tous Pavillons .... F. 0.12

COMPTE D'ACHAT ET DE REVIENT

A 100 TONNEAUX ESPAGNOLS DE DIVIDIVI

100 Tonneaux espagnols de Dividivi (2000 ℔ espagnoles) à 24 $ le tonneau.......... $ 2400.—

FRAIS A RIO-HACHA

Pesage, portefaix pour emmagasiner, etc.	$	30.—		
Embarquement..........	»	60.—		
Emmagasinage..........	»	20.—		
Menus frais..........	»	10.—	»	120.—
			$	2520.—
Commission d'achat et de remboursement 5 %..........			»	126.—
			$	2646.—
Remboursement sur Paris à 90 jours de vue au change de F. 5 pour 1 $..........			F.	13230.—

FRAIS AU HAVRE

Fret à F. 150 et 10 % par tonneau de 1000 kil. sur 60000 kil..........	F.	9900.—		
Frais au débarquement, port en entrepôt, arrimage, magasinage d'un mois, livraison et menus frais..........	»	240.—		
Assurance maritime à 1 ¾ % sur F. 14553..........	»	256.15		
Assurance contre le feu à ½ ‰ sur F. 14553..........	»	7.25		
Commission de banque à ½ % sur F. 13230..........	»	66.15		
Courtage de vente.......... ¼ %				
Escompte à la vente.......... 2 %				
Commission de vente.......... 2 %				
Ensemble.......... 4¼ % sur F. 24751.50..........	»	1051.95	»	11521.50
			F.	24751.50

Rendement 1 = 460 grammes :

Soit 200000 ℔ =..........	kil.	92000
Déchet de 30 à 35 %, soit 35 %..........	»	32200
Net..........	kil.	59800 à F. 41.39 par 100 kil.......... F. 24751.20

PRIX DE REVIENT AU HAVRE DES 100 KIL. ENTREPOT

AUX CHANGES SUIVANTS SUR PARIS

PRIX à RIO-HACHA p. tonne de 2000 ℔	F. 4.85 pour $ 1	F. 4.90 pour $ 1	F. 4.95 pour $ 1	F. 5.— pour $ 1	F. 5.05 pour $ 1	F. 5.10 pour $ 1	F. 5.15 pour $ 1
$ 18.—	F. 35.22	F. 35.39	F. 35.57	F. 35.75	F. 35.93	F. 36.11	F. 36.29
19.—	36.13	36.32	36.50	36.69	36.88	37.07	37.26
20.—	37.04	37.24	37.43	37.63	37.83	38.03	38.23
21.—	37.95	38.16	38.36	38.57	38.78	38.99	39.19
22.—	38.86	39.08	39.29	39.51	39.73	39.94	40.16
23.—	39.77	40.—	40.22	40.45	40.68	40.90	41.13
24.—	40.68	40.92	41.15	41.39	41.63	41.86	42.10
25.—	41.60	41.84	42.08	42.33	42.57	42.82	43.07
26.—	42.51	42.76	43.01	43.27	43.52	43.78	44.03
27.—	43.42	43.68	43.94	44.21	44.47	44.73	45.—
28.—	44.33	44.60	44.87	45.15	45.42	45.69	45.97
29.—	45.24	45.52	45.80	46.09	46.37	46.65	46.94
30.—	46.15	46.44	46.73	47.03	47.32	47.61	47.91
31.—	47.06	47.36	47.66	47.97	48.27	48.57	48.87
32.—	47.98	48.29	48.60	48.91	49.22	49.53	49.84

OBSERVATIONS

F. 10 et 10 % par tonneau sur le fret font au Havre une diff. de F. 1.10 par 100 kil. sur les prix.

Droits d'entrée par 100 kil. depuis Juin 1869.

Par navire Français.......... } Exempt
id. Étranger.......... }

MEXIQUE

Mexique. — État de l'Amérique septentrionale, borné au Nord par les États-Unis, à l'Ouest par le Grand-Océan, au Sud par le Grand Océan et les républiques de l'Amérique centrale, à l'Est par ces mêmes républiques, le golfe du Mexique et les États-Unis.

Position astronomique 88° — 120° longitude Est.
15° — 33° latitude Nord.

Population et superficie. — 1 Legua cuadra = 17.5561 kilom. carrés.

ÉTATS	LEGUAS cuadras	KILOMÈTRES carrés	HABITANTS 1865	HABITANTS par kilom. carré	CHEFS-LIEUX
États de la côte orientale					
Yucatan	9562.—	167,873	680,430	0.0	Mérida
Campêche					Campêche
Tabasco	2111.35	37,067	70,628	1.9	S.-Juan-B.
Vera-Cruz	3199.50	56,171	349,125	6.2	Vera-Cruz
Tamaulipas	3806.85	66,833	109,673	1.7	Victoria
États de la côte occidentale					
Chiapas	2385.—	41,871	167,472	4.0	S.-Christobal
Oajaca (1)	4150.—	72,858	608,333	8.3	Oajaca
Guerrero	3650.—	64,080	270,000	4.2	Tixtla
Michoacan	3279.35	57,373	554,585	9.6	Morelia
Jalisco	6288.03	110,402	804,058	7.3	Guadalajare
Colima	414.25	7,275	62,109	8.5	Colima
Sinaloa	4265.—	74,894	160,000	2.1	Culiacan
Sonora	16427.50	288,403	139,374	0.5	Ures
Territoire de la Californie	8656.44	151,973	12,000	0.0	La Paz
États du centre					
Puebla	1756.15	30,831	658,609	21.4	Puebla
Tlascala	228.50	4,012	90,158	22.5	Tlascala
Mexico	1987.50	34,893	1029,629	29.5	Mexico
Dist. de Mexico	12.57	221	269,534	0.0	»
Quérétaro	304.90	5,339	165,155	30.8	Quérétaro
Guanaxuato (2)	1556.—	27,318	784,461	28.7	Guanaxuato
Aguas Calientes	3998.65	70,201	86,329	5.5	Aguas Calientes
Zacatecas			296,789		Zacatecas
San-Luis-Potosi	3997.40	70,179	397,189	5.7	San-Luis
Nuevo Léon	2208.25	38,680	145,779	3.8	Monterey
Cohahuila	7947.—	139,519	67,590	0.5	Saltillo
Durango	6184.50	108,576	144,331	1.3	Durango
Chihuahua	12860.—	225,774	164,073	0.7	Chihuahua
Total	111232.60	1952,814	8287,413	4.2	

(1) Y compris l'ancien territoire de Téhuantépec (82,395 habitants).

(2) Y compris l'ancien territoire de Sierra Gorda (55,358 habitants).

Indiens environ	4,800,000	Blancs environ	1,004,000
Métis	1,190,000	Nègres	6,000

Dans le tableau ci-dessus, les États sont indiqués d'après la division fixée par la constitution de 1857; la division en départements ayant été suprimée à la chute de l'Empire. Yucatan est partagé, de fait depuis 1857 et légalement depuis 1861 en deux états : Yucatan et Campêche. Le chiffre indiqué pour la population de ces deux états est trop élevé.

D'après la division en départements pendant l'Empire,

Yucatan	avait	263,547	habitants
Campêche	»	126,368	»
Laguna	»	47,000	»
Total seulement		436,915	Habitants

Villes comptant en 1865 plus de 20,000 habitants :

Mexico	200,000	Vera-Cruz	37,040
Puebla	75,000	San-Luis	34,000
Guadalajare	70,000	Coluna	31,000
Guanajuato	63,000	Morelia	25,000
Quérétaro	48,000	Oajaca	25,000
Matamoras	41,000	Mérida	24,000
Jalapa	37,200	Aguas Calientes	23,000

Sous l'Empire le territoire avait été divisé en 50 départements.

Formation historique.

Soumis par Cortès au roi d'Espagne — 1523.

Soulèvement contre la domination espagnole en 1810.

Indépendance reconnue le 28 Août 1821. Iturbide généralissime.

Iturbide I empereur — 1822, il abdique — 1823.

République fédérative — 1823, les généraux Guerrero, Bravo, Negrete.

1824	Le général	Victoria	président.	
1827	»	Pedrazo	d°	
1828	»	Guerrero	d°	dictateur — 1829
1830	»	Bustamente	d°	
1832	»	Pedraza	d°	
1835	»	Santa-Ana	d°	
1836	»	Joseph J. Caro	d°	
1837	»	Bustamente	d°	
1840	»	Farias	d°	
1841	»	Santa-Ana	d°	
1845	»	Canalizo	d°	
1845	»	Herrera	d°	
1847	»	Paredes	d°	
1850	»	Arista	d°	
1852	Le docteur	Ceballos	d°	
1853	Le général	Lombardini	d°	
1853	»	Santa-Ann	d°	
1855	»	Jean Alvarez	d°	
1856	»	Commonfort	d°	
1858	»	Zuloaga	d°	Benoit-Juarez anti-président.
1859/60	»	Miramon	d°	dito. dito.
1861	»	Benoit-Juarez	d°	

Juarez du parti radical, Miramon du parti clérical. — Guerre civile:

1861 Octobre. — Intervention de l'Angleterre, de la France et de l'Espagne.

1862 Janvier. — Débarquement des troupes alliées; l'Angleterre et l'Espagne se retirent.

1862 19 Février. — Traité de la Soledad.

1862 9 Avril. — Conférence d'Orizaba.

La France soutient seule la guerre. — Juarez se retire à San Louis de Potosi. Entrée des français à Mexico, 5 Juin 1863.

Réunion de la Junte des notables (250 Membres), 8 Juillet 1863.

Gouvernement provisoire 3 Membres. La Junte décide l'Empire héréditaire et l'archiduc Maximilien d'Autriche est désigné, 10 Juillet 1863.

1864 Il accepte le 10 Avril. Arrivée de l'Empereur Maximilien I le 28 Mai.

1866 13 Juillet. — Départ de l'Impératrice Charlotte pour la France.

1867 Janvier-Mars. — Rembarquement de l'armée française.

1867 19 Juin. — L'Empereur Maximilien est fusillé à Queretaro avec les généraux Miramon et Méjia.

1867 Décembre. — Juarez réélu président pour 4 années finissant au 30 Novembre 1871.

FINANCES	1865	1866
Douanes de l'importation par mer	$ 9,000,000	$ 12,500,000
Douanes de l'intérieur	» 3,500,000	» 5,200,000
Impôt foncier	» 3,000,000	» 1,200,000
Impôt sur les patentes	» —	» 250,000
Droits des mines	» —	» 650,000
Timbre, Postes	» 1,000,000	» 1,000,000
Recettes	$ 16,500,000	$ 20,800,000
Dépenses	» 29,500,000	» 25,434.000

Parmi les dépenses, figurent l'armée et la flotte pour 10 millions en 1865 et environ 13 millions en 1866; les intérêts de la dette extérieure (1865) pour 5 millions, et ceux de la dette intérieure pour 3 millions; les chiffres de ces intérêts pour 1866 sont inconnus.

Dette. — État de la dette publique au 1er Août 1865 avec les intérêts exigés annuellement :

	CAPITAL	INTÉRÊTS
Ancien emprunt anglais à 3%, nouvellement consolidé en 1851	$ 51,208,250	$ 1,536,250
Fonds à 3 % créés en 1864; coupons d'intérêts non payés de l'ancien emprunt anglais	» 24,324,000	» 729,720
Emprunt anglais et français de 1864 à 6 %	» 61,825,000	» 3,709,500
Emprunt de la loterie de 1865 à 6 % $ 50,000,000. Intérêts de 3,000,000 de dollars ; gain $ 600,000; fond d'amortissement 1;250,000 $	» 50,000,000	» 4,850,000
Dette intérieure à 6 %	» 35,000,000	» 2,100,000
Exigences étrangères reconnues à 6 %	» 30,000,000	» 1,800,000
Frais de la guerre avec la France depuis le 31 Mars 1865.	» 65,000,000	» —.—
Paiement annuel à la France, d'après la convention de Paris de 1864	» —.—	» 5,000,000
	$ 317,357,250	$ 19,725,470

Toutefois le gouvernement républicain ne reconnaît ni les emprunts de l'empire, ni l'abandon des Douanes des ports à la France ordonné par Maximilien le 30 Juillet 1866.

La dette était en 1850 de $ 133,524,242 dont dette extérieure environ 58 millions.

Commerce. — En 1866, la valeur de l'importation s'est élevée à 26 millions de dollars et celle de l'exportation à 28 millions.

Le Mexique exporte : argent brut et monnayé, bois de teinture, poivre et piment, peaux brutes, cacao, café, cochenille, indigo, cuivre, jalap, salsepareille, vanille, tabac, etc.

Les principaux ports sont : dans le golfe du Mexique, Vera-Cruz, Sisal, Campêche, Tabasco, Tampico, Matamoras, Tuspan, Laguna, Carmen; dans la mer Pacifique, Acapulco, Manzanillo, Masatlan Guyamas, San Blas, La Paz, Altata.

Monnaies, Poids et Mesures. — Un décret du président Commonfort en date du 15 Mars 1857, a prescrit l'adoption du système décimal français ; il devait être obligatoire à partir du 1er Janvier 1862, mais ce décret est resté à l'état de lettre morte.

Monnaies. — Les monnaies de compte sont :

Le peso, piastre ou dollar = 8 réales = 5 Fr. 3758 ;

Le réal = 4 cuartillos = 0 Fr. 6719 ;

Le cuartillo = 3 granos = 0 Fr. 1679 ;

Le grano = 0 Fr. 0559 à la taille de 40.9244 piastres au kilogramme d'argent.

Les Monnaies réelles sont :

En Or :	POIDS en GRAMMES	TITRE en GRAMMES	TAILLE au KILO	VALEUR intrinsèque EN FRANCS
Once d'or ou 8 écus d'or ou 16 piastres....	27.067	875	42.2236	81.55
Demi, quart, huitième (écu d'or) piastre d'or en proportion ;				
Once d'or (Augustinis 1823).....................	27.020	865.431	42.749	80.418
Once d'or (1831)................................	27.045	868.058	42.596	80.706
En Argent :				
Peso, piastre ou dollar de 8 réales de Plata mejicanos	27.067	902.778	40.9244	5.3758
½ et ¼ peso en proportion ;				
Nouvelle Piastre du Mexique 1843.........	26.989	899	41.2152	5,337

Les Monnaies en cuivre sont le cuartillo = 1/4 réal. Ces monnaies sont très-légères et le métal qu'elles contiennent ne représente que le quart de leur valeur, aussi ont-elles perdu de 50 à 55 % de leur valeur nominale.

Les onces d'or du Mexique sont toujours reçues pour 16 piastres, mais les onces de l'Amérique du Sud et de l'Amérique centrale perdent 3/4 et même 1 piastre au change.

Les changes sont les suivants :

Londres..................	60 à 90 jours de vue	±	— 47 d.	pour	1 ∮	Mexique.
Paris........................	id.	id.	id.	4.90	id.	1	id.
Hambourg..................	id.	id.	id.	44 banco	id.	1	id.
New-York.................	id.	id.	id.	102 ∮	id.	100	id.

Mesures. — Mesure de longueur, la vara = 1.08 vara de Castille = 0m 83695.

La mesure itérinaire est l'ancienne legua juridica = 5,000 varas = 4185m 00.

Mesures de superficie: L'estajo ou almud = 50 varas carrées ; l'étopeur = 5,000 varas carrées = 35.024 ares ; le caballeria de 1,104 varas de longueur sur 552 varas de large = 42.688 ares ; le dabor est un carré de 1,000 varas de coté = 70 hectares 0487. On compte aussi par sitio = 1 lieue carrée = 1751 hectares 22.

Mesures de capacité: Le carga = 12 fanegas = 666 litres ; la fanega = 4 cuartillas = 55 litr. 501 ; la cuartilla = 3 almuures ou almudes = 13 litres 875 ; l'almude = 4 litres 625.

La farine se vend par baril de 196 ℘ brutes.

Le cacao se vend par fanega de 110 ℘ = 50 kil. 610.

Le vin et l'eau-de-vie se vendent par baril de 19 à 20 gallons anciens et par frasco de 5 pintes anglaises ou 2 bouteilles ½.

Poids. — Les poids sont les mêmes qu'à la Havane ou en Espagne.

Le tercio = 150 livres = 69 kil. 014. Il sert particulièrement pour l'indigo et le tabac.

La carga = 300 livres = 138 kil. 0.28 ; mais comptée comme poids de fret la carga correspond à 350 et 425 ℘.

Le mouton (poids employé dans les mines près Mexico) = 3,200 ℘ ; à Zacatecas, Fresnillo on le compte pour 2,000 ℘.

La vanille se vend en compte de 1,000 gousses.

Pour l'or et l'argent on se sert du marc. Un marc d'or = 50 castellanos de 8 tomines, de 12 grains. Le marc d'argent ou 8 onces de 8 octaves, de 6 tomines de 12 grains.

Commerce de la France avec le Mexique

	IMPORTATIONS	EXPORTATIONS TOTAL	EXPORTATIONS dont Marchandises Françaises
1860 Valeurs actuelles...........	F. 4,363,351	F. 17,403,753	F. 12,242,741
1861 dito..........................	» 4,353,428	» 17,655,503	» 13,458,585
1862 dito..........................	» 3,935,806	» 20,475,592	» 16,098,288
1863 dito..........................	» 4,919,879	» 22,217,107	» 16,413,687
1864 dito..........................	» 6,110,891	» 70,687,427	» 57,329,036
1865 dito..........................	» 5,703,735	» 70,710,966	» 57,728,375
1866 dito..........................	» 3,800,044	» 53,177,983	» 38,520,354
1867 dito..........................	» 3,257,758	» 19,827,193	» 11,255,769
1868 dito..........................	» 5,666,689	» 25,281,224	» 15,524,454

Importations en France du Mexique

		1861	1862	1863	1864	1865	1866	1867	1868
Bois de teinture............	1000 kil.	9,190	12,032	8,499	9,268	19,848	10,745	7,779	11,804
Cochenille....................	kilo	79,590	14,760	6,150	96,592	11,875	18,395	22,360	77,148
Nacre de perle..............	»	250,000	—	280,000	404,149	150,000	—	—	—
Vanille.........................	»	221	4,517	5,212	6,298	6,870	5,848	6,523	3,826
Peaux brutes.................	»	859,929	159,246	463,726	275,614	545,517	147,490	56,193	161,376
Salsepareille et Jalap......	»	43,350	44,434 14,477	114,024	62,187	98,105	181,048	80,128 20,567	222,781 52,657
Bois d'ébénisterie..........	1000 kil.	718	—	—	—	—	—	—	—
Cuivre pur....................	kilo	—	—	92,820	71,007	—	—	—	—
Ecailles de tortue..........	»	—	—	—	—	—	—	—	—
Végétaux et filaments bruts....	»	95,441	159,097	259,385	333,461	340,866	—	371,110	270,082
Indigo..........................	»	16,160	5,485	3,872	—	—	4,450	—	31,935
Perles fines..................	grammes	—	—	—	—	—	—	—	—
Tabac en feuille............	kilo	29,523	82,113	—	—	185,909	—	—	—
Coton en laine..............	»	—	53,580	153,278	233,544	261,925	38,649	—	—
Céréales.......................	quint. métr.	—	—	3,869	7,337	—	—	1,659	—
Cacao..........................	kilo	—	—	—	—	—	49,406	—	—
Autres articles..............	francs	267,079	212,069	194,018	298,628	205,831	237,088	406,577	255,185
Valeur actuelle.............	francs	4,353,428	3,935,806	4,919,879	6,110,891	5,703,735	3,800,044	3,257,758	5,666,689

VERA-CRUZ

Le port le plus important de la côte orientale du Mexique, situé à 320 kilom. de la capitale, par 19° 12' latitude Nord et 98° 29' longitude Ouest, entre Tabasco et Tampico. Climat très varié, brûlant dans les plaines, glacé sur les montagnes. Sol très fertile. On y manque d'eau potable et la fièvre jaune y est très fréquente. Population environ 16000 âmes.

Port. — Deux redoutes et la forteresse de St-Jean-d'Ulloa, bâtie sur un îlot voisin, défendent le port qui n'est qu'une rade foraine peu spacieuse et peu sûre. Des récifs en rendent l'accès difficile et le mouillage y est si mauvais que, même fortement amarrés, les navires ne résistent pas toujours à la furie des vents du Nord. Un phare à feu tournant d'une grande puissance s'élève à 80 pieds au-dessus du niveau de la mer. Vera-Cruz ne doit d'avoir conservé ses avantages comme place de commerce qu'à sa situation sur la ligne qui conduit le plus directement de la mer à la capitale. C'est le port de Mexico, et toutes les maisons importantes de cette ville y ont des comptoirs. Le chemin de fer jusqu'à la capitale n'est terminé que par tronçons. Les navires d'Europe partent ordinairement pour les ports voisins, parce que Vera-Cruz n'offre que des produits de peu de volume. Ce port est fréquenté annuellement par 450 à 500 navires d'une contenance totale d'environ 70 à 80000 tonneaux.

Les poids et mesures sont ceux d'Espagne.

Les remises s'opèrent en numéraire. Les remboursements sur l'Angleterre et la France se font à 60 jours de vue.

Frais de port à la Vera-Cruz d'un navire français de 415 tonneaux jauge française:

Pilotage à l'entrée sur 14 pieds ½ mexicains			$	25.87
» à la sortie 11 » »			»	10.25
Embarcation pour le pilote			»	8.—
Expédition du capitaine de port			»	3.50
Patente de santé			»	4.—
Papier timbré pour permis de Douane			»	8.25
Droits de tonnage sur 474 T. 28, jauge mexicaine à $ 1			»	474.28
Droits d'eau sur 474 ²⁸/₁₀₀ T, à $ —.12½	$	59.31		
Contribution fédérale 25 %	»	14.83	»	74.14
Droits de pilotage et de phare			»	50.—
Expédition du Consul français			»	19.20
Honoraires aux Experts			»	16.—
			$	701.99
Courtage maritime sur le fret suivant Manifeste 1 %			»	—.—
Commission sur Manifeste 5 %			»	—.—
» sur Remboursement 2 %			»	—.—
TOTAL			$	—.—

TAMPICO

Ville et port sur le Golfe du Mexique à 8 kilom. de la mer et à 460 kilom. de la Vera-Cruz, par 22° 15' de latitude Nord et 10° 12' de longitude Ouest. Population 8000 âmes.

Port. — On a beaucoup exagéré le danger que présentait l'entrée de ce port; son plus grand inconvénient est de n'offrir aux navires qu'un canal très étroit, à l'entrée duquel se trouve une barre, où il reste en général peu d'eau et où le brassiage éprouve de grandes variations; mais dès que cette barre est franchie, on entre dans une rade très bien abritée. La profondeur de la barre varie de 8 à 15 pieds, elle s'est élevée aussi jusqu'à 19 pieds. Les bâtiments, ne pouvant franchir la barre, opèrent leur déchargement avec sûreté et promptidude au moyen de grandes embarcations. Lorsque le temps le permet des pilotes viennent à bord au premier signal et rendent compte de l'état de la barre. Les maisons de Tampico ne sont généralement que des succursales de celles établies à San-Louis-Potosi, Aguas-Calientes et Zacatecas.

L'exportation se compose de cochenille, vanille, cuirs, bois de teinture, cacao, jalap, istle, salsepareille, laine, etc.

En 1866, 190 navires jaugeant 9200 tonneaux sont entrés dans le port.

Frais de port à Tampico d'un navire français de 204 tonneaux de jauge française :

Pilotage à l'arrivée	$	25.50
Pilotage à la sortie	»	25.50
Papier timbré pour permis de Douane	»	8.—
De l'eau, 13 bordelaises	»	3.50
Patente de santé	»	12.50
Droits de tonnage sur 236 ⁸³/₁₀₀ tonneaux jauge Mexicaine à $ 1	»	236.83
Expédition du Consul français	»	8.94
Honoraires au capitaine de port	»	3.50
Commission de consignation	»	40.—
TOTAL	$	364.27

MATAMORAS

Ville et port de l'ancienne province de Tamaulipas, sur le Rio-Bravo del Norte, qui sert de limite entre les États-Unis et le Mexique, à 60 kilom. environ de son embouchure. Elle fut enlevée aux Mexicains par les Texeins en 1839 et occupée par les Américains en 1846.

CAMPÊCHE

Dans la baie de ce nom, port principal de l'état de Yucatan, située au bord de la mer, à environ 170 kilom. de Mérida, capitale de cet état; à une égale distance de Carmen, et à près de 700 kilom. par mer de Véra-Cruz.

Le port ou plutôt la rade manque d'eau. Un navire calant 10 pieds ne peut s'approcher de plus de 1 mille de la côte, celui qui en cale plus de 15 doit rester de 6 à 7 milles de distance; mais l'ancrage dans la baie est parfaitement sûr en tout temps. Les exportations de bois de teinture qui seules entrent en question ne s'élèvent que de 50 à 60,000 quintaux par an.

CARMEN

Petite ville d'environ 2,000 habitants, située à 17 myriamètres Sud de Campêche, à l'entrée de la lagune de Terminos, dans une île qui porte elle même le nom de Carmen et qui dépend du Yacatan. Le port est profond et sûr, mais la barre n'a que 11 pieds d'eau ce qui empêche les navires calant davantage d'y parfaire leur chargement qu'ils vont compléter en rade.

Cette ville qui n'existait pas encore en 1824 doit son origine au déplacement qui s'opéra vers cette époque dans le commerce du port de Campêche, dont les opérations en bois de teinture commencèrent à s'effectuer à Carmen. L'exportation de ce produit atteint annuellement 600 à 700,000 quintaux.

Le séjour de Carmen est presque aussi malsain que celui de Vera-Cruz.

TABASCO

Port à l'embouchure de fleuve Tabasco ou Grigaba à 700 kilom. Sud-Est de Vera-Cruz, chef-lieu de l'état de Tabasco, et une des plus anciennes villes du Mexique.

Sol peu fertile ; forêts, marais, climat insalubre.

ACAPULCO

Port sur la mer Pacifique dans la province Guerrero, à 290 kilom. Sud-Ouest de Mexico: population 4,000 habitants. Le port est un des plus beaux et des plus vastes du monde, climat insalubre pendant les chaleurs de l'été.

L'exportation consiste en cochenille, indigo, cacao, laine et peaux. Ce port est visité régulièrement trois fois par mois par les bâtiments à vapeur du service entre San Francisco et Panama; il s'y trouve établi un dépôt de charbon.

Acapulco est peu éloigné de l'isthme de Tehuantepec dans lequel une voie de communication entre l'Océan Atlantique et l'Océan Pacifique en utilisant le cours du Guazacualco, est projeté.

MANZANILLO

Port sur la Mer Pacifique, dans la province Colima.

L'exportation consiste en indigo, cochenille, café, cuirs, cornes, nacre, bois de cèdre, bois de Sinaloa.

Ce port d'un accès facile et sûr est également visité trois fois par mois par la ligne des navires à vapeur faisant le service entre San Francisco et Panama.

MAZATLAN

Port sur la Mer Pacifique dans la province de Cinaloa, à l'entrée du golfe de Californie et qui n'est accessible qu'aux navires d'un faible tirant d'eau. Mouillage assez mauvais. Population 7,000 âmes.

Le bois de teinture, dit bois de Lima, qu'on amène dans ce port provient de divers points. La distance moyenne des centres d'exploitation est d'une centaine de kilom. Les mois de Juin à Octobre inclusivement sont ceux ou le commerce de Mazatlan a le plus d'activité. La rivière de Mazatlan qui prend sa source dans la Sierra-Madre, traverse l'état sur une longueur de plus de 300 kilom. et vient se jeter dans le Pacifique à environ 20 kilom. du port; elle n'est navigable que pour de faibles bateaux.

Les principaux articles d'exportation sont :

Les bois de teinture, dont partie expédiée du port voisin d'Altata, les perles fines, les minerais, l'or et l'argent.

GUYAMAS	dans l'état	de la Sonora	Trois ports sans grande importance jusqu'à ce jour.
SAN BLAS	»	de Jalisco	
LA PAZ	»	de Californie	

(Extrait du Dictionnaire de MM. GUILLAUMIN et Cie, ainsi que de nos renseignements particuliers).

COMPTE D'ACHAT ET DE REVIENT

A 480 SACS CAFÉ CORDOVA

480 Sacs Café Cordova brut ₰ 104670
Tare .... » 3840
Net .... ₰ 100830 à $ 10 les 100 ₰ .... $ 10083.—

FRAIS A VERA-CRUZ

Recevoir, marquer et conditionner	$	96.—		
Transport et embarquement	»	216.—		
Courtage ½ %	»	50.42	»	362.42
			$	10445.42
Commission d'achat 2 ½ %			»	261.14
			$	10706.56
Remboursement sur Paris à 90 jours de vue au change de F. 5 pour 1 $			F.	53532.80

FRAIS AU HAVRE

Fret par steamer jusqu'au Havre à 48148 kil. à F. 125 et 5 % les 1000 k.	F.	6319.43		
Permis, frais au débarquement, échantillonner, conditionner, port en magasin; arrimage, magasinage d'un mois, livraison et menus frais.	»	384.—		
Assurance maritime par steamer à 1 % sur F. 58886.08	»	588.86		
Assurance contre le feu à 1 ‰ sur F. 58886.08	»	58.89		
Commission d'acceptation à Paris à ¼ % sur F. 53532.80	»	133.83		
Escompte à la vente .... 1 ¾ %				
Courtage de vente .... ¼ %				
Commission de vente .... 2 %				
Ensemble .... 4 % sur F. 63560.21	»	2542.40	»	10027.41
			F.	63560.21

RENDEMENT : 100 ₰ brutes = 46 kil.

Brut .... kil. 48148
Tare nette .... » 1802
Net .... kil. 46346 à F. 137.14 les 100 kil. Entrepôt .... F. 63558.90

PRIX DE REVIENT AU HAVRE DES 100 KIL. ENTREPOT

AUX CHANGES SUIVANTS SUR PARIS

Avec la parité des changes sur Londres, calculés sur la base de F. 25.25 = 1 £

PRIX à la VERA-CRUZ par 100 ₰	LONDRES D.45.[illegible] — PARIS F. 4.80	LONDRES D.46.[illegible] — PARIS F. 4.90	LONDRES D.47.[illegible] — PARIS F. 5.—	LONDRES D.48.[illegible] — PARIS F. 5.10	LONDRES D.49.[illegible] — PARIS F. 5.20	LONDRES D.50.[illegible] — PARIS F. 5.30	LONDRES D.51.[illegible] — PARIS F. 5.40	0,95 d. ou 10 c. de différence sur le change fait en [illegible] par 100 ₰
$ 0.¼	F. 2.84	F. 2.90	F. 2.96	F. 3.02	F. 3.08	F. 3.14	F. 3.20	F. 0.06
0.½	5.68	5.80	5.92	6.04	6.16	6.28	6.40	0.12
0.¾	8.52	8.70	8.88	9.06	9.24	9.42	9.60	0.18
1.—	11.37	11.61	11.85	12.08	12.32	12.56	12.79	0.24
8.—	109.52	111.48	113.45	115.41	117.38	119.34	121.31	1.97
9.—	120.89	123.09	125.29	127.49	129.70	131.90	134.10	2.20
10.—	132.26	134.70	137.14	139.58	142.02	144.46	146.90	2.44
11.—	143.63	146.31	148.98	151.66	154.34	157.02	159.69	2.68
12.—	155.00	157.91	160.83	163.74	166.66	169.57	172.40	2.92
13.—	166.37	169.52	172.67	175.82	178.98	182.13	185.28	3.15
14.—	177.74	181.13	184.52	187.91	191.30	194.69	198.08	3.39
15.—	189.11	192.74	196.36	199.99	203.62	207.25	210.87	3.63
16.—	200.48	204.34	208.21	212.07	215.94	219.80	223.67	3.87
Logarithmes des changes	113693	116061	118430	120798	123167	125535	127904	002368
Frais invariables par 100 kil.	18.57	18.64	18.71	18.78	18.85	18.92	18.99	0.07

OBSERVATIONS

F. 10 et 5 % par 1000 kil. sur le fret font au Havre une différence de F. 1.14 par 100 kil. sur les prix

Logarithme sans change 2.3686

On veut savoir le revient au Havre de Café ayant coûté à Vera-Cruz $ 11 ¼ les 100 ₰ au change de F. 5.40 et au fret de F. 125 et 5 % les 1000 kil.

On trouvera dans la 1re et la 8e colonne de ce tableau que :
$ 11.— font les 100 kil. entrepôt .... F. 159.69
» —.¼ id. id. .... » 3.20
$ 11.¼ feront les 100 kil. entrepôt .... F. 162.89

Ainsi le logarithme 2.3686 × le change 5.40 = le logarithme correspondant à ce change 127904 ;
11 ¼ × 127904 = ... F. 143.90
à ajouter les frais invariables .... » 18.99
Revient égal .... F. 162.89

Droits d'entrée par 100 kil. depuis Juin 1869

Sous tous pavillons .... F. 50.40

COMPTE D'ACHAT ET DE REVIENT

A 60 BALLES JALAP

60 Balles Jalap brut .... @ 13140
Tare .... » 580
Net .... @ 12560 à $ 65 les 100 @ .... $ 8164.—

FRAIS A VERA-CRUZ

Frais d'expédition et mise à bord	$	150.—		
Courtage d'achat ⅓ %	»	40.82	»	190.82
			$	8354.82
Commission d'achat 2 ½ %			»	208.87
			$	8563.69
Remboursement sur Paris à 60 jours de vue au change de F. 5 pour 1 $			F.	42818.45

FRAIS AU HAVRE

Fret 5584 kil. brut à F. 225 et 5 % les 1000 kil.	F.	1319.22		
Permis, frais au débarquement, échantillonner, conditionner, port en magasin, arrimage, magasinage d'un mois, livraison et menus frais.	»	96.—		
Assurance maritime à 1 % sur F. 47100.30	»	471.—		
Assurance contre le feu à 1 ‰ sur F. 47100.30	»	47.10		
Commission de banque à ¼ % sur F. 42818.45	»	107.05		
Escompte à la vente .... 2½ %				
Courtage de vente .... ¼ %				
Commission et ducroire .... 2 %				
Ensemble .... 4¾ % sur F. 46972.58	»	2113.76	»	4154.13
			F.	46972.58

RENDEMENT : 100 @ = 42 kil. ½

Brut .... kil. 5584½
Tare nette .... » 252½
Net .... kil. 5332.— à F. 880.96 les 100 kil. Entrepôt .... F. 46972.79

PRIX DE REVIENT AU HAVRE DES 100 KIL. ENTREPOT

AUX CHANGES SUIVANTS SUR PARIS

Avec la parité des changes sur Londres, calculée sur la base de F. 25.25 = 1 £ sterling

	PRIX à la VERA-CRUZ par 100 @	LONDRES D.45.62 — PARIS F. 4.80	LONDRES D.46.57 — PARIS F. 4.90	LONDRES D.47.52 — PARIS F. 5.—	LONDRES D.48.47 — PARIS F. 5.10	LONDRES D.49.43 — PARIS F. 2.50	LONDRES D.50.37 — PARIS F. 5.30	LONDRES D.51.33 — PARIS F. 5.40	0.95 d. 10 c. de différence par $ le change au Havre 100 kil.
SUBDIVISIONS — Coût et frais variables	$ 0.¼	F. 3.09	F. 3.16	F. 3.22	F. 3.29	F. 3.35	F. 3.42	F. 3.48	F. 0.07
	0.½	6.18	6.32	6.44	6.58	6.70	6.84	6.96	0.13
	0.¾	9.27	9.48	9.66	9.87	10.05	10.26	10.44	0.19
	1.—	12.37	12.63	12.89	13.15	13.41	13.67	13.92	0.26
	2.—	24.74	25.26	25.78	26.30	26.82	27.33	27.84	0.52
	3.—	37.11	37.89	38.67	39.45	40.23	40.99	41.77	0.77
	4.—	49.48	50.52	51.56	52.60	53.64	54.66	55.69	1.03
	5.—	61.87	63.16	64.45	65.74	67.03	68.32	69.61	1.29
Coût et frais variables et invariables	45.—	599.36	611.26	623.16	635.06	646.96	658.86	670.76	11.90
	50.—	661.23	674.42	687.61	700.80	713.99	727.18	740.37	13.19
	55.—	723.10	737.58	752.06	766.54	781.02	795.50	809.98	14.48
	60.—	784.97	800.74	816.51	832.28	848.05	863.82	879.59	15.77
	65.—	846.84	863.90	880.96	898.02	915.08	932.14	949.20	17.06
	70.—	908.71	927.06	945.41	963.76	982.11	1000.46	1018.81	18.35
	75.—	970.58	990.22	1009.86	1029.50	1049.14	1068.78	1088.42	19.64
Logarithmes des changes		12374	12632	12890	13148	13406	13664	13922	258
Frais invariables par 100 kil.		42.50	42.80	43.11	43.41	43.72	44.02	44.33	0.30

OBSERVATIONS

F. 10 et 5 % par 1000 kil. sur le fret font au Havre une différence de F. 1.15 par 100 kil. sur les prix

Logarithme sans Change 2.578

On veut savoir le revient au Havre de Jalap ayant coûté à Vera-Cruz $ 56 les 100 @ au change de F. 5.10 et au fret de F. 225 et 5 % les 1000 kil.

On trouvera dans la 1re et la 5e colonne de ce tableau que :

$ 55.— font les 100 kil. entrepôt	F.	766.54
» 1.— id. id.	»	13.15
$ 56.— feront les 100 kil. entrepôt	F.	779.69

Ainsi le logarithme 2.578 × le change 5.10 = le logarithme correspondant à ce change 13148 ;

56 × 13148 =	F.	736.28
à ajouter les frais invariables	»	43.41
Revient égal	F.	779.69

Exempt de Droits d'entrée

DEPUIS JUIN 1869

COMPTE D'ACHAT ET DE REVIENT

A 30 SURONS COCHENILLE ZACATILLE

30 Surons Cochenille Zacatille net 6070 ℔ à $ 85 les 100 ℔			$	5159.50
FRAIS A VERA-CRUZ				
Frais de réception et emballage	$	45.—		
Transport au quai d'embarquement	»	15.—		
Courtage ½ %	»	25.80	»	85.80
			$	5245.30
Commission d'achat 2 ½ %			»	131.13
			$	5376.43
Remboursement sur Paris à 60 jours de vue au change de F. 5 pour 1 $			F.	26882.15
FRAIS AU HAVRE				
Fret par steamer à 3021 kil. à F. 200 et 5 % par 1000 kil.	F.	634.41		
Permis, frais au débarquement, échantillonner, conditionner, port en magasin, arrimage, magasinage d'un mois, livraison et menus frais.	»	90.—		
Assurance maritime à 1 % sur F. 29570.36	»	295.70		
Assurance contre le feu à 1 ‰ sur F. 29570.36	»	29.57		
Commission de banque à ¼ % sur F. 26882.15	»	67.21		
Escompte à la vente 2 ½ %				
Courtage de vente ¼ %				
Commission de vente 2 %				
Ensemble 4 ¾ % sur F. 29318.36	»	1319.32	»	2436.21
			F.	29318.36

RENDEMENT : 100 ℔ nettes = brut kil. 49 ⁷⁷/₁₀₀
100 ℔ nettes = net kil. 44 ⁹¹/₁₀₀

Brut			kil.	3021.25
Tare nette	kil.	292.25		
Don à 1 kil.	»	30.—		
Réfaction	»	5.—	»	327.25
Net			kil.	2694.—

Net kil. 2694.— à F. 10.88 le kil. Entrepôt ... F. 29310.72

PRIX DE REVIENT AU HAVRE DU KIL. ENTREPOT

AUX CHANGES SUIVANTS SUR PARIS POUR $ 1

Avec la parité des changes sur Londres, calculée sur la base de 1 £ = F. 25.25

PRIX à VERA-CRUZ par 100 ℔	LONDRES D.45.^{62} — PARIS F. 4.80	LONDRES D.46.^{57} — PARIS F. 4.90	LONDRES D.47.^{52} — PARIS F. 5.—	LONDRES D.48.^{47} — PARIS F. 5.10	LONDRES D.49.^{43} — PARIS F. 5.20	LONDRES D.50.^{38} — PARIS F. 5.30	LONDRES D.51.^{33} — PARIS F. 5.40	0.95 d. ou 10 c. de différence par $ sur le change font au Havre par kil.
SUBDIVISIONS — Coût et frais variables: $ 1.—	F. 0.12	F. 0.12	F. 0.12	F. 0.12	F. 0.13	F. 0.13	F. 0.13	F. 0.01
2.—	0.24	0.24	0.24	0.25	0.26	0.26	0.26	0.01
3.—	0.36	0.36	0.37	0.37	0.39	0.39	0.39	0.01
4.—	0.48	0.49	0.49	0.50	0.51	0.52	0.53	0.01
5.—	0.59	0.61	0.62	0.63	0.64	0.65	0.66	0.01
Coût et frais variables et invariables: 60.—	7.49	7.63	7.79	7.94	8.10	8.24	8.40	0.16
65.—	8.08	8.24	8.41	8.57	8.74	8.90	9.07	0.17
70.—	8.67	8.85	9.03	9.20	9.38	9.56	9.74	0.18
75.—	9.26	9.46	9.65	9.83	10.02	10.22	10.41	0.19
80.—	9.85	10.07	10.27	10.46	10.66	10.88	11.08	0.20
85.—	10.45	10.66	10.88	11.09	11.31	11.52	11.74	0.21
90.—	11.04	11.27	11.50	11.72	11.95	12.18	12.41	0.22
95.—	11.63	11.88	12.12	12.35	12.59	12.84	13.08	0.24
100.—	12.22	12.49	12.74	12.98	13.23	13.50	13.75	0.25
105.—	12.82	13.08	13.35	13.61	13.88	14.14	14.41	0.27
Logarithmes des changes	011832	012078	012325	012571	012818	013064	013311	246
Frais invariables par kil.	0.39	0.40	0.40	0.41	0.41	0.42	0.42	0.01

OBSERVATIONS

F. 25 et 5 % par 1000 kil. sur le fret font au Havre une différence de F. 0.03 par kil. sur les prix.

Logarithme sous change 0.02465

On veut savoir le revient au Havre de la Cochenille Zacatille ayant coûté à Vera-Cruz $ 72 les 100 ℔ au change de F. 5.10 et au fret de F. 200 et 5 % les 1000 kil.

On trouvera dans la 1re et la 5e colonne de ce tableau que :

$ 70.— font le kil. entrepôt	F.	9.20
» 2.— id. id.	»	0.25
$ 72.— feront le kil. entrepôt	F.	9.45

Ainsi le logarithme 0.02465 × le change 5.10 = le logarithme correspondant à ce change 0.12571 ;

72 × 12571 =	F.	9.05
à ajouter les frais invariables	»	0.40
Revient égal	F.	9.45

Exempt de Droits d'entrée

DEPUIS JUIN 1869

COMPTE D'ACHAT ET DE REVIENT

4 CAISSES CONTENANT 14 BOITES VANILLE

4 Caisses contenant 14 boîtes :

N°								
1	3 boît. br. ℔ 105	tare ℔ 10½	n. ℔ 94½	gousses 8950				
2	4 » » 124	» » 14	» » 110	» 12600				
3	3 » » 105	» » 10½	» » 94½	» 8950				
4	4 » » 124	» » 14	» » 110	» 12600				
	14 boît. br. ℔ 458	tare ℔ 49	n. ℔ 400	gous. 43100	à $ 50 les 1000 gousses.	$		2155.—

FRAIS A VERA-CRUZ

4 Caisses Acajou, 14 boîtes fer-blanc	$	20.—		
Emballer, poser et expédier	»	5.50		
Courtage ½ %	»	10.77	»	36.27
			$	2191.27
Commission 2 ½ %			»	54.78
			$	2246.05
Remboursement sur Paris à 60 jours de vue au change de F. 5 pour 1 $			F.	11230.25

FRAIS AU HAVRE

Fret par steamer 1 ¼ % et 5 % ad valorem soit sur F. 11230.25	F.	132.66		
Permis, frais au débarquement, échantillonner, conditionner, port en magasin, arrimage, magasinage d'un mois, livraison et menus frais	»	20.—		
Assurance maritime à 1 % sur F. 12353.27	»	123.53		
Assurance contre le feu à 1 ‰ sur F. 12353.27	»	12.35		
Commission de banque à ¼ % sur F. 11230.25	»	28.08		
Escompte à la vente 2¼ % Courtage de vente ¼ % Commission de vente 2 % Ensemble 4½ % sur F. 12090.96	»	544.09	»	860.71
			F.	12090.96

RENDEMENT : 100 ℔ nettes = 45 kil. $^{50}/_{00}$ nets :

Net kil. 185 à F. 65.36 le kil. Entrepôt .... F. 12091.60

PRIX DE REVIENT AU HAVRE DU KIL. ENTREPOT

AUX CHANGES SUIVANTS SUR PARIS POUR $ 1

Avec la parité des changes sur Londres, calculée sur la base de £ 1 = F. 25.25.

PRIX à la VERA-CRUZ par 1000 Gousses	LONDRES D.45.62 — PARIS F. 4.80	LONDRES D.46.57 — PARIS F. 4.90	LONDRES D.47.52 — PARIS F. 5.—	LONDRES D.48.47 — PARIS F. 5.10	LONDRES D.49.43 — PARIS F. 5.20	LONDRES D.50.38 — PARIS F. 5.30	LONDRES D.51.33 — PARIS F. 5.40	0.95 d. ou 10 c. de différence par $ sur le change font au Havre par kil.
Coût et frais variables — $ 1.—	F. 1.24	F. 1.26	F. 1.29	F. 1.32	F. 1.34	F. 1.37	F. 1.39	F. 0.03
2.—	2.48	2.52	2.58	2.63	2.68	2.74	2.78	0.05
3.—	3.72	3.78	3.87	3.95	4.02	4.11	4.17	0.08
4.—	4.96	5.04	5.16	5.26	5.36	5.48	5.56	0.11
5.—	6.19	6.32	6.45	6.58	6.71	6.84	6.97	0.13
Coût et frais variables et invariables — 20.—	25.61	26.14	26.66	27.19	27.71	28.24	28.76	0.53
25.—	31.80	32.45	33.11	33.77	34.42	35.08	35.73	0.65
30.—	37.99	38.78	39.56	40.35	41.13	41.92	42.70	0.79
35.—	44.18	45.10	46.01	46.93	47.84	48.76	49.67	0.91
40.—	50.37	51.41	52.46	53.50	54.55	55.60	56.64	1.05
45.—	56.56	57.74	58.91	60.09	61.26	62.44	63.61	1.12
50.—	62.75	64.06	65.36	66.67	67.97	69.28	70.58	1.31
55.—	68.94	70.38	71.81	73.25	74.68	76.12	77.55	1.43
60.—	75.13	76.69	78.26	79.82	81.39	82.95	84.52	1.57
65.—	81.32	83.02	84.71	86.41	88.10	89.80	91.49	1.69
70.—	87.51	89.34	91.16	92.99	94.81	96.64	98.46	1.83
75.—	93.70	95.66	97.61	99.57	101.52	103.48	105.48	1.95
80.—	99.89	101.98	104.06	106.15	108.23	110.32	112.40	2.09
Logarithmes des changes	123811	126390	128970	131549	134129	136708	139288	002579
Frais invariables par kil.	0.84	0.85	0.87	0.89	0.90	0.91	0.93	0.02

OBSERVATIONS

1/8 % et 5 % ad valorem sur le fret font au Havre une différence de 8 à 9 c. par kil. sur les prix.

Logarithme sans change 0.25794

On veut savoir le revient au Havre de la Vanille ayant coûté à Vera-Cruz $ 62 les 1000 Gousses au change de F. 5.10 et au fret de 1 1/8 % et 5%.

On trouvera dans la 1re et 5e colonne de ce tableau que :

$ 60.— font le kil. Entrepôt	F.	79.82
» 2.— » »	»	2.63
$ 62.— feront le kil. Entrepôt	F.	82.45

Ainsi le logarithme 0.25794 × le change 5.10 = le logarithme correspondant à ce change 131549 ;

62 × 131549 =	F.	81.56
à ajouter les frais invariables	»	0.89
Revient égal	F.	82.45

Droits d'entrée par 100 kil. depuis Juin 1869

Sous tous pavillons .... F. 200

COMPTE D'ACHAT ET DE REVIENT

A 100 BALLES SALSEPAREILLE

100 Balles Salsepareille pesant net 22450 ℔ à $ 12 les 100 ℔ .... $ 2694.—

FRAIS A VERA-CRUZ

Recevoir, emballer, transport et mise à bord à $ 1........	$	100.—		
Courtage ½ %........	»	13.47	»	113.47
			$	2807.47
Commission d'achat 2 ½ %			»	70.19
			$	2877.66
Remboursement sur Paris à 60 jours de vue au change de F. 5 pour 1 $........			F.	14388.30

FRAIS AU HAVRE

Fret à 10327 kil. à F. 275 et 5 % les 1000 kil........	F.	2081.92		
Permis, frais au débarquement, échantillonner, conditionner, port en magasin, arrimage, magasinage d'un mois, livraison et menus frais.	»	160.—		
Assurance maritime à 1 % sur F. 15827.13........	»	158.27		
Assurance contre le feu à 1 ‰ sur F. 15827.13........	»	15.83		
Commission de banque à ¼ % sur F. 14388.30........	»	35.97		
Escompte à la vente........ 2 ¼ %				
Courtage de vente........ ⅛ %				
Commission de vente........ 2 %				
Ensemble........ 4⅜ % sur F. 18576.22........	»	835.93	»	4187.92
			F.	18576.22

RENDEMENT : 100 ℔ nettes = brut 46 kil.

Brut........		kil.	10327
Tare 2 ½ %	kil. 250		
Don 2 %........	» 200	»	450
Net........		kil.	9877 à F. 188.07 les 100 kil. Entrepôt........ F. 18575.67

PRIX DE REVIENT AU HAVRE DES 100 KIL. ENTREPOT

AUX CHANGES SUIVANTS SUR PARIS POUR $ 1

Avec la parité des changes sur Londres, calculée sur la base de 1 £ = F. 25.25

PRIX à VERA-CRUZ par 100 ℔	LONDRES D.45.[illegible] — PARIS F. 4.80	LONDRES D.46.57 — PARIS F. 4.90	LONDRES D.47.[illegible] — PARIS F. 5.—	LONDRES D.48.47 — PARIS F. 5.10	LONDRES D.49.43 — PARIS F. 5.20	LONDRES D.50.[illegible] — PARIS F. 5.30	LONDRES D.51.[illegible] — PARIS F. 5.40	0,95 d. ou 10 c. de différence par $ sur le change font au Havre par 100 kil.
[illegible] — Coût et frais variables: $ 0.¼	F. 2.99	F. 3.05	F. 3.11	F. 3.17	F. 3.23	F. 3.30	F. 3.36	F. 0.06
0 ½	5.97	6.10	6.22	6.34	6.47	6.60	6.72	0.12
0.¾	8.96	9.15	9.33	9.51	9.70	9.90	10.08	0.18
1.—	11.94	12.19	12.44	12.69	12.94	13.19	13.44	0.25
Coût et frais variables et invariables: 8.—	134.12	136.23	138.34	140.45	142.56	144.67	146.78	2.11
9.—	146.06	148.42	150.87	153.14	155.50	157.86	160.22	2.36
10.—	158.00	160.61	163.22	165.83	168.44	171.05	173.66	2.61
11.—	170.94	172.80	175.66	178.52	181.38	184.24	187.10	2.86
12.—	181.88	184.99	188.10	191.21	194.32	197.43	200.54	3.11
13.—	193.82	197.18	200.54	203.90	207.26	210.62	213.98	3.36
14.—	205.76	209.37	212.98	216.59	220.20	223.81	227.42	3.61
15.—	217.70	221.56	225.42	229.28	233.14	237.00	240.86	3.86
16.—	229.64	233.75	237.86	241.97	246.08	250.19	254.30	4.41
Logarithmes des changes	1194	1219	1244	1269	1294	1319	1344	0025
Frais invariables par 100 kil.	38.60	38.71	38.82	38.93	39.04	39.15	39.26	0.11

OBSERVATIONS

F. 25 et 5 % sur le fret font au Havre une différence de F. 2.88 par 100 kil. sur les prix

Logarithme sans change 2.48756

On veut savoir le revient au Havre de Salsepareille ayant coûté à Vera-Cruz $ 9 ¼ les 100 ℔ au change de F. 5.10 et au fret de F. 275 et 5 % les 1000 kil.

On trouvera dans la 1re et la 5e colonne de ce tableau que:

$ 9.— font les 100 kil. entrepôt........	F.	153.14
» 0.¼ id. id.	»	3.17
$ 9.¼ feront les 100 kil. entrepôt........	F.	156.31

Ainsi le logarithme 2.48756 × le change 5.10 = le logarithme correspondant à ce change 1269;

9¼ × 1269 =........	F.	117.38
à ajouter les frais invariables........	»	38.93
Revient égal........	F.	156.31

Exempt de Droits d'entrée

DEPUIS JUIN 1869.

COMPTE D'ACHAT ET DE REVIENT

A 100 BALLES SALSEPAREILLE

100 Balles pesant net 22200 ℔ à $ 8 les 100 ℔			$	1776.—

FRAIS A TAMPICO

Marque et menus frais à 1 Réal la balle	$	12.50		
Commission d'achat 2 ½ % sur $ 1776	»	44.40	»	56.90
			$	1832.90
Remboursement sur Paris à 60 jours de vue au change de F. 5 pour 1 $			F.	9164.50

FRAIS AU HAVRE

Fret à 22200 ℔ à 10 c. et 10 % la ℔	F.	2442.—		
Permis, frais à la réception, échantillonner, conditionner, port en magasin, arrimage, magasinage d'un mois, livraison et menus frais.	»	160.—		
Assurance maritime à 3 ½ % sur F. 10080.95	»	352.83		
Assurance contre le feu à 1 ‰ sur F. 10080.95	»	10.08		
Commission de banque à ¼ % sur F. 9164.50	»	22.91		
Escompte à la vente 2 ¼ %				
Courtage de vente ¼ %				
Commission de vente 2 %				
Ensemble 4 ½ % sur F. 12724.94	»	572.62	»	3560.44
			F.	12724.94

Rendement : 100 ℔ = 46 brut kil.

Brut		kil. 10212		
Tare nette à ¾ kil.	kil. 75			
Don à 2 kil.	» 200	» 275		
Net		kil. 9937	à F. 128.05 les 100 kil. Entrepôt F.	12724.32

PRIX DE REVIENT AU HAVRE DES 100 KIL. ENTREPOT

AUX CHANGES SUIVANTS SUR PARIS POUR $ 1

Avec la parité des changes sur Londres, calculée sur la base de £ 1 = F. 25.25.

PRIX à TAMPICO par 100 ℔	LONDRES D.45.[55] — PARIS F. 4.80	LONDRES D.46.[47] — PARIS F. 4.90	LONDRES D.47.[39] — PARIS F. 5.—	LONDRES D.48.[47] — PARIS F. 5.10	LONDRES D.49.[43] — PARIS F. 5.20	LONDRES D.50.[31] — PARIS F. 5.30	LONDRES D.51.[39] — PARIS F. 5.40	0,95 d. ou 10 c. de différence par $ sur le change font au Havre par 100 kil.
Change. — Coût et frais variables: $ 0. ¼	F. 3.00	F. 3.06	F. 3.12	F. 3.19	F. 3.25	F. 3.31	F. 3.37	F. 0.06
0. ½	6.00	6.12	6.24	6.37	6.50	6.62	6.74	0.12
0. ¾	9.00	9.18	9.36	9.56	9.75	9.93	10.11	0.18
1.—	11.99	12.24	12.49	12.74	12.99	13.24	13.49	0.25
Coût et frais variables et invariables: 5.—	88.05	89.32	90.58	91.85	93.11	94.38	95.64	1.27
6.—	100.04	101.56	103.07	104.59	106.10	107.62	109.13	1.51
7.—	112.03	113.80	115.56	117.33	119.09	120.86	122.62	1.76
8.—	124.03	126.05	128.06	130.08	132.09	134.11	136.12	2.02
9.—	136.02	138.29	140.55	142.82	145.08	147.35	149.61	2.26
10.—	148.01	150.53	153.04	155.56	158.07	160.59	163.10	2.51
11.—	160.—	162.77	165.53	168.30	171.06	173.83	176.59	2.76
12.—	171.99	175.01	178.02	181.04	184.06	187.07	190.08	3.01
13.—	184.00	187.27	190.53	193.80	197.06	200.33	203.59	3.27
14.—	195.99	199.51	203.02	206.54	210.06	213.57	217.08	3.51
15.—	207.98	211.75	215.51	219.28	223.05	226.81	230.57	3.76
16.—	219.97	223.99	228.00	232.02	236.04	240.05	244.06	4.01
17.—	231.97	236.23	240.49	244.76	249.03	253.29	257.55	4.26
18.—	243.97	248.49	253.00	257.52	262.03	266.55	271.06	4.52
Logarithmes des changes	119942	122411	124940	127439	129938	132437	134936	002499
Frais invariables par 100 kil.	28.08	28.10	28.11	28.13	28.14	28.16	28.17	0.02

OBSERVATIONS

1 c. et 10 % par ℔ sur le fret font au Havre une différence de F. 2.57 ½ par 100 kil. sur les prix

Logarithme sans change 2,4988

On veut savoir le revient de Salsepareille ayant coûté à Tampico $ 10 ½ les 100 ℔ au change de 5.20 et au fret de 10 c. et 10 % la ℔.

On trouvera dans la 1re et la 6e colonne de ce tableau que :

$ 10.— font les 100 kil. entrepôt	F. 158.07
» —.½ id. id.	» 6.50
$ 10.½ feront les 100 kil. entrepôt	F. 164.57

Ainsi le logarithme 2.4988 × le change 5.20 = le logarithme correspondant à ce change 129938 ;

10 ½ × 129938 =	F. 136.43
à ajouter les frais invariables.	» 28.14
Revient égal	F. 164.57

Exempt de Droits d'entrée

DEPUIS JUIN 1860

COMPTE D'ACHAT ET DE REVIENT

A 20 BALLES JALAP HEMBRA (RACINES DE JALAP)

20 Balles Jalap Hembra (Racines de Jalap) 4000 ℔ à $ 65 les 100 ℔.... $ 2600.—

FRAIS A TAMPICO

Emballage et marquage à $ 2 par balle.... $ 40.—
Port à bord et menus frais à 3 réaux.... » 7.50 » 47.50

$ 2647.50
Commission d'achat 2 ½ %.... » 66.19

$ 2713.69

Remboursement sur Paris à 60 jours de vue au change de F. 5 pour 1 $.... F. 13568.45

FRAIS AU HAVRE

Fret à 2 ⁸⁵/₁₀₀ tonneaux à F. 70 et 10 %.... F. 173.25
Permis, frais au débarquement, échantillonner, conditionner, port en magasin, arrimage, magasinage d'un mois, livraison et menus frais. » 32.—
Assurance maritime à 3 ½ % sur F. 14925.30.... » 522.39
Assurance contre le feu à 1 ‰ sur F. 14925.30.... » 14.93
Commission de Banque ½ % sur F. 13568.45.... » 67.84
Escompte à la vente.... 2¼ %
Courtage de vente.... ¼ %
Commission de vente.... 2 %
Ensemble.... 4½ % sur F. 15056.40.... » 677.54 » 1487.95

F. 15056.40

Rendement : 100 ℔ = brut 45 kil. au Havre

Brut.... kil. 1800
Tare netto.... » 100
Net.... kil. 1700 à F. 885.67 les 100 kil. Entrepôt.... F. 15056.39

PRIX DE REVIENT AU HAVRE DES 100 KIL. ENTREPOT

AUX CHANGES SUIVANTS SUR PARIS POUR $ 1

Avec la parité des changes sur Londres, calculée sur la base de 1 £ = F. 25.25

PRIX à TAMPICO par 100 ℔	LONDRES D.45. — PARIS F. 4.80	LONDRES D.46. — PARIS F. 4.90	LONDRES D.47. — PARIS F. 5.—	LONDRES D.48. — PARIS F. 5.10	LONDRES D.49. — PARIS F. 5.20	LONDRES D.50. — PARIS F. 5.30	LONDRES D.51. — PARIS F. 5.40	0.95 d. ou 10 c. de différence par $ sur le change font au Havre par 100 kil.
Coût et frais variables $ 0.½	F. 6.83	F. 6.46	F. 6.60	F. 6.73	F. 6.86	F. 6.99	F. 7.13	F. 0.13
1.—	12.66	12.93	13.19	13.46	13.72	13.99	14.25	0.27
2.—	25.32	25.85	26.38	26.91	27.44	27.97	28.50	0.53
3.—	37.98	38.78	39.57	40.37	41.16	41.96	42.75	0.80
4.—	50.64	51.70	52.76	53.82	54.88	55.94	57.—	1.06
5.—	63.41	64.63	65.95	67.27	68.59	69.91	71.23	1.32
40.—	534.16	545.04	555.91	566.79	577.69	588.54	599.41	10.88
45.—	597.47	609.67	621.86	634.05	646.28	658.44	670.64	12.20
50.—	660.78	674.30	687.81	701.33	714.84	728.36	741.87	13.52
55.—	724.09	738.92	753.76	768.59	783.43	798.26	813.10	14.84
60.—	787.40	803.55	810.71	835.86	852.02	868.17	884.33	16.16
65.—	850.71	868.19	885.66	903.14	920.61	938.09	955.56	17.48
70.—	914.02	932.81	951.61	970.40	989.20	1007.99	1026.79	18.80
75.—	977.33	997.44	1017.56	1037.67	1057.79	1077.90	1098.02	20.12
80.—	1040.64	1062.08	1083.51	1104.95	1126.36	1147.82	1169.25	21.44
Logarithmes des Changes	12662	12926	13190	13454	13718	13982	14246	00264
Frais invariables par 100 kil.	27.69	28.—	28.31	28.62	28.94	29.25	29.57	0.31

OBSERVATIONS

F. 10 et 10 % par tonn. sur le fret font au Havre une différence de F. 1.52½ par 100 kil. sur les prix.

Logarithme sans change 2,638

On veut savoir le revient de Jalap Hembra ayant coûté à Tampico $ 52¼ les 100 ℔ au change de F. 5.20 et au fret de F. 70 et 10 % le tonneau.

On trouvera dans la 1re et 6e colonne de ce tableau que :
$ 50.— font les 100 kil. entrepôt.... F. 714.84
» 2.— id. id. .... » 27.44
» 0.¼ id. id. .... » 6.86
$ 52.¼ feront les 100 kil. entrepôt.... F. 749.14

Ainsi le logarithme 2.638 × le change 5.20 = le logarithme correspondant à ce change 13718 ;
52¼ × 13718 =.... F. 720.20
à ajouter les frais invariables.... » 28.94
Revient égal.... F. 749.14

Exempt de Droits d'entrée
DEPUIS JUIN 1889

COMPTE D'ACHAT ET DE REVIENT

A 20 BALLES JALAP MACHO (TIGES DE JALAP)

20 Balles Jalap Macho (Tiges de Jalap) pesant 4000 ℔ à $ 10 les 100 ℔			$	400.—

FRAIS A TAMPICO

Emballage et marquage à $ 2 par balle	$	40.—		
Transport à bord et menus frais à 3 réaux	»	7.50	»	47.50
			$	447.50
Commission d'achat 2½ %			»	11.19
			$	458.69
Remboursement à 60 jours de vue sur Paris au change de F. 5 pour 1 $			F.	2293.45

FRAIS AU HAVRE

Fret à 2 tonneaux ⁵⁄₁₀₀ à F. 70 et 10 %	F.	173.25		
Permis, frais au débarquement, échantillonner, conditionner, port en magasin, arrimage, magasinage d'un mois, livraison et menus frais	»	32.—		
Assurance maritime à 3 ½ % sur F. 2522.80	»	88.30		
Assurance contre le feu à 1 ‰ sur F. 2522.80	»	2.52		
Commission de banque à ½ % sur F. 2293.45	»	11.47		
Escompte à la vente ... 2¼ %				
Courtage de vente ... ¼ %				
Commission de vente ... 2 %				
Ensemble ... 4½ % sur F. 2723.54	»	122.55	»	430.09
			F.	2723.54

Rendement : 100 ℔ = 45 kil.

Brut	kil.	1800		
Tare nette kil. 5	»	100		
Net	kil.	1700 sur F. 160.21 les 100 kil. Entrepôt	F.	2723.57

PRIX DE REVIENT AU HAVRE DES 100 KIL. ENTREPOT

AUX CHANGES SUIVANTS SUR PARIS POUR $ 1

Avec la parité des changes sur Londres, calculée sur la base de 1 £ = F. 25,25.

	PRIX à TAMPICO par 100 ℔	LONDRES D.45.[01] — PARIS F. 4.80	LONDRES D.46.[37] — PARIS F. 4.90	LONDRES D.47.[24] — PARIS F. 5.—	LONDRES D.48.[17] — PARIS F. 5.10	LONDRES D.49.[03] — PARIS F. 5.20	LONDRES D.50.[97] — PARIS F. 5.30	LONDRES D.51.[93] — PARIS F. 5.40	0,95 d. ou 10 c. de différence par $ sur le change font au Havre par 100 kil.
Revient. — Coût et frais variables	$ 0.¼	F. 3.17	F. 3.23	F. 3.30	F. 3.37	F. 3.43	F. 3.50	F. 3.56	F. 0.07
	0.½	6.33	6.46	6.60	6.73	6.86	7.—	7.13	0.13
	0.¾	9.50	9.69	9.90	10.09	10.29	10.49	10.69	0.20
	1.—	12.66	12.93	13.19	13.46	13.72	13.99	14.25	0.27
Coût et frais variables et invariables	5.—	91.47	92.87	94.26	95.66	97.05	98.45	99.84	1.40
	6.—	104.13	105.79	107.45	109.11	110.77	112.43	114.09	1.66
	7.—	116.79	118.72	120.64	122.57	124.49	126.42	128.34	1.92
	8.—	129.45	131.64	133.83	136.02	138.21	140.40	142.59	2.19
	9.—	142.11	144.57	147.02	149.48	151.93	154.39	156.84	2.46
	10.—	154.78	157.50	160.21	162.93	165.64	168.36	171.07	2.72
	11.—	167.44	170.42	173.40	176.88	179.36	182.34	185.32	2.98
	12.—	180.10	183.34	186.59	189.84	193.08	196.33	199.57	3.24
	13.—	192.76	196.27	199.78	203.29	206.80	210.31	213.82	3.51
	14.—	205.42	209.20	212.97	216.75	220.52	224.30	228.07	3.77
	15.—	218.09	222.13	226.16	230.20	234.23	238.27	242.30	4.04
Logarithmes des changes		12662	12926	13190	13454	13718	13982	14246	00264
Frais invariables par 100 kil.		28.16	28.23	28.31	28.39	28.46	28.54	28.62	0.08

OBSERVATIONS

F. 10 et 10 % par ton. sur le fret font au Havre une différence de F. 1.52 ½ par 100 kil. sur les prix

Logarithme sans Change 2,638

On veut savoir le revient de Jalap Macho ayant coûté à Tampico $ 12 ¼ les 100 ℔ au change de F. 5.20 et au fret de F. 70 et 10 % le tonneau.

On trouvera dans la 1re et 6e colonne de ce tableau que :

$ 12.— font les 100 kil. entrepôt	F.	193.08
» —.¼ id. id.	»	3.43
$ 12.¼ feront les 100 kil. entrepôt	F.	196.51

Ainsi le logarithme 2.638 × le change 5.20 = le logarithme correspondant à ce change 13718 ;

12 ¼ × 13718 =	F.	168.05
à ajouter les frais invariables	»	28.46
Revient égal	F.	196.51

Exempt de droits d'entrée

DEPUIS JUIN 1869

COMPTE D'ACHAT ET DE REVIENT

A 13974 MORCEAUX BOIS JAUNE (FUSTIC)

13974 Morceaux bois jaune (Fustic) pesant 5872 quint. à réaux 5 le quintal de 100 ℔.			$	3670.—

FRAIS A TAMPICO

Recevoir et peser à 1 réal le quintal	$	734.—		
Embarquer en dehors de la barre à 2 réaux le quintal	»	1468.—		
Courtage d'achat ½ %	»	18 35	»	2220.35
			$	5890.35
Commission 2 ½ %			»	147.25
			$	6037.00
Remboursement sur Paris à 60 jours de vue au change de F. 5 par $			F.	30188.—

FRAIS AU HAVRE

Fret à F. 55 et 10 % les 1000 kil.	F.	16164.15		
Permis, livraison du quai 15 c. par 100 kil.	»	400.75		
Assurance maritime à 3 % sur F. 33206.80	»	996.20		
Assurance contre le feu à 1 ‰ sur F. 33206.80	»	33.21		
Commission de banque à ¼ % sur F. 30188	»	75.47		
Escompte à la vente 2 ¼ %				
Courtage de vente ¼ %				
Commission de vente 2 %				
Ensemble 4 ½ % sur F. 50112.85	»	2255.07	»	19924.85
			F.	50112.85

Rendement : 1 quintal = 45 kil. ½.

Brut	kil.	267176
Don 2 %	»	5344
Net	kil.	261832 à F. 19.14 les 100 kil. Entrepôt F. 50114.64

PRIX DE REVIENT AU HAVRE DES 100 KIL. ENTREPOT

AUX CHANGES SUIVANTS SUR PARIS POUR $ 1

Avec la parité des changes sur Londres, calculée sur la base de £ 1 = F. 25.25

PRIX à TAMPICO par 100 ℔	LONDRES D.45.[50] — PARIS F. 4.80	LONDRES D.46.[97] — PARIS F. 4.90	LONDRES D.47.[90] — PARIS F. 5.—	LONDRES D.48.[41] — PARIS F. 5.10	LONDRES D.49.[45] — PARIS F. 5.20	LONDRES D.50.[50] — PARIS F. 5.30	LONDRES D.51.[55] — PARIS F. 5.40	0.05 c. ou 10 c. de différence par $ sur le change font au Havre par 100 kil.
SUBSIT. Coût et frais variables: R. 0.¼	F. 0.38	F. 0.39	F. 0.39	F. 0.40	F. 0.41	F. 0.42	F. 0.43	
0.½	0.76	0.77	0.78	0.80	0.81	0.83	1.84	
0.¾	1.13	1.16	1.17	1.20	1.22	1.25	1.27	
1.—	1.51	1.54	1.57	1.60	1.63	1.66	1.69	F. 0.03
Coût et frais variables et invariables: 2.—	14.12	14.28	14.44	14.60	14.76	14.92	15.08	0.16
3.—	15.63	15.82	16.01	16.20	16.39	16.58	16.77	0.19
4.—	17.14	17.36	17.58	17.80	18.02	18.24	18.46	0.22
5.—	18.65	18.90	19.14	19.40	19.65	19.90	20.15	0.25
6.—	20.16	20.44	20.72	21.00	21.28	21.56	21.84	0.28
7.—	21.67	21.98	22.29	22.60	22.91	23.22	23.53	0.31
8.—	23.18	23.52	23.86	24.20	24.54	24.88	25.22	0.34
9.—	24.69	25.06	25.43	25.80	26.17	26.54	26.91	0.37
10.—	26.20	26.60	27.00	27.40	27.80	28.20	28.60	0.40
Logarithmes des changes	15067	15381	15695	16009	16323	16637	16951	00314
Frais invariables par 100 kil.	11.11	11.20	11.30	11.40	11.49	11.58	11.68	0.10

OBSERVATIONS

F. 5 et 10 % par 1000 kil. sur le fret font au Havre une différence de F. 0.59 par 100 kil. sur les prix.

Logarithme sans change 0,3139

On veut savoir le revient de Bois Jaune ou Fustic ayant coûté à Tampico 4 ½ R[s] les 100 ℔ au change de F. 5.40 et au fret de F. 55 et 10 % les 1000 kil.

On trouvera dans la 1re et 8e colonne de ce tableau que :

R. 4.— font les 100 kil. entrepôt		F. 18.46
» 0.½ id.	id.	» 0.43
R. 4.½ feront les 100 kil. entrepôt		F. 18.89

Ainsi le logarithme 0.3139 × le change 5.40 = le logarithme correspondant à ce change 16951 ;

4½ × 16951 =	F. 7.21
à ajouter les frais invariables	» 11.68
Revient égal	F. 18.89

Exempt de Droits d'entrée

DEPUIS JUIN 1869

COMPTE D'ACHAT ET DE REVIENT

A 1000 CUIRS SECS DE BŒUF

1000 Cuirs secs de bœuf 22000 ℔ à 15 cents franco à bord .... $ 3300.—

FRAIS A TAMPICO

Marquage et menus frais	»	10.—
	$	3310.—
Commission d'achat 2½ %	»	82.75
	$	3392.75
Remboursement sur Paris à 60 jours de vue au change de F. 5 pour 1 $	F.	16963.75

FRAIS AU HAVRE

Fret à 5 c. et 10 % la ℔ sur 22000 ℔	F.	1210.—		
Permis, frais au débarquement, échantillonner, conditionner, port en magasin, arrimage, magasinage d'un mois, livraison et menus frais.	»	250.—		
Assurance maritime à 3 ½ % sur F. 18660.12	»	653.10		
Assurance contre le feu 1 ‰ sur F. 18660.12	»	18.66		
Commission de banque à ½ % sur F. 16963.75	»	84.82		
Escompte à la vente .... 2¼ %				
Courtage de vente .... ¼ %				
Commission de vente .... 2 %				
Ensemble .... 4½ % sur F. 20084.12	»	903.79	»	3120.87
			F.	20084.12

Rendement : 100 ℔ = 45 kil.

Net kil. 9900 à F. 202.87 les 100 kil. Entrepôt .... F. 20084.13

PRIX DE REVIENT AU HAVRE DES 100 KIL. ENTREPOT

AUX CHANGES SUIVANTS SUR PARIS POUR $ 1

Avec la parité des changes sur Londres, calculée sur la base de £ 1 = F. 25,25

	PRIX à TAMPICO par 100 ℔	LONDRES D.45.96 — PARIS F. 4.80	LONDRES D.46.97 — PARIS F. 4.90	LONDRES D.47.98 — PARIS F. 5.—	LONDRES D.48.?? — PARIS F. 5.10	LONDRES D.49.?? — PARIS F. 5.20	LONDRES D.50.?? — PARIS F. 5.30	LONDRES D.51.?? — PARIS F. 5.40	0,95 d. ou 10 c. de différence sur le change fait au Havre par 100 K.
Coût et frais variables	$ 0.¼	F. 2.99	F. 3.05	F. 3.11	F. 3.18	F. 3.24	F. 3.30	F. 3.36	F. 0.06
	0.½	5.98	6.10	6.23	6.36	6.48	6.60	6.73	0.12
	0.¾	8.97	9.15	9.34	9.54	9.72	9.90	10.09	0.18
	1.—	11.96	12.21	12.46	12.71	12.96	13.21	13.46	0.25
Coût et frais variables et invariables	5.—	75.79	77.05	78.30	79.56	80.81	82.07	83.32	1.26
	6.—	87.75	89.26	90.76	92.27	93.77	95.28	96.78	1.50
	7.—	99.71	101.47	103.22	104.98	106.73	108.49	110.24	1.75
	8.—	111.67	113.68	115.68	117.69	119.69	121.70	123.70	2.—
	9.—	123.63	125.89	128.14	130.40	132.63	134.91	137.16	2.25
	10.—	135.58	138.08	140.59	143.09	145.59	148.09	150.60	2.50
	11.—	147.54	150.29	153.05	155.80	158.55	161.30	164.05	2.75
	12.—	159.50	162.50	165.51	168.51	171.51	174.51	177.51	3.—
	13.—	171.46	174.71	177.97	181.22	184.47	187.72	190.97	3.25
	14.—	183.42	186.92	190.43	193.93	197.43	200.93	204.43	3.50
	15.—	195.37	199.12	202.87	206.62	210.37	214.12	217.87	3.75
Logarithmes des changes		119592	122084	124575	127067	129559	132050	134541	002491
Frais invariables par 100 kil.		15.99	16.—	16.01	16.02	16.03	16.04	16.05	0.01

OBSERVATIONS

1 c. et 10 % par ℔ sur le fret font au Havre une différence de F. 2.56 par 100 kil. sur les prix

Logarithme sans change 2.4915

On veut savoir le revient de Cuirs secs de bœuf ayant coûté à Tampico 10 ¾ c. la livre au change de F. 5.20 et au fret de 5 c. et 10 c. la ℔.

On trouvera dans la 1re et 6e colonne de ce tableau que :

C. 10.— font les 100 kil. entrepôt	F.	145.59
» 0.¾ id. id.	»	9.72
C. 10.¾ feront les 100 kil. entrepôt	F.	155.31

Ainsi le logarithme 2.4915 × le change 5.20 = le logarithme correspondant à ce change 129559 ;

10¾ × 129559 = ...	F.	139.28
à ajouter les frais invariables	»	16.03
Revient égal	F.	155.31

Exempt de Droits d'entrée

DEPUIS JUIN 1860.

COMPTE D'ACHAT ET DE REVIENT

A 100 BALLES ISTLE

100 Balles Istle pesant 35000 ℔ à 11 Réaux l'arrobe de 25 ℔ .... $ 1925.—

FRAIS A TAMPICO

Recevoir, peser, emballer et marquer	$	300.—		
Embarquer en dehors de la barre	»	125.—		
Courtage d'achat ½ % sur $ 1925	»	9.62	»	434.62
			$	2359.62
Commission d'achat 2 ½ %			»	58.99
			$	2418.61
Remboursement à 60 jours de vue sur France à F. 5 la $			F.	12093.05

FRAIS AU HAVRE

Fret à 35000 ℔ à F. 60 et 10 % les 600 kil.	F.	1782.50		
Permis, frais au débarquement, échantillonner, conditionner, port en magasin, arrimage, magasinage d'un mois, livraison et menus frais.	»	160.—		
Assurance maritime à 3 ½ % sur F. 13302.35	»	465 58		
Assurance contre le feu à 1 ‰ sur F. 13302.35	»	13.30		
Commission de banque à ¼ % sur F. 12093.05	»	30.23		
Escompte à la vente .... 2 ¼ %				
Courtage de vente .... ¼ %				
Commission de vente .... 2 %				
Ensemble .... 4 ½ % sur F. 15177.65	»	682.99	»	3084.60
			F.	15177.65

Rendement : 100 ℔ = 45 kil.

Brut	kil.	15750
Tare 2 %	»	315
Net	kil.	15435 à F. 98.33 les 100 kil. Entrepôt .... F. 15177.24

PRIX DE REVIENT AU HAVRE DES 100 KIL. ENTREPOT

AUX CHANGES SUIVANTS SUR PARIS POUR $ 1

Avec la parité des changes sur Londres, calculée sur la base de 1 £ = F. 25.25.

	PRIX à TAMPICO par arrobe de 25 ℔	LONDRES D.45.62 — PARIS F. 4.80	LONDRES D.46.57 — PARIS F. 4.90	LONDRES D.47.52 — PARIS F. 5.—	LONDRES D.48.47 — PARIS F. 5.10	LONDRES D.49.42 — PARIS F. 5.20	LONDRES D.50.38 — PARIS F. 5.30	LONDRES D.51.33 — PARIS F. 5.40	0.95 d. ou 10 c. de différence par $ sur le change font au Havre par 100 kil.
[illegible] — Coût et frais variables	Rx 0. ¼	F. 1.53	F. 1.56	F. 1.59	F. 1.62	F. 1.66	F. 1.69	F. 1.72	F. 0.03
	0. ½	3.06	3.12	3.18	3.25	3.31	3.38	3.44	0.06
	0. ¾	4.59	4.68	4.77	4.87	4.97	5.07	5.16	0.09
	1.—	6.12	6.25	6.37	6.50	6.63	6.76	6.88	0.13
Coût et frais variables et invariables	10.—	88.79	90.38	91.96	93.55	95.13	96.72	98.30	1.59
	11.—	94.91	96.62	98.33	100.05	101.75	103.47	105.18	1.71
	12.—	101.03	102.86	104.70	106.54	108.37	110.22	112.05	1.84
	13.—	107.15	109.10	111.07	113.03	114.99	116.96	118.94	1.97
	14.—	113.27	115.34	117.44	119.53	121.61	123.72	125.81	2 09
	15.—	119.38	121.60	123.82	126.04	128.26	130.48	132.70	2.22
	16.—	125.50	127.84	130.19	132.54	134.88	137.23	139.58	2.35
	17.—	131.62	134.08	136.56	139.03	141.50	143.98	146.46	2.48
	18.—	137.74	140.32	142.93	145.52	148.12	150.73	153.33	2.60
	19.—	143.86	146.56	149.30	152.02	154.75	157.48	160.21	2.73
	20.—	149.97	152.83	155.68	158.54	161.39	164.25	167.10	2.86
Logarithmes des changes		61176	62450	63725	65000	66274	67549	68823	01275
Frais invariables par 100 kil.		27.62	27.93	28.24	28.55	28.86	29.17	29.48	0.31

OBSERVATIONS

F. 10 et 10 % par 600 kil. sur le fret font au Havre une différence de F. 1.96 par 100 kil. sur les prix.

Logarithme sans change 1.2745

On veut savoir le revient au Havre d'Istle ayant coûté à Tampico R. 13 ¼ l'arrobe de 25 ℔ au change de F. 5.40 et au fret de F. 60 et 10 % les 600 kil.

On trouvera dans la 1re et la 8e colonne de ce tableau que :

R. 13.— font les 100 kil. entrepôt	F.	118 94
» —. ¼ id. id.	»	1.72
R. 13. ¼ feront les 100 kil. entrepôt	F.	120.66

Ainsi le logarithme 1.2745 × le change 5.40 = le logarithme correspondant à ce change 68823 ;

13. ¼ × 68823 = ...	F.	91.18
à ajouter les frais invariables	»	29.48
Revient égal	F.	120.66

Droits d'entrée par 100 kil. depuis Juin 1869

Sous tous Pavillons .... Exempt.

COMPTE D'ACHAT ET DE REVIENT

A 90 BALLES PEAUX DE CHÈVRES

90 Balles de 100 Peaux de Chèvres = 9000 Peaux, 20823 ℔ à 25 cents la ℔			$	5205.75

FRAIS A TAMPICO

Empoisonnement et pressage à $ 2 ½	$	225.—		
Embarquer et transport à bord en dehors de la barre à $ 1 ¼	»	112.50		
Courtage d'achat ½ %	»	26.03	»	363.53
			$	5569.28
Commission 2 ½ %			»	139.23
			$	5708.51
Remboursement à 60 jours de vue sur Paris à F. 5 la $			F.	28542.55

FRAIS AU HAVRE

Fret $ 2 ½ sec par Balle $ 225 à F. 5 ¼	F.	1181.25		
Permis, frais au débarquement, échantillonner, conditionner, port en magasin, arrimage, magasinage d'un mois, livraison et menus frais.	»	171.—		
Assurance maritime à 3 ½ % sur F. 31396.80	»	1098.89		
Assurance contre le feu à 1 ‰ sur F. 31396.80	»	31.40		
Commission de banque à ¼ % sur F. 28542.55	»	71.36		
Escompte à la vente 2 ¼ %				
Courtage de vente ¼ %				
Commission de vente 2 %				
Ensemble 4 ½ % sur F. 32561.72	»	1465.27	»	4019.17
			F.	32561.72

Rendement : 100 ℔ = 46 kil.

Brut	kil. 9759		
Tare nette	» 180		
Net	kil. 9579 à F. 339.93 les 100 kil. Entrepôt	F.	32561.89

PRIX DE REVIENT AU HAVRE DES 100 KIL. ENTREPOT

AUX CHANGES SUIVANTS SUR PARIS POUR $ 1

Avec la parité des changes sur Londres, calculée sur la base de 1 £ = F. 25.25

	PRIX à TAMPICO par ℔	LONDRES D.45.62 — PARIS F. 4.80	LONDRES D.46.57 — PARIS F. 4.90	LONDRES D.47.52 — PARIS F. 5.—	LONDRES D.48.48 — PARIS F. 5.10	LONDRES D.49.43 — PARIS F. 5.20	LONDRES D.50.38 — PARIS F. 5.30	LONDRES D.51.33 — PARIS F. 5.40	0.95 d. ou 10 c. de différence par $ sur le change font au Havre par 100 kil.
SERONS. — Coût et frais variables	0. ⅛	F. 1.47	F. 1.49	F. 1.53	F. 1.56	F. 1.59	F. 1.62	F. 1.65	F. 0.03
	0. ¼	2.93	2.99	3.05	3.12	3.18	3.24	3.30	0.06
	0. ½	5.87	5.99	6.11	6.23	6.35	6.48	6.60	0.12
	0. ¾	8.80	8.98	9.16	9.35	9.53	9.72	9.90	0.18
	1.—	11.73	11.98	12.22	12.47	12.71	12.96	13.20	0.25
Coût et frais variables et invariables	10.—	151.—	153.84	156.67	159.51	162.34	165.18	168.01	2.84
	11.—	162.73	165.81	168.89	171.97	175.05	178.13	181.21	3.08
	12.—	174.46	177.78	181.11	184.43	187.76	191.08	194.40	3.32
	13.—	186.19	189.76	193.33	196.90	200.47	204.04	207.61	3.57
	14.—	197.92	201.73	205.55	209.36	213.18	216.99	220.81	3.81
	15.—	209.65	213.70	217.76	221.82	225.88	229.93	233.99	4.06
	16.—	221 38	225.67	229.98	234.28	238.58	242.88	247.19	4.30
	17.—	233.11	237.65	242.20	246.75	251.29	255.84	260.39	4.55
	18.—	244.84	249.62	254.42	259.21	264.—	268.79	273.59	4.79
	19.—	256.57	261.59	266.64	271.68	276.71	281.75	286.79	5.04
	20.—	268.29	273.57	278.85	284.13	289.41	294.69	299.97	5.28
	25.—	326.93	333.43	339.93	346.44	352.95	359.45	365.95	6.50
Logarithmes des changes		1172952	1197388	1221825	1246261	1270698	1295134	1319571	0024437
Frais invariables par 100 kil.		33.70	34.09	34.49	34.87	35.27	35.66	36.06	0.39

OBSERVATIONS

⅛ $ par B. sur le fret fait au Havre une différence de F. 2.59 par 100 kil. sur les prix.

Logarithme sans change 2.44365

On veut savoir le revient de Peaux de Chèvres ayant coûté à Tampico 12 ¾ c. la ℔ au change de F. 5.40 et au fret de $ 2 ½ la Balle.

On trouvera dans la 1re et la 8e colonne de ce tableau que :

C. 12.— font les 100 kil. entrepôt			F. 194.40
» —.½	id.	id.	» 6.60
C. 12.½ feront les 100 kil. entrepôt			F. 201.—

Ainsi le logarithme 2.44365 × le change de F. 5.40 = le logarithme correspondant à ce change 1.319571 ;

12 ½ × 1319571 =	F. 164.94
à ajouter les frais invariables	» 36.06
Revient égal	F. 201.—

Droits d'entrée par 100 kil. depuis Juin 1869.

Sous tous Pavillons ... Exempt.

COMPTE D'ACHAT ET DE REVIENT

A 7266 MORCEAUX BOIS DE TEINTURE

7266 Morceaux Bois de Teinture pesant 547367 ₰ à 8 Réaux les 100 ₰		$	5473.67

FRAIS A CARMEN OU LAGUNA DE TERMINOS

Droits d'exportation à 5474 quintaux à Réaux 4 = $ 2737 à 8 %	$	218.96		
Contribution fédérale 25 % à $ 218.96	»	54.74		
Droits municipaux et lycée 1 c. par quintal	»	54.74		
Contribution au frais de pesage	»	10.—	»	338.44
			$	5812.11
Commission 4 %			»	232.49
			$	6044.60
Remboursement de 60 à 90 jours de vue payable à Londres ou à Paris à F. 5			F.	30223.—

FRAIS AU HAVRE

Fret £ 3.15/ et 5 % pour 2240 ₰ ou 1015 kil. débarqués sur 248012 kil.	£	916. 6. 0.		
5 %	»	45.16. 0.		
	£	962. 2. 0.		
à F. 25.25 par £	F.	24293.08		
Permis, livraison du bord	»	372.—		
Assurance maritime à 2 ¼ % sur F. 33245.30	»	748.02		
Assurance contre le feu à 1 ‰ sur F. 33245.30	»	33.25		
Commission de banque à ¼ % sur F. 30223.—	»	75.56		
Escompte à la vente 2 ¼ %				
Courtage de vente ¼ %				
Commission de vente 2 %				
Ensemble 4 ½ % sur F. 58371.58	»	2626.72	»	28148.58
			F.	58371.58

RENDEMENT : 100 ₰ = 45 [illegible] kil.

Tare	kil.	248012		
Dou 2 %	»	4960		
Net kil. 243052 à F. 24.02 les 100 kil. Entrepôt	kil.	243052	F.	58381.09

PRIX DE REVIENT AU HAVRE DES 100 KIL. ENTREPOT

AUX CHANGES SUIVANTS SUR PARIS POUR $ 1

Avec la parité des changes sur Londres, calculée sur la base de 1 £ = F. 25.25

PRIX à CARMEN en Rx par 100 ₰ esp.	LONDRES D.45. — PARIS F. 4.80	LONDRES D.46. — PARIS F. 4.90	LONDRES D.47. — PARIS F. 5.—	LONDRES D.48. — PARIS F. 5.10	LONDRES D.49. — PARIS F. 5.20	LONDRES D.50. — PARIS F. 5.30	LONDRES D.51. — PARIS F. 5.40	0.95 d. ou 10 c. de différence par $ sur le change font au Havre par 100 kil.
Rx 0.½	F. 0.76	F. 0.77	F. 0.79	F. 0.81	F. 0.83	F. 0.84	F. 0.86	F. 0.02
1.—	1.51	1.55	1.58	1.62	1.65	1.69	1.72	0.04
4.—	17.44	17.57	17.70	17.83	17.96	18.09	18.22	0.13
5.—	18.95	19.11	19.28	19.44	19.61	19.77	19.94	0.17
6.—	20.46	20.66	20.86	21.06	21.26	21.46	21.66	0.20
7.—	21.97	22.20	22.44	22.67	22.91	23.14	23.38	0.24
8.—	23.48	23.75	24.02	24.29	24.56	24.83	25.10	0.27
9.—	24.99	25.29	25.60	25.90	26.21	26.51	26.82	0.31
10.—	26.50	26.84	27.18	27.52	27.86	28.20	28.54	0.34
Logarithmes des Changes	15130	15445	15760	16075	16390	16705	17020	00315
Frais invariables par 100 kil.	11.38	11.39	11.41	11.42	11.44	11.45	11.47	0.02

OBSERVATIONS

10/ Sterl. et 5 % par 2240 ₰ ou 1015 kil. font au Havre une différence de F. 1.40 par 100 kil. sur les prix.

Logarithme sans change 0,3152

On veut savoir le revient de Bois de Teinture ayant coûté à Carmen ou à Laguna de Terminos Rx 5 ½ les 100 ₰ au change de F. 5.20 et au fret de £ 3 ¾ et 5 %.

On trouvera dans la 1re et la 6e colonne de ce tableau que :

Rx 5.— font les 100 kil. entrepôt		F.	19.61
» 0.½ id. id.		»	—.83
Rx 5.½ feront les 100 kil. entrepôt		F.	20.44

Ainsi le logarithme 0.3152 × le change 5.20 = le logarithme correspondant à ce change 16390 ;

5 ½ × 16390 =	F.	9.—
à ajouter les frais invariables	»	11.44
Revient égal	F.	20.44

Droits d'entrée par 100 kil. depuis Juin 1869

Sous tous Pavillons .... Exempt

COMPTE D'ACHAT ET DE REVIENT

A 4254 QUINTAUX PALO BRASIL

4254 Quintaux Palo Brasil à R. 14 le quintal de 100 ℔		$	7444.50

FRAIS A ALTATA

Permis et frais d'enregistrement	$	8.75		
Patente de santé	»	11.50		
Droits de circulation à la côte	»	57.25	»	77.50
			$	7522.—
Commission 5 %			»	376.10
			$	7898.10
Remboursement à 90 jours de vue sur Paris à F. 5 la $			F.	39490.50

FRAIS AU HAVRE

Fret F. 80 et 10 % les 1000 kil.	F.	17115.90		
Permis, frais au débarquement, échantillonner, conditionner, port en magasin, arrimage, magasinage d'un mois, livraison et menus frais.	»	972.50		
Assurance maritime à 2 ¼ % sur F. 43439.55	»	977.40		
Assurance contre le feu à 1 ‰ sur F. 43439.55	»	43.44		
Commission de banque à ¼ % sur F. 39490.50	»	98.73		
Escompte à la vente 2 ¼ %				
Courtage de vente ¼ %				
Perte d'intérêts ½ %				
Commission de vente 2 %				
Ensemble 5 % sur F. 61787.86	»	3089.39	»	22297.36
			F.	61787.86

RENDEMENT : 1 quintal de 100 ℔ = kil. 45.72

16959 Morceaux brut	kil. 194499		
Don 2 %	» 3890		
Net	kil. 190609 à F. 32.42 les 100 kil. Entrepôt	F.	61795.43

PRIX DE REVIENT AU HAVRE DES 100 KIL. ENTREPOT

AUX CHANGES SUIVANTS SUR PARIS POUR $ 1

Avec la parité des changes sur Londres, calculée sur la base de 1 £ = F. 25.25

PRIX à ALTATA par q. de 100 ℔ esp.	LONDRES D.45.[62] — PARIS F. 4.80	LONDRES D.46.[57] — PARIS F. 4.90	LONDRES D.47.[52] — PARIS F. 5.—	LONDRES D.48.[47] — PARIS F. 5.10	LONDRES D.49.[43] — PARIS F. 5.20	0.95 d. ou 10 c. de différence sur le change font au Havre par 100 K.
R. 0.½	F. 0.76	F. 0.78	F. 0.79	F. 0.81	F. 0.83	F. 0.02
1.—	1.52	1.56	1.59	1.62	1.65	0.04
6.—	19.35	19.55	19.74	19.94	20.13	0.20
7.—	20.87	21.10	21.33	21.55	21.78	0.23
8.—	22.39	22.65	22.91	23.17	23.43	0.26
9.—	23.91	24.20	24.50	24.79	25.08	0.29
10.—	25.43	25.76	26.08	26.41	26.73	0.33
11.—	26.95	27.31	27.67	28.02	28.38	0.36
12.—	28.47	28.86	29.25	29.64	30.03	0.39
13.—	29.99	30.41	30.84	31.26	31.68	0.42
14.—	31.52	31.97	32.42	32.87	33.32	0.45
20.—	40.65	41.29	41.93	42.57	43.21	0.64
Logarithmes des changes	15321	15538	15855	16172	16489	00317
Frais invariables par 100 kil.	10.21	10.22	10.22	10.23	10.23	0.01

OBSERVATIONS

F. 10 et 10 % par 1000 kil. sur le fret font au Havre une différence de F. 1.18 par 100 kil. sur les prix

Logarithme sans change 0.3171

On veut savoir le revient du Bois de Teinture ayant coûté à Altata R. 8 ½ les 100 ℔ au change de F. 5.20 et au fret de F. 80 et 10 % les 1000 kil.

On trouvera dans la 1re et la 6e colonne de ce tableau que :

R. 8.— font les 100 kil. entrepôt	F.	23.43
» —.½ id. id.	»	—.82
R. 8.½ feront les 100 kil. entrepôt	F.	24.25

Ainsi le logarithme 0.3171 × le change 5.20 = le logarithme correspondant à ce change 16489 ;

8 ½ × 16489 =	F.	14.02
à ajouter les frais invariables	»	10.23
Revient égal	F.	24.25

Droits d'entrée par 100 kil. depuis Juin 1869

Sous tous pavillons ... Exempt.

COMPTE D'ACHAT ET DE REVIENT

A 5090 QUINTAUX BOIS DE CAMPÊCHE

5090 Quintaux Bois de Campêche à 6 Réaux le quintal .... $ 3817.50

FRAIS A TABASCO

Droits d'exportation à 5090 quintaux à Rx 4 $ 2545 à 8 % .... $ 203.60
Frais d'expédition .... » 50.— » 253.60

$ 4071.10

Commission 4 % .... » 162.84

$ 4233.94

Remboursement à 90 jours de vue sur Paris à F. 5 la $ .... F. 21169.70

FRAIS AU HAVRE

Fret à 232232 kil. à £ 3 sec par 2240 ℔ / 1015 kil. à F. 25.25 .... £ 686. 8.— / F. 17331.60
Permis, livraison du bord .... » 348.35
(Tous les frais avec 1 mois de magasinage et livraison F. 1267.27) .... » —.—
Assurance maritime à 2 ¼ % sur F. 23286.67 .... » 523.95
Assurance contre le feu à ½ ‰ sur F. 23286.67 .... » 11.64
Commission de banque à ¼ % sur F. 21169.70 .... » 52.92
Escompte à la vente .... 2¼ %
Courtage de vente .... ¼ %
Commission de vente .... 2 %
Ensemble .... 4½ % sur F. 41296.50 .... » 1658.34 » 20126.80

F. 41296.50

RENDEMENT : 1 quintal = 45 ⅔ kil.

Brut .... kil. 232232
Don 2 % .... » 4645
Net .... kil. 227587 à F. 18.15 les 100 kil. Entrepôt .... F. 41307.04

PRIX DE REVIENT AU HAVRE DES 100 KIL. ENTREPOT

AUX CHANGES SUIVANTS SUR PARIS POUR $ 1

Avec la parité des changes sur Londres, calculée sur la base de 1 £ = F. 25.25

	PRIX à TABASCO en Réaux par quintal de 100 ℔	LONDRES D.45.[illegible] — PARIS F. 4.80	LONDRES D.46.[illegible] — PARIS F. 4.90	LONDRES D.47.[illegible] — PARIS F. 5.—	LONDRES D.48.[illegible] — PARIS F. 5.10	LONDRES D.49.[illegible] — PARIS F. 5.20	LONDRES D.50.[illegible] — PARIS F. 5.30	LONDRES D.51.[illegible] — PARIS F. 5.40	0.05 d. ou 10 c. de différence par $ sur le change font au Havre par 100 kil.
Coût et frais variables	Rx 0.¼	F. 0.38	F. 0.38	F. 0.39	F. 0.40	F. 0.41	F. 0.41	F. 0.42	F. 0.01
	0.½	0.75	0.76	0.78	0.80	0.81	0.83	0.85	0.02
	1.—	1.50	1.53	1.57	1.60	1.63	1.66	1.69	0.04
Coût et frais variables et invariables	4.—	14.75	14.88	15.02	15.15	15.29	15.42	15.56	0.14
	5.—	16.25	16.41	16.58	16.75	16.92	17.08	17.25	0.12
	6.—	17.75	17.95	18.15	18.35	18.55	18.75	18.95	0.20
	7.—	19.25	19.48	19.71	19.95	20.18	20.41	20.64	0.23
	8.—	20.75	21.01	21.28	21.55	21.81	22.07	22.34	0.27
	9.—	22.25	22.54	22.84	23.15	23.44	23.73	24.03	0.30
	10.—	23.75	24.08	24.41	24.74	25.07	25.40	25.73	0.33
Logarithmes des changes		15019	15332	15645	15958	16271	16584	16897	00313
Frais invariables par 100 kil.		8.74	8.75	8.76	8.77	8.78	8.79	8.80	0.01

OBSERVATIONS

10/ sec par 1015 kil. sur le fret font une différence de F. 1.33 par 100 kil. sur les prix.

Logarithme sans change 0.3129

On veut savoir le revient de Bois de Teinture ayant coûté à Tabasco Rx 7 ½ le quintal au change de F. 5.20 et au fret de £ 3 les 1015 kil.

On trouvera dans la 1re et 6e colonne de ce tableau que:
Rx 7.— font les 100 kil. entrepôt .... F. 20.18
» 0.½ id. id' .... » —.41
Rx 7.½ feront les 100 kil. entrepôt .... F. 20.59

Ainsi le logarithme 0.3129 × le change de F. 5.20 = le logarithme correspondant à ce change 16271 ;
7 ½ × 16271 = ... F. 11.80
à ajouter les frais invariables .... » 8.78
Revient égal .... F. 20.58

Droits d'entrée par 100 kil. depuis Juin 1869

Sous tous Pavillons .... Exempt.

COMPTE D'ACHAT ET DE REVIENT

A 107 BALLES LAINE EN SUINT

107 Balles Laine en suint net 25312 ½ ℔ esp. = 1012 ½ arrobes à 15 Réaux l'arrobe de 25 ℔			$	1898.44

FRAIS A ZACATECAS

Fret de Zacatecas à Tampico à ½ $ l'arrobe	$	506.25		
Emballer et expédier de Zacatecas	»	103.50	»	609.75
			$	2508.19

FRAIS A TAMPICO

Recevoir, transport, frais de presses; alléges			»	157.20
			$	2665.39
Commission d'achat 5 %			»	133.27
			$	2798.66
Remboursement à 90 jours de vue sur Paris à F. 5 la $			F.	13993.30

FRAIS AU HAVRE

Fret à brut kil. 12707 à F. 120 sec les 500 kil.	F.	3049.68		
Permis, frais au débarquement, échantillonner, conditionner, port en magasin, arrimage, magasinage d'un mois, livraison et menus frais.	»	144.45		
Assurance maritime à 3 ½ % sur F. 15392.63	»	538.74		
Assurance contre le feu à 1 ‰ sur F. 15392.63.	»	15.39		
Commission de banque à ¼ % sur F. 13993.30	»	34.98		
Escompte à la vente 2 ¼ %				
Courtage de vente ¼ %				
Commission de vente 2 %				
Ensemble 4 ½ % sur F. 18614.18	»	837.64	»	4620.88
			F.	18614.18

RENDEMENT : 100 ℔ net = 50 ‰ kil. bruts

Brut	kil. 12707		
Tare nette à 7 kil.	» 749		
Net	kil. 11958 à F. 155.66 les 100 kil. Entrepôt	F.	18613.82

PRIX DE REVIENT AU HAVRE DES 100 KIL. ENTREPOT

AUX CHANGES SUIVANTS SUR PARIS POUR $ 1

Avec la parité des changes sur Londres, calculée sur la base de 1 £ = F. 25.25

PRIX à ZACATECAS en Réaux par arrobe de 25 ℔	LONDRES D.45.[illegible] — PARIS F. 4.80	LONDRES D.46.[illegible] — PARIS F. 4.90	LONDRES D.47.[illegible] — PARIS F. 5.—	LONDRES D.48.[illegible] — PARIS F. 5.10	LONDRES D.49.[illegible] — PARIS F. 5.20	LONDRES D.50.[illegible] — PARIS F. 5.30	LONDRES D.51.[illegible] — PARIS F. 5.40	[illegible] de différence par $ sur le change font au Havre par 100 kil.
Rx 0. ¼	F. 1.45	F. 1.48	F. 1.52	F. 1.55	F. 1.58	F. 1.61	F. 1.64	F. 0.03
0. ½	2.91	2.97	3.03	3.09	3.15	3.21	3.27	0.06
0. ¾	4.36	4.45	4.55	4.64	4.73	4.82	4.91	0.09
1.—	5.82	5.94	6.06	6.18	6.31	6.43	6.55	0.12
10.—	121.45	123.40	125.35	127.30	129.24	131.19	133.14	1.95
12.—	133.09	135.28	137.48	139.67	141.86	144.05	146.24	2.19
14.—	144.73	147.17	149.60	152.04	154.48	156.90	159.33	2.43
16.—	156.37	159.05	161.73	164.41	167.09	169.75	172.43	2.68
18.—	168.02	170.94	173.86	176.77	179.70	182.60	185.53	2.91
20.—	179.66	182.82	185.98	189.14	192.30	195.46	198.62	3.16
22.—	191.30	194.71	198.11	201.51	204.91	208.31	211.72	3.40
24.—	202.94	206.59	210.24	213.88	217.53	221.17	224.82	3.64
26.—	214.58	218.48	222.37	226.25	230.14	234.02	237.91	3.88
28.—	226.22	230.36	234.49	238.62	242.75	246.88	251.01	4.13
30.—	237.87	242.24	246.62	250.99	255.36	259.73	264.10	4.37
Logarithmes des changes	58210	59422	60635	61847	63060	64273	65485	01212
Frais invariables par 100 kil.	63.24	63.97	64.71	65.44	66.18	66.91	67.65	0.74

OBSERVATIONS

F. 10 sec par 500 kil. sur le fret font au Havre une différence de F. 2.22 ½ par 100 kil. sur les prix.

Logarithme sans change 1.2127

On veut savoir le revient au Havre de Laine en suint ayant coûté à Zacatecas Rx 14 ¼ l'arrobe au change de F. 5.20 et au fret de F. 120 les 500 kil.

On trouvera dans la 1re et la 6e colonne de ce tableau que :

Rx 14.— font les 100 kil. entrepôt			F. 154.46
» —. ¼	id.	id.	» 1.58
Rx 14. ¼ feront les 100 kil. entrepôt			F. 156.04

Ainsi le logarithme 1.2127 × le change de 5.20 = le logarithme correspondant à ce change 63060;

14 ¼ × 63060 =	F. 89.86
à ajouter les frais invariables	» 66.18
Revient égal	F. 156.04

Droits d'entrée par 100 kil. depuis Juin 1869

Sous tous Pavillons .... Exempt.

COMPTE D'ACHAT ET DE REVIENT

A 200 BALLES COTON

200 Balles Coton net 31533 ℔ à $ 15 par 100 ℔		$	4729.95

FRAIS A MANZANILLO

Frais d'expédition, embarquement par lanches à bord du Steamer		»	237.—
		$	4966.95
Commission 5 %		»	248.35
		$	5215.30
Remboursement à 90 jours de vue sur Paris à F. 5 la $		F.	26076.50

FRAIS AU HAVRE

Fret à 14269 kil. à F. 400 et 5 % les 1000 kil.	F.	5992.98		
Permis, frais au débarquement, échantillonner, conditionner, port en magasin, arrimage, magasinage d'un mois, livraison et menus frais	»	140.—		
Assurance maritime à 2 % sur F. 28684.15	»	573.68		
Assurance contre le feu à 1 ‰ sur F. 28684.15	»	28.68		
Commission de banque à ¼ % sur F. 26076.50	»	65.19		
Escompte à la vente 2¼ %				
Courtage de vente ¼ %				
Commission de vente 2 %				
Ensemble 4½ % sur F. 34426.21	»	1549.18	»	8349.71
			F.	34426.21

RENDEMENT : 100 ℔ net = 45 1/4 kil. brut

Brut	kil. 14269		
Tare et Don 5 %.	» 713 ¼		
Net	kil. 13555 ¾ à F. 253.96 les 100 kil. Entrepôt	F.	34425.55

PRIX DE REVIENT AU HAVRE DES 100 KIL. ENTREPOT

AUX CHANGES SUIVANTS SUR PARIS POUR $ 1

Avec la parité des changes sur Londres, calculée sur la base de 1 £ = F 25.25

PRIX à MANZANILLO en $ par 100 ℔	LONDRES D.45.62 — PARIS F. 4.80	LONDRES D.46.57 — PARIS F. 4.90	LONDRES D.47.52 — PARIS F. 5.—	LONDRES D.48.48 — PARIS F. 5.10	LONDRES D.49.43 — PARIS F. 5.20	LONDRES D.50.38 — PARIS F. 5.30	LONDRES D.51.33 — PARIS F. 5.40	0.95d. ou 10c. de différence par $ sur le change font au Havre par 100 kil.
$ 0.¼	F. 3.15	F. 3.21	F. 3.28	F. 3.34	F. 3.41	F. 3.47	F. 3.54	F. 0.06
0.½	6.30	6.42	6.55	6.68	6.82	6.95	7.08	0.13
0.¾	9.45	9.63	9.83	10.02	10.23	10.42	10.62	0.19
1.—	12.59	12.85	13.12	13.37	13.64	13.90	14.16	0.26
10.—	182.74	185.57	188.39	191.22	194.04	196.87	199.69	2.83
11.—	195.33	198.42	201.50	204.58	207.66	210.76	213.85	3.08
12.—	207.92	211.27	214.61	217.95	221.32	224.66	228.01	3.34
13.—	220.51	224.12	227.72	231.32	234.96	238.56	242.17	3.60
14.—	233.10	236.97	240.83	244.69	248.60	252.46	256.33	3.86
15.—	245.69	249.83	253.96	258.10	262.23	266.37	270.50	4.14
16.—	258.28	262.68	267.07	271.47	275.87	280.26	284.66	4.39
17.—	270.87	275.53	280.18	284.84	289.51	294.16	298.82	4.65
18.—	283.46	288.38	293.29	298.21	303.15	308.06	312.98	4.91
19.—	296.05	301.23	306.40	311.58	316.79	321.96	327.14	5.17
20.—	308.64	314.09	319.53	324.98	330.42	335.87	341.31	5.45
25.—	371.59	378.35	385.10	391.86	398.61	405.37	412.12	6.76
30.—	434.54	442.61	450.67	458.74	466.80	474.87	482.93	8.07
Logarithmes des changes	125908	128531	131155	133778	136402	139026	141649	2624
Frais invariables par 100 kil.	56.83	57.03	57.23	57.43	57.63	57.83	58.03	0.20

OBSERVATIONS

F. 25 et 5 % par 1000 kil. sur le fret font une différence de F. 2.89 par 100 kil. sur les prix

Logarithme sans change 2,6231

On veut savoir le revient de Coton ayant coûté à Manzanillo $ 17 ½ les 100 ℔ au change de F. 5.20 et au fret de F. 400 et 5 % les 1000 kil.

On trouvera dans la 1re et la 6e colonne de ce tableau que :

$ 17.— font les 100 kil. entrepôt	F.	289.51
» —.½ id. id.	»	3.41
$ 17.½ feront les 100 kil. entrepôt	F.	292.92

Ainsi le logarithme 2.6231 × le change de F. 5.20 = le logarithme correspondant à ce change 136402 ;

17 ½ × 136402 =	F.	235.29
à ajouter les frais invariables	»	57.63
Revient égal	F.	292.92

Droits d'entrée par 100 kil. depuis Juin 1869

Sous tous Pavillons ... Exempt.

COMPTE D'ACHAT ET DE REVIENT

A 920 MORCEAUX BOIS D'ÉBÉNISTERIE

920 Morceaux Bois d'Ébénisterie pesant 210 Cargas à ₰ 5 la Carga			₰	1050.—

FRAIS A MANZANILLO

Transport à Manzanillo 210 Cargas à ₰ 3 ½	₰	735.—		
Frais d'embarquement à 2 Réaux ou 25 cent. par Morceau	»	230.—	»	965.—
			₰	2015.—
Commission d'achat et remboursement 5 %			»	100.75
			₰	2115.75
Remboursement à 90 jours de vue sur Paris à F. 5 la ₰			F.	10578.75

FRAIS AU HAVRE

Fret à 22090 kil. à F. 80 et 10 % les 1000 kil.	F.	1943.92		
Permis, frais au débarquement, échantillonner, conditionner, port en magasin, arrimage, magasinage d'un mois, livraison et menus frais.	»	132.54		
Assurance maritime à 2 % sur F. 11636.62	»	232.73		
Assurance contre le feu à 1 ‰ sur F. 11636.62	»	11.64		
Commission de banque à ¼ % sur F. 10578.75	»	26.45		
Escompte à la vente 2¼ %				
Courtage de vente ¼ %				
Perte d'intérêts ½ %				
Commission de vente 2 %				
Ensemble 5 % sur F. 13606.34	»	680.31	»	3027.59
			F.	13606.34

RENDEMENT réel :

920 Morceaux	kil. 22090			
Don 2 %	» 442			
Net	kil. 21648	à F. 62.85 les 100 kil. Entrepôt	F.	13605.77

PRIX DE REVIENT AU HAVRE DES 100 KIL. ENTREPOT

AUX CHANGES SUIVANTS SUR PARIS POUR ₰ 1

Avec la parité des changes sur Londres, calculée sur la base de 1 £ = F. 25.25

PRIX à MANZANILLO en ₰ par Carga	LONDRES D.45. — PARIS F. 4.80	LONDRES D.46. — PARIS F. 4.90	LONDRES D.47. — PARIS F. 5.—	LONDRES D.48. — PARIS F. 5.10	LONDRES D.49. — PARIS F. 5.20	0.25 d. ou 5 c. de différence par ₰ sur le change font au Havre par 100 kil.
₰ 0.⅛	F. 0.66	F. 0.67	F. 0.68	F. 0.70	F. 0.71	F. 0.02
0.¼	1.32	1.35	1.37	1.40	1.43	0.03
0.½	2.64	2.70	2.75	2.80	2.86	0.06
0.¾	3.98	4.04	4.13	4.20	4.29	0.09
1.—	5.28	5.39	5.50	5.61	5.72	0.11
1.—	39.64	40.25	40.86	41.48	42.09	0.61
2.—	44.91	45.64	46.36	47.09	47.81	0.73
3.—	50.19	51.03	51.86	52.70	53.54	0.84
4.—	55.46	56.41	57.36	58.31	59.26	0.95
5.—	60.74	61.81	62.86	63.92	64.99	1.06
6.—	66.01	67.19	68.36	69.54	70.71	1.18
Logarithmes des changes	52781	53881	54980	56080	57179	0.1100
Frais invariables par 100 kil.	34.35	34.85	35.30	35.86	36.37	0.50

OBSERVATIONS

F. 10 et 10 % par 1000 kil. sur le fret font au Havre une différence de F. 1.18 par 100 kil. sur les prix.

Logarithme sans change 1.0996

On veut savoir le revient au Havre du Bois de Linaloe ayant coûté à Manzanillo ₰ 4 ¾ la Carga au change de F. 4.90 et au fret de F. 80 et 10 % les 1000 kil.

On trouvera dans la 1re et la 3e colonne de ce tableau que:

₰ 4.— font les 100 kil. Entrepôt	F.	56.41
» —.¾ id. id.	»	4.04
₰ 4.¾ feront les 100 kil. Entrepôt	F.	60.45

Ainsi le logarithme 1.0996 × le change 4.90 = la logarithme correspondant à ce change 53881 ;

4¾ × 53881 =	F.	25.60
à ajouter les frais invariables	»	34.85
Revient égal	F.	60.45

Droits d'entrée par 100 kil. depuis Juin 1869.

Sous tous pavillons .... Exempt.

COMPTE D'ACHAT ET DE REVIENT

A 34 CAISSES INDIGO DE COLIMA

34 Caisses Indigo de Colima brut ℔ 6139				
Tare nette .... » 1760				
Net .... ℔ 4379 à 8 Réaux la ℔			$	4379.—

FRAIS A MANZANILLO

Merma et Déchet à 3 %	$	131.37		
Coût de 34 caisses, emballer et magasinage à $ 3 ½ par caisse	»	119.—		
Fret jusqu'à Manzanillo 17 carga à $ 3 ½ par carga	»	59.50		
Frais d'embarquement à $ 1 ¼ la caisse	»	42.50	»	352.37
			$	4731.37
Commission et remboursement 5 %			»	236.57
			$	4967.94
Remboursement à 90 jours de vue sur Paris au change de F. 5 la $			F.	24839.70

FRAIS AU HAVRE

Fret par Steamer de Manzanillo jusqu'au Havre 34 caisses brut 6139 ℔ à £ 18 ½ et 5 % les 2240 ℔	£	53. 4. 9.		
à F. 25.40	F.	1352.23		
Recevoir, transport, arrimer, dérimer, tarer, hausser, livrer, classer, 1 mois magasinage et livrer	»	238.—		
Assurance maritime à 2 % sur F. 27323.67	»	546.47		
Assurance contre le feu à 1 ‰ sur F. 27323.67	»	27.33		
Commission de banque à ¼ % sur F. 24839.70	»	62.10		
Escompte à la vente .... 2 ¼ %				
Courtage de vente .... ¼ %				
Commission de vente .... 2 %				
Ensemble .... 4 ½ % sur F. 28340.76	»	1275.35	»	3501.48
			F.	28341.18

RENDEMENT : 100 ℔ brut = 45 kil. brut.

Brut .... kil. 2763				
Tare nette .... kil. 839				
Don 1 ½ .... » 51 » 890				
Net .... kil. 1873 à F. 15.13 le kil. Entrepôt			F.	28338.40

PRIX DE REVIENT AU HAVRE DU KILOGRAMME ENTREPOT

AUX CHANGES SUIVANTS SUR PARIS POUR $ 1

Avec la parité des changes sur Londres, calculée sur la base de 1 £ = F. 25.25

PRIX à COLIMA en Rx par ℔ esp.	LONDRES D.45.[illegible] — PARIS F. 4.80	LONDRES D.46.[illegible] — PARIS F. 4.90	LONDRES D.47.[illegible] — PARIS F. 5.—	LONDRES D.48.[illegible] — PARIS F. 5.10	LONDRES D.49.[illegible] — PARIS F. 5.20	[illegible] c. ou 10 c. de différence par $ sur le change font au Havre par kil.
Rx 0. ¼	F. 0.41	F. 0.42	F. 0.43	F. 0.44	F. 0.44	F. 0.01
0. ½	0.82	0.83	0.85	0.87	0.89	0.02
1.—	1.63	1.67	1.70	1.74	1.77	0.04
4.—	8.03	8.18	8.33	8.48	8.63	0.15
5.—	9.66	9.85	10.03	10.22	10.40	0.19
6.—	11.29	11.51	11.73	11.95	12.17	0.22
7.—	12.92	13.18	13.43	13.69	13.94	0.26
8.—	14.55	14.84	15.13	15.42	15.71	0.29
9.—	16.18	16.51	16.83	17.16	17.48	0.33
10.—	17.81	18.17	18.53	18.89	19.25	0.36
11.—	19.44	19.84	20.23	20.63	21.02	0.40
12.—	21.07	21.50	21.93	22.36	22.79	0.43
Logarithmes des changes	162926	166320	169715	173109	176504	003395
Frais invariables par kil.	1.52	1.54	1.55	1.57	1.58	0.02

OBSERVATIONS

£ 1 et 5 % par 2240 ℔ sur le fret font au Havre une différence de F. 0.04 par kil. sur les prix.

Logarithme sans change 0.33943

On veut savoir le revient de l'Indigo ayant coûté à Colima Manzanillo Rx 9 ¼ la ℔ au change de F. 5.20 et au fret de £ 18 ½ et 5 % les 2240 ℔.

On trouvera dans la 1re et 6e colonne de ce tableau que :

Rx 9.— font le kilog. entrepôt	F. 17.48
» 0. ¼ id. id.	» —.44
Rx 9. ¼ feront le kilog. entrepôt	F. 17.92

Ainsi le logarithme 0.33943 × le change 5.20 = le logarithme correspondant à ce change 176504 ;

9 ¼ × 176504 = ...	F. 16.34
à ajouter les frais invariables	» 1.58
Revient égal	F. 17.92

Droits d'entrée par 100 kil. depuis Juin 1869.

Sous tous Pavillons .... Exempt.

COMPTE D'ACHAT ET DE REVIENT

A 24 CAISSES INDIGO

	@ ℘ onces			
12 Caisses.....	82.18. 8	Tare	19. 3. 0.	de Anslau
12 »	83.21. 8		17. 8. 8.	»
24 Caisses.....	166.15. 0		36.11. 8.	
	36.11. 8			
Net........	130. 3. 8	= 3253 ½ ℘ à 8 Réaux la ℘........	∮	3253.50

FRAIS A ANSLAU ET MANZANILLO

Déchet 10 ℘ 9 Onces à 8 Réaux la ℘........	∮	10.56		
24 Caisses, frais d'emballer........ ∮ 48.—	»	72.78		
92 Varas toile et 1 ½ cuirs, colle, clous........ » 24.78				
18 Fardeaux sacs pour couvrir pendant le transport à mulets et cordes........	»	18.75		
1 Caisse d'échantillons et menus frais........	»	7.—		
Transport au port d'embarquement, Manzanillo, ∮ 8 les 2 caisses...	»	96.—		
Frais d'expédition et embarquement à ½ ∮ par caisse........	»	12.—	»	217.09
			∮	3470.59
Commission 5 %........			»	173.53
			∮	3644.12
Remboursement à 90 jours de vue sur France au change de F. 5 la ∮........			F.	18220.60

FRAIS AU HAVRE

Fret à 1851 kil. à F. 150 et 10 % les 700 kil........	F.	436.30		
Permis, recevoir, transport, arrimer, échantillonner, classer, tarer, hausser et livrer, 1 mois magasinage........	»	168.—		
Assurance maritime à 2 ¼ % sur F. 20042.66........	»	450.96		
Assurance contre le feu à 1 ‰ sur F. 20042.66........	»	20.04		
Commission de banque à ¼ % sur F. 18220.00........	»	45.55		
Escompte à la vente........ 2 ¼ %				
Courtage de vente........ ¼ %				
Perte d'intérêts........ ½ %				
Commission de vente........ 2 %				
Ensemble........ 5 % sur F. 20359.37........	»	1017.97	»	2138.82
			F.	20359.42

RENDEMENT : 100 ℘ brut = 44 $^{35}/_{100}$ kil. brut
100 » net = 42 $^{90}/_{100}$ » net.

24 Caisses brut........		kil. 1851	
Tare nette........	kil. 418		
Don et surdon........	» 36	» 454	
Net........		kil. 1397 à F. 14 58 les 100 kil. Entrepôt........ F.	20368.26

PRIX DE REVIENT AU HAVRE DU KIL. ENTREPOT

AUX CHANGES SUIVANTS SUR PARIS POUR ∮ 1

Avec la parité des changes sur Londres, calculée sur la base de 1 £ = F. 25.25

PRIX à COLIMA MANZANILLO en Rx par ℘ esp.	LONDRES D.45.[40] — PARIS F. 4.80	LONDRES D.46.[37] — PARIS F. 4.90	LONDRES D.47.[38] — PARIS F. 5.—	LONDRES D.48.[47] — PARIS F. 5.10	LONDRES D.49.[40] — PARIS F. 5.20	0,95 d. ou 10 c. de différence sur le change font au Havre par kil.
Rx 0.¼ = ∮ 0.04	F. 0.40	F. 0.41	F. 0.41	F. 0.42	F. 0.43	F. 0.01
0.½ = 0.07	0.80	0.81	0.83	0.85	0.86	0.02
1.— = 0.13	1.59	1.62	1.66	1.69	1.72	0.04
6.— = 0.75	10.83	11.05	11.27	11.49	11.71	0.22
7.— = 0.88	12.42	12.67	12.92	13.18	13.43	0.25
8.— = 1.—	14.01	14.30	14.58	14.87	15.15	0.29
9.— = 1.13	15.60	15.92	16.23	16.55	16.87	0.32
10.— = 1.25	17.19	17.54	17.80	18.24	18.59	0.35
11.— = 1.38	18.78	19.16	19.54	19.93	20.31	0.38
12.— = 1.50	20.37	20.78	21.20	21.62	22.03	0.42
Logarithmes des Changes	15883	16214	16545	16876	17207	00331
Frais invariables par kil.	1.30	1.32	1.34	1.36	1.38	0.02

OBSERVATIONS

F. 10 et 10 % par 700 kil. sur le fret font au Havre une différence de F. 0.02 par kil. sur les prix.

Logarithme sans change 0,3309

On veut savoir le revient au Havre d'Indigo ayant coûté à Manzanillo Rx 12 ½ la ℘ au change sur Paris de F. 5.20 et au fret de F. 80 et 10 % les 700 kil.

On trouvera dans la 1re et la 6e colonne de ce tableau que :

Rx 12.— font le kil. entrepôt........	F.	22.03
» —.½ id. id.	»	—.86
Rx 12.½ feront le kil. entrepôt........	F.	22.89

Ainsi le logarithme 0.3309 × le change 5.20 = le logarithme correspondant à ce change 17207 ;

12 ½ × 17207 =........	F.	21.51
à ajouter les frais invariables........	»	1.38
Revient égal........	F.	22.89

Droits d'entrée par 100 kil. depuis Juin 1869

Sous tous Pavillons........ Exempt.

COMPTE D'ACHAT ET DE REVIENT

A 34 CAISSES INDIGO DE COLIMA

34 Caisses Indigo de Colima brut ℔ 6139 espag.
Tare nette........................ » 1760
Net........................ ℔ 4379 à 8 Réaux la ℔........................ $ 4379.—

FRAIS A MANZANILLO

Merma et Déchet 3 %........................	$	131.37		
34 Caisses, emballer et magasinage à $ 3 ½........................	»	119.—		
Fret jusqu'au port 17 cargas à $ 3 ½........................	»	59.50		
Frais d'embarquement à $ 1 ¼........................	»	42.50	»	352.37
			$	4731.37
Commission et remboursement 5 %........................			»	236.57
			$	4967.94
Remboursement à 90 jours de vue sur Londres au change de 50 d. la $........................			£	1034.19. 9.

FRAIS A LIVERPOOL

Fret par Steamer de Manzanillo à Liverpool, voie de Panama, Aspinwall et Southampton, 34 caisses, 6139 ℔ à £ 18 et 5 % par 2240 ℔........................	£	51.16.—		
Dock & town dues, cartage, showing, taring, adverty, catalogues, delivry, rent & fire insurance à 15/ la caisse........................	»	25.10.—		
Assurance maritime à 2 % sur £ 1138.10........................	»	22.15. 5		
Assurance contre le feu à 1 ‰ sur £ 1138.10........................	»	1. 2. 9		
Commission de Banque ¼ % sur £ 1034.19. 9........................	»	2.11. 9		
Escompte à la vente........................ 2½ %				
Courtage de vente........................ ½ %				
Commission de vente........................ 2 %				
Ensemble........................ 5 % sur £ 1198.14. 5........................	»	59.18. 9	»	163.14. 8
			£	1198.14. 5

RENDEMENT :

100 ℔ brutes = 99 ½ ℔ brutes angl.
100 » net = 97 » net »
34 Caisses brut........................ ℔ 6098
Tare........................ » 1851. — 1 caisse = 54 $^{41}/_{100}$ ℔
Net........................ ℔ 4247 à 5/ 7 $^{71}/_{100}$ d. la ℔........................ £ 1198.14 3

PRIX DE REVIENT A LIVERPOOL PAR ℔ ENTREPOT EN SHILLINGS

AUX CHANGES SUIVANTS SUR L'ANGLETERRE POUR 1 $

	PRIX à COLIMA par ℔ espagnole	D. 44	D. 45	D. 46	D. 47	D. 48	D. 49	D. 50	1 d. de différence sur le change font par ℔
SUPP. — Coût et frais variables.	Rx 0. ¼	Sh. 0.14	Sh. 0.14	Sh. 0.15	Sh. 0.15	Sh. 0.15	Sh. 0.15	Sh. 0.16	Sh. 0.01
	0. ½	0.27	0.28	0.29	0.29	0.30	0.30	0.31	0.01
	1.—	0.55	0.56	0.58	0.59	0.60	0.61	0.63	0.02
Coût et frais variables et invariables	4.—	2.81	2.86	2.92	2.98	3.03	3.08	3.14	0.06
	5.—	3.36	3.48	3.49	3.56	3.63	3.69	3.76	0.07
	6.—	3.91	3.99	4.07	4.15	4.23	4.31	4.39	0.08
	7.—	4.46	4.55	4.64	4.74	4.83	4.92	5.01	0.09
	8.—	5.01	5.12	5.22	5.33	5.43	5.54	5.64	0.11
	9.—	5.56	5.68	5.79	5.92	6.03	6.14	6.26	0.12
	10.—	6.11	6.24	6.37	6.50	6.63	6.76	6.90	0.13
	11.—	6.66	6.79	6.94	7.09	7.23	7.37	7.51	0.14
	12.—	7.21	7.37	7.52	7.68	7.83	7.99	8.15	0.16
Logarithmes des changes		055176	056430	057684	058938	060192	061446	062700	001254
Frais invariables par ℔ anglaise		0.60	0.60	0.61	0.61	0.62	0.62	0.63	0.01

OBSERVATIONS

£ 1 et % par 2240 ℔ sur le fret font à Liverpool une différence de 0.02 par ℔ sur les prix.

Logarithme sans Change 0,01254

On veut savoir le revient à Liverpool d'Indigo ayant coûté à Manzanillo 9 ¼ Rx la ℔ au change de 46 d. et au fret de £ 18 et 5 % les 2240 ℔

On trouvera dans la 1re et la 4e colonne de ce tableau que:
Rx 9.— font la ℔ entrepôt........................ Sh. 5.79
» —.¼ id. id. .... » 0.15
Rx 9.¼ feront la ℔ .... Sh. 5.94

Ainsi le logarithme 0.01254 × le change 46 = le logarithme correspondant à ce change 0.57684;
9 ¼ × 057684 = ... Sh. 5.33
à ajouter les frais invariables. .... » 0.61
Revient égal........................ Sh. 5.94

Exempt de Droits d'entrée

DEPUIS JUIN 1869

COMPTE D'ACHAT ET DE REVIENT

A 61 BALLES COTON

34 Balles pesant net ℔ 5369
27 » » » » 4249
61 Balles Net.... ℔ 9618 à $ 20 par 100 ℔ .... $ 1923.60

FRAIS A MANZANILLO

Frais d'expédition, embarquement par lanches à bord du steamer..	$	72.42		
Fret par Steamer de Manzanillo à Panama à 9618 ℔ à 1 ½ c........	»	144.27	»	216.69
			$	2140.29
Commission d'achat et remboursement 5 %			»	107.01
			$	2247.30
Remboursement à 90 jours de vue sur Londres au change de 50 d. pour 1 $			£	468. 3. 9.

FRAIS A LIVERPOOL

Fret d'Aspinwall jusqu'à Liverpool à 9618 ℔ à 1 d. et 5 % par ℔.	£	42. 1. 7		
Frais de réception, 1 mois magasinage et livraison	»	10. 6. 0		
Assurance maritime à 1 ½ % sur £ 515.00. 2	»	7.14. 6		
Assurance contre le feu 1 ‰ sur £ 515.00. 2	»	—.10. 4		
Frais de change à ½ % sur £ 468. 3. 9	»	2. 6.10		
Escompte 3 mois et 10 jours........ 1 ½ %				
Courtage de vente .... ½ %				
Commission de vente........ 2 %				
Ensemble........ 4 % sur £ 553. 5. 8........	»	22. 2. 8	»	85. 1.11
			£	553. 5. 8

RENDEMENT réel :

	Brut	Draft à 1 ℔	Tare à 6 ℔	Net
34 Balles......	5332 ℔	34	204	5094 ℔
27 »	4238 »	27	162	4049 »
61 Balles......	9570 ℔	61	366	9143 ℔

SOIT :

Brut........ ℔ 9570
Tare à 6 ℔........ ℔ 366
Don ou draft à 1 ℔.... » 61 » 427
Net........ ℔ 9143 à 14 $^{11}/_{32}$ d........ £ 553. 3.—

34 Balles 5369 ℔ esp. = 5332 ℔ angl. 100 ℔ esp. net = 99 $^{31}/_{100}$ ℔ brut anglaises.
27 » 4249 » » = 4238 » » 100 » » = 99 $^{74}/_{100}$ »

PRIX DE REVIENT A LIVERPOOL DE LA LIVRE ANGLAISE ENTREPOT

AUX CHANGES SUIVANTS SUR LONDRES PAR 1 $

	PRIX à COLIMA-MANZANILLO par 100 ℔ espagnoles	D. 46	D. 47	D. 48	D. 49	D. 50	1 d. de différence sur le change fait par ℔
Coût et frais variables.	$ 0. ½	D. 0.27	D. 0.28	D. 0.28	D. 0.29	D. 0.30	D. 0.01
	1.—	0.54	0.55	0.57	0.58	0.59	0.02
	2.—	1.08	1.11	1.13	1.16	1.18	0.03
	3.—	1.62	1.65	1.70	1.73	1.77	0.04
	4.—	2.16	2.21	2.26	2.31	2.36	0.05
	5.—	2.71	2.77	2.83	2.88	2.94	0.06
Coût et frais variables et invariables.	10.—	8.06	8.21	8.35	8.50	8.64	0.15
	15.—	10.77	10.97	11.17	11.37	11.58	0.20
	20.—	13.48	13.74	14.00	14.26	14.52	0.26
	25.—	16.19	16.51	16.82	17.14	17.46	0.32
	30.—	18.90	19.27	19.65	20.02	20.40	0.38
	Logarithmes des changes	54142	55319	56496	57673	58850	01177
	Frais invariables par ℔ anglaise	2.65	2.68	2.70	2.73	2.75	0.03

OBSERVATIONS

¼ d. et 5 % par ℔ sur le fret font à Liverpool une différence de 0.15 d. par ℔ sur les prix.

Logarithme sans change 0,01177

On veut savoir le revient à Liverpool de Coton ayant coûté à Manzanillo $ 12 ½ les 100 ℔ au change de 48 d. et au fret de 1 d. et 5 %.

On trouvera dans la 1re et 4e colonne de ce tableau que :

$ 10.— font la livre........	D.	8.35
» 2.— d°	»	1.13
» 0.½ d°	»	0.28
$ 12.½ feront la livre........	D.	9.76

Ainsi le logarithme 0.01177 × le change 48 = le logarithme correspondant à ce change 56496 ;

12 ½ × 56496 =........	D.	7.06
à ajouter les frais invariables........	»	2.70
Revient égal........	D.	9.76

Exempt de Droits d'entrée
DEPUIS JUIN 1869.

PORT D'ESPAGNE

Chef-lieu de l'île de la Trinité (Trinidad) dans les petites Antilles anglaises sur le golfe de Paria, par 63° 49' longitude Ouest et 10° 38' latitude Nord. La population de la ville est évaluée à 23,000 habitants, et celle de l'île toute entière à 160,000 habitants.

Port. — Le golfe peut contenir jusqu'à 2,000 grands navires, mais ceux de plus de 600 à 700 tonneaux ne peuvent mouiller qu'à une distance d'environ 2 kilomètres de la ville, tandis que les caboteurs viennent à une encablure des quais. Le mouvement général du port est, par jour, d'environ 30 à 40 navires, venant soit de l'Europe, des États-Unis, de la Côte-Ferme ou des Antilles. Les navires peuvent partir à toute heure du jour ou de la nuit du port; mais pour prendre les bouches de l'Orénoque, en venant du large, ils sont forcés d'attendre la marée qui a lieu une fois par 24 heures.

Le port est libre pour tous pavillons moyennant un droit d'ancrage d'une gourde par tonneau et les droits de Douane.

Port-d'Espagne, est en communication régulière avec l'Europe par les steamers des différentes nations, avec les autres ports des Antilles et avec la Côte-Ferme par un cabotage journalier.

Le sol est d'une prodigieuse fertilité. Les terres ne réclament ni labourage ni engrais; toute la culture se réduit à planter la canne, à lui donner deux sarclages et à la couper. Les rejetons se reproduisent en abondance; ils le feront pendant un temps plus ou moins long, selon la richesse du sol, sans cependant durer moins de 15 à 20 ans. La récolte n'est pas astreinte à un temps ou à une saison donnés. Si les circonstances s'opposent à ce qu'on la fasse au bout de l'année on peut la remettre à l'année suivante; la canne en sera que plus productive; elle peut atteindre une troisième et même une quatrième année sans qu'il en résulte de perte sensible. La conséquence de ces avantages est que la récolte n'est jamais perdue.

A la Trinité la vie est à bon compte. La Côte-Ferme contribue à cet état de choses par sa proximité, par la quantité de racines, de fruits, de volailles, etc., qu'elle jette dans la colonie, au moyen d'un cabotage qu'entreprennent tous les points du golfe de Paria.

Les principaux objets de commerce de la Trinité sont le sucre, le cacao, le tabac, le café, la vanille, le rocou, etc.

Les monnaies consistent en gourdes valant F. 5.40. Les pièces de F. 5 y valent aussi F. 5.40

Poids et mesures les mêmes qu'en Angleterre.

Les frais de port d'un navire anglais de 396 tonneaux s'élèvent à $ 144.55.

Exportations de Trinidad du 1er Janvier au 31 Décembre des années suivantes.

	1865	1866	1867	1868	1869
Sucre boucauts	50,987	44,627	46,887	47,955	49,373
» tierçons	6,143	8,203	7,357	6,717	7,476
» barils	5,215	4,893	3,549	3,528	2,626
Mélasses boucauts	9,324	12,134	15,312	16,524	10,801
» tierçons	283	456	515	717	908
Rhum boucauts	933	876	339	315	102
Cacao livres	6,528,200	5,493,280	7,603,080	7,344,868	6,269,920
Café »	36,002	5,780	360	9,000	70,886
Cotons balles	920	193	148	78	19
Asphalte tonneaux	12,940	11,983	3,697	1,019	5,297

COMPTE D'ACHAT ET DE REVIENT

A 308 BOUCAUTS SUCRE

308 Boucauts Sucre brut	℔ 477138		
Tare 10 % ...	» 47714		
Net	℔ 429424		
Provenant de Net. ℔ 441077 à $ 3 les 100 ℔		$	13232.31

FRAIS A TRINIDAD

Coût de 308 Boucauts à $ 5	$ 1540.—		
Recevoir, remplir, tonnelier et mise à bord	» 257.65		
Droits d'exportation à 72 c. par Boucaut	» 221.76	»	2019.41
		$	15251.72
Commission d'achat et remboursement 5 %		»	762.59
		$	16014.31
Remboursement sur Paris à 90 jours de vue au change de F. 5 la $		F.	80071.55

FRAIS AU HAVRE

Fret F. 60 et 10 % par 1000 kil. net de Douane à			
Brut ..... kil. 193240			
Tare 12 % ..... » 23188			
Net ..... kil. 170052 à F. 60 et 10 % les 1000 kil.	F. 11223.43		
Recevoir, échantillonner, transport, arrimer, livrer, 1 mois magasinage	» 1409.90		
Réfactions pour couches (plus ou moins)	» 1540.—		
Assurance maritime à 1 ¼ % sur F. 88078.70	» 1100.98		
Assurance contre le feu à 1 ‰ sur F. 88078.70	» 88.08		
Commission de banque à 1 % sur F. 80071.55	» 800.72		
Escompte à la vente ..... 2 ¼ %			
Courtage de vente ..... ¼ %			
Commission de vente ..... 2 %			
Ensemble ..... 4 ½ % sur F. 100769.29	» 4584.63	»	20697.74
		F.	100769.29

RENDEMENT :

100 ℔ net = 45 kil. brut
100 » » = 37 ⁸¹/₁₀₀ kil. nets

Brut	kil. 193240
Perte en magasin 1 %	» 1932
	kil. 191308
Fonds lourds	» 154
	kil. 191154
Tare 15 % kil. 28673 / Réfactions. » 924	» 29597
Net ..... kil. 161557 à F. 62.37 les 100 kil. entrepôt	F. 100763.10

PRIX DE REVIENT AU HAVRE DES 100 KIL. ENTREPOT

AUX CHANGES SUIVANTS SUR PARIS POUR $ 1

Avec la parité des changes sur Londres par £ 100, calculée sur la base de 1 £ = F. 25.25

	PRIX à PORT D'ESPAGNE en $ par 100 ℔	LONDRES $ 526.04 — PARIS F. 4.80	LONDRES $ 515.31 — PARIS F. 4.90	LONDRES $ 505.— — PARIS F. 5.—	LONDRES $ 495.10 — PARIS F. 5.10	LONDRES $ 485.58 — PARIS F. 5.20	LONDRES $ 476.42 — PARIS F. 5.30	LONDRES $ 467.59 — PARIS F. 5.40	1 % ou 10 c. de différence sur le change font au Havre par 100 kil
Coût et frais variables	$ 0.⅛	F. 1.85	F. 1.89	F. 1.92	F. 1.96	F. 2.00	F. 2.04	F. 2.08	F. 0.04
	0.¼	3.69	3.77	3.85	3.92	4.00	4.08	4.15	0.08
	0.½	7.38	7.54	7.69	7.84	8.00	8.15	8.30	0.15
	0.¾	11.07	11.31	11.53	11.76	12.00	12.23	12.45	0.23
	1.—	14.77	15.07	15.38	15.69	16.—	16.30	16.61	0.31
Coût et frais variables et invariables	2.—	45.49	46.24	47.—	47.75	48.51	49.26	50.02	0.76
	2.½	52.86	53.78	54.69	55.59	56.50	57.41	58.32	0.90
	3.—	60.25	61.31	62.38	63.44	64.50	65.56	66.63	1.07
	3.½	67.63	68.85	70.06	71.28	72.50	73.71	74.92	1.21
	4.—	75.02	76.39	77.76	79.13	80.50	81.87	83.24	1.37
	4.½	82.40	83.92	85.44	86.97	88.50	90.02	91.53	1.52
	5.—	89.78	91.46	93.14	94.81	96.49	98.17	99.85	1.68
Logarithmes des changes		147662	150738	153815	156891	159968	163044	166121	3076
Frais invariables par 100 kil.		15.95	16.09	16.23	16.37	16.51	16.65	16.79	0.14

OBSERVATIONS

F. 5 et 10 % par 1000 kil. net sur le fret font au Havre F. 0.60 ½ par 100 kil. sur les prix.

Logarithme sans change 3.0763

On veut savoir le revient de Sucre ayant coûté à Trinidad $ 3 ½ les 100 ℔ au change de F. 5.20 et au fret de F. 60 et 10 % les 1000 kil. net.

On trouvera dans la 1re et 6e colonne de ce tableau que :

$ 3.— font les 100 kil. Entrepôt		F. 64.50
» 0.½ » »		» 4.—
$ 3.½ feront les 100 kil. Entrepôt		F. 68.50

Ainsi le logarithme 3.0763 × le change 5.20 = le logarithme correspondant à ce change 159968;

3 ½ × 159968 = ...	F. 51.99
à ajouter les frais invariables	» 16.51
Revient égal	F. 68.50

Droits d'entrée par 100 kil. depuis Juin 1809

F. 42 au-dessous du type N° 13.
F. 44 du type N° 13 au type N° 20.

COMPTE D'ACHAT ET DE REVIENT

A 100 SACS CACAO

100 Sacs brut ℔ 17569			
Tare » 300			
Net ℔ 17269 à $ 10 les 110 ℔		$	1569.91

FRAIS A TRINIDAD

100 Sacs à 40 cents	$	40.—		
Frais de réception et mise à bord	»	4.45		
Droits d'exportation à 15 cents les 100 ℔ nets	»	25.90	»	70.35
			$	1640.26
Commission d'achat et remboursement 5 %			»	82.01
			$	1722.27
Remboursement à 90 jours de vue sur Paris au change de F. 5 la $			F.	8611.35

FRAIS AU HAVRE

Fret sur kil. 7943 à F. 60 et 10 % les 700 kil	F.	748.91		
Recevoir, arrimer et livrer avec 1 mois de magasinage	»	46.—		
Assurance maritime à 1 ¼ % sur F. 9472.48	»	118.40		
Assurance contre le feu à 1 ‰ sur F. 9472.48	»	9.47		
Commission de banque à 1 % sur F. 8611.35	»	86.11		
Escompte à la vente 2¼ %				
Courtage de vente ¼ %				
Commission de vente 2 %				
Ensemble 4½ % sur F. 10073.54	»	453.30	»	1462.19
			F.	10073.54

RENDEMENT : 100 ℔ net = 46 kil. brut

Brut kil. 7943		
Tare 2 % » 159		
Net kil. 7784 sur F. 129.41 les 100 kil, Entrepôt	F.	10073.27

PRIX DE REVIENT AU HAVRE DES 100 KIL. ENTREPOT

AUX CHANGES SUIVANTS SUR PARIS POUR $ 1

Avec la parité des changes sur Londres pour $ 100, calculée sur la base de 1 £ = F. 25.25

	PRIX au PORT-D'ESPAGNE en $ par 110 ℔	LONDRES $ 526.04 — PARIS F. 4.80	LONDRES $ 515.51 — PARIS F. 4.90	LONDRES $ 505.— — PARIS F. 5 —	LONDRES $ 495.10 — PARIS F. 5.10	LONDRES $ 485.85 — PARIS F. 5.20	LONDRES $ 476.42 — PARIS F. 5.30	LONDRES $ 467.59 — PARIS F. 5.40	1 % ou 10 c. de différence sur le change font au Havre par 100 kil.
Coût et frais variables.	$ 0.⅛	F. 1.36	F. 1.39	F. 1.42	F. 1.45	F. 1.48	F. 1.51	F. 1.54	F. 0.03
	0.¼	2.73	2.79	2.84	2.90	2.96	3 01	3.07	0.06
	0.½	5.46	5.57	5.68	5.79	5.91	6.02	6.14	0.12
	0.¾	8.18	8.35	8.52	8.70	8.86	9.03	9.21	0.18
	1.—	10.91	11.14	11.37	11.59	11.82	12.05	12.27	0.23
Coût et frais variables et invariables	8.—	102.84	104.76	106.68	108.60	110.52	112.44	114.36	1.92
	9.—	113.75	115.90	118.05	120.19	122.34	124.49	126.64	2.15
	10.—	124.66	127.04	129.41	131.78	134.16	136.53	138.91	2.38
	11.—	135.57	138.18	140.78	143.37	145.98	148 58	151.18	2.60
	12.—	146.48	149.31	152.14	154.97	157.80	160.63	163.46	2.83
	13.—	157.39	160.45	163.51	166.56	169.62	172.68	175.74	3.06
	14.—	168.30	171.59	174.87	178.15	181.44	184.72	188.01	3.29
	15.—	179.21	182.73	186.23	189.74	193.26	196.77	200.28	3.51
	16.—	190.12	193.86	197.60	201.34	205.07	208.82	212.56	3.74
Logarithmes des changes		109085	111357	113630	115902	118175	120447	122720	2273
Frais invariables par 100 kil.		15.58	15.68	15.79	15.88	15.99	16.09	16.20	0.10

OBSERVATIONS

F. 10 et 10 % par 700 kil. sur le fret font au Havre une différence de F. 1.08 par 100 kil. sur les prix

Logarithme sans change 2.2726

On veut savoir le revient de Cacao ayant coûté à Trinidad $ 9 ¼ les 110 ℔ au change de F. 5.20 et au fret de F. 60 et 10 % les 700 kil.

On trouvera dans la 1re et 6e colonne de ce tableau que :

$ 9.— font les 100 kil. entrepôt	F.	122.34
» 0.¼ id. id.	»	2.96
$ 9.¼ feront les 100 kil. entrepôt	F.	125.30

Ainsi le logarithme 2.2726 × le change 5.20 = le logarithme correspondant à ce change 118175 ;

9¼ × 118175 =	F.	109.31
à ajouter les frais invariables	»	15.99
Revient égal	F.	125.30

Droits d'entrée par 100 kil. depuis Juin 1869.

Sous tous pavillons F. 30

LA RÉPUBLIQUE DE VENEZUELA

État de l'Amérique du Sud, borné au Nord par la mer des Antilles, à l'Ouest par les États de Colombie, au Sud par le Brésil, à l'Est par la Guyane anglaise et la mer des Antilles. Capitale Caracas, 60,000 habitants arrosée par le Guayre. Superficie 17,320 milles carrés géographiques, soit 953,700 kilomètres carrés. Population en 1865 environ 1,565,000 habitants. Constituée en confédération depuis Mars 1864 en vingt états indépendants :

APURE	COJEDES	MERIDA
ARAGUA	CORO	MARGARITA
BERCELONA	CUMANA	PORTUGUESA
BARINAS	GUARICO	TASCHIRA
BARQUISIMETO	GUYANA	TRUJILLJO
CARABOBO	MARACAIBO	YARACUY.
CARACAS	MATURIN	

Outre ces 20 états, Venezuela comprend deux territoires immenses, appelés las Amazonas et la Goagira, peuplés uniquement d'indiens vivant à l'état sauvage ; la Goagira fait un commerce très grand de chevaux et de bœufs avec Maracaibo. Le climat varié est très chaud dans les plaines, délicieux dans les vallées, froid dans les montagnes. Sol très fertile.

Le Venezuela fut ainsi nommé par les Espagnols à cause de la ressemblance qu'ils trouvèrent entre la situation de plusieurs villes indiennes de ce pays, situées sur le lac de Maracaibo et celle de Venis, bâtie sur des lagunes.

Pays fertile en cacao excellent, indigo, café, tabac, coton, salsepareille, bois de teinture. Les soieries, les vins, la parfumerie, la chapellerie et en général tous les articles de modes françaises sont en faveur sur les principaux marchés de Venezuela.

LA GUAYRA. — A 12 kilomètres au Nord de Caracas dont elle est le port, 8,000 habitants. Rade ouverte mais rarement dangereuse. Les vents alizés ne soufflant jamais directement vers la côte, on peut toujours au besoin s'éloigner de la terre. Les fonds sont réguliers et à une encablure du rivage ou à 5 mètres la qualité du fond est de sable et de cailloux : mauvaise tenue, de sorte que, dans les fortes brises on doit s'attendre à chasser. Pour éviter de venir en travers, quand le vent tombe, on mouille dans l'Ouest une petite ancre, dont on prend le grelin par l'arrière. Il faut éviter de mouiller avec des câbles en chanvre. Sur toute cette côte, l'heure de la pleine mer, lors des nouvelles et pleines lunes, est, en moyenne de 4 heures ; la mer monte de 1m6 à 1m9 dans les petites marées et de 2m5 ou 3m dans les grandes.

Il y a une heure ou deux de jusant.

La plupart des négociants de La Guayra sont des délégués de ceux de Caracas. Les marchandises débarquées sont transportées à dos de mules à Caracas par une route carrossable, en pente douce, qui a 32 kilomètres de longueur. Ce port est visité chaque année par 220 à 300 navires. Les marchandises importées ne sont payées que dans des termes de 3 à 6 mois. Celles qui sont exportées, au contraire, sont toujours soldées au comptant.

Les poids et mesures en usage sont ceux d'Espagne, toutefois il y a quelques différences dans les mesures indiquées ci-après :

Le Vara = 0m836 = 1.0012 vara de Castille. Le cacao se vend par fanéga de 110 ℔ = 50 kil. ⁰/₀₀, celui de Maracaibo par fanéga de 96 ℔ = 44 ⁿ kil.

Monnaies. — La piastre macuquino ou sencillo = 8 reales. Changes à 3 mois de vue.

Hambourg............	1 peso macuquino	±...........	36 ½ shillings
Londres................	1 livre sterling	»	6 ½ peso macuquino
Paris....................	1 peso macuquino	»	F. 4
New-York............	100 $ d'Amérique	»	134 pesos macuquino
St-Thomas............	100 $ de St-Thomas	»	125 pesos macuquino

Le Code de commerce français sert de base à la législation commerciale.

PUERTO-CABELLO. — Ville et port de Venezuela à 112 kilomètres Ouest de Caracas 8,000 habitants, dans l'état de Carabobo. La rade est commode et à l'abri de tous les vents. La ville située dans une île, communique au continent par un pont. Le port est garni de quais qui permettent aux navires de prendre et de déposer leurs chargements sans avoir recours à des allèges.

Les voies de communication avec l'intérieur laissent à désirer. La province renferme un lac de 80 kilomètres de long sur une largeur de 36 à 40 où se jettent plusieurs rivières et qui est bordé de tous cotés de plantations de cacao, café, etc. Ces produits se centralisent à un point nommé Puntalarga où est établi un service de vapeurs qui côtoient le lac et transportent les denrées à

Guaraca où les muletiers les prennent à leur tour pour les conduire à Puerto-Cabello. La majeure partie des produits de la province sont embarqués sur les innombrables affluents de l'Apure et dirigés par l'Orénoque sur Ciudad-Bolivar. Cette voie quoique la plus longue pour l'exportation est la plus économique et la plus facile, ce qui explique la préférence qu'on lui accorde; mais elle ne peut être employée toute l'année.

Puerto-Cabello est encore le point d'écoulement des produits de la province de Barquisimeto. Le mouvement maritime de Puerto-Cabello équivaut à peu près à la moitié de celui de La Guayra.

La saison des affaires commence en Octobre et finit généralement en Mai ; presque tous les produits du pays se trouvent alors exportés.

MARACAIBO. — Chef-lieu et port du département de Maracaibo sur le bord Ouest du lac de ce nom (220 kilomètres sur 200) 20,000 habitants, à 560 kilomètres de Caracas et 421 kilomètres de Carthagène; école de navigation et chantiers de marine. Le port est profond, mais la barre qui se trouve à l'entrée n'en permet l'accès qu'aux bâtiments tirant moins de dix pieds d'eau.

CIUDAD BOLIVAR. — Chef-lieu et port du département de Guyana, située sur le bord de l'Orénoque à 320 kilomètres de son embouchure, 10,000 habitants. C'est l'entrepôt des marchandises apportées des différents points de l'intérieur, sur les rivières du pays par petites goëlettes, par un grand nombre de chaloupes et de pirogues appartenant aux indigènes et aussi par des bateaux à vapeur assez grands et à fond plat qui remontent, pendant la saison des pluies seulement, l'Orénoque et deux de ses principaux affluents l'Apuré et la Méta jusqu'à 400 ou 600 kilomètres de Bolivar. L'Équateur dont les ports se trouvent sur le Pacifique, trouve quelquefois avantage d'expédier ses produits en destination d'Europe par la rivière Meta. Cette route pourra aussi être préférée à celle du Rio-Magdalena pour les produits des Andes-Grenadines.

Tout le commerce se fait dans la saison des hautes-eaux, de Juin à Septembre. Le port de Nutrias sur l'Apuré dans la province de Barinas se trouve en communication par des bateaux à vapeur avec le port de Ciudad-Bolivar.

Exportations de Ciudad-Bolivar en 1865 :

140,551	Cuirs	62,700	Fèves Tonca	1,580	Quintaux	café
92,300	Peaux de chèvres	7,176	Q Indigo	311	»	cacao
24,788	Cornes de bœuf	20,000	onces or	2,580	»	coton
12,800	Q Ballein	3,668	Paniers tabac			

Les navires français, manquant à Ciudad-Bolivar, on expédie souvent les marchandises en destination de la France voie de Trinidad.

CUMANA. — Chef-lieu de la province de ce nom à 299 kilomètres de Caracas, 20,000 habitants. Magnifique port, le meilleur et le mieux situé de la côte. Les ouragans des Antilles ne se font jamais sentir dans ces parages où l'on navigue dans des embarcations non pontées. Le seul danger du port de Cumana est le bas-fonds de marne rouge qu'il serait facile de baliser; il y a de 1 brasse et demie à 8 brasses d'eau sur ce bas-fonds, tandis qu'au delà des accores du banc, il y en a de 18 à 30 et 36. Un canal de 24 kilomètres le sépare du continent.

COMPTE D'ACHAT ET DE REVIENT

A 655 SACS CAFÉ

655 Sacs Café à 110 ℔ nettes Net 72050 ℔ à $ 12 les 100 ℔			Macuquino $	8646.—

FRAIS A PUERTO-CABELLO

Pour 655 sacs vides à 60 cents par sac	$	393.—		
Mise en sacs, marquer et expédier à 12 ½ cents par sac	»	81.87		
Droits d'exportation à 72050 ℔ à ½ $ les 100 ℔	»	360.25		
Boîtes d'échantillons et menus frais	»	7.50		
Magasinage 1 %	»	86.46	»	929.08
			$	9575.08
Commission d'achat et remboursement 2 ½ %			»	239.38
			Macuquino $	9814.46
Remboursement sur le Havre à 90 jours de vue au change de F. 4 la $ Macuquino			F.	39257.84

FRAIS AU HAVRE

Fret à 665 sacs à F. 4 et 10 % par sac de 110 ℔	F.	2882.—		
Permis, frais à la réception, échantillonner, conditionner, port en magasin, arrimage, magasinage d'un mois, livraison et menus frais	»	347.15		
Assurance maritime à 1 ¼ % sur F. 43183.62	»	539.80		
Assurance contre le feu à 1 ‰ sur F. 43183.62	»	43.18		
Commission de banque à ¼ % sur F. 39257.84	»	98.14		
Escompte à la vente 1¾ %				
Courtage de vente ¼ %				
Commission de vente 2 %				
Ensemble 4 % sur F. 44966.78	»	1798.67	»	5708.94
			F.	44966.78

RENDEMENT : 1 sac de 110 ℔ net = 51 ⁸⁵/₁₀₀ kil. brut ou 50 kil. nets
100 ℔ » = 46 ½ kil. brut
100 ℔ » = 45 ⁴⁵/₁₀₀ kil. net

Brut	kil. 33503		
Tare 2 % kil. 670			
Réfactions » 92	» 762		
Net	kil. 32741	à F. 137.34 les 100 kil. Entrepôt F.	44966.49

PRIX DE REVIENT AU HAVRE DES 100 KIL. ENTREPOT

AUX CHANGES SUIVANTS SUR PARIS POUR $ 1

Avec la parité des changes sur Londres, calculée sur la base de 1 £ = F. 25.25

PRIX à PUERTO CABELLO par 100 ℔ esp.	LONDRES $ 6.82 ½ — PARIS F. 3.70	LONDRES $ 6.64 ½ — PARIS F. 3.80	LONDRES $ 6.47 ½ — PARIS F. 3.90	LONDRES $ 6.31 ¼ — PARIS F. 4.—	LONDRES $ 6.16 — PARIS F. 4.10	LONDRES $ 6.01 — PARIS F. 4.20	0.15 $, ou 10 c. de différence par $ sur le change font au Havre par 100 kil.
SUPPLÉMENTS. — Café et frais variables $ 0.13	F. 1.12	F. 1.15	F. 1.18	F. 1.21	F. 1.24	F. 1.27	F. 0.03
0.25	2.24	2.29	2.36	2.41	2.48	2.53	0.06
0.50	4.47	4.59	4.71	4.83	4.95	5.07	0.12
0.75	6.71	6.88	7.07	7.24	7.43	7.60	0.18
1.—	8.94	9.18	9.42	9.66	9.90	10.14	0.25
Café et frais variables et invariables. 8.—	92.07	94.28	96.50	98.71	100.93	103.14	2.22
9.—	101.—	103.45	105.91	108.37	110.82	113.28	2.46
10.—	109.94	112.63	115.32	118.02	120.72	123.42	2.20
11.—	118.87	121.80	124.74	127.68	130.62	133.56	2.94
12.—	127.80	130.98	134.16	137.34	140.52	143.70	3.18
13.—	136.73	140.15	143.57	147.—	150.42	153.84	3.42
14.—	145.67	149.33	152.99	156.65	160.32	163.98	3.66
15.—	154.60	158.50	162.40	166.31	170.22	174.12	3.90
16.—	163.54	167.68	171.83	175.97	180.12	184.26	4.15
17.—	172.47	176.85	181.24	185.63	190.02	194.40	4.38
18.—	181.40	186.03	190.65	195.28	199.92	204.54	4.62
19.—	190.34	195.20	200.07	204.94	209.82	214.68	4.86
20.—	199.27	204.38	209.49	214.60	219.71	224.82	5.11
Logarithmes des changes	89320	91743	94158	96572	98987	101401	0.2414
Frais invariables par 100 kil.	20.61	20.89	21.17	21.45	21.73	22.01	0.28

OBSERVATIONS

F. 1/2 et 10 % par sac de 110 ℔ sur le fret font au Havre une différence de F. 1.15 par 100 kil. sur les prix

Logarithme sous change 2,4143

On veut savoir le revient au Havre de Café ayant coûté à Puerto-Cabello $ 13.25 les 100 ℔ au change de F. 4.20 et au fret de F. 4 et 10 % le sac.

On trouvera dans la 1re et la 7e colonne de ce tableau que :

$ 13.— font les 100 kil. entrepôt	F.	153.84
» —.25 id. id.	»	2.53
$ 13.25 feront les 100 kil. entrepôt	F.	156.37

Ainsi le logarithme 2.4143 × le change de F. 4.20 = le logarithme correspondant à ce change 101401 ;

13 ¼ × 101401 =	F.	134.36
à ajouter les frais invariables	»	22.01
Revient égal	F.	156.37

Droits d'entrée par 100 kil. depuis Juin 1869

Sous tous Pavillons F. 50.40

COMPTE D'ACHAT ET DE REVIENT

A 100 BALLES COTON

100 Balles Coton brut Q 10404			
Tare nette .... » 520			
Net .... Q 9884 à $ 25 les 100 Q .... Macuquino	$		2471.—

FRAIS A PUERTO-CABELLO

Recevoir, peser, marquer à 25 cents	$	25.—		
Droits d'exportation à 9884 Q à 80 cents les 100 Q	»	79.07		
Magasinage 1 %	»	24.71		
Menus frais et échantillons	»	6.22	»	135.—
			$	2606.—
Commission d'achat et remboursement 2 ½ %			»	65.15
		Macuquino	$	2671.15
Remboursement sur le Havre à 90 jours de vue au change de F. 4 la $ Macuquino			F.	10684.60

FRAIS AU HAVRE

Fret à 10404 Q à F. 10 et 10 % les 100 Q	F.	1144.44		
Permis, frais au débarquement, échantillonner, conditionner, port en magasin, arrimage, magasinage d'un mois, livraison et menus frais ..	»	60.—		
Assurance maritime à 1 ¼ % sur F. 11753.06	»	146.91		
Assurance contre le feu à 1 ‰ sur F. 11753,06	»	11.75		
Commission de banque à ¼ % sur F. 10684.60	»	26.71		
Escompte à la vente .... 2 ¼ %				
Courtage de vente .... ¼ %				
Commission de vente .... 2 %				
Ensemble .... 4 ½ % sur F. 12643.36	»	568.95	»	1958.76
			F.	12643.36

RENDEMENT : 100 Q brut = 45.62 ½ kil. brut

Brut	kil.	4747.—
Cordes	»	38. ½
	kil.	4708. ½
Tare 4 %		
Don 1 %	»	235. ½
Net	kil.	4473.— à F. 282.66 les 100 kil. Entrepôt .... F. 12643.38

PRIX DE REVIENT AU HAVRE DES 100 KIL. ENTREPOT

AUX CHANGES SUIVANTS SUR PARIS POUR $ 1

Avec la parité des changes sur Londres, calculée sur la base de 1 £ = F 25.25

	PRIX à PUERTO CABELLO par 100 Q esp.	LONDRES $ 6.82 ½ — PARIS F. 3.70	LONDRES $ 6.64 ½ — PARIS F. 3.80	LONDRES $ 6.47 ½ — PARIS F. 3.90	LONDRES $ 6.31 ¼ — PARIS F. 4.—	LONDRES $ 6.16 — PARIS F. 4.10	LONDRES $ 6.01 — PARIS F. 4.20	F. 0.10 ou 10 c. de différence par $ sur le change font au Havre par 100 kil.
Coût et frais variables	$ 0.13	F. 1.13	F. 1.16	F. 1.19	F. 1.22	F. 1.25	F. 1.28	F. 0.03
	0.25	2.25	2.31	2.37	2.43	2.50	2.56	0.06
	0.50	4.51	4.63	4.75	4.87	5.—	5.12	0.12
	0.75	6.76	6.94	7.12	7.30	7.50	7.68	0.18
	1.—	9.02	9.26	9.51	9.75	9.99	10.24	0.25
Coût et frais variables et invariables	10.—	128.82	131.03	133.74	136.45	139.15	141.86	2.71
	20.—	218.48	223.63	228.78	233.92	239.06	244.21	5.15
	21.—	227.49	232.89	238.28	243.67	249.05	254.45	5.40
	22.—	236.51	242.15	247.78	253.42	259.05	264.69	5.64
	23.—	245.52	251.41	257.29	263.17	269.04	274.93	5.88
	24.—	254.54	260.67	266.80	272.92	279.03	285.17	6.12
	25.—	263.56	269.93	276.29	282.66	289.02	295.38	6.37
	26.—	272.57	279.19	285.79	292.41	299.01	305.62	6.61
	27.—	281.59	288.45	295.30	302.16	309.01	315.86	6.85
	28.—	290.60	297.71	304.80	311.91	319.—	326.10	7.09
	29.—	299.63	306.97	314.31	321.66	328.99	336.34	7.34
	30.—	308.65	316.23	323.81	331.40	338.98	346.56	7.59
Logarithmes des changes		90165	92602	95039	97476	99913	102350	02437
Frais invariables par 100 kil.		38.10	38.43	38.70	38.97	39.24	39.51	0.27

OBSERVATIONS

F. 1 et 10 % par 100 Q sur le fret font au Havre une différence de F. 2.68 par 100 kil. sur les prix.

Logarithme, sans change 2.4360

On veut savoir le revient au Havre de Coton ayant coûté à Puerto-Cabello $ 23 ¾ les 100 Q au change de F. 3.90 et au fret de F. 10 et 10 % les 100 kil.

On trouvera dans la 1re et la 4e colonne de ce tableau que:

$ 23.— font les 100 kil. Entrepôt	F.	257.29
» —.¾ id. id.	»	7.12
$ 23.¾ feront les 100 kil. Entrepôt	F.	264.41

Ainsi le logarithme 2.4360 × le change 3.90 = le logarithme correspondant à ce change 95039;

23¾ × 95039 = ...	F.	225.71
à ajouter les frais invariables	»	38.70
Revient égal	F.	264.41

Droits d'entrée par 100 kil. depuis Juin 1869.

Sous tous pavillons .... Exempt.

COMPTE D'ACHAT ET DE REVIENT

A 280 SACS CACAO

280 Sacs Cacao à 110 ℔ net Net 30800 ℔ à ∦ 20 les 110 ℔			∦	5600.—

FRAIS A PUERTO-CABELLO

280 Sacs vides à 75 cents Macuquino	∦	210.—		
Frais de réception et expédition à 31 ¼ cents par 100 ℔	»	96.25		
Droits d'exportation à 30800 ℔, 60 cents les 110 ℔	»	168.—		
Boîtes d'échantillons et menus frais	»	3.—		
Magasinage 1 %	»	56.—	»	533.25
			∦	6133.25
Commission d'achat et remboursement 2 ½ %			»	153.33
		Macuquino	∦	6286.58
Remboursement sur le Havre à 90 jours de vue au change de F. 4 la ∦ Macuquino			F.	25146.32

FRAIS AU HAVRE

Fret F. 5 et 10 % par sac de 110 ℔	F.	1540.—		
Recevoir, transport, arrimer, 1 mois magasinage, peser, livrer	»	128.80		
Assurance maritime à 1 ¼ % sur F. 27660.95	»	345.76		
Assurance contre le feu à 1 ‰ sur F. 27660.95	»	27.66		
Commission de banque à ¼ % sur F. 25146.32	»	62.87		
Escompte à la vente 2 ¼ %				
Courtage de vente ¼ %				
Commission de vente 2 %				
Ensemble 4 ½ % sur F. 28535.51	»	1284.10	»	3389.19
			F.	28535.51

RENDEMENT : 100 ℔ net = 46 kil. brut

Brut	kil.	14168		
Tare 2 %	»	283		
Net	kil.	13885 à F. 205.51 les 100 kil. Entrepôt	F.	28535.06

PRIX DE REVIENT AU HAVRE DES 100 KIL. ENTREPOT

AUX CHANGES SUIVANTS SUR PARIS POUR ∦ 1

Avec la parité des changes sur Londres, calculée sur la base de 1 £ = F. 25.25.

PRIX à PORTO CABELLO par 110 ℔	LONDRES ∦ 6.82 ½ — PARIS F. 3.70	LONDRES ∦ 6.64 ½ — PARIS F. 3.80	LONDRES ∦ 6.47 ½ — PARIS F. 3.90	LONDRES ∦ 6.31 ¼ — PARIS F. 4.—	LONDRES ∦ 6.16 — PARIS F. 4.10	LONDRES ∦ 6.01 — PARIS F. 4.20	0.15 d. ou 10 c. de différence par ∦ sur le change font au Havre par 100 kil.
DÉBOURSÉS. — Coûts et frais variables. ∦ 0.¼	F. 2.06	F. 2.11	F. 2.17	F. 2.22	F. 2.28	F. 2.33	F. 0.06
0.½	4.12	4.22	4.34	4.45	4.56	4.67	0.11
0.¾	6.18	6.33	6.51	6.67	6.84	7.—	0.17
1.—	8.23	8.45	8.67	8.90	9.12	9.34	0.23
2.—	16.46	16.90	17.34	17.79	18.24	18.68	0.44
3.—	24.69	25.35	26.01	26.68	27.36	28.02	0.66
4.—	32.92	33.80	34.68	35.58	36.48	37.46	0.89
5.—	41.14	42.26	43.37	44.48	45.59	46.71	1.12
Coûts et frais variables et invariables. 10.—	108.76	111.36	113.96	116.56	119.16	121.76	2.60
15.—	149.90	153.62	157.38	161.04	164.75	168.47	3.71
20.—	191.04	195.87	200.59	205.52	210.34	215.17	4.82
25.—	232.18	238.13	244.07	250.—	255.93	261.88	5.94
30.—	273.33	280.38	287.48	294.48	301.52	308.58	7.05
35.—	314.46	322.64	330.81	338.96	347.11	355.29	8.16
40.—	355.61	364.89	374.16	383.44	392.71	401.99	9.28
Logarithmes des changes	822858	845097	867337	889576	911816	934055	22240
Frais invariables par 100 kil.	26.47	26.85	27.22	27.60	27.98	28.35	0.38

OBSERVATIONS

F. 1 et 10 % par sac de 110 ℔ sur le fret font au Havre une différence de F. 2.32 ½ par 100 kil. sur les prix.

Logarithme sans change 2.22394

On veut savoir le revient au Havre, de Cacao ayant coûté à Porto-Cabello ∦ 31 ¼ les 110 ℔ au change de F. 4.10 et au fret de F. 5 et 10 % les 110 ℔.

On trouvera dans la 1re et 6e colonne de ce tableau que :

∦ 30.—	font les 100 kil. entrepôt		F.	301.52
» 1.—	id.	id.	»	9.12
» 0.¼	id.	id.	»	2.28
∦ 31.¼	feront les 100 kil. entrepôt		F.	312.92

Ainsi le logarithme 2.22394 × le change de F. 4.10 = le logarithme correspondant à ce change 911816 ;

31 ¼ × 911816 =	F.	284.94
à ajouter les frais invariables	»	27.98
Revient égal	F.	312.92

Droits d'entrée par 100 kil. depuis Juin 1869

Sous tous Pavillons F. 30.

COMPTE D'ACHAT ET DE REVIENT

A 250 SACS CACAO SUPÉRIEUR

250 Sacs Cacao supérieur à 110 ℔ net = 27500 ℔ nettes à # 40 les 110 ℔			#	10000.—

FRAIS A PUERTO CABELLO

250 Sacs vides à 6 Réaux	#	187.50		
Recevoir, peser et embarquer à 2 ½ Réaux par 100 ℔	»	85.94		
Droits d'exportation à 60 cents le sac de 110 ℔	»	150.—		
Echantillons et menus frais	»	4.56		
Magasinage 1 %	»	100.—	»	528.—
			#	10528.—
Commission d'achat et remboursement 2 ½ %			»	263.20
			Macuquino #	10791.20
Remboursement sur le Havre à 90 jours de vue au change de F. 4 la # Macuquino			F.	43164.80

FRAIS AU HAVRE

Fret à 12771 kil. à F. 125 et 5 % par 1000 kil.	F.	1676.19		
Permis, frais au débarquement, échantillonner, conditionner, port en magasin, arrimage, magasinage d'un mois, livraison et menus frais.	»	115.—		
Assurance maritime à 1 % sur F. 47481.28	»	474.81		
Assurance contre le feu à 1 ‰ sur F. 47481.28	»	47.48		
Commission de banque à ¼ % sur F. 43164.80	»	107.91		
Escompte à la vente 2¼ %				
Courtage de vente ¼ %				
Commission de vente 2 %				
Ensemble 4½ % sur F. 47734.23	»	2148.04	»	4569.43
			F.	47734.23

Rendement : 100 ℔ nettes = 46 ⁴/₀₀ kil. brut

Brut	kil. 12771		
Tare 2 %	» 255		
Net	kil. 12516 à F. 381.38 les 100 kil. Entrepôt	F.	47733.52

PRIX DE REVIENT AU HAVRE DES 100 KIL. ENTREPOT

AUX CHANGES SUIVANTS SUR PARIS POUR #1

Avec la parité des changes sur Londres, calculée sur la base de 1 £ = F. 25.25

PRIX à PUERTO CABELLO par 110 ℔	LONDRES # 6.82 ½ — PARIS F. 3.70	LONDRES # 6.64 ½ — PARIS F. 3.80	LONDRES # 6.47 ¼ — PARIS F. 3.90	LONDRES # 6.31 ¼ — PARIS F. 4.—	LONDRES # 6.16 — PARIS F. 4.10	LONDRES # 6.01 — PARIS F. 4.20	0,46 d, ou 10 c. de différence par # sur le change font au Havre par 100 kil.
SUBDIVISIONS. — Coût et frais variables. # 0.¼	F. 2.03	F. 2.09	F. 2.14	F. 2.20	F. 2.25	F. 2.31	F. 0.06
0.½	4.06	4.18	4.28	4.40	4.50	4.62	0.11
0.¾	6.09	6.27	6.42	6.60	6.75	6.93	0.17
1.—	8.13	8.35	8.57	8.79	9.01	9.23	0.23
2.—	16.26	16.70	17.14	17.58	18.02	18.46	0.44
3.—	24.39	25.05	25.71	26.37	27.03	27.69	0.66
4.—	32.52	33.40	34.28	35.16	36.03	36.92	0.88
5.—	40.64	41.74	42.84	43.94	45.04	46.14	1.10
Coût et frais variables et invariables 15.—	150.70	154.87	158.03	161.71	165.37	169.04	3.66
20.—	191.34	196.11	200.87	205.64	210.40	215.17	4.77
25.—	231.98	237.85	243.71	249.57	255.43	261.30	5.86
30.—	272.62	279.59	286.55	293.51	300.46	307.47	6.97
35.—	313.26	321.34	329.39	337.44	345.49	353.56	8.07
40.—	353.91	363.17	372.22	381.38	390.53	399.69	9.16
45.—	394.55	404.81	415.06	425.31	435.56	445.82	10.25
50.—	435.19	446.55	457.90	469.25	480.59	491.95	11.35
55.—	475.83	488.29	500.74	513.18	525.62	538.08	12.45
60.—	516.48	530.03	543.57	557.12	570.66	584.21	13.55
Logarithmes des changes	81285	83482	85679	87876	90073	92270	2197
Frais invariables par 100 kil	28.77	29.14	29.51	29.88	30.25	30.62	0.37

OBSERVATIONS

F. 10 et 5 % par 1000 kil. sur le fret font au Havre une différence de F. 1.12 par 100 kil. sur les prix

Logarithme sans change 2,1969

On veut savoir le revient au Havre de Cacao ayant coûté à Puerto-Cabello # 31 ¼ les 110 ℔ au change de F. 4.10 et au fret de F. 125 et 5 % les 1000 kil.

On trouvera dans la 1re et la 6e colonne de ce tableau que:

# 30.—	font les 100 kil. entrepôt		F.	300.46
» 1.—	id.	id.	»	9.01
» 0.¼	id.	id.	»	2.25
# 31.¼	feront les 100 kil. entrepôt		F.	311.72

Ainsi le logarithme 2.1969 × le change 4.10 = le logarithme correspondant à ce change 90073 ;

31 ¼ × 90073 =	F.	281.47
à ajouter les frais invariables	»	30.25
Revient égal	F.	311.72

Droits d'entrée par 100 kil. depuis Juin 1869

Sous tous pavillons F. 30

COMPTE D'ACHAT ET DE REVIENT

A 80 SACS QUINQUINA

80 Sacs Quinquina pesant 9256 ℘ à ∮ 20 les 100 ℘		∮	1851.20

FRAIS A PUERTO CABELLO

Frais de réception et mise à bord	∮	20.—		
160 Sacs vides à 25 cents	»	40.—		
Droits d'exportation à 9256 ℘ à 1 cent	»	92.56		
Magasinage 1 %	»	18.51	»	171.07
			∮	2022.27
Commission d'achat 2 ½ %			»	50.56
			Macuquino ∮	2072.83
Remboursement sur le Havre à 90 jours de vue au change de F. 4 la ∮ Macuquino			F.	8291.32

FRAIS AU HAVRE

Fret à 4366 kil. à F. 185 et 5 % les 1000 kil.	F.	848.10		
Permis, frais à la réception, échantillonner, conditionner, port en magasin, arrimage, magasinage d'un mois, livraison et menus frais.	»	88.—		
Frais d'analyse	»	35.—		
Assurance maritime à 1 % sur F. 9120.45	»	91.20		
Assurance contre le feu à 1 ‰ sur F. 9120.45	»	9.12		
Commission de banque à ¼ % sur F. 8291.32	»	20.73		
Escompte à la vente 2 ¼ %				
Courtage de vente ¼ %				
Commission de vente 2 %				
Ensemble 4 ½ % sur F. 9825.62	»	442.15	»	1534.80
			F.	9825.62

RENDEMENT : 100 ℘ net = 45 ⅓ kil. nets

Brut	kil.	4366.—
Tare nette kil. 130		
Réfactions à ⅓ kil. » 40	»	170.—
Net	kil.	4196.— à F. 2.34 le kil. Entrepôt ... F. 9818.64

PRIX DE REVIENT AU HAVRE DU KIL. ENTREPOT

AUX CHANGES SUIVANTS SUR PARIS POUR ∮ 1

Avec la parité des changes sur Londres, calculée sur la base de 1 £ = F. 25.25

	PRIX à PUERTO CABELLO en ∮ par 100 ℘	LONDRES ∮ 6.82 ½ — PARIS F. 3.70	LONDRES ∮ 6.64 ½ — PARIS F. 3.80	LONDRES ∮ 6.47 ½ — PARIS F. 3.90	LONDRES ∮ 6.31 ¼ — PARIS F. 4.—	LONDRES ∮ 6.16 — PARIS F. 4.10	LONDRES ∮ 6.01 — PARIS F. 4.20	0.16 d. ou 10 c. de différence par ∮ sur le change font au Havre par kil.
Coût et frais variables	∮ 0.50	F. 0.05	F. 0.05	F. 0.05	F. 0.05	F. 0.05	F. 0.05	F. ——
	1.—	0.09	0.10	0.10	0.10	0.10	0.11	——
	2.—	0.18	0.19	0.20	0.19	0.20	0.21	——
	3.—	0.27	0.28	0.29	0.30	0.30	0.31	——
	4.—	0.36	0.37	0.38	0.39	0.40	0.41	——
	5.—	0.45	0.47	0.48	0.49	0.50	0.52	0.01
Coût et frais variables et invariables	5.—	0.83	0.85	0.87	0.89	0.90	0.92	0.02
	10.—	1.28	1.31	1.34	1.37	1.40	1.43	0.03
	15.—	1.73	1.78	1.82	1.86	1.90	1.95	0.04
	20.—	2.18	2.24	2.29	2.34	2.40	2.46	0.05
	25.—	2.63	2.70	2.77	2.84	2.90	2.97	0.07
	30.—	3.08	3.16	3.24	3.32	3.40	3.48	0.08
	35.—	3.53	3.63	3.72	3.81	3.90	4.—	0.09
	40.—	3.98	4.09	4.19	4.30	4.40	4.51	0.11
Logarithmes des Changes		0899	0923	0948	0972	0996	1021	0024
Frais invariables par kil.		0.39	0.39	0.40	0.40	0.41	0.41	0.001

OBSERVATIONS

F. 20 et 5 % par 1000 kil. sur le fret font au Havre une différence de F. 0.02 ¼ par kil. sur les prix

Logarithme sans change 0.0243

On veut savoir le revient au Havre de Quinquina ayant coûté à Puerto Cabello ∮ 17 ½ les 100 ℘ au change de fr. 3.90 et au fret de F. 185 et 5 % les 1000 kil.

On trouvera dans la 1re et la 4e colonne de ce tableau que :

∮ 15.—	font le kil. entrepôt	F.	1.81 ½
» 2.—	id. id.	»	19 ½
» 0.50	id. id.	»	05.—
∮ 17.50	feront le kil. entrepôt	F.	2.06

Ainsi le logarithme 0.0243 × le change de 3.90 = le logarithme correspondant à ce change 0948 ;

17 ½ × 948 =	F.	1.66
à ajouter les frais invariables	»	0.40
Revient égal	F.	2.06

Droits d'entrée par 100 kil. depuis Juin 1869

Sous tous Pavillons ... Exempt.

COMPTE D'ACHAT ET DE REVIENT

A 21 CAISSES INDIGO

21 Caisses Indigo brut ℘ 2866. ½
Tare netto.................. » 763. ½
Net...... ℘ 2103.— à Réaux 8 la ℘ ....Macuquino # 2108.—

FRAIS A PUERTO CABELLO

21 Caisses à # 3.......................	#	63.—		
Encaisser, peser, transport et embarquement à # 1.......................	»	21.—		
Droits de sortie à 2103 ℘ à 2 ½ cents.......................	»	52.57		
Magasinage 1 %.......................	»	21.03	»	157.60
			#	2260.00
Commission d'achat et remboursement 2 ½ %.......................			»	56.52
		Macuquino	#	2317.12
Remboursement sur le Havre à 90 jours de vue au change de F. 4 la # Macuquino.......................			F.	9268.48

FRAIS AU HAVRE

Fret à 1314 kil. du bord à St-Nazaire à F. 200 et 5 % les 1000 kil.	F.	275.94		
Permis, recevoir, transport, arrimer, peser, livrer, tarer, hausser, un mois magasinage, classer par le courtier.......................	»	126.—		
Assurance maritime à 1 % sur F. 10195.33.......................	»	101.95		
Assurance contre le feu à 1 ‰ sur F. 10195.33.......................	»	10.20		
Commission de banque à ¼ % sur F. 9268.48.......................	»	23.17		
Escompte à la vente.............. 2¼ %				
Courtage de vente.............. ¼ %				
Commission de vente.............. 2 %				
Ensemble.............. 4½ % sur F. 10267.80.......................	»	462.06	»	999.32
			F.	10267.80

RENDEMENT réel : 100 ℘ brutes = 45 ⁸⁄₁₀₀ kil. brut
100 ℘ nettes = 44 ¹¹⁄₁₀₀ kil. net

Brut............................ kil. 1314 du bord à St-Nazaire
Tare réelle......... kil. 369
Don à ¼ kil...... » 16 » 385
Net.............. kil. 929 à F. 11.05 le kil. Entrepôt.............................. F. 10265.45

PRIX DE REVIENT AU HAVRE DU KIL. ENTREPOT

AUX CHANGES SUIVANTS SUR PARIS POUR # 1

Avec la parité des changes sur Londres, calculée sur la base de 1 £ = F. 25.25

PRIX à PUERTO CABELLO p. ℘ en Rx dont 8 = #	LONDRES # 6.82 ½ — PARIS F. 3.70	LONDRES # 6.64 ½ — PARIS F. 3.80	LONDRES # 6.47 ½ — PARIS F. 3.90	LONDRES # 6.31 ¼ — PARIS F. 4.—	LONDRES # 6.16 — PARIS F. 4.10	LONDRES # 6.01 — PARIS F. 4.20	0.454, ou 10 c. de différence par # sur le change font au Havre par kil.
Rx 0.¼	F. 0.29	F. 0.29	F. 0.30	F. 0.31	F. 0.32	F. 0.33	F. 0.01
0.½	0.57	0.59	0.61	0.62	0.64	0.66	0.02
0.¾	0.86	0.88	0.91	0.93	0.96	0.99	0.03
1.—	1.15	1.18	1.22	1.25	1.28	1.31	0.03
5.—	6.81	6.98	7.14	7.31	7.48	7.65	0.17
6.—	7.96	8.16	8.36	8.56	8.76	8.96	0.20
7.—	9.11	9.34	9.57	9.80	10.03	10.27	0.23
8.—	10.26	10.52	10.79	11.05	11.32	11.58	0.27
9.—	11.40	11.70	12.—	12.30	12.59	12.89	0.30
10.—	12.55	12.88	13.21	13.54	13.87	14.20	0.33
11.—	13.70	14.06	14.42	14.78	15.14	15.51	0.36
12.—	14.85	15.24	15.63	16.03	16.42	16.82	0.39
Logarithmes des changes	11515	11826	12137	12448	12759	13070	311
Frais invariables par kil	1.05	1.06	1.08	1.09	1.11	1.12	0.02

OBSERVATIONS

F. 25 et 5 % par 1000 kil. sur le fret font au Havre une différence de F. 0.04 par kil. sur les prix.

Logarithme sans change 0.3112

On veut savoir le revient au Havre de l'Indigo en caisses ayant coûté à Puerto-Cabello Rx 7 ¾ la ℘ au change de F. 4.10 et au fret de F. 200 et 5 % les 1000 kil.

On trouvera dans la 1re et 6e colonne de ce tableau que:
Rx 7.— font le kil. entrepôt.................. F. 10.03
» 0.¾ id. id. .... » —.96
Rx 7.¾ feront le kil. entrepôt.................. F. 10.99

Ainsi le logarithme 0.3112 × le change 4.10 = le logarithme correspondant à ce change 12759 :
7 ¾ × 12759 =.................................. F. 9.88
à ajouter les frais invariables.................................. » 1.11
Revient égal.................................. F. 10.99

Droits d'entrée par 100 kil. depuis Juin 1869

Sous tous Pavillons.................................. Exempt.

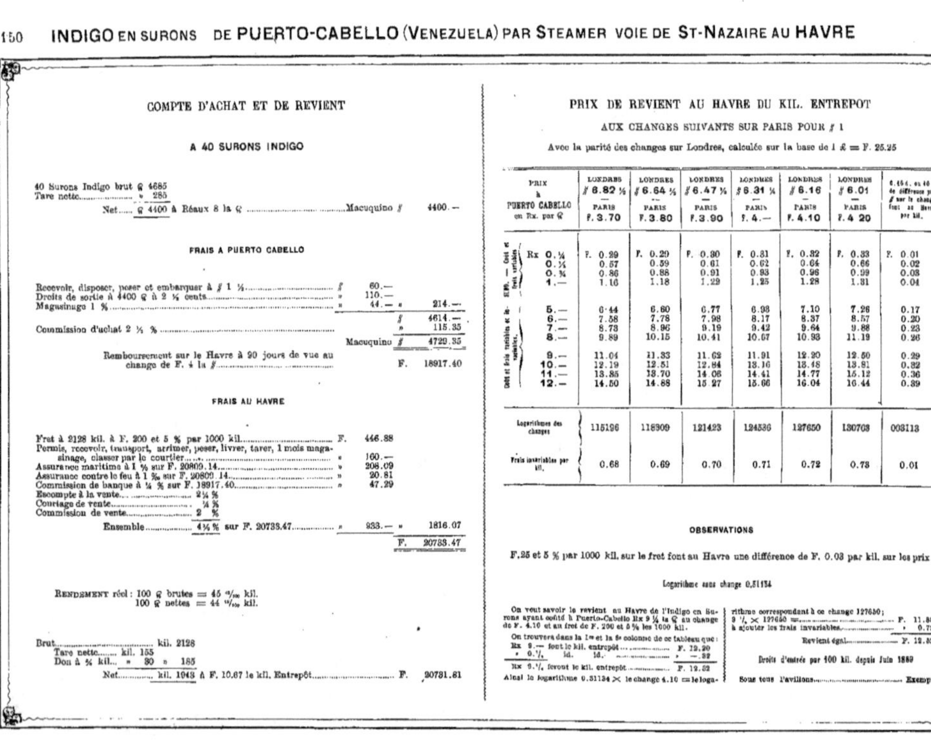

COMPTE D'ACHAT ET DE REVIENT

A 40 SURONS INDIGO

40 Surons Indigo brut Q 4685
Tare nette.................. » 285
Net...... Q 4400 à Réaux 8 la Q ....Macuquino $ 4400.—

FRAIS A PUERTO CABELLO

Recevoir, disposer, peser et embarquer à $ 1 ½....................	$	60.—		
Droits de sortie à 4400 Q à 2 ½ cents....................	»	110.—		
Magasinage 1 %....................	»	44.—	»	214.—
			$	4614.—
Commission d'achat 2 ½ %....................			»	115.35
			Macuquino $	4729.35
Remboursement sur le Havre à 90 jours de vue au change de F. 4 la $....................			F.	18917.40

FRAIS AU HAVRE

Fret à 2128 kil. à F. 200 et 5 % par 1000 kil....................	F.	446.88		
Permis, recevoir, transport, arrimer, peser, livrer, tarer, 1 mois magasinage, classer par le courtier....................	»	160.—		
Assurance maritime à 1 % sur F. 20809.14....................	»	208.09		
Assurance contre le feu à 1 ‰ sur F. 20809.14....................	»	20.81		
Commission de banque à ¼ % sur F. 18917.40....................	»	47.29		
Escompte à la vente.................... 2 ¼ %				
Courtage de vente.................... ¼ %				
Commission de vente.................... 2 %				
Ensemble.................... 4 ½ % sur F. 20733.47....................	»	933.—	»	1816.07
			F.	20733.47

Rendement réel : 100 Q brutes = 45 $^{43}/_{100}$ kil.
100 Q nettes = 44 $^{16}/_{100}$ kil.

Brut.................... kil. 2128
Tare nette........ kil. 155
Don à ½ kil... » 30 » 185
Net.............. kil. 1943 à F. 10.67 le kil. Entrepôt.................... F. 20731.81

PRIX DE REVIENT AU HAVRE DU KIL. ENTREPOT

AUX CHANGES SUIVANTS SUR PARIS POUR $ 1

Avec la parité des changes sur Londres, calculée sur la base de 1 £ = F. 25.25

PRIX à PUERTO CABELLO en Rx. par Q	LONDRES $ 6.82 ½ — PARIS F. 3.70	LONDRES $ 6.64 ½ — PARIS F. 3.80	LONDRES $ 6.47 ½ — PARIS F. 3.90	LONDRES $ 6.31 ¼ — PARIS F. 4.—	LONDRES $ 6.16 — PARIS F. 4.10	LONDRES $ 6.01 — PARIS F. 4.20	0.154, ou 10 c. de différence par $ sur le change font au Havre par kil.
Rx 0.¼	F. 0.29	F. 0.29	F. 0.30	F. 0.31	F. 0.32	F. 0.33	F. 0.01
0.½	0.57	0.59	0.61	0.62	0.64	0.66	0.02
0.¾	0.86	0.88	0.91	0.93	0.96	0.99	0.03
1.—	1.16	1.18	1.22	1.25	1.28	1.31	0.04
5.—	6.44	6.60	6.77	6.93	7.10	7.26	0.17
6.—	7.58	7.78	7.98	8.17	8.37	8.57	0.20
7.—	8.73	8.96	9.19	9.42	9.64	9.88	0.23
8.—	9.89	10.15	10.41	10.67	10.93	11.19	0.26
9.—	11.04	11.33	11.62	11.91	12.20	12.50	0.29
10.—	12.19	12.51	12.84	13.16	13.48	13.81	0.32
11.—	13.35	13.70	14.06	14.41	14.77	15.12	0.36
12.—	14.50	14.88	15.27	15.66	16.04	16.44	0.39
Logarithmes des changes	115196	118309	121423	124536	127650	130763	003113
Frais invariables par kil.	0.68	0.69	0.70	0.71	0.72	0.73	0.01

OBSERVATIONS

F.25 et 5 % par 1000 kil. sur le fret font au Havre une différence de F. 0.03 par kil. sur les prix.

Logarithme sans change 0,31134

On veut savoir le revient au Havre de l'Indigo en Surons ayant coûté à Puerto-Cabello Rx 9 ¼ la Q au change de F. 4.10 et au fret de F. 200 et 5 % les 1000 kil.

On trouvera dans la 1re et la 6e colonne de ce tableau que :
Rx 9.— font le kil. entrepôt.................... F. 12.20
» 0.¼ id. id. .... » —.32
Rx 9.¼ feront le kil. entrepôt.................... F. 12.52

Ainsi le logarithme 0.31134 × le change 4.10 = le logarithme correspondant à ce change 127650 ;
9 ¼ × 127650 =.................... F. 11.80
à ajouter les frais invariables.................... » 0.72
Revient égal.................... F. 12.52

Droits d'entrée par 100 kil. depuis Juin 1889

Sous tous Pavillons.................... Exempt

COMPTE D'ACHAT ET DE REVIENT

A 280 TONNEAUX BOIS JAUNE SCIÉ

280 Tonneaux Bois jaune scié = 560000 ℔ à # 12 par tonneau de 2000 ℔ Macuquino		#	3360.—

FRAIS A MARACAIBO

Recevoir, peser et expédier à 3 réaux	# 105.—		
Droits de sortie à 40 cents par tonneau sur 280	» 112.—	»	217.—
		#	3577.—
Commission d'achat 2 ½ %		»	89.43
		Macuquino #	3666.43
Remboursement sur le Havre à 90 jours de vue au change de F. 4 la # Macuquino		F.	14665.72

FRAIS AU HAVRE

Fret à 249200 kil. à F. 50 sec par 1000 kil.	F. 12460.—		
Permis, frais à la réception et livraison du bord	» 378.80		
Assurance maritime à 1 ½ % sur F. 16132.29	» 241.98		
Assurance contre le feu à ½ ‰ sur F. 16132.29	» 8.07		
Commission de banque à ¼ % sur F. 14665.72	» 36.66		
Escompte à la vente ... 2 ¼ %			
Courtage de vente ... ¼ %			
Commission de vente ... 2 %			
Ensemble ... 4 ½ % sur F. 29095.49	» 1309.26	»	14429.77
		F.	29095.49

RENDEMENT : 100 ℔ = 44 ½ kil.

Brut		kil. 249200		
Don 2 %	kil. 4984			
Réfactions pr avaries ½ %	» 1246	» 6230		
Net		kil. 242970	à F. 11.98 les 100 kil. Entrepôt.. F.	29107.81

PRIX DE REVIENT AU HAVRE DES 100 KIL. ENTREPOT

AUX CHANGES SUIVANTS SUR PARIS POUR # 1

Avec la parité des changes sur Londres, calculée sur la base de 1 £ = F. 25.25

PRIX à MARACAIBO par 2000 ℔	LONDRES # 6.82 ½ — PARIS F. 3.70	LONDRES # 6.64 ½ — PARIS F. 3.80	LONDRES # 6.47 ½ — PARIS F. 3.90	LONDRES # 6.31 ¼ — PARIS F. 4.—	LONDRES # 6.16 — PARIS F. 4.10	LONDRES # 6.01 — PARIS F. 4.20	0.45 c. ou 46 c. de différence par # sur le change font au Havre par 100 kil.
# 0.½	F. 0.23	F. 0.24	F. 0.25	F. 0.25	F. 0.26	F. 0.27	F. 0.01
1.—	0.47	0.48	0.50	0.51	0.52	0.53	0.02
10.—	10.55	10.69	10.83	10.97	11.10	11.24	0.14
11.—	11.02	11.17	11.32	11.47	11.62	11.77	0.15
12.—	11.48	11.65	11.81	11.97	12.18	12.30	0.16
13.—	11.95	12.13	12.31	12.48	12.65	12.83	0.18
14.—	12.42	12.61	12.80	12.98	13.17	13.36	0.19
15.—	12.89	13.09	13.29	13.49	13.69	13.89	0.20
16.—	13.36	13.57	13.78	13.99	14.20	14.42	0.21
17.—	13.82	14.05	14.27	14.50	14.72	14.95	0.22
18.—	14.29	14.53	14.77	15.—	15.24	15.48	0.24
19.—	14.76	15.01	15.26	15.51	15.76	16.01	0.25
20.—	15.23	15.49	15.75	16.02	16.28	16.54	0.26
Logarithmes des Changes	406592	479203	491813	504424	517034	529645	012611
Frais invariables par 100 kil.	5.89	5.90	5.91	5.92	5.93	5.94	0.01

OBSERVATIONS

F. 5 par 1000 kil. sec sur le fret font au Havre une différence de F. 0.53 ½ par 100 kil. sur les prix.

Logarithme sans change 0,126106

On veut savoir le revient au Havre de Bois jaune, ayant coûté à Maracaibo # 16 ½ les 2000 ℔ au change de F. 4.10 et au fret de F. 50 les 1000 kil.

On trouvera dans la 1re et la 6e colonne de ce tableau que :

# 16.— font les 100 kil. entrepôt	F. 14.20
» 0.½ id. id.	» —.26
# 16.½ feront les 100 kil. entrepôt	F. 14.46

Ainsi le logarithme 0.126106 × le change de F. 4.10 = le logarithme correspondant à ce change 517034 ;

16 ½ × 517034 =	F. 8.53
à ajouter les frais invariables	» 5.93
Revient égal	F. 14.46

Droits d'entrée par 100 kil. depuis Juin 1860.

Sous tous Pavillons ... Exempt.

COMPTE D'ACHAT ET DE REVIENT

A 1000 QUINTAUX DIVIDIVI

1000 Quintaux Dividivi à 14 Réaux le quintal de 100 ℔ rendu à bord	$	1750.—

FRAIS A MARACAIBO

Droits de sortie 3 cents par quintal	»	30.—
	$	1780.—
Commission d'achat et remboursement 2 ½ %	»	44.50
Macuquino	$	1824.50
Remboursement sur le Havre à 90 jours de vue au change de F. 4 la $ Macuquino	F.	7298.—

FRAIS AU HAVRE

Fret à 45000 kil. délivrés à F. 50 sec les 500 kil.	F.	4500.—		
Permis, frais à la réception, échantillonner, conditionner, port en magasin, arrimage, magasinage d'un mois, livraison et menus frais.	»	315.—		
Assurance (incl. 10 %) à 1 ½ % sur F. 8027.80	»	120.41		
Assurance contre le feu à 1 ‰ sur F. 8027.80	»	8.03		
Commission de banque à ¼ % sur F. 7298.—	»	18.25		
Escompte à la vente 2 ¼ %				
Courtage de vente ¼ %				
Commission de vente 2 %				
Ensemble 4 ½ % sur F. 12837.36	»	577.67	»	5539.36
			F.	12837.36

Rendement : 100 ℔ ou 1 quintal = 45 kil. livrés

	kil. 45000	
Réfactions 1 % p^r avaries	» 450	
	kil. 44550 à F. 28.81 les 100 kil. Entrepôt	F. 12834.85

PRIX DE REVIENT AU HAVRE DES 100 KIL. ENTREPOT

AUX CHANGES SUIVANTS SUR PARIS POUR $ 1

Avec la parité des changes sur Londres, calculés sur la base de 1 £ = F. 25.25

PRIX à MARACAIBO par 100 ℔ en Rx	LONDRES $ 6.82 ½ — PARIS F. 3.70	LONDRES $ 6.64 ½ — PARIS F. 3.80	LONDRES $ 6.47 ½ — PARIS F. 3.90	LONDRES $ 6.31 ¼ — PARIS F. 4.—	LONDRES $ 6.16 — PARIS F. 4.10	LONDRES $ 6.01 — PARIS F. 4.20	de différence par $ sur le change font au Havre par 100 kil.
Rx 0.¼	F. 0.28	F. 0.29	F. 0.30	F. 0.31	F. 0.32	F. 0.32	F. 0.01
0.½	0.57	0.58	0.60	0.61	0.63	0.64	0.01
0.¾	0.85	0.87	0.90	0.92	0.95	0.97	0.02
1.—	1.14	1.17	1.20	1.23	1.25	1.29	0.03
10.—	22.94	23.26	23.58	23.90	24.22	24.54	0.32
11.—	24.08	24.43	24.78	25.13	25.48	25.83	0.35
12.—	25.22	25.60	25.98	26.36	26.74	27.12	0.38
13.—	26.36	26.77	27.18	27.59	28.—	28.41	0.41
14.—	27.50	27.94	28.38	28.82	29.26	29.70	0.44
15.—	28.63	29.10	29.57	30.04	30.51	30.98	0.47
16.—	29.77	30.27	30.77	31.27	31.77	32.27	0.50
17.—	30.91	31.44	31.97	32.50	33.03	33.56	0.53
18.—	32.05	32.61	33.17	33.73	34.29	34.85	0.56
19.—	33.19	33.78	34.37	34.96	35.55	36.14	0.59
20.—	34.32	34.94	35.56	36.18	36.80	37.42	0.62
Logarithmes des changes	11367	11674	11981	12288	12595	12902	00307
Frais invariables par 100 kil.	11.58	11.59	11.60	11.61	11.62	11.63	0.01

OBSERVATIONS

F. 5 sec par 500 kil. sur le fret font au Havre une différence de F. 1.06 par 100 kil. sur les prix.

Logarithme sans change 0.3072

On veut savoir le revient au Havre de Dividivi ayant coûté à Maracaibo Rx 15 ¼ les 100 ℔ au change de F. 4.10 et au fret de F. 50 les 500 kil.

On trouvera dans la 1re et 6e colonne de ce tableau que :

Rx 15.— font les 100 kil. entrepôt	F. 30.51
» 0 ¼ id. id.	» —.32
Rx 15 ¼ feront les 100 kil. entrepôt	F. 30.83

Ainsi le logarithme 0.3072 × le change 4.10 = le logarithme correspondant à ce change 12595 ;

15 ¼ × 12595 =	F. 19.21
à ajouter les frais invariables	» 11.62
Revient égal	F. 30.83

Droits d'entrée par 100 kil. depuis Juin 1869.

Sous tous Pavillons. Exempt.

COMPTE D'ACHAT ET DE REVIENT

A 1893 SACS CAFÉ TRUJILLO

1893 Sacs Café Trujillo net 255000 ℔ à $ 11 les 100 ℔ .... Macuquino $ 28050.—

FRAIS A MARACAIBO

1893 Sacs vides à 50 cents le sac .... Macuquino	$	946.50	
Mise en sacs, peser et embarquer à 25 cents le quintal	»	637.50	
Droits de sortie 2550 quintaux à 50 cents	»	1275 —	
Frais de magasinage 1 %	»	260.50	» 3139.50
			$ 31189.50
Commission d'achat et remboursement 2 ½ %			» 779.74
		Macuquino	$ 31969.24
Remboursement sur le Havre à 90 jours de vue au change de F. 4 la $ Macuquino			F. 127876.96

FRAIS AU HAVRE

Fret à 116025 kil. à F. 80 sec par 1000 kil	F.	9282.—	
Permis, frais à la réception, échantillonner, conditionner, port en magasin, arrimage, magasinage d'un mois, livraison et menus frais.	»	1003.30	
Assurance maritime à 1 ½ % sur F. 140664.66	»	2109.97	
Assurance contre le feu à 1 ‰ sur F. 140664.66	»	140.66	
Commission de banque à ¼ % sur F. 127876.96	»	319.69	
Escompte à la vente .... 1¾ %			
Courtage de vente .... ¼ %			
Commission de vente .... 2 %			
Ensemble .... 4 % sur F. 146596.44	»	5863.86	» 18719.48
			F. 146596.44

RENDEMENT : 100 ℔ nettes = 45 ½ kil. bruts

Brut		kil. 116025	
Tare 2 %	kil. 2321		
Réfactions à 10 décagr. »	189	» 2510	
Net		kil. 113515	à F. 129.15 les 100 kil. Entrepôt .... F. 146604.62

PRIX DE REVIENT AU HAVRE DES 100 KIL. ENTREPOT

AUX CHANGES SUIVANTS SUR PARIS POUR $ 1

Avec la parité des changes sur Londres, calculée sur la base de 1 £ = F. 25.25

	PRIX à MARACAIBO par 100 ℔	LONDRES $ 6.82 ½ — PARIS F. 3.70	LONDRES $ 6.64 ½ — PARIS F. 3.80	LONDRES $ 6.47 ½ — PARIS F. 3.90	LONDRES $ 6.31 ¼ — PARIS F. 4.—	LONDRES $ 6.16 — PARIS F. 4.10	LONDRES $ 6.01 — PARIS F. 4.20	0.10 c. ou 10 c. de différence par $ sur le change font au Havre par 100 kil.
[illegible]. — Coût et frais variables	$ 0.¼	F. 2.28	F. 2.35	F. 2.41	F. 2.47	F. 2.53	F. 2.59	F. 0.06
	0.½	4.57	4.69	4.82	4.94	5.06	5.19	0.12
	0.¾	6.85	7.04	7.23	7.41	7.59	7.78	0.18
	1.—	9.14	9.39	9.64	9.89	10.13	10.38	0.25
Coût et frais variables et invariables	8.—	92.74	94.99	97.24	99.49	101.74	103.99	2.25
	9.—	101.88	104.38	106.88	109.37	111.87	114.37	2.50
	10.—	111.02	113.77	116.52	119.26	122.—	124.75	2.75
	11.—	120.16	123.16	126.16	129.14	132.13	135.13	3.—
	12.—	129.31	132.55	135.79	139.03	142.27	145.51	3.24
	13.—	138.45	141.94	145.43	148.91	152.40	155.89	3.49
	14.—	147.59	151.33	155.07	158.80	162.53	166.27	3.74
	15.—	156.73	160.72	164.71	168.68	172.66	176.65	3.99
	16.—	165.88	170.11	174.84	178.57	182.80	187.03	4.23
Logarithmes des changes		91439	93906	96377	98848	101319	103790	2471
Frais invariables par 100 kil.		19.58	19.86	20.13	20.41	20.69	20,97	0.28

OBSERVATIONS

F. 10 sec par 1000 kil. sur le fret font au Havre une différence de F. 0.06 ½ par 100 kil. sur les prix

Logarithme sans change 2.4712

On veut savoir le revient au Havre de Café ayant coûté à Maracaibo $ 12 ¼ les 100 ℔ au change de F. 4.10 et au fret de F. 80 les 1000 kil.

On trouvera dans la 1re et 6e colonne de ce tableau que :

$ 12.— font les 100 kil. entrepôt .... F. 142.27
» 0.¼ id. id. .... » 2.53

$ 12.¼ feront les 100 kil. entrepôt .... F. 144.80

Ainsi le logarithme 2.4712 × le change 4.10 = le logarithme correspondant à ce change 101319 ;

12¼ × 101319 = ... F. 124.11
à ajouter les frais invariables .... » 20.69

Revient égal .... F. 144.80

Droits d'entrée par 100 kil. depuis Juin 1869.

Sous tous pavillons .... F. 60.40

COMPTE D'ACHAT ET DE REVIENT

A 945 CUIRS SECS

945 Cuirs secs 23625 ℘ à 15 cents la ℘	Macuquino $			3543.75

FRAIS A MARACAIBO

Recevoir, peser et embarquer à 5 cents	Macuquino $	47.25		
Droits de sortie à 10 cents par cuir	»	94.50		
Magasinage 1 %	»	35.43	»	177.18
			Macuquino $	3720.93
Commission d'achat et remboursement 2 ½ %			»	93.02
			Macuquino $	3813.95
Remboursement sur le Havre à 90 jours de vue au change de F. 4 la $ Macuquino			F.	15255.80

FRAIS AU HAVRE

Fret à 10867 kil. à F. 80 sec les 800 kil.	F.	1086.70		
Permis, frais au débarquement, échantillonner, conditionner, port en magasin, arrimage, magasinage d'un mois, livraison et menus frais.	»	236.25		
Assurance maritime à 1 ½ % sur F. 16781.38	»	251.72		
Assurance contre le feu à 1 ‰ sur F. 16781.38	»	16.78		
Commission de banque à ¼ % sur F. 15255.80	»	38.14		
Escompte à la vente 2¼ %				
Courtage de vente ¼ %				
Commission et ducroire 2 %				
Ensemble 4½ % sur F. 17681.04	»	795.65	»	2425.24
			F.	17681.04

RENDEMENT : 100 ℘ = 46 kil.

Net kil. 10867 à F. 162.70 les 100 kil. Entrepôt	F.	17680.60

PRIX DE REVIENT AU HAVRE DES 100 KIL. ENTREPOT

AUX CHANGES SUIVANTS SUR PARIS POUR $ 1

Avec la parité des changes sur Londres, calculée sur la base de 1 £ = F. 25.25

	PRIX à MARACAIBO par ℘	LONDRES $ 6.82 ½ — PARIS F. 3.70	LONDRES $ 6.64 ¼ — PARIS F. 3.80	LONDRES $ 6.47 ½ — PARIS F. 3.90	LONDRES $ 6.31 ¼ — PARIS F. 4.—	LONDRES $ 6.16 — PARIS F. 4.10	LONDRES $ 6.01 — PARIS F. 4.20	0.16 c. ou 10 c. de différence par $ sur le change font au Havre par 100 kil.
Cent. — Coût et frais variables.	C. 0.¼	F. 2.22	F. 2.28	F. 2.34	F. 2.40	F. 2.46	F. 2.52	F. 0.06
	0.½	4.45	4.57	4.69	4.81	4.93	5.05	0.12
	0.¾	6.67	6.85	7.03	7.21	7.39	7.57	0.18
	1.—	8.90	9.14	9.38	9.62	9.86	10.10	0.24
Coût et frais variables et invariables	10.—	106.99	109.53	112.08	114.62	117.17	119.71	2.55
	11.—	115.88	118.67	121.45	124.24	127.02	129.81	2.78
	12.—	124.78	127.81	130.83	133.86	136.88	139.91	3.03
	13.—	133.68	136.95	140.21	143.48	146.74	150.01	3.27
	14.—	142.58	146.09	149.59	153.10	156.60	160.11	3.51
	15.—	151.47	155.21	158.96	162.70	166.45	170.19	3.75
	16.—	160.36	164.35	168.33	172.32	176.30	180.29	3.99
	17.—	169.26	173.49	177.71	181.94	186.16	190.39	4.23
	18.—	178.16	182.63	187.09	191.56	196.02	200.49	4.47
	19.—	187.06	191.77	196.47	201.18	205.88	210.59	4.71
	20.—	195.95	200.89	205.84	210.78	215.73	220.67	4.95
Logarithmes des changes		889503	913543	939584	961624	985665	1009705	24040
Frais invariables par 100 kil.		18.04	18.18	18.32	18.46	18.60	18.74	0.14

OBSERVATIONS

F. 10 sec par 800 kil. sur le fret font au Havre une différence de F. 1.31 par 100 kil. sur les prix.

Logarithme sans change 2.40406

On veut savoir le revient au Havre de Cuirs secs ayant coûté à Maracaibo C. 16 ¼ la ℘ au change de F. 4.10 et au fret de F. 80 les 800 kil.

On trouvera dans la 1re et 6e colonne de ce tableau que:

C. 16.— font les 100 kil. entrepôt	F.	176.30
» 0.¼ » »	»	4.93
C. 16.¼ feront les 100 kil. entrepôt	F.	181.23

Ainsi le logarithme 2.40406 × le change 4.10 = le logarithme correspondant à ce change 985665;

16 ¼ × 985665 =	F.	162.63
à ajouter les frais invariables	»	18.60
Revient égal	F.	181.23

Droits d'entrée par 100 kil. depuis Juin 1869

Sous tous pavillons .... Exempt

COMPTE D'ACHAT ET DE REVIENT

A 200 SACS CAFÉ

200 Sacs Café net 24000 ℔ à 12 cents la ℔ .... Macuquino $ 2880.—

FRAIS A CIUDAD BOLIVAR

200 Sacs vides à 62 ½ cents	Macuquino $	125.—	
Mise en sacs, peser et embarquer à 25 cents le sac	»	50.—	
Droits de sortie à 40 cents les 100 ℔	»	90.—	
Frais divers pour échantillons, etc	»	6.—	» 277.—
		$	3157.—
Commission 2 ½ %		»	78.92
		Macuquino $	3235.92
Remboursement sur le Havre à 90 jours de vue au change de F. 4 la $ Macuquino		F.	12943.68

FRAIS AU HAVRE

Fret à F. 80 sec les 1000 kil. sur 11040 kil	F.	883.20	
Permis, frais au débarquement, échantillonner, conditionner, port en magasin, arrimage, magasinage d'un mois, livraison et menus frais.	»	100.—	
Assurance maritime à 1 ½ % sur F. 14238.05	»	213.57	
Assurance contre le feu à 1 ‰ sur F. 14238.05	»	14.24	
Commission de banque à ¼ % sur F. 12943.68	»	32.36	
Escompte à la vente .... 1 ½ %			
Courtage de vente .... ½ %			
Commission de vente .... 2 %			
Ensemble .... 4 % sur F. 14778.17	»	591.12	» 1834.49
		» F.	14778.17

Rendement : 100 ℔ nettes = 46 kil. bruts

Brut .... kil. 11040
Tare 2 % .... kil. 221
Réfactions à 10 déag. » 20 » 241
Net .... kil. 10799 à F. 136.85 les 100 kil. Entrepôt .... F. 14778.43

PRIX DE REVIENT AU HAVRE DES 100 KIL. ENTREPOT

AUX CHANGES SUIVANTS SUR PARIS POUR $ 1

Avec la parité des changes sur Londres, calculée sur la base de 1 £ = F. 25.25

PRIX à CIUDAD-BOLIVAR en Cents mac. par ℔	LONDRES $ 6.82 ½ — PARIS F. 3.70	LONDRES $ 6.64 ½ — PARIS F. 3.80	LONDRES $ 6.47 ½ — PARIS F. 3.90	LONDRES $ 6.31 ¼ — PARIS F. 4.—	LONDRES $ 6.16 — PARIS F. 4.10	LONDRES $ 6.01 — PARIS F. 4.20	0.48 c., ou 10 c. de différence par $ sur le change font au Havre par 100 kil.
Coût et frais variables: C. 0.¼	F. 2.24	F. 2.30	F. 2.36	F. 2.42	F. 2.48	F. 2.54	F. 0.06
0.½	4.48	4.60	4.72	4.84	4.96	5.08	0.12
0.¾	6.72	6.90	7.08	7.26	7.44	7.62	0.18
1.—	8.96	9.20	9.44	9.68	9.92	10.16	0.24
Coût et frais variables et invariables: 10.—	109.39	112.09	114.79	117.49	120.19	122.89	2.70
11.—	118.35	121.29	124.23	127.17	130.11	133.05	2.94
12.—	127.31	130.49	133.67	136.85	140.03	143.21	3.18
13.—	136.27	139.69	143.11	146.53	149.95	153.37	3.42
14.—	145.23	148.89	152.55	156.21	159.87	163.53	3.66
15.—	154.17	158.08	161.99	165.90	169.81	173.72	3.91
16.—	163.13	167.28	171.43	175.58	179.73	183.88	4.15
17.—	172.09	176.48	180.87	185.26	189.65	194.04	4.39
18.—	181.05	185.68	190.31	194.49	199.57	204.20	4.63
19.—	190.01	194.88	199.75	204.62	209.49	214.36	4.87
20.—	198.95	204.07	209.19	214.31	219.43	224.55	5.12
Logarithmes des changes	89562	91983	94403	96824	99244	101665	2421
Frais invariables par 100 kil.	19.82	20.10	20.38	20.66	20.94	21.22	0.28

OBSERVATIONS

F. 10 sec par 1000 kil. sur le fret font une différence de F. 1.06 ½ par 100 kil. sur les prix.

Logarithme sous change 2.4206

On veut savoir le revient au Havre de Café ayant coûté à Ciudad-Bolivar C. 13½ la livre au change de F. 4. 10 et au fret de F. 80 les 1000 kil.

On trouvera dans la 1re et la 6e colonne de ce tableau que :
C. 13.— font le kil. entrepôt .... F. 149.95
» —.½ id. id. .... » 2.48
C. 13. ½ feront le kil. entrepôt .... F. 152.43
Ainsi le logarithme 2.4206 × le change 4.10 = le logarithme correspondant à ce change 99244 ;
13½ × 99244 = ... F. 131.49
à ajouter les frais invariables .... » 20.94
Revient égal .... F. 152.43

Droit d'entrée par 100 kil. depuis Juin 1889

Sous tous Pavillons .... F. 40.40

COMPTE D'ACHAT ET DE REVIENT

A 132 BALLES COTON

132 Balles Coton net 13200 Q à 20 cents la Q .... Macuquino $ 2640.—

FRAIS A CIUDAD BOLIVAR

Frais de réception et d'expédition à 25 cents........	Macuquino $	33.—		
Droits de sortie à 60 cents les 100 Q........	»	79.20	»	112.20
			Macuquino $	2752.20
Commission d'achat 2 ½ %........			»	68.80
			Macuquino $	2821.—
Remboursement sur le Havre à 90 jours de vue au change de F. 4 la $ Macuquino........			F.	11284.—

FRAIS AU HAVRE

Fret de Ciudad Bolivar à 13200 Q à F. 10 sec par 100 Q........	F.	1320.—		
Permis frais au débarquement, échantillonner, conditionner, port en magasin, arrimage, magasinage d'un mois, livraison et menus frais.	»	56.—		
Assurance maritime à 1 ¾ % sur F. 12412.40........	»	217.21		
Assurance contre le feu à 1 ‰ sur F. 12412.40........	»	12.41		
Commission de banque à ¼ % sur F. 11284.—........	»	28.21		
Escompte à la vente........ 2¼ %				
Courtage de vente........ ¼ %				
Commission de vente........ 2 %				
Ensemble........ 4½ % sur F. 13536.99........	»	609.16	»	2252.99
			F.	13536.99

RENDEMENT réel : 100 Q net esp. = 45 [57/100] kil. brut
100 » » » = 43 [57/100] » net

Brut........		kil. 6015
Réfactions........	kil. 1	
Tare 5 %........	» 301	» 302
Net........		kil. 5713 à F. 236.95 les 100 kil. Entrepôt........ F. 13536.95

PRIX DE REVIENT AU HAVRE DES 100 KIL. ENTREPOT

AUX CHANGES SUIVANTS SUR PARIS POUR $ 1

Avec la parité des changes sur Londres, calculée sur la base de 1 £ = F. 25.25

PRIX à CIUDAD-BOLIVAR en Cents mac. par Q	LONDRES $ 6.82 ½ — PARIS F. 3.70	LONDRES $ 6.64 ½ — PARIS F. 3.80	LONDRES $ 6.47 ½ — PARIS F. 3.90	LONDRES $ 6.31 ¼ — PARIS F. 4.—	LONDRES $ 6.16 — PARIS F. 4.10	LONDRES $ 6.01 — PARIS F. 4.20	0.16 c. ou 10 c. de différence par $ sur le change font au Havre par 100 kil.
2320. — Coût et frais variables							
C. 0. ¼	F. 2.35	F. 2.41	F. 2.48	F. 2.53	F. 2.60	F. 2.66	F. 0.06
0. ½	4.70	4.82	4.95	5.07	5.20	5.33	0.13
1.—	9.39	9.64	9.89	10.15	10.40	10.65	0.25
2.—	18.78	19.28	19.78	20.29	20.80	21.30	0.50
3.—	28.17	28.92	29.67	30.44	31.20	31.95	0.76
4.—	37.56	38.56	39.56	40.58	41.00	42.60	1.01
5.—	46.93	48.20	49.46	50.73	52.—	53.27	1.27
Coût et frais variables et invariables							
10.—	127.23	129.98	132.74	135.49	138.25	141.—	2.76
15.—	174.15	178.17	182.20	186.22	190.24	194.26	4.02
20.—	221.08	226.37	231.66	236.95	242.24	247.54	5.29
25.—	268.01	274.56	281.12	287.68	294.24	300.80	6.56
30.—	314.94	322.76	330.59	338.41	346.24	354.06	7.83
35.—	361.87	370.95	380.04	389.14	398.23	407.32	9.09
40.—	408.79	419.15	429.51	439.87	450.23	460.59	10.36
Logarithmes des changes	93850	96387	98923	101460	103996	106533	2537
Frais invariables par 100 kil.	33.40	33.60	33.82	34.03	34.25	34.46	0.22

OBSERVATIONS

F. 1 sec par 100 Q sur le fret font une différence de F. 2.42 par 100 kil. sur les prix.

Logarithme sans change 2.5365

On veut savoir le revient au Havre de Coton ayant coûté à Ciudad-Bolivar C. 26 la livre au change de F. 4.10 et au fret de F. 10 les 100 Q.

On trouvera dans la 1re et 6e colonne de ce tableau que :

C. 25.— font les 100 kil........	F.	294.24
» 1.— d° d°........	»	10.40
C. 26.— feront les 100 kil........	F.	304.64

Ainsi le logarithme 2.5365 × le change 4.10 = le logarithme correspondant à ce change 103996 ;

26 × 103996 =........	F.	270.39
à ajouter les frais invariables........	»	34.25
Revient égal........	F.	304.64

Exempt de Droits d'entrée

DEPUIS JUIN 1869

COMPTE D'ACHAT ET DE REVIENT

A 2471 CUIRS SECS

2471 Cuirs secs 45811 ℔ à 15 cents la ℔ .... Macuquino ∦ 6871.65

FRAIS A CIUDAD BOLIVAR

Recevoir, préparer, peser, marquer et magasiner à 10 cents Macuquino	∦	247.10	
Droits de sortie à 10 cents par cuir	»	247.10 »	494.20
	Macuquino ∦		7365.85
Commission 2 ½ %		»	184.15
	Macuquino ∦		7550.—
Remboursement sur le Havre à 90 jours de vue au change de F. 4 la ∦ Macuquino		F.	30200.–

FRAIS AU HAVRE

Fret à F. 80 sec les 800 kil. sur 21073 kil.	F.	2107.30	
Permis, frais au débarquement, échantillonner, conditionner, port en magasin, arrimage, magasinage d'un mois, livraison et menus frais.	»	494.20	
Assurance maritime à 1 ¾ % sur F. 33220.—	»	581.35	
Assurance contre le feu à 1 ‰ sur F. 33220.—	»	33.22	
Commission de banque à ¼ % sur F. 30200.—	»	75.50	
Escompte à la vente .... 2 ¼ %			
Courtage de vente .... ¼ %			
Commission de vente .... 2 %			
Ensemble .... 4 ½ % sur F. 35069.71	»	1578.14 »	4869.71
		F.	35069.71

RENDEMENT : 100 ℔ esp. = 46 kil.

Net	kil.	21073
Réfactions	»	123
kil. 20950 à F. 167.40 les 100 kil. Entrepôt	F.	35070.30

PRIX DE REVIENT AU HAVRE DES 100 KIL. ENTREPOT

AUX CHANGES SUIVANTS SUR PARIS POUR 1 ∦

Avec la parité des changes sur Londres, calculés sur la base de 1 £ = F. 25.25

PRIX à CIUDAD-BOLIVAR en Cents mac. par ℔	LONDRES ∦ 6.82 ½ — PARIS F. 3.70	LONDRES ∦ 6.64 ½ — PARIS F. 3.80	LONDRES ∦ 6.47 ½ — PARIS F. 3.90	LONDRES ∦ 6.31 ¼ — PARIS F. 4.—	LONDRES ∦ 6.16 — PARIS F. 4.10	LONDRES ∦ 6.01 — PARIS F. 4.20	0.15 c. ou 10 c. de différence par ∦ sur le change font au litre par 100 kil.
∦ 0.¼	F. 2.22	F. 2.28	F. 2.34	F. 2.40	F. 2.46	F. 2.52	F. 0.06
0.½	4.44	4.56	4.68	4.80	4.92	5.04	0.12
0.¾	6.66	6.84	7.02	7.20	7.38	7.56	0.18
1.—	8.88	9.12	9.36	9.60	9.84	10.08	0.24
10.—	111.40	114.06	116.72	119.38	122.04	124.70	2.66
11.—	120.28	123.18	126.08	128.98	131.88	134.78	2.90
12.—	129.16	132.30	135.44	138.58	141.72	144.86	3.14
13.—	138.04	141.42	144.80	148.18	151.56	154.94	3.38
14.—	146.92	154.54	154.16	157.78	161.40	165.02	3.62
15.—	155.81	159.67	163.53	167.40	171.26	175.12	3.87
16.—	164.69	168.79	172.89	177.—	181.10	185.20	4.10
17.—	173.57	177.91	182.25	186.60	190.94	195.28	4.34
18.—	182.45	187.03	191.61	196.20	200.78	205.36	4.58
19.—	191.33	196.15	200.97	205.80	210.62	215.44	4.82
20.—	200.22	205.28	210.35	215.41	220.48	225.54	5.07
Logarithmes des changes	88822	91223	93623	96024	98424	100825	02400
Frais invariables par 100 kil.	22.58	22.84	23.10	23.36	23.62	23.88	—.26

OBSERVATIONS

F. 10 sec par 800 kil. sur le fret font une différence de F. 1.32 par 100 kil. sur les prix.

Logarithme sans change 2.4006

On veut savoir le revient de Cuirs ayant coûté à Ciudad-Bolivar 16 ½ C. la livre au change de F. 4.10 et au fret de F. 80 les 800 kil.

On trouvera dans la 1re et la 6e colonne de ce tableau que :

C. 16.— font les 100 kil. entrepôt	F.	181.10
» —.½ id. id.	»	4.92
C. 16.½ feront les 100 kil	F.	186.02

Ainsi le logarithme 2.4006 × le change 4.10 = le logarithme correspondant à ce change 98424 ;

16 ½ × 98424 = ...	F.	162.40
à ajouter les frais invariables	»	23.67
Revient égal	F.	186.02

Exempt de Droits d'entrée

DEPUIS JUIN 1869

COMPTE D'ACHAT ET DE REVIENT

A 20 BALLES PEAUX DE DAIMS

20 Balles contenant 5000 Peaux = 10058 @ à 30 cents la @			Macuquino \$	3017.40

FRAIS A CIUDAD BOLIVAR

Recevoir, préparer, peser et mise à bord	\$	20.—		
Droits d'exportation	»	100.—	»	120.—
			Macuquino \$	3137.40
Commission 2 ½ %			»	78.43
			Macuquino \$	3215.83
Remboursement sur le Havre à 90 jours de vue au change de F. 4 la \$ Macuquino			F.	12863.32

FRAIS AU HAVRE

Fret F. 80 sec les 800 kil. sur 4627 kil.	F.	462.70		
Permis, frais à la réception, échantillonner, conditionner, port en magasin, arrimage, magasinage d'un mois, livraison et menus frais.	»	60.—		
Assurance maritime à 1 ¾ % sur F. 14149.65	»	247.60		
Assurance contre le feu à 1 ‰ sur F. 14149.65	»	14.15		
Commission de banque à ¼ % sur F. 12863.32	»	32.16		
Escompte à la vente 2 ¼ %				
Courtage de vente ¼ %				
Commission de vente 2 %				
Ensemble 4 ½ % sur F. 14324.53	»	644.60	»	1461.21
			F.	14324.53

RENDEMENT : 100 @ = 46 kil.

4627 kil. = 5000 Peaux à F. 34.38 la douzaine Entrepôt ...... F. 14325.—

PRIX DE REVIENT AU HAVRE DE LA DOUZAINE ENTREPOT

AUX CHANGES SUIVANTS SUR PARIS POUR 1 \$

Avec la parité des changes sur Londres, calculée sur la base de 1 £ = F. 25.25

	PRIX à CIUDAD-BOLIVAR en cents mac. par @	LONDRES \$ 6 82 ½ — PARIS F. 3.70	LONDRES \$ 6.64 ½ — PARIS F. 3.80	LONDRES \$ 6.47 ¾ — PARIS F. 3.90	LONDRES \$ 6.31 ¼ — PARIS F. 4.—	LONDRES \$ 6.16 — PARIS F. 4.10	LONDRES \$ 6.16 — PARIS F. 4.20	0.13 c. ou 14 c. de différence par \$ sur le change font au Havre par douzaine.
NOS. — Coût et frais variables.	\$ 0.¼	F. 0.24	F. 0.25	F. 0.26	F. 0.27	F. 0.27	F. 0.28	F. 0.01
	0.½	0.49	0.51	0.52	0.53	0.54	0.55	0.01
	0.¾	0.73	0.76	0.78	0.80	0.81	0.83	0.02
	1.—	0.98	1.01	1.04	1.06	1.09	1.11	0.03
	2.—	1.96	2.02	2.07	2.12	2.18	2.22	0.05
	3.—	2.94	3.02	3.10	3.18	3.26	3.33	0.07
	4.—	3.92	4.03	4.14	4.24	4.35	4.44	0.10
	5.—	4.91	5.04	5.17	5.30	5.44	5.57	0.14
Coût et frais variables et invariables.	10.—	12.30	12.59	12.89	13.18	13.48	13.77	0.30
	15.—	17.20	17.62	18.05	18.48	18.90	19.34	0.43
	20.—	22.10	22.66	23.22	23.78	24.34	24.90	0.56
	25.—	27.—	27.70	28.39	29.08	29.77	30.47	0.69
	30.—	31.91	32.73	33.56	34.38	35.21	36.03	0.83
	35.—	36.81	37.76	38.72	39.68	40.04	41.60	0.96
	40.—	41.71	42.80	43.89	44.98	46.07	47.16	1.09
Logarithmes des Changes		0980	1007	1033	1060	1086	1113	0027
Frais invariables par douzaine		2.49	2.52	2.55	2.58	2.61	2.64	0.03

OBSERVATIONS

F. 10 sec par 800 kil. sur le fret font une différence de F. 0.14 ½ par douzaine sur les prix.

Logarithme sans change 0.265

On veut savoir le revient au Havre de Peaux de Daims ayant coûtés à Ciudad-Bolivar C. 16 ¼ la @ au change de F. 4.10 et au fret de F. 80 les 800 kil.

On trouvera dans la 1re et 6e colonne de ce tableau que :

C. 15.— font la douzaine	F.	18.90
» 1.— d° d°	»	1.09
» 0.¼ d° do	»	0.54
C. 16.¼ feront la douzaine	F.	20.53

Ainsi le logarithme 0.265 × le change 4.10 = le logarithme correspondant à ce change 1086 ;

16.¼ × 1086 =	F.	17.92
à ajouter les frais invariables	»	2.61
Revient égal	F.	20.53

Exempt de Droits d'entrée

DEPUIS JUIN 1860.

COMPTE D'ACHAT ET DE REVIENT

A 7 CAISSES FÈVES DE TONCA

7 Caisses Fèves de Tonca brut .... @ 3454			
Tare .... » 468			
Net .... @ 2986 à 30 cents la @		Macuquino ƒ	895.80

FRAIS A CIUDAD-BOLIVAR

7 Caisses vides	ƒ 5.25		
Recevoir, trier, emballer et frais à bord	» 70.—		
Droits de sortie	» 119.44		194.69
		Macuquino ƒ	1090.49
Commission 2 ½ %		»	27.26
		Macuquino ƒ	1117.75
Remboursement sur Paris à 90 jours de vue au change de F. 4 la ƒ Macuquino		F.	4471.—

FRAIS AU HAVRE

Fret à F. 100 sec par 1000 kil.	F. 158.90		
Permis, frais au débarquement, échantillonner, conditionner, port en magasin, arrimage, magasinage d'un mois, livraison et menus frais	» 42.—		
Assurance maritime à 1 ½ % sur F. 4918.10	» 73.77		
Assurance contre le feu à 1 ‰ sur F. 4918.10	» 4.92		
Commission de banque à ¼ % sur F. 4471.—	» 11.18		
Escompte à la vente .... 2¼ %			
Courtage de vente .... ¼ %			
Commission de vente .... 2 %			
Ensemble .... 4½ % sur F. 4986.14	» 224.37	»	515.14
		F.	4986.14

RENDEMENT 100 @ brut = 46 kil.

Brut .... kil. 1589		
Tare nette .... » 222		
Net kil. 1367 à F. 3.65 le kil. entrepôt	F.	4989.55

PRIX DE REVIENT AU HAVRE DU KIL. ENTREPOT

AUX CHANGES SUIVANTS SUR PARIS POUR ƒ 1

Avec la parité des changes sur Londres, calculée sur la base de 1 £ = F. 25.25

PRIX à CIUDAD-BOLIVAR en Cents mac. par @	LONDRES ƒ 6.82 ½ — PARIS F. 3.70	LONDRES ƒ 6.64 ½ — PARIS F. 3.80	LONDRES ƒ 6.47 ½ — PARIS F. 3.90	LONDRES ƒ 6.31 ¼ — PARIS F. 4.—	LONDRES ƒ 6.16 — PARIS F. 4.10	LONDRES ƒ 6.01 — PARIS F. 4.20	0.10 c. de différence par ƒ sur le change font au Havre 10 c. par 100 kil.
0.½	F. 0.05	F. 0.05	F. 0.05	F. 0.05	F. 0.05	F. 0.05	F. ——
1.—	0.09	0.09	0.09	0.10	0.10	0.10	——
2.—	0.18	0.18	0.19	0.19	0.20	0.20	0.01
3.—	0.27	0.27	0.28	0.29	0.30	0.30	0.01
4.—	0.35	0.36	0.37	0.38	0.39	0.40	0.01
5.—	0.45	0.45	0.47	0.48	0.49	0.50	0.01
20.—	2.50	2.56	2.63	2.69	2.76	2.82	0.07
25.—	2.94	3.02	3.09	3.17	3.25	3.32	0.08
30.—	3.38	3.47	3.56	3.65	3.73	3.83	0.09
35.—	3.83	3.93	4.02	4.12	4.23	4.32	0.10
40.—	4.27	4.38	4.49	4.60	4.71	4.82	0.11
45.—	4.72	4.84	4.95	5.06	5.21	5.32	0.12
50.—	5.16	5.29	5.42	5.56	5.69	5.82	0.14
Logarithmes des changes	0884	0908	0932	0956	0980	1004	0024
Frais invariables par kil.	0.74	0.75	0.77	0.78	0.80	0.81	0,02

OBSERVATIONS

F. 25 sec par 1000 kil. sur le fret font au Havre une différence de F. 0.03 par kil. sur les prix.

Logarithme sans change 0,0239

On veut savoir le revient au Havre de Fèves Tonca ayant coûté à Ciudad-Bolivar 32 ½ c. la livre au change de 4.10 et au fret de F. 100 les 1000 kil.

On trouvera dans la 1re et la 5e colonne de ce tableau que:

ƒ 30.— font le kil. Entrepôt	F.	3.73
» 2.— d°	»	0.20
» 0.½ d°	»	—05
ƒ 32.½ feront le kil. Entrepôt	F.	3.98

Ainsi le logarithme 0.239 × le change 4.10 = le logarithme correspondant à ce change 0.980;

32 ½ × 980 = ...	F.	3.18
à ajouter les frais invariables	»	0.80
Revient égal	F.	3.98

Droits d'entrée par 100 kil. depuis Juin 1871.

Sous tous pavillons .... F. 100

ÉTATS-UNIS DE COLOMBIE

Les principaux articles d'exportation des Etats-Unis de Colombie sont : le tabac, l'or des mines d'Antioquia, le coton, les quinquinas, le café, le cacao, les bois de teinture et une grande partie des chapeaux dits de Panama (quoiqu'ils proviennent tous, soit de l'intérieur de la Colombie, soit de Guayaquil, dans l'Equateur).

L'importance des exportations peut être évaluée approximativement à 50 millions de francs et celle des importations à une somme à peu près égale.

Le port principal pour l'importation est celui de Ste-Marthe. Savanilla est celui par lequel se font la plus grande partie des exportations.

Le tabac que produisent les différents districts de la Colombie et dont la qualité est supérieure ou ordinaire s'exporte presqu'en totalité pour l'Allemagne et son principal marché est Brême.

Le coton, les quinquinas et les bois de teinture s'expédient généralement au Havre.

La production de tabac s'estime approximativement à 20 millions de francs; celle du coton à 4 millions, et celle des quinquinas à 2 millions.

Le remboursement sur les produits exportés s'effectue généralement en lettres de change sur Londres à 90 jours de vue et rarement sur Paris.

La plupart des exporteurs sont autorisés par leurs consignataires d'Europe à tirer sur Londres, à 90 jours de vue, pour les deux tiers de la valeur de leurs factures auxquelles sont joints les connaissements d'embarquement.

Le change sur Londres oscille entre § 5 et § 5.20 la livre sterling. Le change sur Paris se règle généralement au pair, c'est-à-dire F. 5 la piastre qui est l'unité monétaire, ses plus grandes fluctuations sont entre F. 4. 80 et F.5. 20 la piastre.

Les monnaies colombiennes, ainsi que les poids et mesures, sont établies sur le système décimal français dans toutes ses acceptions. Ainsi, la piastre du titre de 0. 900 et du poids de 25 grammes équivaut à la pièce de F. 5. Du reste les monnaies françaises d'argent ou d'or circulent dans le pays au pair de la monnaie nationale.

Quoique l'ancien poids grenadin soit encore en usage pour l'achat et la vente des produits nationaux, on peut facilement le comparer au système décimal français, car l'arrobe qui vaut 25 livres espagnoles équivaut à 11 $^1/_2$ kilog.; la livre étant précisément de 460 grammes.

L'exportation de la Colombie est complètement libre de tous droits.

Le droit d'importation se perçoit sur le poids brut et selon un tarif qui comprend quatre classifications, savoir :

La 1re classe qui paie F. 0.12 1/2 par kilogramme
» 2e » » 0.25 »
» 3e » » 0.50 »
» 4e » » 1.50 »

(Voir à la fin de cet article qui donne le détail des marchandises appartenant à chacune des 4 classes ci-dessus).

Les droits se paient au comptant.

Le terme moyen des droits du tarif colombien pour toute classe de marchandises s'estime à 20 %, sur facture.

Les soies de France, les châles, et étoffes de mérinos, les draps, les chapeaux de feutre, fleurs artificielles, dentelles, rubans de soie et de velours et, en général, tout ce qui est connu sous le nom d'articles de Paris, ne paient pas au delà de 10 % de droit sur principal de facture.

L'importation de France peut s'évaluer à 12 millions de francs. Les principaux articles sont : draps pour pantalons, mérinos, châles, chapeaux, rubans de soie, habillements de drap pour hommes, chemises de fil et de coton, robes de soie, bottines pour hommes et pour dames, cravates, bijoux d'or et de cuivre, joujoux d'enfants, et en général l'article de Paris ; cognac, vins de Bordeaux, liqueurs, huiles d'olive, huile d'amandes, papiers d'imprimerie, papiers à lettres et une infinité d'autres petits articles en très petites proportions.

Bogota est le centre du commerce de la Colombie, pour les objets de luxe surtout ; après vient Medellin, capitale de l'Etat d'Antioquia.

Il résulte de la liberté de l'exportation, que la douane locale ne tient pas régulièrement compte des produits qui sortent, et que, par conséquent, il n'existe aucun document sérieux auquel on puisse s'en rapporter pour fixer un chiffre approximatif à l'exportation annuelle de chaque article.

On est obligé de se contenter des appréciations et des calculs plus ou moins exacts, des négociants de la place, qui sont loin d'être d'accord sur ces matières.

Quoique la piastre forte qui vaut 10 réaux (\$ 1 $^{10}/_{16}$) soit l'unité monétaire reconnue actuellement, les calculs se font encore très-fréquemment en piastres faibles qui ne valent que 8 réaux (∦ 1 $^{8}/_{16}$). La piastre forte valant F. 5, la piastre faible n'en vaut que 4, puisqu'elle ne représente que les $^{8}/_{10}$es de la première. Toutes les fois qu'on parle de piastre, sans en spécifier la valeur, il s'agit de piastres faibles ou de F. 4.

Les immenses forêts qui produisent le caoutchouc et qui couvrent, sur une grande étendue, le pays connu sous le nom de Darien, appartiennent au gouvernement, qui perçoit par conséquent, à la sortie de ce produit, un certain droit non pas d'exportation mais d'exploitation.

Quoique cet article soit déjà une des branches les plus importantes du commerce de Carthagène, la quantité de caoutchouc exportée actuellement n'est rien, comparée à ce qu'elle pourrait être, si un gouvernement stable permettait la création de quelque importante compagnie d'exploitation, qui ne manquerait pas de faire des bénéfices énormes.

Port de Savanilla. — Tous les produits qui s'expédient par ce port sont pour Brême l'Angleterre et New-York, savoir : Le tabac en feuilles d'Ambalema et du Carmen, coton, ivoire végétal, peaux de bœuf, café, bois jaune (mora). Par exception, un navire français y fit, en Août 1865, un chargement de coton.

Le fret pour l'Angleterre et pour Brême, par navires à voiles, est de £ 5 à £ 5.10 par tonneau anglais de 2240 lb nettes pour le tabac, et pour les autres articles en proportion du fret du tabac.

Rio-Hacha. — L'exportation de Rio-Hacha se compose de bois de plusieurs qualités, la plus grande partie pour le Havre et un peu pour l'Angleterre, dividivi pour Liverpool et cuirs secs salés de bœuf et de chèvre pour le Havre.

Pendant le premier semestre de l'année courante, il est sorti de ce port environ 1800 tonneaux de dividivi. L'époque de la récolte est du mois de Novembre au mois de Mars, et c'est alors le moment des achats. Les bois s'achètent et se transportent à Rio-Hacha dans les mois d'Octobre, Novembre et Décembre.

Bois de diverses qualités. — Il faut ordinairement un ou deux mois pour réunir 100 tonneaux de bois, chaque tonneau se compose de 8 charges de 250 livres chacune (poids espagnol).

Le bois de Brésil, appelé bois de Barranca, qui est ordinaire, se vend par charge au prix de ∦ 2.40 à ∦ 3.20, c'est-à-dire de ∦ 19.20 à ∦ 25.60 le tonneau. Celui qu'on appelle bois de Sainte-Marthe est un bois de Brésil de qualité supérieure et se vend de ∦ 3.20 à 5.60 la charge ou de ∦ 25.60 à ∦ 44.80 le tonneau. Le bois appelé Brasilete qui est très mince et de qualité inférieure, se vend à raison de ∦ 12.80 le tonneau espagnol.

Le bois jaune (mora) se vend par tonneau espagnol de ∦ 6.40 jusquà ∦ 16.

Les frais sur la place sont :

Emmagasinage de 100 tonneaux, par mois	∦	16.—
Transport jusqu'au quai, par tonneau	»	0.50
Embârquement id.	»	0.50

Tous ces frais sont communs à tous les bois.

En outre, il existe sur le bois de Brésil un droit d'exploitation de ∦ 0.40 par tonneau, c'est-à-dire ∦ 40 par 100 tonneaux espagnols, parce que ces bois sont coupés dans les forêts de l'Etat, et un droit municipal de ∦ 0.10 par charge. Ces bois s'exportent, pour le Havre, au fret de F. 55 à F. 70 par tonneau du Havre; pour Londres et Liverpool au fret de £ 3 à £ 4 par tonneau anglais de 2240 lb.

Voici la liste des 4 classes du tarif Douanier des Etats-Unis de Colombie :

Première Classe qui paie F. 0.12 1/2 par kil. —

Goudron, résine, riz, maïs, pommes de terre, légumes, fruits frais, ail, oignons, haricots et pommes ; amidon et sagou; pompes et machines hydrauliques avec leurs tubes et aqueducs respectifs; machines montées ou démontées, propres à l'agriculture, aux mines, aux manufactures et pour faire de la glace; seaux et cuves en bois, voitures et charettes de toutes classes; viandes de toutes classes et poissons salés ou fumés; liège en bouchons et en planches; chaux et ciment romain; dames-jeannes et bouteilles en verre obscur ou en grès vides; étoupe et filasse; fer et acier non travaillé en barres et en lames; allumettes; farines de froment, de maïs, d'avoine et de seigle; marbre, jaspe, albâtre travaillé, ou non travaillé, bois en planches, en poutres et poutrelles, propre à la construction et qui n'est pas libre de droit; ardoises pour écrire et crayons d'ardoise, non exempts de droits; paille pour faire des chapeaux, joncs et nattes; pipes, barils et caisses vides, montées ou démontées; pierres à aiguiser pour roues de meules et pierres à feu; salpêtre et pierres à filtrer; sacs vides en grosse toile; sel marin; terre jaune, bleue et rouge pour badigeonner, plâtre et craie sous quelque forme que ce soit.

Deuxième classe qui paie F. 0.25 par kil. —

Huile de charbon pour l'éclairage; aliments préparés ou non, qui ne sont pas mentionnés dans la première classe, et les substances qui servent à préparer ces aliments telles que sucre, cumin, canelle, clous de girofle; moutarde préparée ou non; origare, poivre, vinaigre, anis en grains, cirage pour bottes, brosses pour chaussures et pour chevaux; cuivre ou bronze en lingots, en feuilles et façonné; alambics, cloches, chaudières, casserolles, mortiers, étriers, pots, poëles, cafetières, théières, bouilloirs, vis, muselières, marteaux de portes, espagnolettes, verroux, poulies, fils ou cordes pour instruments, tourne-vis, écrous, clefs, clous, anneaux, cadenas, chapes, charnières, boutons, chandeliers, boucles, guipoirs, boulons et dés à coudre; café, chocolat, thé, coque du levant; chanvre travaillé en câbles, cordes, cordages et agrès; bière, vin, eau de Florède et liquides non compris dans les autres classes; étain, plomb, et zinc en barres, en lingots ou en lames, en murrition ou façonnés en divers objets dont le poids n'excède pas un kil.; soudure d'étain; petits miroirs ordinaires ne dépassant pas vingt centimètres; fer façonné en outils et instruments pour l'agriculture et les mines et pour les arts-et-métiers mécaniques (non mentionnés dans les autres classes), en clous, pointes, vis, écrous, fils, charnières ou gonds, mors, serrures, clous à crochet, poulies, fers à repasser, mouchettes, boucles, verroux, feuilles de fer blanc; étrilles, fourneaux et appareils pour cuisiner en ustensiles de cuisine et en toute classe d'article de fer blanc; en fer, étamé en lames; allumettes-bougies et soufflets de tous genres, savon commun et ordinaire, de résine, de suif ou d'huile; houblon; faïence; meubles de n'importe quel genre, non compris dans les autres classes; cuirs préparés ou non; papier sablé et papier gris; poudre; couleurs en poudre ou préparées, térébenthine, huile de lin, acide sulfurique, vernis et colle ordinaire; suif brut ou en chandelles et bougies stéariques, verre à vitres, divers objets en cristal et en verre autres que ceux mentionnés dans la première classe.

Troisième classe qui paie F. 0.50 par kil. —

Acier, fer, plomb, zinc, étain et cuivre ou bronze façonnés en quelques objets que ce soit, non mentionnés dans les classes précédentes; lunettes, miroirs lorgnons et verres grossissants, eau-de-vie, cognac, genièvre et toute espèce de boissons alcooliques, tain ou vif argent, cire ou spermaceti en pâte ou en bougies; capsules ou amorces pour armes à feu; drogues, médicaments; forte-piano, orgues, acordéons et autres instruments de musique; feux d'artifice, crayons en bois de toutes formes qui ne soient pas mentionnés dans une autre classe; livres en blanc; laine, crins, et toutes les toiles de chanvre telles que colètes de différentes qualités, toile à voile et autres importées sous le nom de *Creguelas prisses* & *Cañamazos*; nacre, os, caoutchouc, écaille, bois façonné en cannes avec ou sans épées, travaillé ou brut; pommades, essences et eaux d'odeur, poudres pour la peau et pour les dents, brosses pour les dents, pour les cheveux et pour les habits, et tous les objets de parfumerie; papier de toute qualité non mentionné dans les autres classes et cartonnage de toute espèce; pains à cacheter, encre et autres articles de bureau non spécifiés dans une autre classe; tabac en poudre; chapeaux de paille sans rubans, tabac en feuilles, en boudins ou préparé pour chiquer.

Quatrième classe qui paie F. 1.50 par kil.

Toute marchandise qui n'est pas déclarée libre ni mentionnée expressément dans quelqu'une des classes précédentes, sera considérée comme appartenant à la quatrième classe.

COMPTE D'ACHAT ET DE REVIENT

A 200 TONNEAUX BOIS JAUNE

100 tonneaux bois jaune à ₰ 10.40 le tonneau	₰	1040.—
100 id. id. à » 14.40 id.	»	1440.—
200 tonneaux	₰	2480.—

FRAIS A CARTHAGÈNE

Charrol de réception	₰	40.—		
Charrol d'embarquement	»	40.—		
Allèges d'embarquement	»	120.—		
Location d'un magasin pour un mois	»	16.—	»	216.—
			₰	2696.—
Commission d'achat et de remboursement 5 %			»	134.80
			»	2830.80
Remboursement sur Paris à 90 jours de vue au change de F. 5 pour 1 ₰			F.	14154.—

FRAIS AU HAVRE

Fret à F. 60 & 10 % par tonneau de 1000 kil. sur 150000 kil.	F.	9900.—		
Frais au débarquement, port en magasin, arrimage, magasinage d'un mois, livraison et menus frais	»	450.—		
Assurance maritime sur F. 15570 à ¾ % et police	»	274.—		
Assurance contre le feu ½ ‰ sur F. 15570	»	7.75		
Commission de Banque ½ % sur F. 14154	»	70.75		
Courtage de vente ¼ %				
Escompte à la vente 2 %				
Commission de vente 2 %				
Ensemble 4¼ % sur F. 25959.80	»	1103.30	»	11805.80
			F.	25959.80

RENDEMENT du poids : 1 tonneau de 2000 ₰ = 920 kil.

400000 ₰ =	kil.	184000		
Déchet du voyage, y compris le don de 2 %, qui peut aller à 20 %	»	36800		
Net	kil.	147200 à F. 17,64 par 100 kil.	F.	25966.10

PRIX DE REVIENT AU HAVRE DES 100 KIL. ENTREPOT

AUX CHANGES SUIVANTS SUR PARIS

PRIX à CARTHAGÈNE par 2000 ₰	F. 4.85 pour ₰ 1	F. 4.90 pour ₰ 1	F. 4.95 pour ₰ 1	F. 5.— pour ₰ 1	F. 5.05 pour ₰ 1	F. 5.10 pour ₰ 1	F. 5.15 pour ₰ 1
₰ —. 10	F. 0.07	F. 0.08	F. 0.08	F. 0.08	F. 0.08	F. 0.08	F. 0.08
—. 20	0.15	0.15	0.15	0.15	0.15	0.16	0.16
—. 30	0.22	0.23	0.23	0.23	0.23	0.23	0.24
—. 40	0.30	0.30	0.30	0.30	0.31	0.31	0.32
—. 50	0.37	0.38	0.38	0.38	0.39	0.39	0.40
—. 60	0.44	0.45	0.46	0.46	0.46	0.47	0.47
—. 70	0.52	0.53	0.53	0.53	0.54	0.55	0.55
—. 80	0.59	0.60	0.61	0.61	0.62	0.62	0.63
—. 90	0.67	0.68	0.68	0.68	0.69	0.70	0.71
—.100	0.74	0.75	0.76	0.76	0.77	0.78	0.79
8.—	14.06	14.14	14.21	14.28	14.35	14.42	14.49
9.—	14.80	14.88	14.96	15.04	15.12	15.20	15.28
10.—	15.55	15.63	15.72	15.80	15.89	15.98	16.06
11.—	16.29	16.38	16.47	16.57	16.66	16.75	16.85
12.—	17.03	17.13	17.23	17.33	17.43	17.53	17.63
13.—	17.77	17.88	17.99	18.09	18.20	18.31	18.42
14.—	18.51	18.62	18.74	18.86	18.97	19.09	19.21
15.—	19.25	19.37	19.50	19.62	19.75	19.87	19.99
16.—	19.99	20.12	20.25	20.38	20.52	20.65	20.78

OBSERVATIONS

F. 10 et 10 % par tonneau sur le fret font au Havre une diff. de F. 1.12 par 100 kil. sur les prix.

On veut savoir le revient au Havre de Bois jaune coûtant à Carthagène ₰ 11.50 par tonneau, au change de F. 5.10 et au fret de F. 60 pour 1 ₰.

On trouvera dans la 1re et la 7e colonne de ce tableau que :

₰ —.50 font par 100 kil.	F.	0.39
» 11.— id. id.	»	16.75
₰ 11.50 feront donc par 100 kil.	F.	17.14

Droits d'entrée par 100 kil. en Juin 1871.

Par navire Français / id. Étranger — Exempt.

COMPTE D'ACHAT ET DE REVIENT

A 10 TONNEAUX CAOUTCHOUC

10 tonneaux caoutchouc frais à $ 480 le tonneau		$	4800.—
3 id. de déchet par la préparation, soit 30 %			
7 tonneaux secs, gomme pure, embarqués en 70 sacs.			

FRAIS A CARTHAGÈNE

Couper en lannières, passer au cylindre, laver, sécher et ensacher à $ 16 le tonneau	$	160.—		
70 sacs	»	42.—		
Charroi et bateau d'embarquement	»	8.—	»	210.—
			$	5010.—
Commission d'achat et de remboursement 5 %			»	250.50
			$	5260.50
Remboursement sur Paris au change de F. 5 pour 1 $.			F.	26302.50

FRAIS AU HAVRE

Fret à F. 80 et 10 % par 1000 kil. sur 6400 kil	F.	563.20		
Frais au débarquement, port en entrepôt, arrimage, magasinage d'un mois, livraison et menus frais	»	41.50		
Assurance maritime sur F. 28932 à 1 ¾ % et police	»	507.80		
Assurance contre le feu sur F. 28932 à ½ ‰	»	14.45		
Commission de banque ½ % sur F. à 26302	»	131.50		
Courtage de vente ½ %				
Escompte 2 %				
Commission de vente 2 %				
Ensemble 4 ½ % sur F. 28784.30.	»	1223.35	»	2481.80
			F.	28784.30

Rendement : 1 ℔ = 460 grammes :

Soit 20000 ℔ =	kil. 9200		
Déchet environ 32 %	» 2944		
Net	kil. 6256 à F. 460.11 par 100 kil. Entrepôt	F.	28784.50

PRIX DE REVIENT AU HAVRE DES 100 KIL. ENTREPOT

AUX CHANGES SUIVANTS SUR PARIS

PRIX à CARTHAGÈNE p. tonne de 2000 ℔	F. 4.80 pour $ 1	F. 4.90 pour $ 1	F. 4.95 pour $ 1	F. 5.— pour $ 1	F. 5.05 pour $ 1	F. 5.10 pour $ 1	F. 5.15 pour $ 1
$ —. 5	F. 4.36	F. 4.40	F. 4.45	F. 4.49	F. 4.54	F. 4.58	F. 4.63
—. 10	8.71	8.80	8.89	8.98	9.07	9.16	9.25
—. 20	17.43	17.60	17.78	17.96	18.14	18.32	18.50
—. 30	26.14	26.41	26.68	26.95	27.22	27.49	27.76
—. 40	34.85	35.21	35.57	35.93	36.29	36.65	37.01
—. 50	43.57	44.01	44.46	44.91	45.36	45.81	46.26
—. 60	52.28	52.81	53.35	53.89	54.43	54.97	55.51
—. 70	60.99	61.61	62.24	62.87	63.50	64.13	64.76
—. 80	69.70	70.42	71.14	71.86	72.58	73.30	74.02
—. 90	78.42	79.22	80.03	80.84	81.65	82.46	83.27
—.100	87.13	88.02	88.92	89.82	90.72	91.62	92.52
200.—	202.67	204.66	206.64	208.62	210.61	212.59	214.58
300.—	289.80	292.68	295.57	298.44	301.32	304.21	307.10
400.—	376.92	380.71	384.49	388.26	392.04	395.82	399.61
500.—	464.05	468.73	473.41	478.08	482.76	487.44	492.13
600.—	551.17	556.75	562.33	567.90	573.48	579.06	584.64

OBSERVATIONS

F. 10 et 10 % par tonneau sur le fret font au Havre une diff. de F. 1.12 ½ par 100 kil. sur les prix.

On veut savoir le revient au Havre de Caoutchouc coûtant à Carthagène $ 350 le tonneau, au change de F. 5.10 pour $ 1 et au fret de F. 80.

On trouvera dans la 1re et la 7e colonne de ce tableau que :

$ 50 font par 100 kil	F.	45.81
» 300 id. id.	»	304.21
$ 350 feront donc par 100 kil	F.	350.02

Droits d'entrée par 100 kil. en Juin 1871

Par navire Français	Exempt.
id. Étranger	F. 3.60

COMPTE D'ACHAT ET DE REVIENT

A 200 BALLES COTON

200 balles Coton pesant net 25000 ℔ à ⌗ 24 le quintal	⌗	6000.—

FRAIS A CARTHAGÈNE

Charroi et bateau d'embarquement	»	20.—
	⌗	6020.—
Commission d'achat et de remboursement 5 %	»	301.—
	⌗	6321.—
Remboursement sur Paris à 90 jours de vue au change de F. 5 pour 1 ⌗	F.	31605.—

FRAIS AU HAVRE

Fret à F. 100 et 10 % par tonneau de 500 kil. sur 11900 kil. brute	F.	2618.—		
Frais au débarquement, port en magasin, arrimage, magasinage d'un mois, livraison et menus frais	»	115.—		
Assurance maritime sur F. 34765 à 2 % et police	»	696.80		
id. contre le feu sur F. 34765 à ½ ‰	»	17.40		
Commission de banque ½ % sur F. 31605	»	158.—		
Courtage de vente ¼ %				
Escompte à la vente 2 %				
Commission de vente 2 %				
Ensemble 4¼ % sur F. 36648.80	»	1562.85	»	5168.05
			F.	36773.05

RENDEMENT : 1 ℔ = 460 grammes :

Soit 25000 ℔ nettes = net kil.	11500
Déchet supposé 2 % »	230
Net kil. 11270 à F. 326.29 par 100 kil. Entrepôt F.	36772.90

PRIX DE REVIENT AU HAVRE DES 100 KIL. ENTREPOT

AUX CHANGES SUIVANTS SUR PARIS

PRIX à CARTHAGÈNE par 100 ℔	F. 4.85 pour ⌗ 1	F. 4.90 pour ⌗ 1	F. 4.95 pour ⌗ 1	F. 5.— pour ⌗ 1	F. 5.05 pour ⌗ 1	F. 5.10 pour ⌗ 1	F. 5.15 pour ⌗ 1
⌗ —. 10	F. 1.21	F. 1.23	F. 1.24	F. 1.25	F. 1.26	F. 1.28	F. 1.29
—. 20	2.42	2.45	2.47	2.50	2.52	2.55	2.57
—. 30	3.64	3.68	3.71	3.75	3.79	3.83	3.86
—. 40	4.85	4.90	4.95	5.—	5.05	5.10	5.15
—. 50	6.06	6.13	6.19	6.25	6.31	6.38	6.44
—. 60	7.27	7.35	7.42	7.50	7.57	7.65	7.72
—. 70	8.48	8.58	8.66	8.75	8.83	8.93	9.01
—. 80	9.70	9.80	9.90	10.—	10.10	10.20	10.30
—. 90	10.91	11.03	11.18	11.25	11.36	11.48	11.58
—.100	12.12	12.25	12.37	12.50	12.62	12.75	12.87
15.—	208.16	210.04	211.93	213.81	215.70	217.58	219.47
16.—	220.28	222.29	224.30	226.31	228.32	230.33	232.34
17.—	232.40	234.54	236.67	238.81	240.94	243.08	245.21
18.—	244.52	246.78	249.04	251.30	253.56	255.82	258.08
19.—	256.65	259.03	261.42	263.80	266.19	268.57	270.96
20.—	268.77	271.28	273.79	276.30	278.81	281.32	283.83
21.—	280.89	283.53	286.16	288.80	291.43	294.07	296.70
22.—	293.02	295.78	298.54	301.30	304.06	306.82	309.58
23.—	305.14	308.02	310.91	313.79	316.68	319.56	322.45
24.—	317.26	320.27	323.28	326.29	329.30	332.31	335.33
25.—	329.39	332.52	335.66	338.79	341.93	345.06	348.20
26.—	341.51	344.77	348.03	351.29	354.55	457.81	361.07
27.—	353.63	357.02	360.40	363.79	367.17	370.56	373.94
28.—	365.75	369.26	372.77	376.28	379.79	383.30	386.81
29.—	377.88	381.51	385.16	388.78	392.43	396.05	399.69
30.—	390.—	393.76	397.52	401.28	405.04	408.80	412.56

OBSERVATIONS

F. 10 et 10 % par tonneau sur le fret font au Havre une différence de F. 2.32 par 100 kil. sur les prix.

On veut savoir le revient au Havre de Coton nettoyé coûtant à Carthagène ⌗ 20 70 les 100 ℔, au change de F. 5.10 pour ⌗ 1 et au fret de F. 100 et 10 %.

On trouvera dans la 1re et la 7e colonne de ce tableau que :

⌗ —.70 font par 100 kil	F.	8.93
» 20.— id. id	»	281.32
⌗ 20.70 feront donc par 100 kil	F.	290.25

Droits d'entrée par 100 kil. en Juin 1871

Par navire Français	Exempt.
Id. Étranger	F. 3.—

COMPTE D'ACHAT ET DE REVIENT

A 500 CUIRS SALÉS SECS

500 Cuirs salés secs pesant 12500 ₰ à ∦ 6.40 le quintal			∦	800.—

FRAIS A CARTHAGÈNE

Charroi de réception et d'embarquement	∦	4.—		
Allèges d'embarquement	»	8.—		
Rabattage au soleil	»	8.—	»	20.—
			∦	820.—
Commission d'achat et de remboursement 5 %			»	41.—
			∦	861.—
Remboursement sur Paris à 90 jours de vue au change de F. 5 la ∦			F.	4305.—

FRAIS AU HAVRE

Fret à F. 1.50 par cuir et 10 %	F.	825.—		
Frais au débarquement, port en magasin, arrimage, magasinage d'un mois, livraison et menus frais	»	45.10		
Assurance maritime sur F. 4735 à 2 ⅛ et police	»	96.20		
Assurance contre le feu à ½ ‰ sur F. 4735	»	2.35		
Commission de banque à ½ % sur F. 4305	»	21.50		
Courtage de vente ¼ %				
Escompte à la vente 2 %				
Commission de vente 2 %				
Ensemble 4¼ % sur F. 5530.20	»	235.05	»	1225.20
			F.	5530.20

RENDEMENT : 1 arrobe de 25 ₰ = 11 kil. ½ :

Soit 500 arrobes = kil. 5750
Déchet 2 % » 115

Net kil. 5635 à F. 98.14 par 100 kil. Entrepôt F. 5530.20

PRIX DE REVIENT AU HAVRE DES 100 KIL. ENTREPOT

AUX CHANGES SUIVANTS SUR PARIS

PRIX à CARTHAGÈNE par 100 ₰	F. 4.95 pour ∦ 1	F. 4.90 pour ∦ 1	F. 4.95 pour ∦ 1	F. 5.— pour ∦ 1	F. 5.05 pour ∦ 1	F. 5.10 pour ∦ 1	F. 5.15 pour ∦ 1
∦ —. 10	F. 1.21	F. 1.23	F. 1.24	F. 1.25	F. 1.26	F. 1.28	F. 1.29
—. 20	2.42	2.45	2.47	2.50	2.52	2.55	2.57
—. 30	3.64	3.68	3,71	3.75	3.79	3.83	3.86
—. 40	4.85	4.90	4.95	5.—	5.05	5.10	5.15
—. 50	6.06	6.13	6.19	6.25	6.31	6.38	6.44
—. 60	7.27	7.35	7.42	7.50	7.57	7.65	7.72
—. 70	8.48	8.58	8.66	8.75	8.83	8.93	9.01
—. 80	9.70	9.80	9.90	10.—	10.10	10.20	10.30
—. 90	10.91	11.03	11.13	11.25	11.36	11.48	11.58
—.100	12.12	12.25	12.37	12.50	12.62	12.75	12.87
4.—	66.58	67.10	67.62	68.14	68.66	69.18	69.70
5.—	78.71	79.35	80.—	80.64	81.29	81.93	82.58
6.—	90.83	91.60	92.37	93.14	93.91	94.68	95.45
7.—	102.95	103.85	104.74	105.64	106.53	107.43	108.32
8.—	115.07	116.09	117.11	118.13	119.15	120.17	121.19
9.—	127.20	128.34	129.49	130.63	131.78	132.92	134.07
10.—	139.32	140.59	141.86	143.13	144.40	145.67	146.94
11.—	151.44	152.84	154.28	155.63	157.02	158.42	159.81
12.—	163.57	165.09	166.61	168.13	169.65	171.17	172.69
13.—	175.69	177.33	178.98	180.62	182.27	183.91	185.56
14.—	187.81	189.58	191.35	193.12	194.89	196.66	198.43
15.—	199.94	201.88	203.73	205.62	207.52	209.41	211.31

OBSERVATIONS

F. 0.50 et 10 % par Cuir sur le fret font au Havre une différence de F. 4.88 par 100 kil. sur les prix.

On veut savoir le revient au Havre de Cuirs coûtant à Carthagène ∦ 7.50 les 100 ₰ au change de F. 5.10 pour ∦ 1 et au fret de F. 1.50 par Cuir.

On trouvera dans la 1re et la 7e colonne de ce tableau que :

∦ —.52 font les 100 kil. F. 6.38
» 7.— id. id. » 107.43

∦ 7.50 feront donc par 100 kil. F 113.81

Droits d'entrée par 100 kil. en Juin 1871

Par navire Français Exempts
Idem. Étranger F. 2.—

COMPTE D'ACHAT ET DE REVIENT

A 2000 BARILS DIVIDIVI MESURÉS COMBLES

2000 barils pesant en moyenne 75 ℔ chacun à $ —.80 le baril		$	1600.—

FRAIS A CARTHAGÈNE

Charroi de réception	$	40.—		
Charroi d'embarquement	»	40.—		
Alléges d'embarquement	»	120.—		
Location d'un magasin, un mois	»	16.—		216.—
			$	1816.—
Commission d'achat et de remboursement 5 %			»	90.80
			$	1906.80
Remboursement sur Paris à 90 jours de vue au change de F. 5 pour 1 $			F.	9534.—

FRAIS AU HAVRE

Fret à F. 150 et 10 % par tonneau de 1000 kil. sur 45000 kil. bruts	F.	7425.—		
Frais au débarquement, port en entrepôt, arrimage, magasinage d'un mois, livraison et menus frais	»	180.—		
Assurance maritime sur F. 10487 à 1 ¼ % et police	»	185.05		
Assurance contre le feu sur F. 10487 ½ ‰	»	5.25		
Commission de banque à ½ % sur F. 9534	»	47.65		
Courtage de vente ¼ %				
Escompte à la vente 2 %				
Commission de vente 2 %				
Ensemble 4¼ % sur F. 18148.15	»	771.30	»	8614.25
			F.	18148.25

RENDEMENT : 1 ℔ = 460 grammes :

Soit 150000 ℔ =	kil. 69000 brut.	
Déchet de 30 à 35 %, soit 35 %	» 24150 »	
Reste brut	kil. 44850 à F. 40.46 les 100 kil. bruts entrepôt. F.	18146.30

PRIX DE REVIENT AU HAVRE DES 100 KIL. ENTREPOT

AUX CHANGES SUIVANTS SUR PARIS

PRIX à CARTHAGÈNE par baril de 75 ℔	F. 4.85 pour $ 1	F. 4.90 pour $ 1	F. 4.95 pour $ 1	F. 5.— pour $ 1	F. 5.05 pour $ 1	F. 5.10 pour $ 1	F. 5.15 pour $ 1
$ —.50	F. 32.42	F. 32.64	F. 32.79	F. 32.95	F. 33.09	F. 33.25	F. 33.40
—.60	34.92	35.09	35.27	35.45	35.62	35.81	35.99
—.70	37.35	37.55	37.75	37.96	38.15	38.36	38.57
—.80	39.78	40.—	40.42	40.46	40.69	40.92	41.15
—.90	42.21	42.46	42.72	42.97	43.22	43.47	43.73
1.—	44.65	44.92	45.20	45.48	45.75	46.03	46.31

OBSERVATIONS

F. 10 et 10 % par tonneau sur le fret font au Havre une diff. de F. 1.10 par 100 kil. sur les prix.

Droits d'entrée par 100 kil. en Juin 1871

Par navire Français	Exempt.
id. Étranger	

COMPTE D'ACHAT ET DE REVIENT

A 100 TONNEAUX IVOIRE VEGÉTAL

100 tonneaux à $ 50 le tonneau		$	5000.—

FRAIS A CARTHAGÈNE

Charroi de réception	$	20.—		
Id. d'embarquement	»	20.—		
Allèges d'embarquement	»	60.—		
Location d'un magasin pour un mois	»	10.—	»	110.—
			$	5110.—
Commission d'achat et de remboursement 5 %			»	255.50
			$	5365.50
Remboursement sur Paris à 90 jours de vue au change de F. 5 pour 1 $			F.	26827.50

FRAIS AU HAVRE

Fret à F. 60 et 10 % par 1000 kil. sur 78000 kil.	F.	4818.—		
Frais au débarquement, port en magasin, magasinage d'un mois, livraison et menus frais	»	365.—		
Assurance maritime sur F. 29510 à 1 ¾ % et police	»	517.90		
Id. contre le feu à ½ ‰ sur F. 29510	»	14.75		
Commission de banque ½ % sur F. 26827.50	»	134.15		
Courtage de vente ½ %				
Escompte à la vente 2 %				
Commission de vente 2 %				
Ensemble 4 ½ % sur F. 34127.70	»	1450.40	»	7300.20
			F.	34127.70

RENDEMENT : 1 tonneau de 2000 ℔ = 920 kil. :

Soit 200000 ℔ =	kil.	92000
Déchet de 20 à 25 %, soit 25 %	»	23000
Net	kil.	69000 à F. 49.46 par 100 kil. entrepôt F. 34127.40

PRIX DE REVIENT AU HAVRE DES 100 KIL. ENTREPOT

AUX CHANGES SUIVANTS SUR PARIS

PRIX à CARTHAGÈNE par 2000 ℔	F. 4.85 pour $ 1	F. 4.90 pour $ 1	F. 4.95 pour $ 1	F. 5.— pour $ 1	F. 5.05 pour $ 1	F. 5.10 pour $ 1	F. 5.15 pour $ 1
$ —.10	F. 0.08	F. 0.08	F. 0.08	F. 0.08	F. 0.08	F. 0.08	F. 0.08
—.20	0.16	0.16	0.16	0.16	0.16	0.17	0.17
—.30	0.24	0.24	0.24	0.24	0.25	0.25	0.25
—.40	0.32	0.32	0.32	0.32	0.33	0.33	0.34
—.50	0.40	0.40	0.41	0.41	0.41	0.42	0.42
—.60	0.47	0.48	0.49	0.49	0.49	0.50	0.50
—.70	0.55	0.56	0.57	0.57	0.57	0.58	0.59
—.80	0.63	0.64	0.65	0.66	0.66	0.66	0.67
—.90	0.71	0.72	0.73	0.74	0.74	0.75	0.76
1.—	0.79	0.80	0.81	0.82	0.82	0.83	0.84
2.—	1.58	1.60	1.61	1.63	1.64	1.66	1.68
3.—	2.37	2.39	2.42	2.44	2.47	2.49	2.51
4.—	3.16	3.19	3.22	3.26	3.29	3.32	3.35
5.—	3.95	3.99	4.03	4.07	4.11	4.15	4.19
20.—	24.52	24.69	24.86	25.03	25.21	25.37	25.54
25.—	28.46	28.68	28.89	29.11	29.32	29.52	29.74
30.—	32.41	32.67	32.92	33.18	33.43	33.68	33.93
35.—	36.36	36.66	36.95	37.25	37.54	37.83	38.12
40.—	40.41	40.65	40.98	41.32	41.65	41.98	42.31
45.—	44.26	44.64	45.01	45.39	45.76	46.13	46.51
50.—	48.21	48.63	49.04	49.46	49.87	50.29	50.70
55.—	52.16	52.62	53.07	53.53	53.98	54.44	54.89
60.—	56.11	56.61	57.10	57.60	58.10	58.59	59.09

OBSERVATIONS

F. 10 et 10 % par tonneau sur le fret font au Havre une différence de F. 1.16 par 100 kil. sur les prix.

On veut savoir le revient au Havre de Corozo coûtant à Carthagène $ 40.50 par tonneau de 2000 ℔ au change de F. 5.10 pour $ 1 et un fret de F. 60 et 10 %.

On trouvera dans la 1re et la 7e colonne de ce tableau que :

$ —.50 font par 100 kil.	F.	0.42
» 40.— id. id.	»	41.98
$ 40.50 feront donc par 100 kil.	F.	42.40

Droits d'entrée par 100 kil. en Juin 1871

Par navire Français		Exempt.
Id. Étranger	F.	3.60

COMPTE D'ACHAT ET DE REVIENT

A 100 SACS CAFÉ

100 sacs de Café pesant 125 ℔ chaque, soit 12500 ℔ (poids brut à $ —.12 la ℔... $ 1500.—

FRAIS A SAINTE-MARTHE

Fret de Mompos ou Magangué à Ste-Marthe	$	80.—		
Déchargement, portefaix et embarquement	»	10.—	»	90.—
			$	1590.—
Commission d'achat et de remboursement 5 %			»	79.50
			$	1669.50
Remboursement sur Paris à 90 jours de vue au change de F. 5 pour 1 $			F.	8347.50

FRAIS AU HAVRE

Fret F. 70 et 10 % par tonneau de 900 kil. sur 5750 kil. bruts		F.	491.95		
Frais au débarquement, port en magasin, arrimage, voiliers pour échantillonner, magasinage d'un mois, livraison et menus frais		»	36.50		
Assurance maritime sur F. 9180 à 2 % et police		»	185.10		
id. contre le Feu sur F. 9180 à ½ %		»	4 60		
Commission de banque ½ % sur F. 8347.50		»	41.75		
Courtage de vente	¼ %				
Escompte à la vente	2 %				
Commission de vente	2 %				
Ensemble	4¼ % sur F. 9511.65	»	404.25	»	1104.15
				F.	9511.65

RENDEMENT : 1 ℔ = 460 grammes :

Soit 12500 ℔ brutes = 5750 kil. bruts.
Tare 1 ½ % .... 86 id.
Net. 5664 kil. à F. 167.93 par 100 kil. Entrepôt .... F. 9511.65

PRIX DE REVIENT AU HAVRE DES 100 KIL. ENTREPOT

AUX CHANGES SUIVANTS SUR PARIS

	PRIX à SAINTE-MARTHE par ℔	F. 4.85 pour $ 1	F. 4.90 pour $ 1	F. 4.95 pour $ 1	F. 5.— pour $ 1	F. 5.05 pour $ 1	F. 5.10 pour $ 1	F. 5.15 pour $ 1
FRACTIONS — Coût et frais variab.	$ —.—⅛	F. 1.51	F. 1.52	F. 1.54	F. 1.55	F. 1.57	F. 1.59	F. 1.60
	—.—¼	3.02	3.05	3.08	3.11	3.14	3.17	3.20
	—.—⅜	4.52	4.52	4.62	4.66	4.71	4.76	4.80
	—.—½	6.08	6.10	6.16	6.22	6.28	6.34	6.40
	—.—⅝	7.54	7.62	7.70	7.77	7.85	7.93	8.01
	—.—¾	9.05	9.14	9.23	9.32	9.42	9.51	9.61
	—.—⅞	10.55	10.67	10.77	10.88	10.99	11.10	11.21
Coût et frais variables et invariables	—.10	139.07	140.39	141.73	143.06	144.39	145.73	147.06
	—.11	151.13	152.57	154.04	155.50	156.95	158.41	159.87
	—.12	163.19	164.76	166.35	167.93	169.51	171.10	172.67
	—.13	175.25	176.94	178.66	180.37	182.06	183.78	185.48
	—.14	187.31	189.13	190.97	192.80	194.62	196.46	198.29
	—.15	199.38	201.31	203.28	205.23	207.18	209.15	211.10
	—.16	211.44	213.50	215.59	217.66	219.74	221.83	223.90

OBSERVATIONS

F. 10 et 10 % par tonneau sur le fret font au Havre une différence de F. 1.24 par 100 kil. sur les prix.

On veut savoir le revient au Havre de Café coûtant à Sainte-Marthe 14 ½ c. par ℔, au change de F. 5.10 pour $ 1 et au fret de F. 70 et 10 %.

On trouvera dans la 1re et la 7e colonne de ce tableau que :

$ —.—½ font donc par 100 kil. .... F. 6.34
» —.14— id. id .... » 196.46
$ —.14½ feront donc par 100 kil. .... F. 202.80

Droits d'entrée par 100 kil. en Juin 1871.

Par navire français .... F. 50.40
idem Étranger .... » 55.40

COMPTE D'ACHAT ET DE REVIENT

A 50 BALLES COTON

50 balles Coton pesant brut	℘ 9730		
Tare	» 410		
Net	℘ 9320 à $ 19.20 le quintal	$	1789.45

FRAIS A SAINTE-MARTHE

Charretage	$ 4.50		
Portefaix	» 2.—		
Embarquement	» 2.—	»	8.50
		$	1797.95
Commission d'achat et de remboursement 3 %		»	53.95
		$	1851.90
Remboursement sur Paris à 90 jours de vue au change de F. 5 pour 1 $		F.	9259.50

FRAIS AU HAVRE

Fret à F. 80 et 10 % par tonneau de 500 kil. sur 4400 kil.	F. 774.40		
Frais au débarquement, port en magasin, arrimage, magasinage d'un mois, livraison et menus frais	» 44.—		
Assurance maritime sur F. 10184 à 2 % et police	» 205.20		
Assurance contre le feu sur F. 10184 à ½ ‰	» 5.10		
Commission de banque ½ % sur F. 9259.50	» 46.30		
Courtage de vente ½ %			
Escompte à la vente 2 %			
Commission de vente 2 %			
Ensemble 4½ % sur F. 10798.20	» 458.70	»	1538.70
		F.	10798.20

Rendement : 1 ℘ = 460 grammes :

Soit 9320 ℘ =	kil. 4287		
Déchet supposé 2 %	» 86		
Net	kil. 4201 à F. 256.92 par 100 kil. entrepôt	F.	10798.20

PRIX DE REVIENT AU HAVRE DES 100 KIL. ENTREPOT

AUX CHANGES SUIVANTS SUR PARIS

PRIX à SAINTE-MARTHE par 100 ℘	F. 4.85 pour $ 1	F. 4.90 pour $ 1	F. 4.95 pour $ 1	F. 5.— pour $ 1	F. 5.05 pour $ 1	F. 5.10 pour $ 1	F. 5.15 pour $ 1
Suppléments — Coût et frais invariables							
$ —.10	F. 1.19	F. 1.20	F. 1.21	F. 1.23	F. 1.24	F. 1.25	F. 1.26
—.20	2.38	2.40	2.43	2.45	2.48	2.50	2.53
—.30	3.57	3.61	3.64	3.68	4.71	3.75	3.79
—.40	4.76	4.81	4.86	4.90	4.95	5.—	5.05
—.50	5.95	6.01	6.07	6.13	6.19	6.26	6.32
—.60	7.13	7.21	7.28	7.36	7.43	7.51	7.58
—.70	8.32	8.41	8.50	8.58	8.67	8.76	8.84
—.80	9.51	9.62	9.71	9.81	9.90	10.01	10.10
—.90	10.70	10.82	10.93	11.03	11.14	11.26	11.37
—.100	11.89	12.02	12.14	12.26	12.38	12.51	12.63
Coût et frais variables et invariables							
12.—	164.19	165.67	167.15	168.63	170.12	171.59	173.08
13.—	176.08	177.69	179.28	180.89	182.50	184.10	185.71
14.—	187.97	189.70	191.42	193.15	194.89	196.60	198.34
15.—	199.87	211.72	203.56	205.42	217.27	209.11	210.97
16.—	211.76	213.74	215.70	217.68	219.65	221.62	223.59
17.—	223.65	225.75	227.84	229.94	232.04	234.12	236.22
18.—	235.54	237.77	239.97	242.20	244.42	246.63	248.85
19.—	247.44	249.78	252.11	254.46	256.81	959.18	261.48
20.—	259.33	261.80	265.25	266.72	269.19	271.64	274.11
21.—	271.22	273.82	276.39	278.98	281.57	284.15	286.74
22.—	283.12	285.83	288.53	291.24	293.96	296.65	299.37
23.—	295.01	297.85	300.66	303.50	306.34	309.16	312.—
24.—	306.90	309.86	312.80	315.76	318.73	321.66	324.63

OBSERVATIONS

F. 10 et 10 % par tonneau sur le fret font au Havre une diff. de F. 2.30 par 100 kil. sur les prix.

On veut savoir le revient au Havre de Coton, coûtant à Sainte-Marthe $ 20.50 le quintal, au change de F. 5.10 pour $ 1 et un fret de F. 80 et 10 %.

On trouvera dans la 1re et la 7e colonne de ce tableau que :

$ —.50 font par 100 kil.	F. 6.26
» 20.— id. id.	» 271.64
$ 20.50 feront donc par 100 kil.	F. 277.90

Droits d'entrée par 100 kil. au Juin 1871.

Par navire Français	Exempt.
id. Étranger	F. 3.—

COMPTE D'ACHAT ET DE REVIENT

A 500 CUIRS SECS SALÉS

500 Cuirs secs salés pesant 12000 ℔ à $ —. 08 la ℔		$	900.—

FRAIS A SAINTE-MARTHE

Laver, charroyer et marquer	$ 8.—		
Embarquement	« 4.—	«	12.—
		$	972.—
Commission d'achat et remboursement 5 %		»	48.60
		$	1020.60
Remboursement sur Paris à 90 jours de vue au change de F. 5 pour 1 $		F.	5103.—

FRAIS AU HAVRE

Fret à F. 80 et 10 % par tonneau de 600 kil. sur 5500 kil.	F. 805.65		
Frais au débarquement, port en magasin, arrimage, magasinage d'un mois, livraison et menus frais	» 43.20		
Assurance maritime sur F. 5613, à 2 % et police	» 113.75		
id. contre le feu sur F. 5613 à ½ ‰	» 2.85		
Commission de banque à ½ % sur F. 5103	» 25.50		
Courtage de vente ½ %			
Escompte à la vente 2 %			
Commission de vente 2 %			
Ensemble 4½ % sur F. 6365.50	» 270.55	»	1262.50
		F.	6365.50

RENDEMENT : 1 ℔ = 460 grammes :

Soit 12000 ℔ = kil. 5520			
Déchet 2 % » 110			
Net kil. 5410 à F. 117.66 par 100 kil. entrepôt		F.	6365.40

PRIX DE REVIENT AU HAVRE DES 100 KIL. ENTREPOT

AUX CHANGES SUIVANTS SUR PARIS

PRIX à SAINTE-MARTHE par ℔	F. 4.85 pour $ 1	F. 4.90 pour $ 1	F. 4.95 pour $ 1	F. 5.— pour $ 1	F. 5.05 pour $ 1	F. 5.10 pour $ 1	F. 5.15 pour $ 1
SUBDIVIS. — Coût et frais variables							
$ —.—⅛	F. 1.52	F. 1.53	F. 1.55	F. 1.56	F. 1,58	F. 1.59	F. 1.61
—.—¼	3.03	3.06	3.09	3.13	3.16	3.19	3.22
—.—⅜	4.55	4.59	4.64	4.69	4.73	4.78	4.83
—.—½	6.06	6.12	6.18	6.25	6.31	6.38	6.44
—.—⅝	7.58	7.66	7.73	7.81	7.89	7.97	8.05
—.—¾	9.09	9.19	9.28	9.38	9.47	2.56	9.65
—.—⅞	10.61	10.72	10.82	10.94	11.04	11.16	11.26
SUBDIVISIONS. — Coût et frais variables							
—. 6	90.38	91.14	91.90	92.66	93.42	94.18	94.94
—. 7	102.50	103.39	104.27	105.16	106.04	106.93	107.81
—. 8	114.63	115.64	116.65	117.66	118.67	119.68	120.69
—. 9	126.75	127.88	129.02	130.15	131.29	132.42	133.56
—. 10	138.87	140.13	141.39	142.67	143.91	145.17	146.43
—. 11	150.99	152.38	153.76	155.15	156.53	157.92	159.30
—. 12	163.11	164.62	166.13	167.64	169.15	170.66	172.17
—. 13	175.24	176.87	178.51	180.14	181.78	183.41	185.05
—. 14	187.36	189.12	190.88	192.64	194.40	196.16	197.92
—. 15	199.48	201.37	203.25	205.14	207.02	208.91	210.79

OBSERVATIONS

F. 10 et 10 % par tonneau sur le fret font au Havre une différence de F. 1.86 par 100 kil. sur les prix.

On veut savoir le revient au Havre de Cuirs coûtant à Sainte-Marthe $ — 10 ½ la ℔, au change de F. 5.10 pour $ 1 et au fret de F. 80 et 10 %.

On trouvera dans la 1re et la 7e colonne de ce tableau que :

$ —.—½ font donc par 100 kil.	F.	6.38
» 10 id. id.	»	145.17
$ 10½ feront donc par 100 kil.	F.	151.55

Droits d'entrée par 100 kil. au Juin 1871

Par navire Français	Exempt.
id. Etranger	F. 3.—

COMPTE D'ACHAT ET DE REVIENT

A 47 FUTS HUILE DE BALEINE

Contenant : Gal.	11134			
Vidange	184			
Net	10950 à 50 c. le Gal.		$	5475.-

FRAIS A NEW-YORK

Réception et mise à bord	$	55.67	
Courtage d'achat ½ %	»	27.37	
Taxe 1 %	»	5.47	88.51
		$	5563.51
Commission d'achat 2 ½ %	$	139.09	
Frais de change ¼ %	»	14.29 »	153.38
Remboursement à 60 jours de vue sur Brême à 78 c. pour 1 $		$	5716.89
		Th.	7329.25

FRAIS A BRÊME

Fret à 10950 gal. à 3 c. et 5 % $ 344.94 c. 1 ⅓ Th.	Th. 459.66 g.		
Frais de réception, tonneliers, peser, livrer du bord 1 Th.	» 47.»		
Assurance maritime à 1 ½ % sur Th. 8062.20	» 120.67		
Assurance contre le feu 1 %.	» 8.04		
Courtage de vente ½ % ⎫ Droits d'entrée ⅓ % ⎪ Escompte à la vente 4 mois 1 ¾ % ⎪ Commission de vente 2 % ⎭ 4 ⅚ % Th. 8340.41	» 375.23	»	1011.16
		Th.	8340.41

RENDEMENT de poids :

1 gal. net = 8 ¼ ℔ brut.

Brut ℔ 90337 ½ à Th. 24 [illegible]/100 les 261 ℔ brut .... Th. 8341.43

NOTA. — 1 Thaler Louis d'or de Brême = 72 Grote.

PRIX DE REVIENT A BRÊME DES 261 ℔ BRUTES

AUX CHANGES SUIVANTS SUR BRÊME

PRIX à NEW-YORK par Gal.	80 c. pour 1 Th.	79 c. pour 1 Th.	78 c. pour 1 Th.	77 c. pour 1 Th.	76 c. pour 1 Th.	La différence de change est progressive
C. 1	Th. 0.[illegible]/100	Th. 0.44	Th. 0.44	Th. 0.45	Th. 0.46	
2	0.87	0.88	0.89	0.90	0.92	
3	1.30	1.32	1.33	1.35	1.38	
4	1.74	1.76	1.78	1.80	1.83	
5	2.18	2.20	2.23	2.26	2.29	
10	4.36	4.41	4.47	4.52	4.58	
30	14.82	14.99	15.16	15.33	15.52	
35	17.00	17.20	17.39	17.59	17.81	
40	19.18	19.40	19.63	19.86	20.10	
45	21.36	21.60	21.87	22.13	22.39	
50	23.54	23.81	24.10	24.39	24.68	
55	25.72	26.01	26.33	26.65	26.97	
60	27.90	28.22	28.57	28.92	29.26	
65	30.08	30.42	30.80	31.18	31.55	
70	32.26	32.63	33.04	33.25	33.84	
Logarithmes des changes	4356.00	4411.00	4468.00	4520.00	4526.	
Frais invariables pour 261 ℔	1.[illegible]/100	1.[illegible]/100	1.[illegible]/100	1.[illegible]/100	1.[illegible]/100	

OBSERVATIONS

½ c. et 5 % par gal. sur le fret font à Brême une différence de Th. 0 [illegible]/100 par 261 ℔ brut sur les prix

Logarithme sans change 34,8471

On veut savoir le revient à Brême d'huile de Baleine achetée à New-York à 46 c. le gal.; au fret de 3 c. et 5 % par gal. et au change de 78 c. pour 1 Th.

On trouvera dans la 1re et 4e colonne que

45 c. font à Brême les 261 ℔ brutes	Th. 21 87
2 — — —	0 89
47 c. feront les 261 ℔ brutes	Th. 22 76

On par le calcul du logarithme 34,8471 divisé par 78 change = 4468

4468 × 47 prix =	Th. 21 —
à ajouter les frais invariables	1 76
Revient égal	Th. 22 76

COMPTE D'ACHAT ET DE REVIENT

A 70 FUTS HUILE DE BALEINE

70 fûts Huile de baleine contenant 14500 Gal. à 60 c.			$	8700.—

FRAIS A NEW-YORK

Recevoir, tonneliers et transport	$	45.50		
Courtage d'achat ½ %	»	43.50		
Taxe 1 °/₀₀	»	8.70	»	97.70
			$	8797.70
Commission d'achat 2 ½ % ... $ 8797.70			»	219.94
Frais de change ¼ % ... » 9040.24			»	22.60
			$	9040.24
Remboursement, 60 jours de vue sur Londres à 108 % prime			£	1883.7.8

? $ 9040."/₀₀
10 $ £ 2.¼
108 £ » 100

FRAIS A LONDRES

Fret à 183255 ₤ livrées au débarquement à 40 sh. et 5 % par 2240 ₤	£	124.18.6		
Frais de réception, tonneliers, transport, mise au dock, 1 mois de magasinage, vente publique et livraison	»	29.19.7		
Assurance maritime 1 % sur £ 2071.14.4	»	20.14.4		
Assurance feu 1 °/₀₀ sur » —.—.—	»	2. 1.5		
Commission de banque ¼ % sur » 1883. 7.8	»	4.14.2		
Courtage de vente 1 % ; Escompte à la vente 2 ½ ; Perte d'intérêts ½ ; Commission de vente 2 % } 6 % sur £ 2197.13.-	»	131.17.4	»	314.5.4
			£	2197.13.-

RENDEMENT réel :

1 Gallon New-York = 9 "/₀₀ ₤ brutes à London
1 gallon New-York = impérial gallon brut 0.825 à Londres.
— = — net 0.801 d°
305.454 gallons à New-York = 252 gallons impériaux.

Livré ...... 11962 ½ Gallons
Vidange 348
11614 ½ gallons nets à £ 47 °/₀ les 252 Gal. ... £ 2197.10.9

PRIX DE REVIENT A LONDRES PAR TUN DE 252 GALLONS

AUX CHANGES SUIVANTS SUR LONDRES

	PRIX à NEW-YORK par Gallon	PRIME 112 %	PRIME 111 %	PRIME 110 %	PRIME 109 %	PRIME 108 %	PRIME 107 %	1 % différence de change à Londres par 252 gallons
Subdivisions. — Coût et frais variables	C. 1	£ 0.70	£ 0.71	£ 0.72	£ 0.72	£ 0.73	£ 0.74	
	2	1.41	1.42	1.44	1.45	1.46	1.48	
	3	2.11	2.13	2.16	2.17	2.19	2.22	
	4	2.82	2.84	2.88	2.90	2.92	2.96	
	5	3.52	3.56	3.60	3.62	3.66	3.70	
	6	4.23	4.27	4.32	4.35	4.39	4.44	
	7	4.93	4.98	5.04	5.07	5.12	5.18	
	8	5.64	5.69	5.76	5.80	5.85	5.92	
	9	6.34	6.40	6.48	6.52	6.58	6.66	
	10	7.05	7.12	7.19	7.26	7.33	7.40	0.07
Coût et frais variables et invariables	30	24.95	25.14	25.33	25.52	21.75	25.90	0.19
	40	32.—	32.26	32.52	32.78	33.04	33.30	0.26
	50	39.05	39.38	39.71	40.04	40.37	40.70	0.33
	60	46.10	46.50	46.90	47.30	47.68	48.10	0.40
	70	53.15	53.62	54.09	54.56	55.03	55.50	0.47
	80	60.20	60.74	61.28	61.82	62.36	62.90	0.54
Logarithmes des changes		70523	71158	71805	72464	73135	73818	
Frais invariables		3.80	3.80	3.80	3.80	3.80	3.80	

OBSERVATIONS

5 sh. et 5 % par 2240 ₤ sur le fret font à Londres une différence de £ 0 "/₀₀ par 252 gallons sur les prix.

Logarithme sans change 7,898376

On veut savoir le revient à Londres d'huile de baleine achetée à New-York à 61 c le gallon au change de 108 % et au fret de 40 sh. et 5 % les 2240 ₤.

On trouvera dans la 1re et 4e colonne de ce tableau que:
60 cts font à Londres les 252 gal. = £ 47.70
1 — — — = » 0.73
61 cts feront les 252 gallons £ 48 "/₀₀

ou par le calcul du logarithme :
7898376 à diviser par 108 change
=73135 à multiplier par 61 prix = £ 44.63
A ajouter les frais invariables » 3.80
Revient égal £ 48.43

COMPTE D'ACHAT ET DE REVIENT

A 19 FUTS HUILE DE CACHALOT

3103 gallons.
37 — vidange.
3066 gallons à 150 c. le gallon ..... $ 4599.—

FRAIS A NEW-YORK

Frais de réception et mise à bord	$ 14.50		
Courtage d'achat ½ %	» 23.—		
Taxe 1 °/₀₀	» 4.60	»	42.10
		$	4641.10
Commission 2 ½ %	$ 116.03		
Frais de cingage ¼ %	» 11.92	»	127.95
		$	4769.05

Remboursement à 60 jours de vue sur Londres à 108 % prime ..... £ 993.11

£ ? = 4769.05 $
$ 10 = 2 ¼ £
£ 108 = 100 £

FRAIS A LONDRES

RENDEMENT : 1 gallon brut New-York = 8 ⁸⁸/₁₀₀ ₰ à Londres

Fret à 27058 ₰ au débarquement à 40 sch. et 5 % pour 2240 ₰	£	25. 7. 4	
Frais de réception, tonneliers, transport, mise en magasin, vente publique et livraison	»	9. 1.—	
Assurance maritime ..... 1 % sur £ 1092.18	»	10.18.07	
Assurance contre le feu ..... 1 %.	»	1. 1.10	
Commission de banque ..... ½ %	»	2. 9. 8	
Courtage de vente ..... 1 % } Escompte à la vente ..... 2 ½ % } Perte d'intérêts ..... ½ % } Commission de vente ..... 2 % } 6 % sur £ 1100.—	»	66.10.10	115. 9. 3
		£	1100.—. 3

RENDEMENT de poids :

1 gallon brut à New-York = Net Imp. gallon 0.790 .....
319 » brut New-York = 252 Imp. gal. à Londres .....

Net Gal. 2451 ¼ à £ 114 les 252 Gal. = ... £ 1108.19. 4

PRIX DE REVIENT A LONDRES PAR TUN DE 252 GALLONS

AUX CHANGES SUIVANTS SUR LONDRES

PRIX à NEW-YORK par Gallon	PRIME 112 %	PRIME 111 %	PRIME 110 %	PRIME 109 %	PRIME 108 ½ %	PRIME 108 %	1 % Différence de change fait à Londres par 252 Gal.
C. 1	£ 0.71	£ 0.71	£ 0.72	£ 0.72	£ 0.73	£ 0.73	
2	1.41	1.42	1.44	1.45	1.46	1.47	
3	2.11	2.13	2.16	2.17	2.19	2.20	
4	2.82	2.84	2.88	2.90	2.92	2.94	
5	3.53	3.57	3.60	3.63	3.65	3.67	
6	4.23	4.28	4.32	4.35	4.38	4.40	
7	4.94	4.99	5.04	5.08	5.11	5.14	
8	5.64	5.70	5.76	5.80	5.84	5.87	
9	6.35	6.41	6.48	6.53	6.57	6.61	
10	7.06	7.13	7.19	7.26	7.29	7.33	£ 0.07
90	67.68	68.25	68.83	69.42	69.72	70.02	0.59
100	74.74	75.38	76.02	76.68	77.01	77.35	0.65
110	81.80	82.51	83.21	83.94	84.30	84.68	0.72
120	88.87	89.64	90.42	91.21	91.61	92.01	0.79
130	95.93	96.77	97.61	98.47	98.90	99.34	0.85
140	102.99	103.90	104.80	105.73	106.19	106.67	0.92
150	110.06	111.03	112.01	113.—	113.50	114.—	0.99
160	117.12	118.16	119.20	120.26	120.79	121.33	1.05
170	124.18	125.29	126.40	127.52	128.08	128.66	1.12
180	131.25	132.42	133.60	134.79	135.39	135.99	1.19
Logarithmes des changes	7064	7128	7193	7259	7292	7326	66
Frais invariables par 252 gallons	4.11	4.11	4.11	4.11	4.11	4.11	

OBSERVATIONS

5 c. et 5 % par 2240 ₰ sur le fret font à Londres £ 0 ⁸⁸/₁₀₀ par 252 gal. sur les prix.

Logarithme sans change 791242

On veut savoir le revient à Londres d'huile de Cachalot payée à New-York 128 c. le gal., au change de 108 % de prime, et au fret de 40 sch. et 5 % les 2240 ₰.

On trouvera dans la 1re et la 7e colonne que :
120 c. font à Londres les 252 gal. ..... £ 92 ⁰¹/₁₀₀
8 — — — ..... 5 ⁸⁷/₁₀₀
128 c. feront les 252 gal. ..... £ 97 ⁸⁸/₁₀₀

Ou par le calcul du logarithme :
791242 à diviser par 108 change ..... = 7326
7326 × 128 prix ..... = £ 93.77
A ajouter les frais invariables ..... = 4.11
Revient égal ..... £ 97.88

ZONE DE L'AMÉRIQUE DU NORD ET DU GOLFE DU MEXIQUE

RÉPERTOIRE DES COMPTES ET DES ARTICLES

HARLESTON, COLOMBIE, MATAMORAS, MAZATLAN, NEW-YORK, NEW-ORLEANS, TAMPICO, VERA-CRUZ

ALCOOL

ARTICLES

BOIS

BOUGIES

CACAOS

CAFÉS

CAOUTCHOUC

CIRES

COCHENILLE

CONSERVES

Plan général de l'Ouvrage

L'Édition Française comprend les Comptes de Revient de toutes les Marchandises importées en France des Pays d'Outre-Mer, ainsi que des Ports d'Europe, avec des Notices sur les Usages du Commerce et de la Marine marchande dans les principales Places.

Elle se publie par Livraisons de 100 à 200 Comptes ou pages.

L'Édition Anglaise comprend les Comptes de Revient de toutes les Marchandises qui figurent dans l'Édition Française, avec cette différence que ces comptes sont établis *pour l'importation en Angleterre*.

Elle se publie également par Livraisons de 100 à 200 Comptes ou pages.

Les **Livraisons par Zônes** sont formées par la réunion des Comptes Français et Anglais d'un certain nombre de Places d'exportation choisies de manière à composer un groupe ou une Zône.

N.-B. — L'Édition Française et l'Édition Anglaise renfermeront un certain nombre de Comptes qui ne seront pas compris dans les Éditions par Zônes.

Le prix des Livraisons est établi à raison de 25 centimes pour chaque Compte ou page.

Conditions de la Souscription

On peut souscrire *séparément* :

1° — A l'Édition Française ; 2° — à l'Édition Anglaise ; 3° — à une ou plusieurs des dix Livraisons par Zônes dont la liste suit :

1re **La Plata.** — Buenos-Ayres, Montevideo et Rio-Grande.

2e **Golfe du Bengale et Mer d'Oman.** — Calcutta, Madras, Pondichéry, Arakan, Pegou, Rangoon, Akyab, Colombo, Tuticorin, Bombay, Kurrachee, Mangalore, Tellichery.

3e **Iles de la Sonde et Océanie.** — Manille, Bornéo, Singapore, Pinang, Malacca, Batavia, Chéribon, Padang, Samarang, Sourabaya, Australie.

4e **Siam, Cochinchine, Chine et Japon.** — Bangkok, Siam, Saïgon, Macao, Canton, Hong-Kong, Amoy, Ning-Pho, Shang-Haï, Nangazaki, Yédo.

5e **Afrique, Mozambique et Madagascar.** — Maurice, la Réunion, Cap de Bonne-Espérance, Bathurst, Port Natal, Mozambique, Madagascar.

6e **Brésil.** — Rio-Janeiro, Pernambuco, Bahia, Maragnan, Para, Céara, Santos, Parahyba.

7e **Côtes du Pacifique.** — Lima, Arequipa, Iquique, Copiapo, Valparaiso, Payta, Guayaquil, Nicaragua, San-Salvador, Guatemala, Acapulco, Mazatlan, San-Francisco.

8e **Amérique du Nord et Golfe du Mexique.** — New-York, Baltimore, Charleston, Savannah, Mobile, New-Orleans, Galveston, Matamoras, Tampico, Tuspan, Vera-Cruz, Tabasco, Campêche, St-Jean-de-Nicaragua, Carthagène, Cayenne, Laguayra, Puerto-Cabello, Ste-Marthe, Maracaibo, Caracas, Cumana.

9e **Indes Occidentales.** — Havane, Matanzas, Cienfuegos, San-Yago-de-Cuba, Port-au-Prince, Gonaïves, Les Cayes, Jacmel, Porto-Rico, St-Jean, Ponce, Mayagüez, Guayama, Cap Vert, Ste-Croix-de-Ténériffe.

10e **Méditerranée et Mer Noire.** — Ajaccio, Bastia, Gênes, Livourne, Palerme, Girgenty, Malte, Cagliari, Almeira, Valence, Barcelone, Oran, Alger, Bône, Tunis, Tripoli, Alexandrie, Beyrouth, Smyrne, Salonique, Gallipoli, Scutary, Sinope, Trébisonde, Bourgos, Varna, Odessa, Taganrog, Constantinople.

www.ingramcontent.com/pod-product-compliance
Lightning Source LLC
LaVergne TN
LVHW010606110826
845149LV00003B/788